BILINGUAL

(हिन्दी और अंग्रेजी के साथ)

AF512322

KVS PRT

NCERT NOTES

GET IT ON Google Play

YOUTUBE

SACHIN CHOUDHARY

SACHIN ACADEMY

INVINCIBLE
Publication Private Limited

Published by
Invincible Publication Pvt. Ltd.
1103-A, 11th Floor, SAS Tower, Sector 38, Gurugram Haryana- 122003
Email: sales@i-publish.in
www.invinciblepublishers.com

First Edition: 2025
Book Name: KVS PRT NCERT NOTES
Author: SACHIN CHOUDHARY

ISBN: 978-93-5886-117-4

Invincible Publication Pvt. Ltd.
Sales Office: 4760-61/23, Basement, Pratap Street, Ansari Road,
Daryaganj, New Delhi- 110002
Email: invinciblepublishers@gmail.com

Contents

EVS: Class 3

EVS: Class 4

EVS: Class 5

हिंदी: कक्षा 1 - सारंगी

हिंदी: कक्षा 2 - सारंगी

हिंदी: कक्षा 3 - वीणा

हिंदी: कक्षा 4 - रिमझिम

हिंदी: कक्षा 5 - रिमझिम

English: Class 1

English: Class 2

English: Class 3

English: Class 4

English: Class 5

Maths: Class 1

Maths: Class 2

Maths: Class 3

Maths: Class 4

Maths: Class 5

EVS:
Class 3

Chapter – 01: Family and Friends / अध्याय – 01: मेरा परिवार और मित्र

बेला के परिवार का परिचय [Introduction to Bela's Family]:

- बेला के दो भाई बंकू भैया और बिशु हैं।
- उन्हें बिशु के साथ "छुपन-छुपाई" (लुका-छिपी) और लुका-छिपी जैसे खेल खेलना पसंद है।
- उनके पास फूलों के पौधों वाला एक बगीचा है जहाँ परिवार के सदस्य, दोस्त और पड़ोसी इकट्ठा होते हैं, आराम करते हैं और खुशियाँ बाँटते हैं।

गाना-बजाना और खेल [Singing and Games]:

- बरसात के दिनों में, बेला का परिवार बगीचे में एक छत के नीचे एक साथ बैठता है, अंताक्षरी और साँप-सीढ़ी जैसे खेल खेलता है।
- बेला की दादी (दादीजी) बारिश के दौरान पकौड़े और चाय बनाती हैं।
- बेला की दादीजी बारिश के बारे में गीत गाती हैं, और बेला और उसका परिवार गाने में शामिल होता है।

परिवारों के प्रकार [Types of Families]:

- परिवार छोटे से लेकर बड़े तक अलग-अलग आकार के होते हैं।
- परिवार के सदस्यों में माता-पिता, भाई-बहन, दादा-दादी और कभी-कभी अन्य रिश्तेदार शामिल होते हैं।
- परिवारों में पालतू जानवर (जैसे, कुत्ते, बिल्लियाँ, आदि) भी शामिल हो सकते हैं, जिनके साथ प्यार और देखभाल से पेश आया जाता है।

परिवार और जानवरों की देखभाल [Family and Animal Care]:

- बेला का परिवार अपने पालतू कुत्ते शिरू के प्रति प्यार और देखभाल दिखाता है और उसे परिवार के सदस्य की तरह मानता है।
- जानवरों को चोट न पहुँचाने या उन्हें न चिढ़ाने के महत्व पर जोर दिया जाता है।

परिवारों में एक-दूसरे की मदद करना [Helping Each Other in Families]:

- बेला का परिवार सफाई, खाना पकाने, बागवानी और खरीदारी जैसे विभिन्न कार्यों में एक-दूसरे की मदद करता है।
- बेला की दादीजी हर सुबह गाना गाते हुए अपने बालों की लट बनाती हैं, जिससे एक प्यार भरा और खुशनुमा पल बनता है।
- परिवार में हर कोई घर के कामों में हिस्सा लेता है।

दोस्ती और पड़ोसियों का सहयोग [Friendship and Neighborly Support]:

- बेला के परिवार में मुन्नी और कुसुम मौसी (उसकी माँ की दोस्त) जैसी करीबी दोस्त हैं, जो पारिवारिक समारोहों और त्योहारों में शामिल होती हैं।
- मुन्नी रंगोली बनाने में कुशल है, जिसमें बेला को मदद करना अच्छा लगता है।

परिवार के सदस्यों की भूमिकाएँ और सहयोग [Family Members' Roles and Support]:

- परिवार का हर सदस्य एक महत्वपूर्ण भूमिका निभाता है, चाहे वह खाना बनाना हो, सफाई करना हो, बागवानी करनी हो या घर के दूसरे काम हों।
- परिवार एक-दूसरे का सहयोग करने के लिए मिलकर काम करता है और यहाँ तक कि दादा-दादी और रिश्तेदार जैसे परिवार के बड़े सदस्य भी एक-दूसरे के जीवन में अहम भूमिका निभाते हैं।

परिवार और बड़ों से सीखना [Learning from Family and Elders]:

- बेला और उसका भाई बंकू अपने दादाजी (दादाजी) से खेल सीखते हैं, जो उनके साथ अपने बचपन के अनुभव साझा करते हैं।
- बच्चे अपने बड़ों से गीत, जीवन के सबक और मूल्यवान परंपराएँ सीखते हैं।

त्यौहार और पारिवारिक समारोह [Festivals and Family Gatherings]:

- त्योहारों के दौरान परिवार और दोस्त एक साथ आते हैं, जहाँ वे खाना साझा करते हैं, खेलों का आनंद लेते हैं और अपने बंधन को मजबूत करते हैं।

परिवार और दोस्तों के साथ मौज-मस्ती [Fun with Family and Friends]:

- बेला का परिवार आउटडोर गेम्स और मौज-मस्ती की गतिविधियों का आनंद लेता है, जैसे दोस्तों और परिवार के साथ पार्क में पिट्ठू (एक पारंपरिक खेल) खेलना।
- मस्ती के इस समय में दादाजी सबके लिए आइसक्रीम लाते हैं।

Chapter – 02: Going to the Mela / अध्याय – 02: मेले में हम

मेले की तैयारी [Preparing for the Mela]:

- नीता और राधा मेले में जाने के लिए उत्साहित हैं, जो घर से थोड़ा दूर है, इसलिए उन्हें बस से जाना होगा।
- नीता की दादीजी (दादी) अपने पैर के दर्द के कारण पहले तो हिचकिचाती हैं, लेकिन अंततः परिवार के साथ जाने के लिए सहमत हो जाती हैं।
- नीता के पिता बताते हैं कि उनके साथ कई लोग शामिल हो रहे हैं: पड़ोसी स्नेहा और रोहित, और मोहन चाचा (पिताजी) और उनका परिवार, जो ट्रेन से आ रहे हैं।
- नीता का परिवार मेले की यात्रा के लिए एक "विशेष बैग" पैक करता है।

मेले के रास्ते में [On the Way to the Mela]:

- नीता के करीबी दोस्त और पड़ोसी स्नेहा और रोहित भी मेले की तैयारी कर रहे हैं।
- बच्चे बस से यात्रा करते समय उत्साहित हैं, दादीजी आरक्षित सीट पर आराम से बैठी हैं।
- नीता के पिता सभी की सुरक्षा सुनिश्चित करते हैं, बच्चों को याद दिलाते हैं कि वे बैठे रहें और हाथ या सिर खिड़की से बाहर न निकालें।

मेले में [At the Mela]:

- नीता का परिवार और उनके पड़ोसी मेले में पहुँचते हैं, जहाँ स्टॉल, खेल और सवारी जैसे कई आकर्षण मौजूद होते हैं।
- मेले में खिलौनों, मिठाइयों और जादू के शो जैसी कई मज़ेदार गतिविधियों के स्टॉल होते हैं।
- बच्चे मीरा-गो-राउंड और विशाल पहिये की सवारी करते हैं और चूड़ियाँ और ट्रिंकेट जैसी चीज़ें खरीदते हैं।
- मोहन चाचा सभी को खाने से पहले हाथ धोने की याद दिलाते हैं। वे गोल गप्पे, चाट और कुल्फी जैसे स्ट्रीट फ़ूड का लुत्फ़ उठाते हैं।
- मस्ती के बाद, वे मेले में एक पुलिस अधिकारी के साथ एक पुलिस कुत्ते को देखते हैं।
- इस अध्याय में कुंभ मेले का उल्लेख किया गया है, जो सबसे बड़ा मानव समागम है, जो हर 12 साल में एक बार प्रमुख नदी तटों पर आयोजित किया ज़ाता है।

अध्याय के लेखक [Author of the Chapter]

"मेला जाना" अध्याय के लेखक संदीप कुमार हैं। वे इस शैक्षिक सामग्री के लेखक हैं, जिसका उद्देश्य बच्चों को मेले में भाग लेने के सांस्कृतिक अनुभव को समझने में मदद करना है। इस अध्याय में लेखक की लेखन शैली सरल भाषा और संबंधित अनुभवों पर केंद्रित है, जिससे युवा पाठकों के लिए कहानी से जुड़ना और त्योहारों, पारिवारिक बंधन और यात्रा के दौरान सुरक्षा के बारे में सीखना आसान हो जाता है।

Chapter – 03: Celebrating Festivals / अध्याय – 03: त्यौहार मनाएँ एक साथ

ऋषि की यात्रा [Rishi's Journey]:

- जम्मू का एक लड़का ऋषि अपने माता-पिता के साथ पहाड़ों के पास एक छोटे से गाँव में अपने मामा (चाचा), मामी (चाची) और चचेरे भाई, चिया और नोनिका से मिलने के लिए हिमालय की यात्रा करता है।
- यात्रा बस से होती है, और ऋषि रंग-बिरंगे फूलों और ऊँचे पेड़ों से ढकी पहाड़ियों के खूबसूरत नज़ारे के साथ सवारी का आनंद लेता है।

आगमन और बगीचे के फूल [Arrival and Garden Flowers]:

- अपनी मामा के घर पहुँचने पर, ऋषि बगीचे में गुलाब, गेंदा और गुड़हल सहित कई तरह के रंग-बिरंगे फूल देखता है।
- ऋषि फूलों की सुंदरता से विशेष रूप से चकित होता है और अपनी चचेरी बहन नोनिका से उनके बारे में पूछता है। नोनिका उसे बताती है कि फूलों में से एक ट्यूलिप है।

कश्मीर ट्यूलिप महोत्सव [Kashmir Tulip Festival]:

- वर्ष के वसंत ऋतु के दौरान, कश्मीर में ट्यूलिप महोत्सव मनाया जाता है।
- ऋषि उन्हें बताता है कि उसके यहाँ, वे बुरांश (रोडोडेंड्रोन) के फूलों के साथ वसंत का जश्न मनाते हैं। इन फूलों को दरवाजे पर रखा जाता है और बड़े-बुजुर्ग लोगों को आशीर्वाद देते हैं तथा टॉफियां और मिठाइयां देते हैं।

कश्मीरी डिश हाख [Kashmiri Dish Haakh]:

- हाख एक पारंपरिक कश्मीरी डिश है जो पत्तेदार सब्जियों से बनाई जाती है, जिसे आमतौर पर कोलार्ड ग्रीन्स या इसी तरह की अन्य पत्तेदार सब्जियों के रूप में जाना जाता है।
- यह कश्मीरी व्यंजनों में एक मुख्य व्यंजन है, जिसे अक्सर चावल के साथ खाया जाता है।
- हाख के लिए इस्तेमाल की जाने वाली पत्तियों को मसालों के साथ पकाया जाता है ताकि एक स्वादिष्ट और सुगंधित डिश बनाई जा सके।
- हाख को अक्सर गर्म चावल के साथ परोसा जाता है, जो इसे एक आरामदायक और स्वस्थ भोजन बनाता है।
- यह डिश कश्मीरी घरों में विशेष रूप से लोकप्रिय है और अक्सर विशेष अवसरों या त्योहारों के दौरान बनाई जाती है।

केरल में विशु उत्सव [Vishu Festival in Kerala]:

- केरल में विशु कानी बनाकर विशु मनाया जाता है, जिसमें पीले अमलतास के फूल, फल और सब्जियाँ रखी जाती हैं, जिसका उद्देश्य आने वाले साल को समृद्ध बनाना है।

वसंत और प्रकृति का उत्सव [Spring and Nature's Celebration]:

- वसंत प्रकृति का जश्न मनाने का समय है क्योंकि फूल खिलते हैं, घास उगती है और नए पत्ते उगते हैं। कठोर सर्दियों के बाद सूरज की गर्मी खुशी लाती है।
- **विशु कानी [Vishu Kani]:** विशु कानी मलयाली नव वर्ष के पहले दिन मनाया जाने वाला एक महत्वपूर्ण अनुष्ठान है, जिसमें सूर्योदय के समय शुभ वस्तुओं के दर्शन से फलदायी और समृद्ध वर्ष की शुरुआत होती है।

त्यौहारों के दौरान विशेष खाद्य पदार्थ [Special Foods During Festivals]:

- विभिन्न मौसमों में अलग-अलग त्यौहारों में अनोखे खाद्य पदार्थ शामिल होते हैं:
- **वसंत उत्सव [Spring Festival]:** सरसों [Mustard] और बुरांश (रोडोडेंड्रोन) के फूल घर के दरवाज़े पर रखे जाते हैं।

त्योहारों और खाद्य पदार्थों की सूची [A list of festivals and foods]:

- बिहू - ठेकुआ
- होली - गुजिया

- छठ पूजा - ठेकुआ
- क्रिसमस - बेर केक
- ईद-उल-फ़ित्र - सेवइयां
- ओणम - सद्या
- उगादी - होलीगे

सरहुल उत्सव (झारखंड) [Sarhul Festival (Jharkhand)]:

- सरहुल झारखंड में वसंत ऋतु का एक त्यौहार है, जहाँ लोग पारंपरिक कपड़े पहनते हैं, जुलूस में भाग लेते हैं और धरती और सूर्य को ताज़े अंकुरित अनाज और फूल चढ़ाते हैं। इस त्यौहार में स्थानीय ढोल की थाप पर गाना और नृत्य करना शामिल है।

तथ्य [Facts]:

- हिमालय को "बर्फ का घर" कहा जाता है और यह दुनिया की सबसे ऊँची पर्वत श्रृंखला है।
- नेपाल में स्थित माउंट एवरेस्ट, लगभग 8,848 मीटर की ऊँचाई पर पृथ्वी का सबसे ऊँचा पर्वत है।

Chapter – 04: Getting to Know Plants / अध्याय – 04: कुछ खोज पेड़ पौधों की

पौधों का परिचय [Introduction to Plants]:

- **पौधों की विविधता [Diversity of Plants]:** पौधे विभिन्न आकार, आकृति और रूपों में आते हैं, जिनमें छोटे, छोटे, बड़े, झाड़ीदार, पतले और लंबे शामिल हैं।
- **पौधों के भाग [Parts of Plants]:** पौधों में विभिन्न भाग होते हैं - जड़ें, तने, पत्तियाँ, फूल, फल और बीज। प्रत्येक भाग पौधे के जीवित रहने और विकास में महत्वपूर्ण भूमिका निभाता है।

पौधों के प्रकार [Types of Plants]:

पेड़ Trees	झाड़ियाँ Shrubs	जड़ी-बूटियाँ और घास Herbs and Grasses	चढ़ाई करने वाले और लताएँ Climbers and Creepers

पेड़ [Trees]:

- पेड़ों में एक बड़ा तना और कई शाखाएँ होती हैं। उनकी जड़ें मिट्टी में गहराई तक जाती हैं।
- **उदाहरण [Examples]:** आम, नारियल, खेजड़ी, बरगद, अमलतास, पीपल, कटहल, चिनार।

झाड़ियाँ [Shrubs]:

- झाड़ियाँ मध्यम आकार के पौधे होते हैं जिनमें ज़मीन के करीब कई लकड़ी के तने और शाखाएँ होती हैं।
- **उदाहरण [Examples]:** हिबिस्कस, गुलाब, पवित्र तुलसी (तुलसी), करी पत्ता।
- **झाड़ियों के बीज [Seeds of shrubs]:** तूर (कबूतर मटर), मसूर (लाल दाल), मूंग (हरा चना), और उड़द (काला चना) जैसी दालें।

जड़ी-बूटियाँ और घास [Herbs and Grasses]:

- जड़ी-बूटियों में मुलायम, हरे तने होते हैं जो लकड़ी जैसे नहीं बनते।
- **घास [Grass]:** इनमें पतली, सपाट पत्तियाँ और खोखले तने होते हैं।
- **जड़ी-बूटियों के उदाहरण [Examples of herbs]:** पुदीना, टमाटर, धनिया, सरसों।
- घास के उदाहरण [Examples of grasses]: धान (चावल), गेहूँ, बाजरा, गन्ना, बाँस।

चढ़ाई करने वाले और लताएँ [Climbers and Creepers]:

- **चढ़ाई करने वाले [Climbers]:** इन पौधों के तने पतले और लचीले होते हैं और सहारे के लिए दूसरे पौधों पर चढ़ते हैं। उदाहरण: मनी प्लांट, चमेली।
- **लताएँ [Creepers]:** ये पौधे ज़मीन पर फैलते हैं। उदाहरण: तरबूज, लौकी, कद्दू।

पौधों की विशेष विशेषताएँ [Special Features of Plants]:

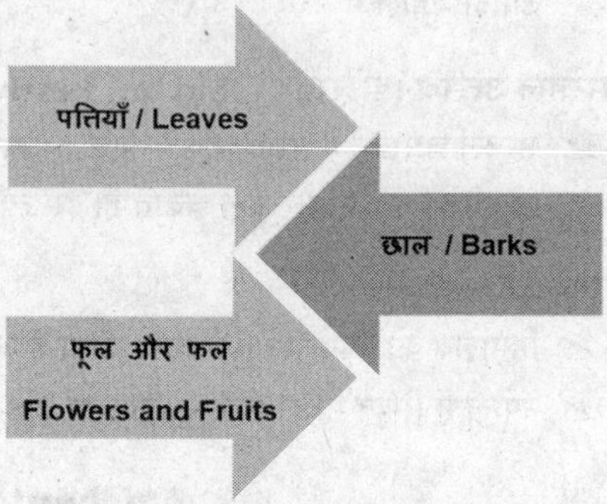

- **पत्तियाँ [Leaves]:** पत्तियाँ आकार, आकार, बनावट, रंग और गंध में भिन्न हो सकती हैं। कुछ पत्तियाँ खुरदरी होती हैं जबकि अन्य चिकनी होती हैं। तुलसी, धनिया और पुदीने जैसे पौधों की पत्तियों में अलग-अलग गंध होती है।
- **छाल [Barks]:** पेड़ के तने का बाहरी आवरण, जो अनोखे पैटर्न दिखा सकता है। आप छाल पर रहने वाले कीड़ों या पौधों को देख सकते हैं।
- **फूल और फल [Flowers and Fruits]:** पौधों में अलग-अलग संख्या में फूल और फल हो सकते हैं। कुछ पौधे निश्चित समय पर खिल सकते हैं या फल दे सकते हैं।

पौधों से जुड़े महत्वपूर्ण तथ्य [Important Plant Facts]:

- **चीनी उत्पादन [Sugar production]:** गन्ने के तने से चीनी बनती है।
- **सबसे ऊँची घास [Tallest Grass]:** बाँस सबसे ऊँची घास है, और यह एक वर्ष से अधिक समय तक जीवित रहती है।
- **सबसे बड़ा फूल [Biggest Flower]:** मिज़ोरम में पाया जाने वाला रैफ़्लेसिया [Rafflesia] फूल सबसे बड़ा फूल है, जो कभी-कभी छतरी जितना बड़ा होता है।

मुख्य सीखने के बिंदु [Key Learning Points]:

- पौधे हमारे पर्यावरण और पारिस्थितिकी तंत्र में एक आवश्यक भूमिका निभाते हैं।
- विभिन्न प्रकार के पौधों और उनकी विशेषताओं का अवलोकन करने से हमें उनकी सुंदरता और महत्व की सराहना करने में मदद मिलती है।
- पौधों की देखभाल ज़िम्मेदारी सिखा सकती है और प्रकृति के साथ हमारे जुड़ाव को बढ़ा सकती है।

Chapter – 05: Plants and Animals Live Together / अध्याय – 05: पेड़ पौधे और पशु पक्षी हैं साथ

पौधों और जानवरों की परस्पर निर्भरता [Interdependence of Plants and Animals]:

- पौधे और जानवर एक साथ रहते हैं, जानवर अक्सर पौधों पर, उनके आस-पास या उनके नीचे पाए जाते हैं।
- जानवर भोजन, आश्रय और घोंसले के लिए पौधों पर निर्भर रहते हैं।
- पौधों के साथ रहने वाले जानवरों के उदाहरण: घास खाने वाले हाथी, पत्तियों पर आराम करने वाले पतंगे, पत्तियों को चबाने वाले कैटरपिलर और पत्तियों से घोंसले बनाने वाली चींटियाँ।

मिट्टी और इसकी भूमिका [Soil and its Role]:

- मिट्टी पृथ्वी की सतह की सबसे ऊपरी परत है, जो टूटी हुई चट्टानों, पत्तियों, जड़ों और कीड़ों जैसे मृत जानवरों से बनी होती है।
- मिट्टी जीवन से भरपूर है और पौधों और जानवरों को सहारा देने में महत्वपूर्ण भूमिका निभाती है।
- इसमें चींटियाँ, दीमक, भृंग और केंचुए सहित कई तरह के जीवित प्राणी होते हैं।
- वर्षा के बाद मिट्टी की बनावट, बनावट और गंध बदल सकती है, जिससे अलग-अलग जीव और पौधे उगते हैं।

मिट्टी के अवलोकन [Soil Observations]:

- मिट्टी की बनावट खुरदरी, चिकनी, दानेदार, नम या सूखी हो सकती है।
- बारिश के बाद, मिलीपेड, केंचुए और नए पौधे जैसे और भी जीव मिट्टी से निकल सकते हैं।
- पौधों के पास की मिट्टी अक्सर विभिन्न प्रकार के कीटों और अन्य जीवों का पोषण करती है।

पौधों का उपयोग करने वाले पशु और पक्षी [Animals and Birds Using Plants]:

- विभिन्न पशु और पक्षी भोजन, आश्रय और घोंसले के लिए पौधों पर निर्भर करते हैं।
- ऊँट पौधों की पत्तियाँ खाते हैं।
- गिलहरी और कौवे घोंसले के लिए टहनियों का उपयोग करते हैं।
- सनबर्ड और तितलियाँ फूलों से अमृत पीते हैं।
- उल्लू पेड़ों के खोखले हिस्सों में घोंसला बनाते हैं।
- बंदर फल खाते हैं।
- दर्जी पक्षी पत्तियों का उपयोग करके घोंसला बनाते हैं।
- चमगादड़ और तेंदुए आश्रय के लिए पेड़ की शाखाओं का उपयोग करते हैं।

पक्षियों की आवाज़ें [Bird Sounds]:

- विभिन्न पक्षी अनोखी आवाज़ें निकालते हैं, और इन आवाज़ों को सुनना और पहचानना संभव है।
- पक्षियों की आवाज़ें कानों को कप के आकार में करके और आवाज़ की दिशा में मुँह करके ज़्यादा स्पष्ट रूप से सुनी जा सकती हैं।
- पक्षी अक्सर सुबह, दोपहर या शाम को ज़्यादा मुखर होते हैं।

प्रकृति का अवलोकन [Observing Nature]:

- कीटों और जानवरों के उनके प्राकृतिक परिवेश में व्यवहार का अवलोकन करना बहुत जानकारीपूर्ण हो सकता है।
- भोजन, आश्रय और सुरक्षा की आवश्यकता के कारण पशु, पक्षी और कीड़े अक्सर पौधों के पास पाए जाते हैं।

मिट्टी की गतिविधि [Soil Activity]:

- कीड़े और पौधे अलग-अलग मौसमों में मिट्टी से निकलते हैं, खासकर बारिश के बाद।
- पौधों के बीज मिट्टी में लंबे समय तक निष्क्रिय रह सकते हैं और पानी देने या बारिश के बाद अंकुरित हो सकते हैं।

Chapter – 06: Living in Harmony / अध्याय – 06: निर्भरता एक दूसरे पर

जानवरों, पक्षियों, कीड़ों और पौधों के साथ रहना [Living with Animals, Birds, Insects, and Plants]:

- **अवलोकन [Observation]:** जानवर, पक्षी, कीड़े और पौधे अक्सर हमारे साथ घर पर या आस-पास रहते हैं।
- **अंतःक्रिया [Interaction]:** कभी-कभी हम उनका स्वागत करते हैं, कभी-कभी हमें उनकी उपस्थिति पसंद नहीं आती।
- **देखभाल [Care]:** हम अपने घरों में जानवरों और पौधों के लिए देखभाल, भोजन, आश्रय और पानी उपलब्ध कराते हैं।

आम के पेड़ का उदाहरण [The Mango Tree Example]:

- **शंभू की कहानी [Shambhu's Story]:** शंभू अपने पिता के साथ आम के पेड़ के नीचे बैठकर पौधों और जानवरों की परस्पर निर्भरता के बारे में सीखता है।
- बंदर जैसे जानवर आम खाते हैं और बीज फैलाते हैं, जिससे नए पौधों की वृद्धि में मदद मिलती है।

- मनुष्य को पौधों से फल, लकड़ी, दवा और आश्रय मिलता है।
- **पौधों के उपयोग [Uses of Plants]:** छाया, आश्रय, भोजन, दवा, ताजी हवा, कपड़ों के लिए फाइबर और घरों के लिए लकड़ी।

पौधों और जानवरों की परस्पर निर्भरता [Interdependence of Plants and Animals]:

- **हम पौधों और जानवरों पर कैसे निर्भर हैं [How We Depend on Plants and Animals]:** हमें पौधों और जानवरों से भोजन, आश्रय, कपड़े और संगति मिलती है।
- **जानवर पौधों की कैसे मदद करते हैं [How Animals Help Plants]:** जानवर बीज फैलाते हैं और कचरे से मिट्टी को निषेचित करते हैं, जिससे पौधों को बढ़ने में मदद मिलती है।
- **पौधे जानवरों की कैसे मदद करते हैं [How Plants Help Animals]:** पौधे जानवरों को भोजन, आश्रय और घर प्रदान करते हैं।
- **हम एक-दूसरे पर निर्भर हैं [We Depend on Each Other]:** पौधे और जानवर दोनों ही देखभाल, भोजन और आश्रय के लिए मनुष्यों पर निर्भर हैं, और हम विभिन्न आवश्यकताओं के लिए उन पर निर्भर हैं।

जानवरों और पौधों की देखभाल [Caring for Animals and Plants]:

- **देखभाल करने के लिए प्रोत्साहन [Encouragement to Care]:** हमें अपने आस-पास के पौधों और जानवरों की देखभाल करनी चाहिए, और उनके साथ दया, देखभाल और सम्मान से पेश आना चाहिए।
- **सहानुभूति [Empathy]:** पौधों और जानवरों की देखभाल करने से सहानुभूति विकसित करने में मदद मिलती है, खासकर जब हम दुखी या परेशान होने पर उनकी देखभाल करना सीखते हैं।

ग्रे वैगटेल [Grey Wagtails]

- **वलपराई की कहानी [Valparai Story]:** तमिलनाडु के एक छोटे से शहर में, बच्चे और शिक्षक ग्रे वैगटेल के आगमन का जश्न मनाते हैं, जो एक पक्षी प्रजाति है जो सर्दियों के दौरान पहाड़ों से गर्म भागों में प्रवास करती है।
- **उत्सव [Celebration]:** वे पोस्टर लगाकर और मिठाइयाँ बाँटकर पक्षियों का स्वागत करते हैं।
- **नामकरण [Naming]:** पक्षियों को उनकी अनोखी पूँछ की हरकत के कारण "वैगटेल" कहा जाता है।

Chapter – 07: Water – A Precious Gift / अध्याय – 07: पानी है अनमोल

पानी एक उपहार के रूप में परिचय [Introduction to Water as a Gift]:

- पानी आसमान से बारिश की तरह गिरता है, जो जीवन के लिए आवश्यक है।
- बारिश का पानी मिट्टी द्वारा अवशोषित किया जाता है, तालाबों, झीलों, नदियों और भूमिगत भंडारों में संग्रहीत किया जाता है, और विभिन्न उद्देश्यों के लिए उपयोग किया जाता है।

बारिश का अवलोकन [Observing the Rain]:

- बारिश की भविष्यवाणी करने के संकेत [Clues to Predict Rain]: आकाश का अवलोकन करने से वर्षा की भविष्यवाणी करने में मदद मिलती है (जैसे, काले बादल, नमी और हवा की दिशा)।

बारिश के पानी का क्या होता है? [What Happens to Rainwater?]:

- **जल चक्र [Water Cycle]:** बारिश का पानी मिट्टी में रिसता है या विभिन्न जल निकायों में बहता है।
- बारिश का पानी या तो मिट्टी में समा जाता है, नालों, नदियों में बह जाता है, या पोखरों, तालाबों या झीलों में जमा हो जाता है।
- भूमिगत कुछ पानी कुओं और भूजल भंडारों को भर देता है।

पानी के स्रोत [Sources of Water]:

- ✍ पानी कुओं, नदियों, झीलों और टैंकों जैसे विभिन्न स्रोतों से आता है।
- ✍ आधुनिक घरों में, पानी की आपूर्ति पाइपों के माध्यम से की जाती है, जिन्हें अक्सर छतों पर टैंकों में संग्रहित किया जाता है।

पानी का भंडारण [Storing Water]:

- ✍ **पानी का भंडारण [Water Storage]:** लोग पानी को स्टोर करने के लिए मिट्टी के बर्तन, तांबे के बर्तन, स्टील के बर्तन और प्लास्टिक की बाल्टियों जैसे कंटेनरों का उपयोग करते हैं।
- ✍ कुछ क्षेत्रों में, पानी टैंकरों द्वारा या कुओं से लाया जाता है।
- ✍ **जल भंडारण और वितरण [Water Storage and Distribution]:** पानी को पाइप, टैंक, कुओं के माध्यम से संग्रहीत और परिवहन किया जाता है या टैंकरों द्वारा पहुँचाया जाता है।

दैनिक जीवन में पानी का उपयोग [Uses of Water in Daily Life]:

- ✍ पानी का उपयोग पीने, खाना पकाने, कपड़े धोने और सफाई जैसी विभिन्न गतिविधियों के लिए किया जाता है।
- ✍ पानी की आपूर्ति न होने की स्थिति में, दैनिक उपयोग के लिए पानी का भंडारण करना महत्वपूर्ण है।

पानी का संरक्षण [Conservation of Water]:

- ✍ पानी एक अनमोल संसाधन है और इसका सावधानीपूर्वक उपयोग किया जाना चाहिए। जब भी संभव हो, पानी की बर्बादी को कम करना और उसका पुनः उपयोग करना महत्वपूर्ण है।
- ✍ अपशिष्ट जल का उपयोग पौधों को पानी देने या शौचालय को फ्लश करने के लिए किया जा सकता है।
- ✍ हमें रसायनों या साबुन जैसे हानिकारक पदार्थों से पानी को प्रदूषित नहीं करना चाहिए।
- ✍ जल संरक्षण [Water Conservation]: हमेशा इस बात का ध्यान रखें कि हम पानी का उपयोग और भंडारण कैसे करते हैं ताकि यह सुनिश्चित हो सके कि यह भविष्य की पीढ़ियों के लिए उपलब्ध हो।

पानी और इसका पवित्र महत्व [Water and Its Sacred Importance]:

- ✍ पानी को अक्सर पवित्र माना जाता है और मेहमानों या आगंतुकों को दिया जाता है।
- ✍ कम वर्षा वाले क्षेत्रों में लोग पानी लाने के लिए लंबी दूरी तक पैदल चल सकते हैं।

पानी की देखभाल [Caring for Water]:

- ✍ जानवरों सहित ज़रूरतमंदों को पानी देना एक महत्वपूर्ण सांस्कृतिक प्रथा है।
- ✍ गर्मी के मौसम में पक्षियों को पानी देने के लिए बर्डबाथ की स्थापना की जा सकती है।

Chapter – 08: Food We Eat / अध्याय – 08: हमारा भोजन

खाद्य प्राथमिकताएँ [Food Preferences]:

- ✍ स्वाद के आधार पर लोगों की अलग-अलग खाद्य प्राथमिकताएँ होती हैं: मीठा, खट्टा, तीखा, कड़वा।
- ✍ आम खाद्य पदार्थों में फल, सब्जियाँ, चावल, दाल, रोटी, दूध, लस्सी और जूस शामिल हैं।

छप्पन भोग [Chhappan Bhog]:

- ✍ **त्योहारों के दौरान तैयार किया जाने वाला एक विशेष भोजन, जिसमें छह स्वादों का प्रतिनिधित्व करने वाले 56 प्रकार के खाद्य पदार्थ होते हैं:** मीठा (मीठा), तीखा (तीखा), कसैला (कसैला), खट्टा (खट्टा), नमकीन (नमकीन), और कड़वा (करवा)।

मजबूत शरीर के लिए स्वस्थ भोजन [Healthy Eating for a Strong Body]:

- अच्छे स्वास्थ्य के लिए विभिन्न प्रकार के खाद्य पदार्थ खाना ज़रूरी है।
- **उदाहरण:** शिरीन, एक धावक, ने एक चैंपियन से सीखा कि उसे बेहतर स्वास्थ्य और ऊर्जा के लिए सब्जियाँ, फल, अनाज, दालें और मेवे सहित विभिन्न प्रकार के खाद्य पदार्थ खाने चाहिए।

संतुलित आहार [Balanced Diet]:

- एक संतुलित आहार में आवश्यक पोषक तत्व प्रदान करने के लिए विभिन्न प्रकार के खाद्य पदार्थ शामिल होते हैं।
- संतुलित आहार में शामिल खाद्य पदार्थ: सब्जियाँ, फल, दाल, चावल, दूध, लस्सी, रोटी, पनीर, जूस आदि।

मौसमी खाद्य पदार्थ [Seasonal Foods]:

- **गर्मियों में [In summer]:** आइसक्रीम, नारियल पानी और आम जैसे ठंडे खाद्य पदार्थ और पेय पदार्थ।
- **सर्दियों में [In winter]:** सूप, स्टू और गर्म पेय जैसे गर्म खाद्य पदार्थ और पेय पदार्थ।
- फल और सब्जियाँ मौसम के अनुसार अलग-अलग होती हैं: गर्मियों में आम, सर्दियों में सेब।

पानी का महत्व [Importance of Water]:

- पानी हाइड्रेशन के लिए ज़रूरी है, खासकर गर्म मौसम में जब हमें पसीना आता है।
- गर्मियों में, पानी, छाछ, नींबू पानी और नारियल पानी जैसे पेय पदार्थ हाइड्रेटेड रहने में मदद करते हैं।

खाद्य पदार्थ कहाँ से आते हैं? [Where Does Food Come From?]:

- **खेतों से फसलें [Crops from Fields]:** कई खाद्य पदार्थ खेतों में उगाए जाते हैं, जैसे अनाज, सब्जियाँ और फल।
- हम जो पौधे खाते हैं उनके भाग [Parts of Plants We Eat]: पत्तियाँ (पालक), फल (सेब, आम), जड़ें (गाजर, चुकंदर), तने (आलू, प्याज) और बीज (अनाज, दालें)।
- **पशु-आधारित खाद्य पदार्थ [Animal-Based Foods]:** दूध, दही, घी, पनीर, अंडे, मांस, शहद।

पौधे और पशु-आधारित सामग्री का संयोजन [Combination of Plant and Animal-Based Ingredients]:

- कुछ खाद्य पदार्थों में पौधे और पशु-आधारित दोनों सामग्री शामिल होती हैं। उदाहरण के लिए, लस्सी में दही (दूध से) और चीनी (गन्ने से) शामिल होती है।

Chapter – 09: Staying Healthy and Happy / अध्याय – 09: स्वस्थ रहो, प्रसन्न रहो

अच्छी स्वच्छता बनाए रखना [Maintaining Good Hygiene]:

- **स्वच्छ आदतें [Clean Habits]:** दाँतों को ब्रश करना, नहाना, बालों में कंघी करना, साबुन से हाथ धोना और नाखून काटना स्वच्छ और स्वस्थ रहने के लिए महत्वपूर्ण आदतें हैं।
- **स्वयं जाँचें [Self-Check]:** प्रतिदिन अपने आप से पूछें कि क्या आपने इन आदतों का पालन किया है, जैसे कि दिन में दो बार दाँतों को ब्रश करना, शौचालय का उपयोग करने के बाद हाथ धोना और स्नान करना।

दैनिक दिनचर्या [Daily Routine]:

- दांतों को ब्रश करना, हाथ धोना, पानी पीना, खाना, बाहर खेलना और कम से कम 8 घंटे सोना जैसी गतिविधियाँ एक स्वस्थ दैनिक दिनचर्या का हिस्सा हैं।
- यह सुनिश्चित करने के लिए कि आप एक स्वस्थ दिनचर्या बनाए रख रहे हैं, इन गतिविधियों पर नज़र रखें।

दांतों को ब्रश करना [Brushing Teeth]:

- मोयना के दादा (दादू) जैसे कुछ लोग दाँतों को साफ करने के लिए नीम या बबूल के पेड़ों की टहनियों का उपयोग करते हैं, जो भारत में एक पारंपरिक प्रथा है।
- टहनियों (दातुन) का उपयोग करने की इस परंपरा से टूथब्रश से ब्रश करने की आधुनिक प्रथा विकसित हुई है।

घर पर बने क्लीनर [Homemade Cleaners]:

- संतरे या नींबू के छिलके, लौंग और सफेद सिरके का उपयोग करके एक सरल, पर्यावरण-अनुकूल सफाई समाधान बनाया जा सकता है।
- इस मिश्रण का उपयोग दो सप्ताह के बाद फर्श और बाथरूम जैसी सतहों को साफ करने के लिए किया जा सकता है।

जानवर और सफाई [Animals and Cleanliness]:

- बंदर और पक्षी जैसे कई जानवर खुद को साफ-सुथरा और कीड़ों से मुक्त रखने के लिए खुद को साफ रखते हैं। जानवरों को साफ-सफाई बनाए रखते देखना दिलचस्प हो सकता है।

व्यायाम और खेल [Exercise and Play]:

- स्वस्थ शरीर के लिए व्यायाम बहुत ज़रूरी है। दौड़ना, कूदना और बाहर खेलना जैसी गतिविधियाँ हमारे दिल और शरीर को सक्रिय रखती हैं।
- छलांग लगाना, उछलना और कूदना जैसे खेल शरीर के लचीलेपन और ताकत को बढ़ाने में मदद करते हैं।

सक्रिय शरीर और दिमाग का महत्व [Importance of Active Body and Mind]:

- शरीर और दिमाग दोनों को सक्रिय रहना चाहिए। हरप्रीत की दादी, जिन्हें चलने में दिक्कत होती है, वे भी थोड़ा टहलकर और शतरंज खेलकर अपने दिमाग को व्यस्त रखने के लिए सक्रिय रहती हैं।

सुरक्षित खेल [Safe Play]:

- पार्क, स्कूल के मैदान और खेल के मैदान जैसे सुरक्षित क्षेत्रों में खेलना ज़रूरी है।
- असुरक्षित जगहों जैसे व्यस्त सड़कों, बिना रेलिंग वाली छतों और निर्माण स्थलों से बचें।
- अजनबियों से सावधान रहें, खासकर जब आप बाहर खेल रहे हों, और अजनबियों से तभी मिलें जब आपके साथ कोई भरोसेमंद वयस्क हो।

Chapter – 10: This World of Things / अध्याय – 10: वस्तुओं की दुनिया

परिचय [Introduction]:

- इकाई हमारे आस-पास की विभिन्न चीज़ों, उनकी सामग्रियों और उत्पत्ति का पता लगाती है।
- इन वस्तुओं को बनाने के लिए इस्तेमाल किए गए संसाधनों और वे प्राकृतिक संसाधनों से कैसे जुड़े हैं, इस पर ज़ोर दिया जाता है।
- आस-पास के वातावरण को स्वच्छ और स्वस्थ रखने के लिए अपशिष्ट प्रबंधन, पुन: उपयोग और पुनर्चक्रण पर ध्यान दें।

कक्षा की खोज [Exploring the Classroom]

- **ख़ुशी का अवलोकन [Khushi's Observation]:** ख़ुशी अपनी कक्षा के चारों ओर देखती है और जो चीज़ें देखती है उनकी सामग्री और उत्पत्ति के बारे में सोचती है।
- **टेबल और कुर्सी [Table and chair]:** लकड़ी से बनी, पेड़ों से प्राप्त।
- **काज, कील और कुंडी [Hinges, nails, and latches]:** धातु से बनी, जिसे पृथ्वी में पाए जाने वाले अयस्कों से निकाला जाता है।

सामग्रियों के प्रकार [Types of Materials]

- **धातुएँ [Metals]:** लोहा, तांबा, एल्युमिनियम, सोना जैसी धातुएँ और स्टील, पीतल और कांस्य जैसी मिश्र धातुएँ हमारे आस-पास आम हैं।
- धातुएँ अयस्कों से निकाली जाती हैं।
- **कांच [Glass]:** रेत से बनी पारदर्शी सामग्री।
- **प्लास्टिक [Plastic]:** बिजली के स्विच, लाइट बल्ब आदि जैसी कई वस्तुओं में उपयोग किया जाता है।
- **लकड़ी [Wood]:** फर्नीचर, दरवाजे और अन्य चीजों में उपयोग किया जाता है।

पारदर्शी, पारभासी और अपारदर्शी सामग्री [Transparent, Translucent, and Opaque Materials]

- **पारदर्शी [Transparent]:** ऐसी सामग्री जिसके आर-पार आप साफ़ देख सकते हैं (जैसे, कांच)।
- **पारभासी [Translucent]:** ऐसी सामग्री जो कुछ प्रकाश को गुजरने देती है, लेकिन स्पष्ट रूप से दिखाई नहीं देती (जैसे, पतला कपड़ा)।
- **अपारदर्शी [Opaque]:** ऐसी सामग्री जो प्रकाश को गुजरने नहीं देती (जैसे, लकड़ी, धातु)।

सामग्री के गुण [Properties of Materials]

- **सामग्री को उनकी उपस्थिति [appearance]** (जैसे, चमकदार, फीकी, खुरदरी, चिकनी) और स्पर्श [touch] (जैसे, गर्म, ठंडा) से पहचाना जा सकता है।
- **ध्वनि [Sound]:** विभिन्न सामग्रियों (धातु, प्लास्टिक, लकड़ी, कांच) से बनी वस्तुओं को टैप करने पर अलग-अलग ध्वनियाँ उत्पन्न होती हैं।
- **लचीलापन [Flexibility]:** लकड़ी कठोर और सख्त होती है, जबकि कपड़ा नरम और लचीला होता है, जो इसे विभिन्न उपयोगों के लिए उपयुक्त बनाता है।

ठोस, तरल और गैसें [Solids, Liquids, and Gases]

- **ठोस [Solids]:** अपना आकार बनाए रखते हैं (जैसे, पत्थर, चम्मच)।
- **तरल [Liquids]:** अपने कंटेनर (जैसे, पानी, शहद) के आधार पर अपना आकार बदल सकते हैं।
- **गैसें [Gases]:** आकार बनाए नहीं रखतीं और कंटेनर को भरने के लिए फैल जाती हैं (जैसे, हवा, धुआँ)।

प्राकृतिक बनाम कृत्रिम सामग्री [Natural vs. Artificial Materials]

- **प्राकृतिक सामग्री [Natural Materials]:** प्रकृति में पाई जाती हैं और मनुष्यों द्वारा नहीं बनाई जाती हैं (जैसे, पेड़, जानवर, पानी)।
- **कृत्रिम सामग्री [Artificial Materials]:** विभिन्न प्रक्रियाओं (जैसे, प्लास्टिक, कपड़े, जूते) के माध्यम से मनुष्यों द्वारा बनाई गई।

Chapter – 11: Making Things / अध्याय – 11: कैसे बनी ये वस्तुएं?

मिट्टी के बर्तनों का परिचय [Introduction to Pottery]:

- **मिट्टी के बर्तन [Pottery]:** कुम्हारों द्वारा बर्तन, गुल्लक, पक्षियों के लिए स्नानघर और कप जैसी चीज़ें बनाई जाती हैं।
- **उपयोग की जाने वाली सामग्री [Materials Used]:** मिट्टी के बर्तन मुख्य रूप से मिट्टी से बनाए जाते हैं।
- **प्रक्रिया [Process]:**
  - ✓ कुम्हार मिट्टी को गीला करके गूंथते हैं।
  - ✓ मिट्टी को चरखे का उपयोग करके आकार दिया जाता है।
  - ✓ सूखने के बाद, मिट्टी को सख्त करने के लिए इसे भट्टी (उच्च तापमान वाली भट्टी) में पकाया जाता है।

प्रकृति में पैटर्न का महत्व [Importance of Patterns in Nature]:

- **प्रकृति में पैटर्न [Patterns in Nature]:** उदाहरणों में तेंदुए पर धब्बे, गिलहरियों पर धारियाँ, और पत्तियों और तितलियों और मोर जैसे जानवरों पर पैटर्न शामिल हैं।
- कलाकार अक्सर मिट्टी के बर्तनों को सजाने के लिए इन प्राकृतिक पैटर्न से प्रेरणा लेते हैं।

ईंटें [Bricks]:

- ईंटें मिट्टी से बनाई जाती हैं, मिट्टी के बर्तनों की तरह।
- उन्हें सख्त करने के लिए भट्टी में ढाला और पकाया जाता है।
- ईंटों का उपयोग निर्माण के लिए किया जाता है, खासकर घरों, स्कूलों, अस्पतालों आदि के निर्माण में।

गर्म क्षेत्रों में मिट्टी के घर [Mud Houses in Warm Areas]:

- गर्म क्षेत्रों में मिट्टी के घर पारंपरिक हैं क्योंकि वे अंदरूनी हिस्सों को ठंडा रखने में मदद करते हैं।
- लोग चिकनी दीवारें और फर्श बनाने और बनाने के लिए घास, लकड़ी और गोबर [grass, wood, and cow dung] जैसी प्राकृतिक सामग्री का उपयोग करते हैं। गाय का गोबर कीड़ों को दूर रखने में भी मदद करता है।
- **मिट्टी के घरों के लाभ [Benefits of Mud Houses]:** पर्यावरण के अनुकूल, प्राकृतिक रूप से ठंडा और सुरक्षित।

Chapter – 12 Taking Charge of Waste / अध्याय – 12 क्या और कैसे करें इसका?

कचरा निर्माण [Waste Creation]

- हमारे दैनिक क्रियाकलापों में कचरा पैदा होता है, जैसे पुराने कपड़े, खाद्य रैपर, कागज, सब्जी के छिलके, पुरानी बैटरी, और बहुत कुछ का निपटान करना।
- कचरा अक्सर हमारे घरों, स्कूलों और पड़ोस के आसपास ढेर में समा जाता है, जिससे प्रदूषण और स्वास्थ्य संबंधी समस्याएं होती हैं।

कचरे का प्रबंधन [Managing Waste]

- कचरे का प्रबंधन करना महत्वपूर्ण है, और यह हर किसी की जिम्मेदारी है कि वह कचरे को कम करने, उसका पुनः उपयोग करने और उसे रीसाइकिल करने का तरीका सीखे।
- कचरा हानिकारक हो सकता है, क्योंकि जानवर प्लास्टिक खा सकते हैं, और प्लास्टिक को जलाने से हानिकारक गैसें निकलती हैं। कचरा मच्छरों को भी आकर्षित करता है, जो बीमारियाँ फैला सकते हैं।

कचरे का प्रबंधन करने के तरीके [Ways to Manage Waste]

कम करें Reduce	पुनः उपयोग Reuse	पुनर्चक्रण Recycle

- **कम करें [Reduce]:** कम पैकेज्ड उत्पादों का उपयोग करके और पुनः उपयोग करने योग्य विकल्प (जैसे, प्लास्टिक के बजाय कपड़े के थैले) चुनकर अपने द्वारा बनाए जाने वाले कचरे की मात्रा को कम करें।
- **पुनः उपयोग [Reuse]:** चीजों को फेंकने के बजाय उन्हें कई बार उपयोग करें। उदाहरण के लिए, पुराने कपड़ों का पुनः उपयोग रजाई या बैग बनाने के लिए किया जा सकता है, और पुराने अखबारों का उपयोग उपहार लपेटने के लिए किया जा सकता है।
- **पुनर्चक्रण [Recycle]:** रीसाइकिल करने के लिए कचरे को धातु, कांच, प्लास्टिक और कागज जैसी श्रेणियों में अलग करें। कई समुदाय इन सामग्रियों को अलग करके नए उत्पाद बनाते हैं।

शून्य अपशिष्ट समुदाय [Zero Waste Communities]

- अरुणाचल प्रदेश में सिलुक, छोटा नरेना, इंदौर और मैसूर जैसे कुछ समुदायों ने कचरें को अलग करने और पुनर्चक्रण पर ध्यान केंद्रित करके अपने आस-पास के वातावरण को साफ रखते हुए सफलतापूर्वक कचरे का प्रबंधन किया है।
- सिलुक को कचरे के प्रभावी प्रबंधन के प्रयासों के लिए "शून्य-अपशिष्ट गांव [zero-waste village]" के रूप में जाना जाता है।

कचरे के प्रकार और पृथक्करण [Types of Waste and Segregation]

- **हरा कूड़ेदान [Green Dustbin]:** सूखे पत्ते, फलों के छिलके और सब्जियों के कचरे जैसे जैविक कचरे के लिए इस्तेमाल किया जाता है। यह कचरा सड़ जाता है और इसका उपयोग खाद बनाने के लिए किया जा सकता है, जिससे मिट्टी समृद्ध होती है।
- **नीला कूड़ेदान [Blue Dustbin]:** प्लास्टिक, कांच, धातु और कागज जैसे गैर-जैविक कचरे के लिए इस्तेमाल किया जाता है। इन सामग्रियों को रीसाइकिल करके नए उत्पादों में बदला जा सकता है।

कचरे को कम करने में मदद करने के सरल तरीके [Simple Ways to Help Reduce Waste]

- **पुनः प्रयोज्य पानी की बोतलों का उपयोग करें [Use reusable water bottles]:** एकल-उपयोग वाली प्लास्टिक की बोतलें खरीदने के बजाय, स्टील या तांबे से बनी पुन: प्रयोज्य बोतलों को फिर से भरें।
- **अपशिष्ट पदार्थों से उपहार बनाएँ [Make gifts from waste materials]:** पुराने अख़बारों या बक्सों का उपयोग खिलौने या सजावट जैसी रचनात्मक वस्तुएँ बनाने के लिए किया जा सकता है।
- **पुरानी वस्तुएँ दान करें [Donate old items]:** खिलौने, किताबें और कपड़े फेंकने के बजाय उन लोगों के साथ बाँटें जिन्हें उनकी ज़रूरत है।

अपशिष्ट-मुक्त समारोह [Waste-Free Celebrations]

- शून्य-अपशिष्ट जन्मदिन की पार्टी के लिए, पुन: प्रयोज्य वस्तुओं का उपयोग करने, प्लास्टिक की सजावट से बचने और भोजन की बर्बादी को कम करने पर विचार करें।

स्वच्छता का महत्व [Importance of Cleanliness]

- राष्ट्रीय स्वच्छता दिवस (30 जनवरी) हमें याद दिलाता है कि कचरे का उचित प्रबंधन करके और उसका सही तरीके से निपटान करके अपने आस-पास के वातावरण को साफ रखना चाहिए।
- कचरे को कम करके, वस्तुओं का पुनः उपयोग करके और पुनर्चक्रण करके, हम एक स्वच्छ और हरियाली भरी दुनिया बना सकते हैं।

Authors of the Textbook
[पाठ्यपुस्तक के लेखक]

अनिता भटनागर [Anita Bhatnagar]

अनीता भटनागर एक पूर्व भारतीय प्रशासनिक सेवा (आईएएस) अधिकारी और एक लेखिका हैं जो बच्चों के साहित्य में अपने काम के लिए जानी जाती हैं। उन्होंने कई किताबें लिखी हैं जो युवा दिमागों को आकर्षित करने और शिक्षित करने पर केंद्रित हैं, अक्सर भारतीय संस्कृति और मूल्यों के तत्वों को मिलाती हैं। एक सिविल सेवक और एक लेखक दोनों के रूप में उनके योगदान ने उन्हें अपने क्षेत्र में एक प्रतिष्ठित व्यक्ति बना दिया है।

अर्चना पणिक्कर [Archana Panicker]

अर्चना पणिक्कर अहमदाबाद, भारत में सेंटर फॉर एनवायरनमेंट एजुकेशन (सीईई) में कार्यक्रम निदेशक हैं। वह पर्यावरण शिक्षा में शामिल हैं और स्थिरता और पर्यावरण संरक्षण के बारे में जागरूकता बढ़ाने के उद्देश्य से विभिन्न पहलों पर काम करती हैं। उनका काम पर्यावरण के अनुकूल प्रथाओं को बढ़ावा देने और व्यक्तियों और समुदायों को पर्यावरण के मुद्दों से जुड़ने के लिए सशक्त बनाने पर केंद्रित है।

बिनय पटनायक [Binay Pattanayak]

बिनय पटनायक नई दिल्ली में NCERT (राष्ट्रीय शैक्षिक अनुसंधान और प्रशिक्षण परिषद) के NSTC (राष्ट्रीय विज्ञान प्रतिभा खोज) कार्यक्रम कार्यालय में मुख्य सलाहकार हैं। वे भारत में विज्ञान शिक्षा और प्रतिभा विकास से संबंधित पहलों की देखरेख और प्रबंधन में महत्वपूर्ण भूमिका निभाते हैं। उनका काम मुख्य रूप से विभिन्न शैक्षिक कार्यक्रमों के माध्यम से युवा वैज्ञानिक प्रतिभाओं को पोषित करने और देश भर के छात्रों के लिए विज्ञान में एक मजबूत आधार तैयार करने पर केंद्रित है।

चोंग शिमरे [Chong Shimray]

चोंग शिमरे नई दिल्ली में NCERT (राष्ट्रीय शैक्षिक अनुसंधान और प्रशिक्षण परिषद) में प्राथमिक शिक्षा विभाग में एसोसिएट प्रोफेसर हैं। वह भारत में प्राथमिक शिक्षा में सुधार के उद्देश्य से शैक्षिक प्रथाओं और नीतियों के विकास और कार्यान्वयन में माहिर हैं। उनका काम अनुसंधान, पाठ्यक्रम विकास और शिक्षक प्रशिक्षण से जुड़ा है, जिसका ध्यान जमीनी स्तर पर शिक्षा की गुणवत्ता बढ़ाने पर है।

डेबोरा दत्ता [Deborah Dutta]

डेबोरा दत्ता आनंद में ग्रामीण प्रबंधन संस्थान में अनुसंधान और प्रलेखन सलाहकार हैं। वह ग्रामीण विकास पर केंद्रित अनुसंधान और प्रलेखन परियोजनाओं में शामिल हैं, जो क्षेत्र में प्रमुख निष्कर्षों के विश्लेषण और प्रसार में योगदान देती हैं। उनका काम सतत विकास पहलों और ग्रामीण आजीविका में सुधार का समर्थन करता है।

धन्य कृष्ण [Dhanya Krishna]

धन्या कृष्णा एनसीईआरटी में प्राथमिक शिक्षा विभाग में एसोसिएट प्रोफेसर हैं। वह भारत में प्राथमिक शिक्षा की गुणवत्ता बढ़ाने के लिए शोध, पाठ्यक्रम विकास और शिक्षक प्रशिक्षण पर ध्यान केंद्रित करती हैं, जिसका उद्देश्य आधारभूत स्तर पर शैक्षिक प्रथाओं में सुधार करना है।

डिकिला लेप्चा [Dikila Lepcha]

डिकिला लेप्चा सिक्किम में एससीईआरटी (राज्य शैक्षिक अनुसंधान और प्रशिक्षण परिषद) में सहायक प्रोफेसर हैं। वह सिक्किम में शिक्षा की गुणवत्ता में सुधार लाने पर ध्यान केंद्रित करते हुए शैक्षिक अनुसंधान, पाठ्यक्रम विकास और शिक्षक प्रशिक्षण में शामिल हैं।

गायत्री दवे [Gayatri Dave]

गायत्री दवे अहमदाबाद में सेंटर फॉर एनवायरनमेंट एजुकेशन (सीईई) में कार्यक्रम समन्वयक हैं। वह पर्यावरण शिक्षा पहलों पर काम करती हैं, स्थिरता को बढ़ावा देती हैं और विभिन्न कार्यक्रमों और परियोजनाओं के माध्यम से पर्यावरण संबंधी मुद्दों के बारे में जागरूकता बढ़ाती हैं।

जयश्री रामदास [Jayashree Ramadas]

जयश्री रामदास हैदराबाद में एचबीसीएसई (होमी भाभा सेंटर फॉर साइंस एजुकेशन) और टीआईएफआर (टाटा इंस्टीट्यूट ऑफ फंडामेंटल रिसर्च) में विज्ञान शिक्षा की सेवानिवृत्त प्रोफेसर हैं। उन्होंने भारत में विज्ञान शिक्षा को बेहतर बनाने के लिए पाठ्यक्रम विकास, शिक्षक प्रशिक्षण और अनुसंधान पर ध्यान केंद्रित करते हुए विज्ञान शिक्षा के क्षेत्र में महत्वपूर्ण योगदान दिया है।

महेंद्रकुमार अर्जन चोटालिया [Mahendrakumar Arjan Chotalia]

महेंद्रकुमार अर्जन चोटालिया गुजरात के सरदार पटेल विश्वविद्यालय में शिक्षा संकाय के पूर्व डीन और स्नातकोत्तर शिक्षा विभाग के प्रमुख हैं। उन्होंने उच्च शिक्षा और पाठ्यक्रम विकास में अपने नेतृत्व और कार्य के माध्यम से शिक्षा के क्षेत्र में महत्वपूर्ण योगदान दिया है।

मातृका शर्मा [Matrika Sharma]

मातृका शर्मा सिक्किम के डिकलिंग में सरकारी सीनियर सेकेंडरी स्कूल में इतिहास की पोस्ट ग्रेजुएट टीचर (PGT) हैं। वह इतिहास पढ़ाती हैं और अपने स्कूल में छात्रों के शैक्षिक अनुभवों को आकार देने में महत्वपूर्ण भूमिका निभाती हैं।

पटेल राकेश कुमार चंद्रकांत [Patel Rakesh Kumar Chandrakant]

पटेल राकेश कुमार चंद्रकांत गुजरात के पंचमहल में नव नादिसर प्राथमिक विद्यालय में प्रधानाध्यापक हैं। वे विद्यालय के संचालन का नेतृत्व और प्रबंधन, शिक्षा की गुणवत्ता सुनिश्चित करने और प्राथमिक विद्यालय के छात्रों के शैक्षणिक विकास का समर्थन करने के लिए जिम्मेदार हैं।

राम जयसुंदर [Rama Jayasundar]

रमा जयसुंदर नई दिल्ली स्थित अखिल भारतीय आयुर्विज्ञान संस्थान (एम्स) में एनएमआर (न्यूक्लियर मैग्नेटिक रेजोनेंस) विभाग की प्रमुख हैं। वह एनएमआर तकनीक में विशेषज्ञ हैं, तथा चिकित्सा अनुसंधान और निदान में इसके अनुप्रयोग पर ध्यान केंद्रित करती हैं।

रोमिला भटनागर [Romila Bhatnagar]

रोमिला भटनागर एनसीईआरटी, नई दिल्ली में प्राथमिक शिक्षा विभाग में एसोसिएट प्रोफेसर हैं। वह भारत में प्राथमिक शिक्षा में सुधार पर ध्यान केंद्रित करते हुए अनुसंधान, पाठ्यक्रम विकास और शिक्षक प्रशिक्षण में शामिल हैं।

संदीप कुमार [Sandeep Kumar]

संदीप कुमार एनसीईआरटी, नई दिल्ली में प्रारंभिक शिक्षा विभाग में सहायक प्रोफेसर हैं। वे भारत में प्रारंभिक शिक्षा की गुणवत्ता बढ़ाने के उद्देश्य से अनुसंधान, पाठ्यक्रम विकास और शिक्षक प्रशिक्षण पर ध्यान केंद्रित करते हैं।

शमीन पडलकर [Shamin Padalkar]

शमीन पडलकर मुंबई में टाटा इंस्टीट्यूट ऑफ सोशल साइंसेज (TISS) में सहायक प्रोफेसर हैं। वह सामाजिक विज्ञान पर ध्यान केंद्रित करते हुए शिक्षण, शोध और शैक्षणिक गतिविधियों में शामिल हैं और संस्थान में अपने काम के माध्यम से इस क्षेत्र के विकास में योगदान दे रही हैं।

श्रीदेवी के.वी. [Sridevi K. V.]

श्रीदेवी के.वी. अजमेर में क्षेत्रीय शिक्षा संस्थान में एसोसिएट प्रोफेसर हैं। वह शिक्षा में विशेषज्ञ हैं, जो शिक्षक प्रशिक्षण, पाठ्यक्रम विकास और शिक्षण और सीखने की गुणवत्ता में सुधार के लिए शैक्षिक अनुसंधान पर ध्यान केंद्रित करती हैं।

स्वाति शेलार [Swati Shelar]

स्वाति शेलार आईआईटी गांधीनगर के सेंटर फॉर क्रिएटिव लर्निंग में सीनियर प्रोजेक्ट एसोसिएट हैं। वह विभिन्न शैक्षणिक क्षेत्रों में सीखने के अनुभव को बढ़ाने के लिए अभिनव शिक्षण विधियों, रचनात्मक शिक्षण और शैक्षिक विकास पर ध्यान केंद्रित करने वाली परियोजनाओं में शामिल हैं।

तरुण चौबीसा [Tarun Choubisa]

तरुण चौबीसा बेंगलुरु में सीड2सैपलिंग एजुकेशन फाउंडेशन में शिक्षाशास्त्र और नवाचार (विज्ञान) के निदेशक हैं, जहाँ वे नवीन विज्ञान शिक्षा विधियों को विकसित करने और लागू करने पर ध्यान केंद्रित करते हैं। फाउंडेशन नवीन शिक्षण दृष्टिकोणों के माध्यम से शैक्षिक प्रथाओं को बढ़ाने के लिए काम करता है।

तूलिका डे [Tulika Dey]

तूलिका डे शिलांग में उत्तर-पूर्वी क्षेत्रीय शिक्षा संस्थान (NERIE) में एसोसिएट प्रोफेसर हैं। अपनी भूमिका में, वह संभवतः शिक्षा से संबंधित शिक्षण और शोध में शामिल हैं, जो भारत के पूर्वोत्तर क्षेत्र में शैक्षिक प्रथाओं के विकास पर केंद्रित है।

वेना कपूर [Vena Kapoor]

वेना कपूर बेंगलुरु में नेचर क्लासरूम में नेचर एजुकेशन कंसल्टेंट हैं। अपनी भूमिका में, वह संभवतः बाहरी और प्रकृति-आधारित सीखने के अनुभवों को बढ़ावा देने, पर्यावरण शिक्षा को कक्षा की सेटिंग में एकीकृत करने पर ध्यान केंद्रित करती हैं।

विजय दत्ता [Vijay Datta]

विजय दत्ता नई दिल्ली में बाराखंभा रोड पर स्थित मॉडर्न स्कूल के प्रिंसिपल हैं। वह स्कूल के समग्र कामकाज की देखरेख, उच्च शैक्षणिक मानकों को सुनिश्चित करने और छात्रों और कर्मचारियों दोनों के लिए सकारात्मक माहौल को बढ़ावा देने के लिए जिम्मेदार हैं। मॉडर्न स्कूल दिल्ली के प्रतिष्ठित शैक्षणिक संस्थानों में से एक है, जो अपने व्यापक पाठ्यक्रम और पाठ्येतर गतिविधियों के लिए जाना जाता है।

वी. रामनाथन [V. Ramanathan]

वी. रामनाथन मुंबई में टाटा इंस्टीट्यूट ऑफ सोशल साइंसेज (TISS) में सहायक प्रोफेसर हैं। वे शिक्षण और शोध में शामिल हैं, सामाजिक विज्ञान के क्षेत्र में योगदान दे रहे हैं। TISS भारत में एक प्रसिद्ध संस्थान है, जो सामाजिक कार्य, मानव विकास और संबंधित विषयों पर अपने ध्यान के लिए जाना जाता है।

EVS:
Class 4

Chapter – 01: Going to School / अध्याय – 01: चलो, चलें स्कूल

- **बांस का पुल (असम) [Bamboo Bridge (Assam)]:** बारिश के बाद बच्चे बांस और रस्सी के पुल का उपयोग करके घुटनों तक पानी पार करके स्कूल पहुँचते हैं।
- **ट्रॉली (लद्दाख) [The Trolley (Ladakh)]:** बच्चे स्कूल पहुँचने के लिए एक चौड़ी नदी को पार करने के लिए एक मजबूत लोहे की रस्सी से जुड़ी ट्रॉली का उपयोग करते हैं। चरखी ट्रॉली को रस्सी के पार ले जाने में मदद करती है।
- **सीमेंट का पुल [Cement Bridge]:** सीमेंट, ईंटों और लोहे की छड़ों से बने पुलों का उपयोग जल निकायों को पार करने के लिए किया जाता है। उनमें सीढ़ियाँ हो सकती हैं।
- **वल्लम (केरल) [Vallam (Kerala)]:** केरल में, बच्चे स्कूल पहुँचने के लिए वल्लम नामक एक छोटी लकड़ी की नाव का उपयोग करते हैं।
- **ऊँट-गाड़ी (राजस्थान) [Camel-cart (Rajasthan)]:** राजस्थान में, बच्चे स्कूल पहुँचने के लिए ऊँट-गाड़ी में सवार होकर जाते हैं, खासकर रेगिस्तान में।
- **बैलगाड़ी [Bullock-cart]:** कुछ क्षेत्रों में, बच्चे बैलगाड़ी में स्कूल जाते हैं, खासकर धूप या बारिश के मौसम में।
- **साइकिल की सवारी [Bicycle Ride]:** कुछ बच्चे कठिन रास्तों पर भी स्कूल पहुँचने के लिए साइकिल का उपयोग करते हैं।
- **जंगल [Jungle]:** कुछ बच्चे घने जंगलों को पार करके स्कूल पहुँचते हैं, जहाँ घने पेड़ों के कारण सूरज की रोशनी नहीं पहुँच पाती।
- **बर्फ पर चलना (उत्तरी पहाड़ियाँ) [Moving on Snow (Northern Hills)]:** बर्फीले इलाकों में बच्चे स्कूल पहुँचने के लिए गहरी बर्फ में सावधानी से चलते हैं।
- **पथरीले रास्ते (उत्तराखंड) [Rocky Paths (Uttarakhand)]:** पहाड़ी इलाकों में बच्चे स्कूल पहुँचने के लिए पथरीले, उबड़-खाबड़ रास्तों से गुजरते हैं, जो मैदानी इलाकों के बच्चों के लिए मुश्किल हो सकता है।

Chapter – 02: Ear to Ear / अध्याय – 02: कान कान में

जानवरों के कान [Animal Ears]

- **अलग-अलग जानवरों के अलग-अलग कान [Different Ears for Different Animals]:** जानवरों के कान उनकी प्रजातियों के आधार पर अलग-अलग तरह के होते हैं। कुछ जानवरों के कान दिखाई देते हैं, जबकि अन्य के नहीं।
- **दिखने वाले कान वाले जानवर [Animals with Visible Ears]:** उदाहरणों में कुत्ते, हाथी, खरगोश और हिरण शामिल हैं। उनके कान स्पष्ट रूप से दिखाई देते हैं और उन्हें पहचानना आसान है।
- **बिना दिखाई देने वाले कान वाले जानवर [Animals without Visible Ears]:** उदाहरणों में पक्षी, मेंढक, साँप, मछली और छिपकली शामिल हैं। उनके कान तो होते हैं, लेकिन वे उनकी त्वचा के नीचे छिपे होते हैं या पंखों से ढके होते हैं।
- **पक्षियों के कान [Bird Ears]:** पक्षियों के बाहरी कान नहीं होते; उनके पास सुनने में मदद करने के लिए पंखों से ढके छोटे-छोटे छेद होते हैं।
- **छिपकली और मगरमच्छ के कान [Lizard & Crocodile Ears]:** छिपकलियों और मगरमच्छों के कान के लिए छोटे-छोटे छेद होते हैं, जिन्हें देखना मुश्किल होता है।

कान और त्वचा के पैटर्न वाले जानवरों का मिलान [Matching Animals with Ears and Skin Patterns]

- **त्वचा के पैटर्न [Skin Patterns]:** जानवरों के बाल, पंख या पैमाना के कारण त्वचा की बनावट और पैटर्न अलग-अलग होते हैं।
- **त्वचा पर बाल [Hair on Skin]:** लोमड़ी, चूहे, ऊँट और गाय जैसे जानवरों की त्वचा पर बाल होते हैं, जो पैटर्न बनाते हैं।
- **त्वचा पर पंख [Feathers on Skin]:** मोर, गौरैया और बत्तख जैसे पक्षियों की त्वचा पर पंख होते हैं।

✍ **बाल रहित जानवर [Hairless Animals]:** हाथी, बिल्ली और सूअर जैसे जानवरों के शरीर पर भी बाल होते हैं, हालाँकि कुछ लगभग बाल रहित दिखाई दे सकते हैं।

जानवरों की पहचान [Identifying Animals]

✍ **विशेषताओं के आधार पर जानवरों का वर्गीकरण [Classifying Animals Based on Features]:**
- ✓ **दिखने वाले कान [Visible Ears]:** हाथी, हिरण और कुत्ते जैसे जानवरों के कान दिखाई देते हैं।
- ✓ **दिखने वाले कान नहीं [Invisible Ears]:** साँप, पक्षी और मछली जैसे जानवरों के कान दिखाई नहीं देते।
- ✓ **बाल बनाम पंख वाले जानवर [Animals with Hair vs. Feathers]:** कुछ जानवरों के बाल होते हैं (जैसे गाय और भैंस), जबकि अन्य के पंख होते हैं (जैसे पक्षी)।

अंडे देने वाले बनाम जीवित जन्म देने वाले जानवर [Egg-Laying vs. Live-Birth Animals]

✍ **अंडे देने वाले जानवर [Egg-Laying Animals]:** पक्षी, सरीसृप और मछली जैसे कई जानवर अंडे देते हैं।

✍ **जीवित जन्म देने वाले जानवर [Live-Birth Animals]:** गाय, भैंस और हाथी जैसे स्तनधारी बच्चे पैदा करते हैं।

जंगली जानवर [Animals in the Wild]

✍ **राष्ट्रीय पशु [National Animal]:** भारत का राष्ट्रीय पशु बाघ [tiger] है।

✍ भारत में बाघों की आबादी घट रही है, और अध्याय में इसके कारणों पर चर्चा करने को प्रोत्साहित किया गया है।

Chapter – 03: A Day with Nandu / अध्याय – 03: नंदू हाथी

नंदू और हाथी झुंड का परिचय [Introduction to Nandu and the Elephant Herd]

✍ **नंदू का जागना [Nandu's Waking Up]:** नंदू, एक छोटा हाथी, हाथियों के एक बड़े झुंड में जागता है। शुरू में, वह अपने परिवार के सदस्यों को जंगल समझ लेता है, क्योंकि उसके चारों ओर बड़ी भूरी सूंड और पैर होते हैं।

✍ **नानी माँ [Nani Ma]:** झुंड में सबसे बूढ़ी हथिनी, जिसे "नानी माँ" कहा जाता है, नेता है। वह झुंड को जंगल की ओर ले जाती है।

✍ **नंदू का परिवार [Nandu's Family]:** नंदू अपने परिवार के सदस्यों से घिरा हुआ है, जिसमें उसकी माँ भी शामिल है, जो उसे खेलने और तलाशने के लिए धीरे-धीरे प्रोत्साहित करती है।

हाथियों का दैनिक जीवन [Daily Life of Elephants]

✍ भोजन की आदतें [Feeding Habits]: हाथी शाकाहारी होते हैं। वे बहुत सारे पत्ते और टहनियाँ खाते हैं, और एक वयस्क हाथी एक दिन में 100 किलोग्राम से अधिक भोजन खा सकता है।

✍ पानी में खेलना [Playing in the Water]: झुंड नदी की ओर बढ़ता है, जहाँ नंदू जैसे छोटे हाथी पानी में खेलने का आनंद लेते हैं। हाथियों को कीचड़ में खेलना भी पसंद है, जो उनकी त्वचा को ठंडा रखने में मदद करता है।

✍ नींद [Sleep]: हाथी बहुत कम सोते हैं - दिन में सिर्फ़ दो से चार घंटे।

नंदू का खेल का समय और झुंड की गतिशीलता [Nandu's Playtime and Herd Dynamics]

✍ **नंदू की बातचीत [Nandu's Interaction]:** नंदू को अपने चचेरे भाइयों के साथ खेलना अच्छा लगता है, लेकिन चूंकि वह अभी भी छोटा है, इसलिए खेलते समय उसे चोट न लगे, इस बात का ध्यान रखता है।

✍ **हाथियों की सामाजिक संरचना [Social Structure of Elephants]:** हाथियों के झुंड में ज़्यादातर मादा और उनके बच्चे होते हैं। सबसे बूढ़ी मादा (नानी माँ) झुंड का नेतृत्व करती है। नर हाथी 14-15 साल की उम्र में झुंड छोड़ देते हैं और उसके बाद अक्सर अकेले रहते हैं।

हाथियों के झुंड का व्यवहार [Elephant Herd Behaviour]

- **झुंड का व्यवहार [Herd Behaviour]:** हाथी झुंड कहलाने वाले समूहों में रहते हैं। वे एक साथ चलते हैं, एक साथ भोजन की तलाश करते हैं और एक-दूसरे की देखभाल करते हैं। झुंड के लिए सबसे बूढ़ी मादा निर्णय लेने वाली होती है।
- **नंदू का भविष्य [Nandu's Future]:** नंदू 14-15 साल की उम्र में झुंड छोड़ देगा।

पशु कल्याण और चिंतन [Animal Welfare and Reflection]

- **पशु अधिकार चर्चा [Animal Rights Discussion]:** अध्याय इस बात पर चिंतन करने को प्रोत्साहित करता है कि हाथी जैसे जानवर, कैद में रखे जाने पर या प्रदर्शन करने के लिए मजबूर किए जाने पर कैसा महसूस कर सकते हैं (जैसे सर्कस के जानवर)। यह जानवरों के साथ कैसा व्यवहार किया जाता है, इस बारे में जागरूकता बढ़ाता है और पाठकों से उनकी भावनाओं पर विचार करने के लिए कहता है।

पशु सवारी और काम करने वाले जानवर [Animal Ride and Work Animals]

- **सवारी और काम के लिए जानवर [Animals for Riding and Work]:**
  - ✓ हाथी और घोड़े जैसे कुछ जानवरों का इस्तेमाल सवारी या भार ढोने के लिए किया जाता है।
  - ✓ अन्य जानवर इंसानों के साथ काम कर सकते हैं, जैसे खेती में बैल।

जानवरों की आवाज़ और भावनाएँ [Animal Voices and Emotions]

- **कैद में जानवर [Animals in Captivity]:** अध्याय कैद में हाथियों, बंदरों और घोड़ों जैसे जानवरों की उदास आवाज़ों का वर्णन करता है। इन जानवरों को उनकी सहमति के बिना प्रदर्शन या काम करने के लिए मजबूर किया जाता है, जिससे उन्हें परेशानी हो सकती है।
- **बंदर और हाथी [Monkeys and Elephants]:** यह जंगली (स्वतंत्र) बंदरों के जीवन और कैद में रहने वाले (सर्कस में प्रदर्शन करने वाले) बंदरों के जीवन के बीच तुलना करता है, उनके कल्याण में अंतर को उजागर करता है।

हाथी एक दूसरे की मदद करते हैं [Elephants Helping Each Other]

- हाथी सहयोग [Elephant Cooperation]: हाथी मुसीबत में एक दूसरे की मदद करने के लिए जाने जाते हैं, खासकर जब बात अपने बच्चों को बचाने की हो। वे अपने झुंड में मजबूत बंधन बनाते हैं और एक दूसरे का समर्थन करते हैं।

प्रमुख बिंदु [Key Points]

- हाथी झुंड में रहते हैं, जिसका नेतृत्व सबसे बूढ़ी मादा करती है।
- शिशु हाथी अपने झुंड के सदस्यों के साथ खेलते हैं, खोजबीन करते हैं और उनसे सीखते हैं।
- हाथियों का व्यवहार अनोखा होता है, जैसे ठंडक पाने के लिए कीचड़ और पानी का इस्तेमाल करना और ठंडक पाने के लिए अपने कान फड़फड़ाना।
- यह अध्याय कैद में रहने वाले जानवरों के प्रति सहानुभूति को प्रोत्साहित करता है और पशु कल्याण पर चर्चा को बढ़ावा देता है।
- बच्चों से समूह में रहने, झुंड में व्यवहार करने और जानवरों के साथ व्यवहार के बारे में सोचने के लिए कहा जाता है।

Chapter – 04: The Story of Amrita / अध्याय – 04: अमृता की कहानी

अमृता की स्थापना और परिचय [Setting and Introduction to Amrita]

- **स्थान [Location]:** कहानी राजस्थान के जोधपुर के पास खेजड़ली नामक गाँव में सेट की गई है, जो अपने खेजड़ी के पेड़ों के लिए जाना जाता है।

- **गाँव के मूल्य [Village Values]:** खेजड़ली के लोग पौधों, पेड़ों और जानवरों का बहुत सम्मान करते हैं। गाँव के लोग एक कहावत पर विश्वास करते हैं: "अगर पेड़ हैं तो हम हैं" (अगर पेड़ हैं, तो हम हैं)। वे मानते हैं कि पौधे और जानवर इंसानों के बिना जीवित रह सकते हैं, लेकिन इंसान उनके बिना जीवित नहीं रह सकता।

अमृता का पेड़ों के प्रति प्रेम [Amrita's Love for Trees]

- **अमृता का दैनिक अनुष्ठान [Amrita's Daily Ritual]:** हर सुबह, अमृता पेड़ों को गले लगाकर और उनकी ताकत और सुंदरता के लिए उन्हें धन्यवाद देकर उनका अभिवादन करती है। उसका और गाँव के अन्य बच्चों का पेड़ों से एक विशेष लगाव है और वे अक्सर उनकी छाया में खेलते हैं।

खतरे में पेड़ [Trees in Danger]

- **पेड़ों को खतरा [Threat to the Trees]:** जैसे-जैसे अमृता बड़ी होती है, गाँव को अजनबियों (राजा के आदमियों) से खतरा होता है, जो राजा के महल के निर्माण के लिए लकड़ी के लिए पेड़ों को काटने के लिए कुल्हाड़ियों के साथ आते हैं।
- **अमृता का विरोध [Amrita's Protest]:** इस घटना से स्तब्ध अमृता उस पेड़ को गले लगा लेती है जिसे काटा जा रहा है। वह तब भी नहीं छोड़ती जब लोग उसे धमकाते हैं।
- **गांव वालों का समर्थन [Villagers' Support]:** अमृता की बेटियाँ और सैकड़ों गांव वाले, बूढ़े और जवान, पेड़ों की रक्षा के लिए उनसे गले मिलते हैं। पेड़ों को बचाने की इस लड़ाई में अमृता समेत कई लोग अपनी जान कुर्बान कर देते हैं।

राजा की प्रतिक्रिया [The King's Reaction]

- **राजा का दौरा [King's Visit]:** जब राजा को ग्रामीणों के बलिदान के बारे में पता चलता है, तो वह गांव का दौरा करता है और पेड़ों और जानवरों के प्रति उनके गहरे सम्मान के बारे में जानता है।
- **राजा का निर्णय [King's Decision]:** ग्रामीणों के कार्यों से प्रभावित होकर, राजा आदेश देता है कि उस क्षेत्र में कोई भी पेड़ न काटा जाए और किसी भी जानवर को नुकसान न पहुँचाया जाए। यह निर्णय बिश्नोई आंदोलन की शुरुआत का प्रतीक है, जो आज भी लगभग 300 साल बाद जारी है।

बिश्नोई आंदोलन [The Bishnoi Movement]

- **निरंतर संरक्षण [Continued Protection]:** क्षेत्र के लोग, जिन्हें बिश्नोई के रूप में जाना जाता है, पौधों और जानवरों की रक्षा करना जारी रखते हैं। रेगिस्तानी क्षेत्र में होने के बावजूद, यह क्षेत्र हरा-भरा रहता है और जानवर बिना किसी डर के स्वतंत्र रूप से घूमते हैं।
- **खेजड़ी का पेड़ [Khejadi Tree]:** खेजड़ी का पेड़ गाँव के पारिस्थितिकी तंत्र का एक महत्वपूर्ण हिस्सा है। यह रेगिस्तानी इलाकों में पनपता है, इसे कम पानी की ज़रूरत होती है और यह जानवरों के लिए भोजन और आश्रय प्रदान करता है। इसकी छाल का उपयोग दवाओं के लिए किया जाता है और इसके फल खाने योग्य होते हैं।

चिंतन और गतिविधियाँ [Reflection and Activities]

- **वृक्ष मित्र [Tree Friends]:** अध्याय बच्चों को अपने घरों या स्कूलों के पास के पेड़ों के बारे में सोचने और यह देखने के लिए प्रोत्साहित करता है कि वे पूरे साल कैसे बदलते हैं। छात्रों को एक पेड़ चुनने और उसके विकास, फूलों, फलों और पत्तियों पर चिंतन करने के लिए प्रोत्साहित किया जाता है।
- **शिकार और पशु संरक्षण [Hunting and Animal Protection]:** अध्याय शिकार के मुद्दे पर संक्षेप में चर्चा करता है और काले हिरण जैसी संरक्षित प्रजातियों का शिकार करने वालों के खिलाफ़ की गई कानूनी कार्रवाइयों के संदर्भ में कुछ जानवरों की सुरक्षा के महत्व पर चर्चा करता है।

पर्यावरण जागरूकता [Environmental Awareness]

- **पक्षियों की आबादी में गिरावट [Decline in Bird Populations]:** अध्याय में चर्चा की गई है कि कैसे गौरैया और मैना जैसे कुछ पक्षियों की संख्या समय के साथ कम हो गई है। बच्चों को अपने दादा-दादी से उन पक्षियों के बारे में पूछने के लिए प्रोत्साहित किया जाता है जिन्हें उन्होंने बचपन में देखा था और इस गिरावट के पीछे के कारणों के बारे में सोचना चाहिए।

- **खेजड़ी का पेड़ [Khejadi Tree]:** अध्याय में खेजड़ी के पेड़ के बारे में जानकारी दी गई है, जो ग्रामीणों और आसपास के वन्यजीवों के लिए बहुत महत्वपूर्ण है। यह पेड़ सूखा प्रतिरोधी है और इसके फल और पत्ते मनुष्यों और जानवरों दोनों को पोषण प्रदान करते हैं।

निष्कर्ष [Conclusion]

- **पर्यावरण संरक्षण का संदेश [Message of Environmental Conservation]:** कहानी पेड़ों और जानवरों की रक्षा के महत्व पर प्रकाश डालती है और प्रकृति के संरक्षण के लिए निस्वार्थ कार्यों के मूल्य पर जोर देती है।
- **बिश्नोई विरासत [Bishnoi Legacy]:** पेड़ों और वन्यजीवों की रक्षा के लिए बिश्नोई समुदाय की प्रतिबद्धता पर्यावरण संरक्षण का एक स्थायी उदाहरण है।

मुख्य बिंदु [Key Points]

- अमृता की कहानी प्रकृति, विशेष रूप से पेड़ों की रक्षा करने का मूल्य सिखाती है, जो जीवन के लिए आवश्यक हैं।
- बिश्नोई समुदाय पेड़ों और जानवरों की रक्षा करना जारी रखता है, यह परंपरा लगभग 300 साल पहले शुरू हुई थी।
- यह अध्याय पेड़ों और पर्यावरण के साथ व्यक्तिगत संबंधों पर चिंतन को प्रोत्साहित करता है।
- यह पक्षियों की आबादी में गिरावट और संरक्षण प्रयासों के महत्व को भी संबोधित करता है।

Chapter – 05: Anita and the Honeybees / अध्याय – 05: अनीता की मधुमक्खियां

अनीता का प्रारंभिक जीवन [Anita's Early Life]

- **नाम [Name]:** अनीता कुशवाहा
- **स्थान [Location]:** बोचहा गांव, मुजफ्फरपुर जिला, बिहार
- **परिवार [Family]:** अपने माता-पिता और दो छोटे भाइयों के साथ रहती है
- **पढ़ाई [Studies]:** वह एक कॉलेज की छात्रा है और छोटे बच्चों को पढ़ाती भी है
- **बचपन [Childhood]:** उसने अपने शुरुआती साल अपनी बकरियों के साथ बिताए और उसे स्कूल जाने की बहुत इच्छा थी, लेकिन उसके माता-पिता लड़कियों के स्कूल जाने के विचार का समर्थन नहीं करते थे।

स्कूल का सपना [A Dream of School]

- **स्कूल का दौरा [School Visit]:** अनीता ने चुपके से स्कूल में झाँका और खुश हुई। उसने अपने माता-पिता से स्कूल जाने के बारे में बात करने की हिम्मत जुटाई, लेकिन उन्होंने शुरू में मना कर दिया।
- **शिक्षक का हस्तक्षेप [Teacher's Intervention]:** गाँव के एक शिक्षक ने उसके माता-पिता से बात की और शिक्षा के महत्व और इस तथ्य के बारे में समझाया कि कक्षा आठ तक यह मुफ़्त होगी। इससे उसके माता-पिता उसे स्कूल जाने की अनुमति देने के लिए राजी हो गए।
- **शिक्षा [Education]:** अनीता को अच्छे अंक नहीं मिले, लेकिन वह हमेशा जिज्ञासु रहती थी और कई सवाल पूछती थी।

स्कूल में रहना [Staying in School]

- **आर्थिक तंगी [Financial Constraints]:** सहायता के बावजूद, उसके परिवार को आर्थिक रूप से संघर्ष करना पड़ा, और अनीता को कक्षा 5 के बाद स्कूल छोड़ना पड़ा। हालाँकि, उसने अपनी पढ़ाई का खर्च चलाने के लिए छोटे बच्चों को पढ़ाना जारी रखा।
- **साथियों से चुनौतियाँ [Challenges from Peers]:** गाँव के बड़े लड़कों ने बच्चों को अनीता के पास आने से रोकने की कोशिश की, लेकिन उनके प्रति उसके प्यार और देखभाल ने उन्हें वापस ला दिया।

शिक्षा के लिए वकालत [Advocacy for Education]

- **गाँव की बातचीत [Village Conversations]:** अनीता ने अपने गाँव के अन्य माता-पिता से अपनी बेटियों को स्कूल भेजने के बारे में बात की, और समय के साथ, उसके माता-पिता भी उसके काम में उसकी मदद करने लगे। उसकी माँ घर के काम करके उसका साथ देती थी ताकि अनीता और अधिक पढ़ सके।

स्कूल से मधुमक्खी पालन तक [From School to Bee-keeping]

- **मोटरसाइकिल चलाना सीखना [Learning to Ride a Motorcycle]:** अनीता ने चुपके से मोटरसाइकिल चलाना सीखा, जिसे वह गिरने और चोट लगने के बावजूद एक उपलब्धि मानती थी।
- **मधुमक्खी पालन प्रशिक्षण [Bee-keeping Training]:** अनीता ने मधुमक्खी पालन पर एक सरकारी पाठ्यक्रम में दाखिला लिया, क्योंकि वह कक्षा में अकेली लड़की थी। उसने सीखा कि मधुमक्खी पालन शुरू करने का सबसे अच्छा समय अक्टूबर से दिसंबर तक है।

मधुमक्खी पालक बनना [Becoming a Bee-keeper]

- **शुरुआती संघर्ष [Initial Struggles]:** अनीता ने मधुमक्खी पालन के लिए दो बक्से से शुरुआत की, लेकिन उसे वित्तीय चुनौतियों का सामना करना पड़ा। उसने पढ़ाना जारी रखा और आवश्यक सामग्री खरीदने के लिए पर्याप्त धन इकट्ठा करने में कामयाब रही।
- **मधुमक्खी पालन में प्रगति [Bee-keeping Progress]:** दिसंबर तक, उसका मधुमक्खी पालन उद्यम बढ़ गया। उसे डंक लगे, लेकिन उसने दृढ़ संकल्प किया। लीची के फूल आने तक, उनके पास 4 बक्से थे, जिनमें से प्रत्येक में 12 किलोग्राम शहद निकलता था।
- **विस्तार [Expansion]:** समय के साथ, उन्होंने 20 बक्से तक विस्तार किया।

अनीता का वर्तमान जीवन [Anita's Current Life]

- **कॉलेज [College]:** अनीता साइकिल से कॉलेज जाती है, जो पाँच किलोमीटर दूर है, जबकि उसके माता-पिता मधुमक्खी पालन व्यवसाय की देखभाल करते हैं।
- **सामुदायिक जुड़ाव [Community Engagement]:** अनीता गाँव में जानी-मानी है और बैठकों में भाग लेती है जहाँ वह सभी को, खासकर लड़कियों को शिक्षा प्राप्त करने के लिए प्रोत्साहित करती है।
- **भविष्य का लक्ष्य [Future Goal]:** वह ग्रामीणों को उनके शहद का उचित मूल्य दिलाने में मदद करने के लिए एक थोक विक्रेता बनने की इच्छा रखती है।

मधुमक्खी पालन तथ्य [Bee-keeping Facts]

- **मधुमक्खियों की भूमिका [Role of Bees]:** प्रत्येक छत्ते में एक रानी मधुमक्खी होती है जो अंडे देती है, श्रमिक मधुमक्खियाँ जो अमृत इकट्ठा करती हैं, और नर मधुमक्खियाँ जिनकी कोई विशेष भूमिका नहीं होती है। श्रमिक मधुमक्खियाँ छत्ते के अस्तित्व के लिए महत्वपूर्ण होती हैं, क्योंकि वे छत्ते को बनाए रखती हैं और शहद उत्पादन के लिए अमृत इकट्ठा करती हैं।

मुख्य बिंदु [Key Points]

- रानी मधुमक्खी अंडे देती है।
- श्रमिक मधुमक्खियाँ अमृत इकट्ठा करती हैं, शहद बनाती हैं और छत्ते को बनाए रखती हैं।
- नर मधुमक्खियों की एकमात्र भूमिका रानी के साथ संभोग करना है। चींटियों की कॉलोनी में, भूमिकाएँ समान होती हैं:
- रानी चींटी अंडे देती है।
- श्रमिक चींटियाँ भोजन इकट्ठा करती हैं और घोंसला बनाती हैं।
- सैनिक चींटियाँ कॉलोनी की रक्षा करती हैं।
- **मधुमक्खियाँ [Honeybees]:** मधुमक्खियाँ परागण और शहद उत्पादन के लिए महत्वपूर्ण हैं। वे रानी, श्रमिक और नर के साथ कॉलोनियों में रहती हैं।
- **चींटियाँ [Ants]:** मधुमक्खियों की तरह, चींटियाँ भी कॉलोनियों में रहती हैं और भोजन इकट्ठा करने, कॉलोनी की रक्षा करने और बच्चों की देखभाल करने के लिए मिलकर काम करती हैं।

✍ **दीमक [Termites]:** चींटियों और मधुमक्खियों की तरह दीमक भी कॉलोनियों में रहते हैं। वे अपनी लकड़ी खाने की आदतों के लिए जाने जाते हैं और कार्बनिक पदार्थों को विघटित करने में महत्वपूर्ण भूमिका निभाते हैं।

Chapter – 06: Omana's Journey / अध्याय – 06: ओमना का सफ़र

ओमना की डायरी - ट्रेन में यात्रा [Omana's Diary - Journey on the Train]

16 मई - ट्रेन में चढ़ने का अनुभव [May 16 – Train Boarding Experience]

✍ **प्लेटफ़ॉर्म पर भ्रम [Confusion at the Platform]:** जब ट्रेन प्लेटफ़ॉर्म पर पहुँची, तो भारी भीड़ के कारण भ्रम की स्थिति थी। लोग उतर रहे थे और दूसरे लोग अपना सामान लेकर चढ़ने की कोशिश कर रहे थे, सभी एक ही दरवाज़े से।

✍ **ट्रेन यात्रा शुरू होती है [Train Journey Begins]:** ओमाना के परिवार ने कुछ समय बाद अपनी सीट ढूँढ़ी और अपना सामान बर्थ के नीचे रख दिया। टिकट कलेक्टर उनके टिकट की जाँच करने आया ताकि यह सुनिश्चित हो सके कि वे सही सीट पर बैठे हैं।

परिवार की बैठने की व्यवस्था [Family Seating Arrangement]

✍ अम्मा (माँ) और अप्पा (पिता) के पास निचली बर्थ है।

✍ ओमाना और उन्नी (ओमाना की बहन) के पास बीच की बर्थ है।

✍ दो कॉलेज के छात्र ऊपरी बर्थ पर बैठे हैं।

✍ ओमाना की उम्र के दो बच्चों के साथ एक परिवार है।

खाना [Food]

✍ अम्मा ने यात्रा के लिए खाना पैक किया - चटनी के साथ ढोकला, नींबू चावल और मिठाई। ओमना खाने के लिए उत्साहित थी।

ट्रेन यात्रा अवलोकन [Train Journey Observations]

✍ **बाहर का दृश्य [Outside View]:** ओमाना खिड़की से बाहर देखती है और कई सूखे, भूरे खेत और छोटे गाँवों को गुज़रते हुए देखती है। वह देखती है कि जब ट्रेन बहुत तेज़ चलती है, तो बाहर की चीज़ें विपरीत दिशा में चलती हुई लगती हैं।

✍ **शाम का नज़ारा [Evening Scenery]:** शाम के करीब आते ही गर्मी कम हो जाती है और हवा चलने लगती है। सूर्यास्त के समय आसमान नारंगी हो जाता है, जिसे ओमना सुंदर पाती है।

✍ **छोटे स्टेशन पर रुकना [Short Station Stop]:** ट्रेन वलसाड में 2 मिनट के लिए रुकी। इतने कम समय के लिए भी, वहाँ शोर था क्योंकि विक्रेता चाय, बटाटा वड़ा, पूरी-शाक और दूध जैसे विभिन्न खाद्य पदार्थ बेच रहे थे। ओमना और उनके परिवार ने ट्रेन की खिड़की के बाहर विक्रेताओं से केले और चीकू (फल) खरीदे।

दोस्त और ट्रेन की चुनौतियाँ [Friends and Train Challenges]

✍ **पानी की कमी [Water Shortage]:**
ओमाना अपने दाँत ब्रश करने गई लेकिन पाया कि बाथरूम में पानी नहीं था। उसे बताया गया कि अगले बड़े स्टेशन पर पानी उपलब्ध होगा।

✍ **नए दोस्त [New Friends]:** ओमाना ने दो नए दोस्त बनाए, सुनील और ऐन, जो कोझीकोड में अपनी दादी के घर जा रहे थे। सुनील ने ओमना को यात्रा के दौरान पढ़ने के लिए कुछ कहानी की किताबें दीं।

✍ ओमाना की यात्रा में गांधीधाम, अहमदाबाद, वलसाड (गुजरात में) जैसे कई शहरों से गुज़रना शामिल है, और उसका गंतव्य कोझीकोड (केरल में) है। यात्रा इन स्थानों के बीच की विशाल दूरी को दर्शाती है।

ओमाना ने खिड़की से क्या देखा [What Omana Saw from the Window]

- **दृश्य [Scenery]:** ओमना ने सूखे खेत, छोटे गाँव देखे, और देखा कि कैसे ट्रेन तेज़ चलने पर बाहर की वस्तुएँ विपरीत दिशा में चलती हुई प्रतीत होती हैं।
- **रेलवे स्टेशन विक्रेता [Railway Station Vendors]:** लोग रेलवे स्टेशनों पर चाय, बटाटा वड़ा, पूरी-शाक और दूध जैसे नाश्ते बेचते हैं। ओमना ने केले और चीकू खरीदे।

प्रमुख बिंदु [Key Points]

- **ट्रेन के बाथरूम में पानी की कमी संभवतः** ट्रेन के प्लंबिंग सिस्टम में पानी की आपूर्ति की कमी के कारण हुई थी। ऐसा कई कारणों से हो सकता है:
- **पानी की टंकी की समस्या [Water Tank Issues]:** ट्रेन के स्टोरेज टैंक में पर्याप्त पानी नहीं हो सकता है, खासकर अगर ट्रेन लंबे समय से चल रही हो या किसी बड़े स्टेशन पर न पहुँची हो जहाँ पानी की आपूर्ति फिर से की जा सके।
- **सीमित संसाधन [Limited Resources]:** लंबी यात्राओं पर, कुछ ट्रेनों में बाथरूम में तब तक पानी नहीं हो सकता जब तक कि वे बड़े स्टेशनों पर न पहुँच जाएँ जहाँ ट्रेन लंबे समय तक रुकती है।
- **परिचालन में देरी [Operational Delays]:** कुछ मामलों में, ट्रेन के शेड्यूल में देरी के कारण पानी की आपूर्ति समय पर नहीं भरी जा सकती है, जिससे पानी की कमी हो सकती है।

Chapter – 07: From the Window / अध्याय – 07: खिड़की से

मडगांव, गोवा में सुबह [Morning at Madgaon, Goa]

- मडगांव (गोवा) में ट्रेन के पहुंचते ही ओमाना जाग जाती है।
- परिवार चाय पीता है और यात्रा जारी रखने से पहले पानी की बोतलें भरता है।
- हरे-भरे खेत, लाल मिट्टी, फसलें, पेड़ और छोटे तालाबों के साथ दृश्य सुंदर है।
- मौसम अहमदाबाद से ठंडा है, जो एक ताज़ा वातावरण प्रदान करता है।

समतल क्रॉसिंग [Level Crossing]

- ट्रेन एक समतल क्रॉसिंग से गुज़रती है, जहाँ कई वाहन प्रतीक्षा कर रहे हैं।
- कुछ वाहन अपने इंजन चालू रखते हैं, जिससे शोर और धुआँ होता है।
- ओमाना ने लोगों को पटरियों को पार करते हुए देखा, जब अवरोध नीचे थे, जिसे वह खतरनाक मानती है।

नदी पर पुल [Bridge Over a River]

- ट्रेन एक बड़ी नदी पर एक लंबे पुल को पार करती है।
- ओमाना नीचे पानी को देखकर चक्कर और डर महसूस करती है।
- वह नदी पर मछुआरों को देखकर हाथ हिलाती है, यह सुनिश्चित नहीं करती कि वे उसे देख रहे हैं या नहीं।
- वाहनों के लिए एक और पुल पास में है, लेकिन ओमाना को अपना पुल अधिक रोमांचकारी लगता है।

सुरंग [Tunnels]

- ट्रेन एक सुरंग में प्रवेश करती है, जो अंधेरा और ठंडा हो जाता है, जिससे ओमाना डर जाती है।
- सुरंग से बाहर निकलने के बाद, आस-पास का वातावरण चमकीला और हरा-भरा है। ओमाना को यात्रा के दौरान कई छोटी सुरंगों से गुज़रने में मज़ा आता है।

दोपहर का भोजन और बदलता परिदृश्य [Lunch and Changing Landscape]

- ओमाना ने उडिपी स्टेशन से इडली-वड़ा और छोटे, स्वादिष्ट केले खाए।
- नारियल के पेड़ों और धान के खेतों के साथ दृश्य बदल जाता है।
- लोगों के कपड़े और वास्तुकला अहमदाबाद से अलग हैं, जिसमें धोती और साड़ियाँ हैं।

सांस्कृतिक अंतर और बातचीत [Cultural Differences and Interaction]

- ओमाना कोझिकोड की यात्रा करते हुए सुनील के परिवार से मिलती है।
- वे पते का आदान-प्रदान करते हैं और अहमदाबाद में मिलने की योजना बनाते हैं।

भाषाएँ और राज्य [Languages and States]

- ओमाना की यात्रा कई राज्यों से होकर गुज़रती है, जहाँ अलग-अलग भाषाएँ बोली जाती हैं:
- मलयालम (केरल)
- कोंकणी (गोवा)
- मराठी (महाराष्ट्र)
- गुजराती (गुजरात)
- कन्नड़ (कर्नाटक)
- ओमाना रास्ते में अलग-अलग भाषाओं के बारे में सोचती है।

ट्रेन में अंतिम क्षण [Final Moments on the Train]

- ओमाना का परिवार दो दिन की यात्रा के बाद केरल के कोट्टायम में उतरने की तैयारी करता है।
- वे वलियम्मा के घर जाएंगे और अगले दिन अम्मुम्मा के गांव जाएंगे।
- वलियम्मा [Valiyamma]: माँ की बड़ी बहन के लिए मलयालम शब्द।
- अम्मुम्मा [Ammumma]: नानी (माँ की माँ) के लिए मलयालम शब्द।
- दोनों शब्दों का प्रयोग सम्मानपूर्वक और स्नेहपूर्वक किया जाता है।
- मलयालम भाषी समुदायों में घनिष्ठ पारिवारिक संरचना को दर्शाता है।

Chapter – 08: Reaching Grandmother's House / अध्याय – 08: नानी के घर तक

17 मई - रात (दादी के घर पहुँचना) [17 May - Night (Reaching Grandmother's House)]

- **कोट्टायम में आगमन [Arrival at Kottayam]:** ओमाना और उसका परिवार रात में कोट्टायम पहुँचता है, दो ऑटो-रिक्शा लेकर वलियम्मा के घर जाता है।
- **थकान महसूस करना [Feeling Tired]:** ओमाना को बहुत नींद आ रही है, वह नहाती है और बिना खाना खाए सो जाती है।

अम्मुम्मा के घर की यात्रा [Journey to Ammumma's House]

- **बस यात्रा [Bus Journey]:** परिवार बस से अम्मुम्मा के गाँव जाता है। बस में भीड़ होती है और वे सीटें साझा करते हैं।
- **अप्रत्याशित पड़ाव [Unexpected Stop]:** बस उन्हें पानी के किनारे उतार देती है और ओमाना सोचती है कि यात्रा कैसे जारी रखी जाए।

फेरी की सवारी [Ferry Ride]

- **पानी के पार फेरी [Ferry Across the Water]:** परिवार पानी पार करने के लिए फेरी का उपयोग करता है। ओमाना लोगों और उनके सामान से भरे व्यस्त माहौल का वर्णन करती है।

- ✍ **सुंदर दृश्य [Scenic Views]:** ओमाना नारियल के पेड़ देखती है और लोग नदी के किनारे मछली पकड़ रहे हैं, कपड़े धो रहे हैं और नहा रहे हैं।
- ✍ **अम्मुम्मा के घर आगमन [Arrival at Ammumma's House]:** नौका की सवारी के बाद, वे सूर्यास्त से ठीक पहले अम्मुम्मा के घर पहुंचते हैं।

प्रमुख बिंदु [Key Points]

- ✍ **परिवहन के साधन [Modes of Transport]:** ओमाना ने विविध परिवहन साधनों का उपयोग किया- ट्रेन, ऑटो-रिक्शा, बस और नौका।
- ✍ **यात्रा अवधि [Journey Duration]:** यात्रा लंबी थी, जिसमें ट्रेन, बस और नौका की सवारी सहित कई दिन लगते थे।
- ✍ **टिकट अवधारणा [Ticketing Concept]:** विभिन्न प्रकार के परिवहन के लिए, साथ ही विभिन्न सार्वजनिक स्थानों में प्रवेश के लिए टिकट की आवश्यकता होती है।
- ✍ **रेलवे समय सारिणी [Railway Timetable]:** यात्रा की योजना बनाने, दूरी की गणना करने और ट्रेन के शेड्यूल को जानने के लिए रेलवे समय सारिणी को समझना और उसका उपयोग करना आवश्यक है।

16635 GANDHIDHAM NAGERCOIL EXPRESS

S. No.	Station Name	Arrival Time	Departure Time	Distance (Kilometre)	Day
1.	GANDHIDHAM	-	05:15	0	1
2.	AHMEDABAD	11:30	11:50	301	1
3.	VADODARA	14:03	14:10	401	1
4.	SURAT	16:15	16:20	530	1
5.	VALSAD	17:23	17:25	598	1
6.	BHIWANDI ROAD	21:10	21:12	772	1
7.	MADGAON	07:35	07:45	1509	2
8.	UDUPI	12:06	12:18	1858	2
9.	KOZHIKODE	17:45	17:50	2165	2
10.	TRICHUR	21:05	21:10	2280	2
11.	ERNAKULAM TOWN	22:35	22:40	2356	2
12.	KOTTAYAM	23:50	23:55	2418	2
13.	TRIVANDRUM CNTL	03:05	03:10	2578	3
14.	NAGARCOIL	04:45	2649	3	

Chapter – 09: Changing Families / अध्याय – 09: बदलते परिवार

निम्मी का परिवार [Nimmi's Family]

- ✍ **बच्चे के जन्म से पहले [Before Baby]:** निम्मी के परिवार में निम्मी और उसके माता-पिता थे।
- ✍ **बच्चे के जन्म के बाद [After Baby's Arrival]:** परिवार में अब निम्मी, उसके माता-पिता और उसकी नई छोटी बहन शामिल हैं।
- ✍ **परिवर्तन [Changes]:** निम्मी को बच्चे की देखभाल में मदद करनी पड़ सकती है, और उसकी माँ बच्चे की देखभाल पर ध्यान केंद्रित करेगी। परिवार के अन्य सदस्य घर के कामों में मदद कर सकते हैं।

त्सेरिंग का परिवार [Tsering's Family]

- **नौकरी का स्थानांतरण [Job Transfer]:** त्सेरिंग के पिता को पदोन्नति मिली है और उन्हें एक नए शहर में जाना है।
- **अपेक्षित परिवर्तन [Expected Changes]:** त्सेरिंग का परिवार स्थानांतरित होगा, जिससे उसके स्कूल और दोस्ती पर असर पड़ेगा।

नाज़ली का परिवार [Nazli's Family]

- **शादी [Wedding]:** नाज़ली के बड़े चचेरे भाई की शादी हो रही है।
- **अपेक्षित परिवर्तन [Expected Changes]:** शादी से परिवार में एक नया सदस्य आता है और दुल्हन और दूल्हे दोनों के परिवारों में बदलाव आते हैं।

सामान्य पारिवारिक परिवर्तन [General Family Changes]

- जन्म, नौकरी के स्थानांतरण और विवाह जैसी घटनाओं के कारण परिवार बदलते हैं, जिससे नए परिवार के सदस्य या स्थानांतरण हो सकते हैं।

समाज में परिवर्तनों का प्रभाव [Impact of Changes in Society]

- अध्याय में कम उम्र में विवाह के कारण बच्चों के स्कूल छोड़ने की चुनौतियों पर प्रकाश डाला गया है, शिक्षा के महत्व और विवाह की कानूनी आयु (लड़कियों के लिए 18, लड़कों के लिए 21) पर जोर दिया गया है।

कानूनी विवाह आयु [Legal Marriage Age]

- लड़कियों के लिए 18 वर्ष और लड़कों के लिए 21 वर्ष।
- यह कानून कम उम्र में विवाह को रोकता है, यह सुनिश्चित करता है कि बच्चे अपनी शिक्षा पूरी कर सकें और विवाह की ज़िम्मेदारियाँ लेने से पहले अपने सपनों को पूरा कर सकें।

मुख्य बिंदु [Key Points]

- **कम उम्र में विवाह का मुद्दा [Early Marriage Issue]:** कम उम्र में विवाह करने से बच्चे स्कूल छोड़ देते हैं, जिससे अवसर सीमित हो जाते हैं।
- **शिक्षा का महत्व [Education Importance]:** व्यक्तिगत और व्यावसायिक विकास के लिए शिक्षा महत्वपूर्ण है।
- **कानूनी विवाह आयु [Legal Marriage Age]:** यह सुनिश्चित करता है कि बच्चे, विशेष रूप से लड़कियाँ, विवाह से पहले अपनी शिक्षा पूरी कर सकें।
- **अधिकारों का संरक्षण [Protection of Rights]:** यह कानून बच्चों के अधिकारों की रक्षा करने और विवाह में देरी करके उनके विकास का समर्थन करने में मदद करता है।

Chapter – 10: Hu Tu Tu Hu Tu Tu / अध्याय – 10: हु तू तू, हु तू तू

हु-तू-तू खेल (कबड्डी) अवलोकन [Hu-tu-tu Game (Kabaddi) Overview]

- खिलाड़ी खेल के दौरान विरोधियों को छूने और अपनी सांस रोकने की कोशिश करते हुए "हु-तू-तू" चिल्लाते हैं।
- खिलाड़ियों को विरोधी टीम द्वारा पकड़े जाने से बचते हुए अपनी तरफ लौटना चाहिए।
- सांस फूलने जैसे विवादों को नियमों को स्पष्ट करके सुलझाया जाता है।

कबड्डी खेलने के मुख्य बिंदु [Key Points in Playing Kabaddi]

- छह खिलाड़ी मिलकर एक टीम बनाते हैं।
- अगर कोई खिलाड़ी विरोधी टीम द्वारा पकड़ा जाता है तो उसे "आउट" कर दिया जाता है।

- कबड्डी में सेंट्रल लाइन महत्वपूर्ण होती है और उसे छूने का महत्व होता है।
- खो-खो जैसे खेलों में भी "आउट" स्थिति के लिए खिलाड़ियों को छूने पर निर्भर करता है।

लिंग और खेल में भागीदारी [Gender and Game Participation]

- खेलों में लिंग भेदभाव को दर्शाता है, खासकर लड़कियों को कबड्डी जैसे कठिन खेल खेलने से हतोत्साहित किया जाता है।
- ज्वाला, लीला और हीरा जैसी महिलाओं ने कबड्डी क्लब बनाने के लिए सामाजिक प्रतिरोध को पार किया।
- खेलों में महिला भागीदारी के उदाहरण के रूप में कर्णम मल्लेश्वरी का उल्लेख किया गया है।

खेलों के लिए परिवार का समर्थन [Family Support for Sports]

- तीनों बहनों को उनकी माँ और चाचाओं ने सामाजिक प्रतिबंधों के बावजूद कबड्डी खेलने के लिए प्रोत्साहित किया।

खेल और शारीरिक विकास [Games and Physical Development]

- कबड्डी में आँखों, पैरों और हाथों के समन्वय की आवश्यकता होती है, जो शारीरिक विकास और रणनीतिक सोच में मदद करता है।
- खिलाड़ियों के कौशल और अनुशासन को बेहतर बनाने में कोच की अहम भूमिका होती है।

चिंतनशील प्रश्न और गतिविधियाँ [Reflective Questions and Activities]

- बच्चों को खेल के नियमों के बारे में सोचने, अपने खुद के खेल क्लब बनाने और खेल में 'अतिरिक्त व्यक्ति' होने जैसे विवादों को सुलझाने के लिए प्रोत्साहित करता है।

बाधाओं और चुनौतियों पर काबू पाना [Overcoming Obstacles and Challenges]

- सामाजिक बाधाओं के बावजूद कबड्डी में बहनों की दृढ़ता बाधाओं पर काबू पाने के महत्व को उजागर करती है।
- अध्याय में खेलों में लड़कियों और लड़कों दोनों के लिए समान अवसरों पर जोर दिया गया है।

प्रमुख बिंदु [Key Points]

- **खेलों में लैंगिक समानता [Gender Equality in Sports]:** खेलों में लड़कियों और लड़कों दोनों के लिए समान अवसरों को बढ़ावा देना महत्वपूर्ण है।
- **विवाद समाधान [Dispute Resolution]:** खेलों में नियम विवादों को सुलझाने और निष्पक्षता सुनिश्चित करने में मदद करते हैं।
- **शारीरिक और मानसिक समन्वय [Physical and Mental Coordination]:** कबड्डी जैसे खेलों में सफल होने के लिए शारीरिक और मानसिक दोनों तरह के प्रयासों की आवश्यकता होती है।
- **परिवार का समर्थन [Family Support]:** परिवार के सदस्यों से प्रोत्साहन बच्चों की खेलों में भागीदारी में महत्वपूर्ण भूमिका निभाता है।
- **खेलों के माध्यम से मज़ा और सीखना [Fun and Learning through Games]:** खेल न केवल शारीरिक कौशल बल्कि अनुशासन, टीमवर्क और रणनीतिक सोच भी सिखाते हैं।

Chapter – 11: The Valley of Flowers / अध्याय – 11: फुलवारी

फूलों की घाटी (उत्तराखंड) [Valley of Flowers (Uttarakhand)]

- एक ऐसी जगह जहाँ हर जगह फूल खिलते हैं।
- लाल, सफ़ेद, पीले और नीले रंग के फूल अलग-अलग इलाकों में खिलते हैं।
- हर साल फूल सिर्फ़ कुछ हफ़्तों के लिए ही खिलते हैं।

मधुबनी कला [Madhubani Art]

- बिहार की एक पारंपरिक कला।
- विशेष रूप से मधुबनी जिले में त्योहारों और खुशी के मौकों पर इसका इस्तेमाल किया जाता है।
- चित्र चावल के पेस्ट और फूलों, पेड़ों और नील, हल्दी आदि के रंगों से बनाए जाते हैं।
- सामान्य विषय: मनुष्य, जानवर, पेड़, फूल और पक्षी।

फूलों की पहचान और अन्वेषण [Flower Identification and Exploration]

- फूलों और उनके रंगों की पहचान करें और जानें कि वे कहाँ उगते हैं (पेड़, झाड़ियाँ, लताएँ, जलीय पौधे)।
- कुछ फूल दिन में खिलते हैं, तो कुछ रात में।
- फूलों की खुशबू और आकार भी पहचान में मदद कर सकते हैं।
- जब "नहीं तोड़ो" के संकेत हों तो फूल न तोड़ने का महत्व।

फूलों की कलियाँ [Flower Buds]

- एक कली के फूल में बदलने की प्रक्रिया को देखें।
- एक कली को खिलने में कितने दिन लगते हैं, इस पर नज़र रखें।

फूलों का उपयोग [Uses of Flowers]

- फूलों को सब्ज़ी के रूप में खाया जा सकता है (जैसे, कचनार, केला और सहजन के फूल)।
- फूलों का उपयोग दवाइयों में किया जाता है (जैसे, गुलाब जल)।
- फूलों के रंगों (जैसे, गेंदा) का उपयोग कपड़े रंगने के लिए किया जाता है।
- फूलों की खुशबू का उपयोग इत्र (कन्नौज का इत्र, गुलाब जल, केवड़ा जल) में किया जाता है।

सांस्कृतिक महत्व [Cultural Significance]

- फूलों का उपयोग गीतों, कविताओं और विभिन्न त्योहारों के दौरान किया जाता है।
- फूलों का उपयोग विशेष अवसरों (जैसे, विवाह, धार्मिक उत्सव) के लिए किया जाता है।

फूलों के बाज़ार [Flower Markets]

- **लोग अलग-अलग रूपों में फूल बेचते हैं:** अलग-अलग फूल, माला, गुलदस्ते।
- फूल धार्मिक उद्देश्यों के लिए भी बेचे जाते हैं।
- फूल विक्रेता दूसरों से गुलदस्ते या फूलों की जाली बनाना सीखते हैं।

गतिविधियाँ और अवलोकन [Activities and Observations]

- **गिरे हुए फूल इकट्ठा करें [Collect Fallen Flowers]:** बच्चे रंग, गंध, आकार, पंखुड़ियों की संख्या और हरे रंग की संरचना जैसी विशेषताओं को देखते और नोट करते हैं, जिससे उनके अवलोकन कौशल और पौधे के जीव विज्ञान की समझ बढ़ती है।
- **फूलों को दबाएँ और संरक्षित करें [Press and Preserve Flowers]:** फूलों को इकट्ठा करने के बाद, बच्चे उन्हें संरक्षित करने के लिए 10-15 दिनों तक दबाते हैं, फिर फूलों का उपयोग स्क्रैपबुकिंग या कार्ड बनाने के लिए करते हैं, जिससे रचनात्मकता और प्रकृति के साथ जुड़ाव को बढ़ावा मिलता है।
- **विशेषताओं के आधार पर फूलों को समूहीकृत करें [Group Flowers by Features]:** बच्चे पंखुड़ियों की संख्या, रंग और विकास पैटर्न के आधार पर फूलों को समूहीकृत करते हैं, जिससे वर्गीकरण और विश्लेषणात्मक कौशल विकसित होते हैं।
- **भौगोलिक स्थानों का पता लगाएँ [Explore Geographical Locations]:** बच्चे भारत के विभिन्न क्षेत्रों (उत्तराखंड, उत्तर प्रदेश, केरल, महाराष्ट्र) के फूलों के बारे में सीखते हैं, भूगोल और पौधों की विविधता के बीच संबंधों को समझते हैं।

Chapter – 12: Changing Times / अध्याय – 12: कैसे कैसे बदलते घर

चेतनदास का बचपन और बड़ा कदम [Chetandas' Childhood & Big Move]

- चेतनदास नौ साल के थे जब उनका परिवार विभाजन के कारण डेरा गाजीखान (अब पाकिस्तान में) से भारत आ गया था। उन्हें अपना घर और गांव छोड़कर जाने का दुख था लेकिन वे दिल्ली के पास एक नए स्थान पर चले गए।

सोहना गांव में एक नया घर [A New Home in Sohna Village]

- परिवार सोहना (हरियाणा) में बस गया और स्थानीय रूप से उपलब्ध सामग्री, जैसे मिट्टी, गाय का गोबर और पेड़ों की शाखाओं का उपयोग करके एक घर बनाया। गांव के अधिकांश घर इसी तरह से बनाए गए थे।

घर के निर्माण में बदलाव [Changing House Construction]

- समय के साथ, घर को सीमेंट, लोहा और पकी हुई ईंटों जैसी मजबूत सामग्रियों से आधुनिक बनाया गया। एक नई छत जोड़ी गई और घर के पीछे एक छोटा शौचालय बनाया गया।

शादी के बाद का जीवन [Life After Marriage]

- सुमन से शादी करने के बाद, चेतनदास और उनकी पत्नी पुनर्निर्मित घर में रहने लगे। वे खाना पकाने के लिए पारंपरिक मिट्टी के चूल्हे का इस्तेमाल करते थे और शौचालय अभी भी एक बाहरी सुविधा थी।

आगे के बदलाव [Further Changes]

- जैसे-जैसे चेतनदास के बच्चे बड़े होते गए, उनके बेटे राजू की शादी के लिए घर को और बेहतर बनाया गया। पकी हुई ईंटों, संगमरमर के टुकड़ों और सीमेंट जैसी आधुनिक सामग्रियों का इस्तेमाल किया गया और पारंपरिक चूल्हे की जगह गैस स्टोव ने ले ली।

आज के बदलाव [Today's Changes]

- चेतनदास का बेटा मोंटू दिल्ली में रहता है और चेतनदास साल का कुछ हिस्सा उसके साथ बिताता है। वह गुरुग्राम में आधुनिक इमारतों को देखता है और जीवन स्तर में बदलाव को नोट करता है, जैसे कि राजू के रंगीन टाइलों वाले पुनर्निर्मित बाथरूम।

भविष्य पर चिंतन [Reflection on the Future]

- 70 साल की उम्र में, चेतनदास अपने घर में हुए बदलावों पर विचार करते हैं और अपने पोते-पोतियों की भविष्य की जीवन स्थितियों के बारे में सोचते हैं।

घर निर्माण में प्रयुक्त सामग्री [Materials Used in House Construction]

- **प्रारंभिक [Early]:** मिट्टी, गोबर
- **बाद में [Later]:** कच्ची ईंटें, सीमेंट, लोहा, पकी हुई ईंटें, संगमरमर के टुकड़े।

Chapter – 13: A River's Tale / अध्याय – 13: पहाड़ों से समुंदर तक

नदी की यात्रा [The River's Journey]

- नदी का पानी अपने स्रोत से समुद्र में बहते समय बदलता रहता है।
- अलग-अलग जगहों पर, पानी का इस्तेमाल कपड़े धोने, जानवरों को नहलाने, बर्तन साफ करने और कई अन्य कामों के लिए किया जाता है।
- जैसे-जैसे नदी गांवों, कस्बों और शहरों से होकर गुज़रती है, यह प्रदूषित होती जाती है, जिससे पानी की गुणवत्ता प्रभावित होती है।

जल प्रदूषण [Water Pollution]

- कपड़े धोने, बर्तन साफ करने और अन्य कामों जैसी मानवीय गतिविधियों के कारण पानी गंदा हो जाता है।
- प्रदूषित पानी अपना रंग, गंध और रूप बदल सकता है, जिससे यह पीने या अन्य उपयोगों के लिए असुरक्षित हो जाता है।

पानी साफ करने के तरीके [Water Cleaning Methods]

- पीने से पहले पानी को साफ करना ज़रूरी है क्योंकि इसमें हानिकारक तत्व घुल सकते हैं।
- पानी को साफ करने के सबसे अच्छे तरीकों में से एक है उबालना।
- बच्चों को यह सीखने के लिए प्रोत्साहित किया जाता है कि उनके घरों में पानी को कैसे साफ किया जाता है।

प्रमुख बिंदु [Key Points]

- मानवीय गतिविधियों, प्रदूषण और पर्यावरण परिवर्तनों के कारण पानी की गुणवत्ता बदल सकती है।
- पीने से पहले पानी को साफ करना और जल निकायों पर प्रदूषण के प्रभावों को समझना महत्वपूर्ण है।
- बच्चों को पानी पर विभिन्न पदार्थों के प्रभावों और पानी को पीने के लिए साफ और सुरक्षित रखने के तरीके के बारे में जानने के लिए प्रोत्साहित किया जाता है।
- प्रदूषण, मानवीय गतिविधियाँ और प्राकृतिक परिवर्तन नदी के पानी के रंग और गुणवत्ता को प्रभावित करते हैं।
- मानव प्रदूषण से पहले नदी के स्रोत के पास स्वच्छ पानी पाया जाता था।
- मौसमी परिवर्तन जल स्तर और गुणवत्ता को प्रभावित करते हैं।
- शहरीकरण प्रदूषण को बढ़ाता है, जिससे पर्यावरण और जल गुणवत्ता को नुकसान पहुँचता है।

Chapter – 14: Basva's Farm / अध्याय – 14: बसवा का खेत

बसवा के जीवन और खेती का परिचय [Introduction to Basva's Life and Farming]

- बसवा कर्नाटक के बेलवानिका गांव में रहते हैं, जहां उनके पिता अप्पा किसान हैं।
- जुलाई का महीना है और अप्पा प्याज की फसल बोने के लिए मिट्टी तैयार कर रहे हैं।
- बसवा अपने पिता की खेत में मदद करते हैं, मिट्टी को ढीला करने के लिए खुंटी (लोहे की छड़) का इस्तेमाल करते हैं।

खुंटी की भूमिका [Role of Khunti]

- खेती बसवा के इलाके में खेती के लिए मिट्टी को ढीला करने के लिए इस्तेमाल किया जाने वाला एक औजार है।
- बीज बोने से पहले मिट्टी को ढीला करने का काम जरूरी है।

बीज बोना [Sowing the Seeds]

- प्याज के बीज छिड़कते समय अप्पा कुरीगे (सीड ड्रिल) खींचने के लिए बैलों का इस्तेमाल करते हैं।
- बसवा मदद करना चाहते हैं, लेकिन अभी तक सही दूरी पर बीज नहीं गिरा पा रहे हैं, क्योंकि इसके लिए सटीकता की जरूरत होती है।

खरपतवार नियंत्रण [Weed Control]

- 20 दिनों के बाद, प्याज के पौधे अंकुरित होने लगते हैं, लेकिन खरपतवार भी दिखाई देते हैं। खरपतवारों को प्याज के पौधों से पानी और पोषक तत्व लेने से रोकने के लिए उन्हें हटाना पड़ता है।

प्याज के पौधे की वृद्धि [Onion Plant Growth]

- प्याज के पौधे लंबे होते हैं, बसवा के घुटनों तक पहुँचते हैं।
- जब पत्तियाँ सूखने लगती हैं, तो यह संकेत देता है कि प्याज कटाई के लिए तैयार है।
- कटाई की प्रक्रिया सही समय पर की जानी चाहिए, अन्यथा प्याज सड़ सकता है।

प्याज की कटाई [Harvesting the Onions]

- बसवा, उसके परिवार के सदस्य (अप्पा, अम्मा, चाचा) और अन्य लोग मिलकर प्याज की कटाई करते हैं।
- कटाई के बाद, प्याज को छांटा जाता है, और सूखे पत्तों को इल्लीगे (एक तेज काटने वाला औजार) का उपयोग करके काटा जाता है।

प्याज बेचना [Selling the Onions]

- काटे गए प्याज को अप्पा और चाचा बोरियों में भरते हैं।
- अप्पा प्याज को बेचने के लिए ट्रक में भरकर बाजार ले जाते हैं।

खेत में मदद करना [Helping in the Field]

- बसवा स्कूल के बाद और छुट्टियों के दौरान अपने पिता की मदद करता है, क्योंकि उसके पास स्कूल की ड्यूटी होती है।
- अध्याय पाठक से अपने परिवार के कामों पर विचार करने और यह पूछने के लिए कहता है कि क्या वे खेती या अन्य कार्यों में अपने बड़ों की मदद करते हैं।

वाहन और परिवहन [Vehicles and Transportation]

- अध्याय फसलों और सब्जियों को दूसरे स्थानों पर ले जाने के लिए सड़कों के महत्व को दर्शाता है।
- यह इस बारे में सोचने को प्रोत्साहित करता है कि उचित सड़कों के बिना फसलों का परिवहन कैसे किया जाएगा।

कृषि उपकरण और औजार [Farm Implements and Tools]

- बसवा के परिवार द्वारा इस्तेमाल किए जाने वाले खूंटी और इलिग जैसे कुछ सामान्य कृषि उपकरण:
- **हल (या "कुदाल") [Plough (or "Mattock")]:** इस उपकरण का उपयोग बीज बोने से पहले मिट्टी खोदने और उसे ढीला करने के लिए किया जाता है। इसे आमतौर पर बैल या घोड़े जैसे जानवरों द्वारा खींचा जाता है।
- **दरांती [Sickle]:** चावल, गेहूं और अन्य पौधों जैसी फसलों को काटने के लिए उपयोग किया जाता है जब वे कटाई के लिए तैयार होते हैं। इसमें एक घुमावदार ब्लेड होता है।
- **कुदाल [Hoe]:** पौधों के आस-पास की मिट्टी को ढीला करने और अच्छी हवा के संचार और पानी की निकासी प्रदान करके उन्हें ठीक से विकसित करने के लिए उपयोग किया जाने वाला एक हाथ का उपकरण।
- **कुदाल [Spade]:** मिट्टी खोदने, उठाने और पलटने के लिए उपयोग किया जाता है। इसका उपयोग आमतौर पर छोटे खुदाई कार्यों के लिए किया जाता है।
- **स्प्रेयर [Sprayer]:** फसलों को कीटों से बचाने और स्वस्थ विकास सुनिश्चित करने के लिए कीटनाशकों या उर्वरकों का छिड़काव करने के लिए उपयोग किया जाता है।

फसल की खेती की प्रक्रिया [Crop Cultivation Process]

- **मेरे क्षेत्र में, आमतौर पर उगाई जाने वाली फसल धान (चावल) है। इसकी खेती में शामिल चरण इस प्रकार हैं:**
  - ✓ **मिट्टी की तैयारी [Soil Preparation]:** मिट्टी को ढीला करने और इसे बुवाई के लिए उपयुक्त बनाने के लिए खेत की जुताई की जाती है।
  - ✓ **बीज बोना [Sowing Seeds]:** चावल के बीज या तो सीधे खेत में बोए जाते हैं या पहले नर्सरी में अंकुरित किए जाते हैं और फिर रोपे जाते हैं।
  - ✓ **पानी देना [Watering]:** चावल को बहुत ज़्यादा पानी की ज़रूरत होती है, इसलिए पौधों को बढ़ने के लिए ज़रूरी नमी का स्तर बनाए रखने के लिए खेतों में पानी भर दिया जाता है।
  - ✓ **खरपतवार निकालना [Weeding]:** खरपतवारों को नियमित रूप से हटाया जाता है ताकि यह सुनिश्चित हो सके कि वे पोषक तत्वों और पानी के लिए चावल के पौधों के साथ प्रतिस्पर्धा न करें।
  - ✓ **कटाई [Harvesting]:** चावल के पौधे पकने के बाद (दाने सुनहरे हो जाते हैं), उन्हें दरांती का उपयोग करके काटा जाता है।

Chapter – 15: From Market to Home / अध्याय – 15: मंडी से घर तक

वैशाली के परिवार की दिनचर्या [Vaishali's Family's Daily Routine]

- वैशाली का परिवार सब्ज़ी बेचने का काम करता है। उसके पिता (बाबूजी), माँ (अम्मा), भाई (भैया) और कभी-कभी छोटू (छोटा भाई) उसके काम में मदद करते हैं।
- वे अपना काम सुबह 3:00 बजे शुरू करते हैं, जब ज़्यादातर लोग सो रहे होते हैं।
- उनका काम पिछले दिन की सब्ज़ियों को टोकरियों से निकालकर और मंडी से ताज़ा स्टॉक तैयार करके शुरू होता है।

सुबह की गतिविधियाँ [Early Morning Activities]

- सुबह 6:30 बजे, बाबूजी मंडी से बैंगन, आलू, टमाटर, भिंडी जैसी ताज़ी सब्ज़ियाँ लेकर लौटते हैं।
- सब सब्ज़ियों को छाँटने और उन सब्ज़ियों को अलग करने में मदद करते हैं जो पूरी तरह से पकी नहीं हैं या बिक्री के लिए तैयार नहीं हैं।
- उनका लक्ष्य सब्ज़ियाँ बेचने के लिए जल्दी बाज़ार पहुँचना है।

बाज़ार में बेचना [Selling in the Bazaar]

- सुबह 7:00 बजे बाबूजी ठेला लेकर बाज़ार के लिए निकल जाते हैं, ताकि उन्हें देर न हो जाए और वे अपने नियमित खरीदारों को न खोएँ।
- वैशाली को सुबह 7:30 बजे स्कूल के लिए तैयार होना पड़ता है।
- दोपहर में स्कूल जाने वाला छोटू, खाना लाकर और ठेले पर उनके साथ रहकर बाबूजी की मदद करता है।

दिन का अंत [End of the Day]

- बाबूजी और भैया बाज़ार में दिन भर काम करने के बाद रात 10:00 बजे घर लौटते हैं। उस समय तक वैशाली और छोटू सो चुके होते हैं।
- पूरा परिवार रात 11:00-11:30 बजे सो जाता है, और फिर अगले दिन सुबह 3:00 बजे फिर से काम शुरू करता है।

सब्ज़ियों को छांटना और बेचना [Sorting and Selling Vegetables]

- बाबूजी सुनिश्चित करते हैं कि वे पिछले दिन की सब्ज़ियाँ पहले बेच दें, ताकि सब्ज़ियाँ बर्बाद न हों।
- भैया गाड़ी में ताज़ी सब्ज़ियाँ डालकर और उन पर पानी छिड़ककर मदद करते रहते हैं, ताकि वे सूखने से बचें, खासकर गर्मी के मौसम में।

मंडी की भूमिका [Role of Mandi]

- मंडी वह जगह है जहाँ ताज़ी सब्ज़ियाँ थोक में खरीदी जाती हैं। यह दिन भर के लिए सब्ज़ियाँ जमा करने में अहम भूमिका निभाती है।

सब्जियों का वर्गीकरण [Classifying Vegetables]

फल और सब्जियाँ दो प्रकार की होती हैं।

- जल्दी खराब हो जाना [Spoil Quickly]
- कुछ दिनों तक रह सकता है [Can Stay for Some Days]

जल्दी खराब हो जाना [Spoil Quickly]	कुछ दिनों तक रह सकता है [Can Stay for Some Days]
पालक	आलू
खीरा	प्याज
टमाटर	गोभी
केला	नाशपाती
अंगूर	अनानास
चीकू	अदरक

चिकनी और खुरदरी सब्जियाँ [Smooth and Rough Vegetables]

उनकी बनावट के आधार पर सब्जियां दो प्रकार की होती हैं, "चिकनी" और "खुरदरी"।

चिकना [Smooth]	खुरदरी [Rough]
केला	आलू
टमाटर	प्याज
अंगूर	अदरक
नाशपाती	गोभी
सेब	

Chapter – 16: A Busy Month / अध्याय – 16: चूं चूं करती आई चिड़िया

विभिन्न प्रकार के पक्षी और उनके घोंसले [Different Types of Birds and Their Nests]

- **भारतीय रॉबिन [Indian Robin]:** घास, टहनियों, ऊन और कपास से बना घोंसला।
- **कौवे [Crows]:** तार और लकड़ी सहित विभिन्न सामग्रियों से घोंसले बनाते हैं।
- **कोयल [Koels]:** कौवे के घोंसले में अंडे देते हैं।
- **दर्जी पक्षी [Tailor Bird]:** घोंसले के लिए पत्तियों को एक साथ सिलने के लिए अपनी तीखी चोंच का उपयोग करता है। घोंसला बनाने के लिए पत्तियों को एक साथ सिलता है।
- **सनबर्ड [Sunbird]:** घास, टहनियों, कपास और यहाँ तक कि मकड़ी के जाले से भी घोंसले बनाता है। पेड़ की टहनी से अपना घोंसला लटकाता है।
- **बारबेट (कॉपरस्मिथ) [Barbet (Coppersmith)]:** पेड़ के तने में घोंसले बनाता है।
- **गौरैया और कबूतर [Sparrow and Pigeons]:** अक्सर घरों में या उसके आस-पास, अलमारी या पुरानी इमारतों जैसी छोटी जगहों का उपयोग करके घोंसला बनाते हैं।

पक्षियों का जीवन और संघर्ष [Life and Struggles of Birds]

- पक्षियों को कई चुनौतियों का सामना करना पड़ता है [Birds face many challenges]: शिकारियों (मनुष्य, गिलहरी, बिल्लियाँ, आदि) से सुरक्षा, भोजन ढूँढ़ना, घोंसला बनाना और चूजों को पालना।
- इन चुनौतियों के बावजूद, पक्षी खुशी से गाते और उड़ते हैं, जो उनके लचीलेपन को दर्शाता है।

पशुओं के दाँत और उनके कार्य [Animal Teeth and Their Functions]

- **जानवरों के दाँत [Teeth of Animals]:** अलग-अलग जानवरों के दाँत अलग-अलग तरह के होते हैं जो उनकी ज़रूरतों के हिसाब से होते हैं:
- **गाय [Cows]:** घास काटने के लिए छोटे आगे के दाँत, चबाने के लिए बड़े चपटे दाँत।
- **बिल्लियाँ [Cats]:** मांस फाड़ने के लिए तीखे दाँत।
- **साँप [Snakes]:** शिकार को पूरा निगलने के लिए घुमावदार दाँत।
- **गिलहरी [Squirrels]:** आगे के दाँत जो बढ़ते रहते हैं, इसलिए वे अपनी लंबाई बनाए रखने के लिए चीज़ों को कुतरती हैं।

यह अध्याय बच्चों को प्रकृति की सराहना करने, पक्षियों का निरीक्षण करने और उनके सामने आने वाली चुनौतियों को समझने के लिए प्रोत्साहित करता है। गतिविधियाँ रचनात्मकता, अवलोकन और प्राकृतिक दुनिया के बारे में सीखने को बढ़ावा देती हैं।

अध्याय के लेखक [Writer of the Chapter]

गिजुभाई बधेका (Gijubhai Badheka) (15 नवंबर 1885 – 23 जून 1939) गुजरात के एक प्रसिद्ध शिक्षक और लेखक थे, जो बच्चों के लिए उनकी आकर्षक और शिक्षाप्रद कहानियों के लिए जाने जाते थे, जो अक्सर प्रकृति, जानवरों और जीवन के पाठों पर केंद्रित होती थीं। शुरू में एक उच्च न्यायालय के वकील, उन्होंने 1923 में अपने बेटे के जन्म के बाद बचपन के विकास में रुचि विकसित की। 1920 में, उन्होंने "बाल मंदिर" प्री-प्राइमरी स्कूल की स्थापना की और भारत में मोंटेसरी पद्धतियों की शुरुआत की। उन्होंने दिवास्वप्न ("दिवास्वप्न") जैसी रचनाएँ भी प्रकाशित कीं और उन्हें प्यार से "मूछली माँ" ("मूंछों वाली माँ") कहा जाता है।

Chapter – 17: Nandita in Mumbai / अध्याय – 17: नंदिता मुंबई में

नंदिता का आगमन [Nandita's Arrival]:

- नंदिता और उसकी माँ अपनी माँ के इलाज के लिए मुंबई आई थीं।
- नंदिता मुंबई स्टेशन की भीड़ से परेशान थी, लेकिन वहाँ उसे अपने चाचा (माँ) मिल गए।
- भीड़-भाड़ वाली गलियों से होकर मामा के घर तक का सफ़र मुश्किल था।

रहने की स्थिति [Living Conditions]:

- मामा का घर छोटा है, जिसमें पूरे परिवार के लिए एक कमरा है।
- मामा के घर के विपरीत, नंदिता के गाँव के घर में खाना पकाने, नहाने और आँगन के लिए अलग-अलग जगह हैं।

पानी की समस्या [Water Issues]:

- मुंबई में, वे सुबह-सुबह सार्वजनिक नल से पानी भरते हैं, अगर देर हो जाए तो झगड़ों का सामना करना पड़ता है।
- गाँव में, वे बिना किसी विवाद के तालाब से पानी लाते हैं, हालाँकि गर्मियों में, उन्हें नदी तक पहुँचने के लिए एक घंटा पैदल चलना पड़ता है।

शौचालय और स्वच्छता [Toilets and Hygiene]:

- माँ की गली में पानी की कमी वाला एक गंदा सार्वजनिक शौचालय है।
- गाँव में, लोग खुली जगहों या खेतों का इस्तेमाल करते हैं, जहाँ पुरुषों और महिलाओं के लिए अलग-अलग जगह होती है।

शहरी जीवन में ढलना [Adapting to City Life]:

- नंदिता को शुरू में भीड़-भाड़ वाली बसों से डर लगता था, लेकिन उसने बस प्रणाली और दैनिक दिनचर्या को सीखकर खुद को ढाल लिया।

ऊँची इमारतें [High-Rise Buildings]:

- नंदिता मुंबई की ऊँची इमारतों और लिफ्टों को देखकर हैरान है।
- मामी ऊँची इमारत में घरों की सफ़ाई का काम करती है, लेकिन नंदिता पानी की बर्बादी से परेशान है।

ऊँची इमारत से नज़ारा [View from a High-Rise]:

- नंदिता 12वीं मंज़िल के घर में जाती है, जो बहुत बड़ा है और जिसमें पानी के लिए नल है।
- खिड़की से, वह मामा की गली देखती है, लेकिन ऊँचाई को लेकर घबरा जाती है।

मामा की घर बदलने की चिंता [Mama's Worries About Moving]:

- होटल निर्माण के कारण मामा को बेदखल होना पड़ता है, जिससे उन्हें खराब सुविधाओं वाले दूर के इलाके में जाना पड़ता है।

- इस कदम से मामा के काम और मामी की आजीविका पर असर पड़ता है।

नंदिता की चिंताएँ [Nandita's Concerns]:

- नंदिता को इस बात की चिंता है कि इस कदम से उसकी माँ से मिलने की क्षमता और परिवार के दैनिक जीवन पर क्या असर पड़ेगा।
- उसे इस बात की चिंता है कि अगर वे दूर चले जाते हैं, तो इसमें कितना खर्च और समय लगेगा।

Chapter – 18: Too Much Water, Too Little Water / अध्याय – 18: पानी कहीं ज़्यादा कहीं कम

विभिन्न क्षेत्रों में जल समस्याएँ [Water Issues in Different Areas]

सुगुना की कहानी (नल्लमदा, आंध्र प्रदेश) [Suguna's Story (Nallamada, Andhra Pradesh)]:

- **अस्वच्छ पेयजल;** खराब गुणवत्ता के कारण परिवार इसे पीने से बचता है।
- **चर्चा [Discussion]:** अशुद्ध जल के हानिकारक प्रभाव (दस्त, उल्टी), जल शोधन का महत्व।

बाजार गाँव, महाराष्ट्र में पानी की कमी [Water Shortage in Bazaar Gaon, Maharashtra]:

- वाटर पार्क की प्रचुरता और गाँव की कमी के बीच अंतर।
- ग्रामीण सप्ताह में एक बार टैंकर डिलीवरी पर निर्भर हैं।
- **चर्चा [Discussion]:** व्यक्तिगत जल की कमी, जल की बर्बादी, और वितरण में निष्पक्षता।

कफ़ परेड, मुंबई [Cuffe Parade, Mumbai]:

- गटर का पानी पीने के पानी में मिल जाता है, जिससे बीमारियाँ होती हैं।
- पीने से पहले पानी को उबालने का महत्व।
- **चर्चा [Discussion]:** पानी को साफ करना (उबालना), अशुद्ध पानी पीने के परिणाम।

जल और स्वास्थ्य [Water and Health]

- **दस्त और उल्टी [Diarrhea and Vomiting]:** निर्जलीकरण का कारण बनता है; पुनर्जलीकरण महत्वपूर्ण है।
- **घरेलू उपाय [Home Remedy]:** निर्जलीकरण के लिए 1 गिलास उबले पानी में 1 चम्मच चीनी + चुटकी भर नमक मिलाएं।
- **सलाह [Advice]:** बच्चों को स्तनपान कराना जारी रखें, अगर लक्षण बने रहते हैं तो चिकित्सकीय सहायता लें।

जल सर्वेक्षण और स्कूल गतिविधियाँ [Water Survey and School Activities]

- **सर्वेक्षण विषय [Survey Topics]:** स्कूल में जल स्रोत, नल, कंटेनर और शौचालय की सफाई।
- **मुख्य बिंदु [Key Points]:** स्वच्छता के लिए जल स्रोतों और शौचालयों की नियमित सफाई आवश्यक है।

जल समस्याओं को हल करने में बच्चों की भूमिका [Children's Role in Solving Water Problems]

- **होलगुंडी, कर्नाटक [Holgundi, Karnataka]:** बच्चे (भीम संघ) एक सूखे हुए पानी के टैंक को साफ करके, उसकी मरम्मत करके और पेड़ लगाकर बहाल करते हैं।
- **परिणाम [Result]:** कुओं और तालाबों में जल स्तर में सुधार, काम के लिए पलायन में कमी।

निष्कर्ष [Conclusion]

- **मुख्य संदेश [Key Message]:** जल संरक्षण, स्वच्छता और सामुदायिक प्रयास जल मुद्दों को संबोधित करने के लिए महत्वपूर्ण हैं।
- बच्चे अपने समुदायों में जल समस्याओं को हल करने में महत्वपूर्ण भूमिका निभाते हैं।

अध्याय के लेखक [Author of the Chapter]

"बहुत ज़्यादा पानी, बहुत कम पानी" अध्याय की लेखिका सुजाता पद्मनाभन हैं। सुजाता पद्मनाभन 1984 से कल्पवृक्ष से जुड़ी हैं और 2000 से पूर्णकालिक हैं। एक प्रशिक्षित विशेष शिक्षिका के रूप में उन्होंने दिल्ली में विकलांग बच्चों के साथ काम किया है। वह बच्चों के लिए पर्यावरण शिक्षा पर ध्यान केंद्रित करती हैं, कर्नाटक, लद्दाख और कच्छ जैसे क्षेत्रों में कार्यक्रम विकसित करती हैं। उन्होंने बच्चों की किताबें लिखी हैं, शैक्षिक संसाधनों का सह-लेखन किया है और वैकल्पिक शिक्षा परियोजनाओं का समर्थन किया है। उन्हें प्रकृति को देखना, जलधाराओं को सुनना और पहाड़ों पर घूमना पसंद है।

Chapter – 19: Abdul in the Garden / अध्याय – 19: जड़ों का जाल

अब्दुल का गार्डन अनुभव [Abdul's Garden Experience]

- बगीचे में अपने पिता की मदद करता है, सीखता है कि घास की जड़ें मजबूत होती हैं और उन्हें निकालना मुश्किल होता है।
- मटर के पौधे के तने को गलती से उसके सहारे को गिराकर तोड़ देता है।

जड़ें और विकास [Roots and Growth]

- जड़ें पौधों को सहारा देती हैं और पानी सोखती हैं।
- मूली एक जड़ है; अब्दुल सोचता है कि जड़ें कैसे बढ़ती हैं और पौधों को सहारा देती हैं।
- गहरी जड़ें नीम के पेड़ जैसे पेड़ों को तेज़ हवाओं में भी मज़बूती से टिके रहने में मदद करती हैं।

पौधों को पानी देना [Watering Plants]

- पौधों को पानी देने से वे ताज़े और हाइड्रेटेड रहते हैं।
- नीम के पेड़ को नियमित पानी की ज़रूरत नहीं होती, जो गहरी जड़ों का संकेत है।
- सवाल यह है कि सीमेंट वाले इलाकों में पेड़ों को पानी कैसे मिलता है।

जड़ों की भूमिका [Role of Roots]

- जड़ें पानी और पोषक तत्वों को सोखती हैं।
- बरगद के पेड़ की जड़ें सहारे के लिए शाखाओं से नीचे की ओर बढ़ती हैं।
- रेगिस्तानी ओक की जड़ें गहरी होती हैं जो भूमिगत पानी तक पहुँचती हैं।

पौधों की वृद्धि का प्रयोग [Seedling Growth Experiment]

- बीजों को भिगोना और रूई पर उनकी वृद्धि का निरीक्षण करना।
- जड़ें नीचे की ओर बढ़ती हैं, तने ऊपर की ओर, जड़ें मिट्टी की तरह पकड़ती हैं।
- पौधों की वृद्धि और जड़ के कार्यों के बारे में सीखने को प्रोत्साहित करता है।

पौधों के बारे में जिज्ञासा [Plant Curiosity]

- अब्दुल और उसके दोस्त सवाल करते हैं कि जड़ें कितनी गहरी होती हैं, पौधों को पानी कैसे मिलता है और उनकी वृद्धि कैसे होती है।
- पौधों और उनके पर्यावरण से उनके संबंध के बारे में जिज्ञासा को बढ़ावा देता है।

बढ़ते पौधे और जड़ें [Growing Plants and Roots]

- दरार से उगने वाले पौधों की जड़ें पानी और सहारे के लिए गहरी होती हैं।
- बरगद के पेड़ शाखाओं से अतिरिक्त जड़ें उगाते हैं।

व्यक्तिगत और पौधों का विकास [Personal and Plant Growth]

- व्यक्तिगत विकास में ऊँचाई, नाखून और बाल जैसे परिवर्तन शामिल हैं।
- पौधों के विकास में जड़ का विकास, तने का विकास और पत्तियों का विस्तार शामिल है, जिसके लिए पानी, धूप और मिट्टी की आवश्यकता होती है।

पर्यावरण जागरूकता [Environmental Awareness]

- पेड़ों के महत्व और उन्हें अनावश्यक रूप से काटने के परिणामों पर जोर देता है।
- विशेष रूप से विश्व पर्यावरण दिवस पर पेड़ लगाने और उनकी देखभाल करने को प्रोत्साहित करता है।

पूछताछ-आधारित शिक्षा [Inquiry-Based Learning]

- पौधों के विकास के बारे में प्रश्न पूछने और प्रयोग करने को बढ़ावा देता है।
- प्रकृति के बारे में ज्ञान और अंतर्दृष्टि प्राप्त करने के लिए बड़ों से पूछने को प्रोत्साहित करता है।

प्रकृति के साथ सक्रिय जुड़ाव [Active Engagement with Nature]

- बच्चों को व्यक्तिगत और पौधे-आधारित दोनों तरह के विकास पर चिंतन करने के लिए प्रोत्साहित किया जाता है।
- गतिविधियों में पर्यावरण का अवलोकन, प्रयोग और देखभाल करना शामिल है।

अध्याय के लेखक [Author of the Chapter]

"अब्दुल इन द गार्डन" अध्याय की लेखिका शैला घोष हैं। शैला घोष बच्चों के लिए आकर्षक सामग्री लिखने के लिए जानी जाती हैं, जिसका उद्देश्य उनके आस-पास की दुनिया के बारे में जिज्ञासा और समझ को बढ़ावा देना है। "अब्दुल इन द गार्डन" अध्याय बच्चों को अपने पिता के साथ बगीचे में अब्दुल के अनुभव के माध्यम से पौधों की वृद्धि, जड़ों और पर्यावरण की देखभाल के बारे में सिखाता है।

Chapter – 20: Eating Together / अध्याय – 20: मिलकर खाएं

कक्षा पार्टी [Class Party]

- **पार्टी का विचार [Idea for a Party]:** स्कूल खुलने के बाद, आरती ने कक्षा में पार्टी आयोजित करने का सुझाव दिया।
- **पार्टी की योजना [Party Planning]:** डेविड और रेहाना ने इस विचार का समर्थन किया और इसे शनिवार (आधे दिन) को आयोजित करने का निर्णय लिया।

बिहू (असम में त्यौहार) मनाना [Celebrating Bihu (Festival in Assam)]

- **बिहू त्यौहार [Bihu Festival]:** सोनमोनी और दोस्तों ने असम में चावल की फसल के उपलक्ष्य में बिहू मनाया।
- **तैयारी [Preparations]:** गांव में बोरा चावल, मछली, सब्जियां और पीठा जैसे खाद्य पदार्थ तैयार किए गए।
- **पारंपरिक खाना पकाना [Traditional Cooking]:** पारंपरिक तरीकों का उपयोग करके बड़े बर्तनों (ताओ) में भोजन पकाया गया।

बिहू उत्सव [Bihu celebration]

बिहू मुख्य रूप से भारत के पूर्वोत्तर भाग में स्थित असम राज्य में मनाया जाता है। यह असमिया लोगों के सबसे महत्वपूर्ण त्योहारों में से एक है और पूरे राज्य में बड़े उत्साह के साथ मनाया जाता है।

- **स्थान [Location]:** बिहू असम के लिए विशिष्ट है, हालांकि असमिया मूल के लोग इसे अन्यत्र भी मना सकते हैं।
- **सांस्कृतिक महत्व [Cultural Significance]:** बिहू महत्वपूर्ण कृषि मील के पत्थर और असमिया नव वर्ष का प्रतीक है।
- **समय [Timing]:** बिहू तीन चरणों में मनाया जाता है- रोंगाली बिहू (वसंत), भोगली बिहू (फसल), और कोंगाली बिहू (शरद ऋतु)।

त्यौहार के भोजन को पकाने के लिए विशेष बर्तन [Special vessels used for cooking festival food]

त्यौहार के भोजन को पकाने के लिए अक्सर विशेष बर्तनों का उपयोग किया जाता है। उदाहरण के लिए, दिवाली के दौरान, पारंपरिक मिट्टी

के बर्तनों में मिठाइयाँ बनाई जाती हैं, और असम में बिहू के दौरान, प्रामाणिक क्षेत्रीय व्यंजन तैयार करने के लिए विशिष्ट लकड़ी या पीतल के बर्तनों का उपयोग किया जाता है। ये बर्तन पारंपरिक खाना पकाने के तरीकों को संरक्षित करने और भोजन के स्वाद को बढ़ाने में मदद करते हैं।

- **पारंपरिक बर्तन [Traditional Vessels]:** त्यौहार-विशिष्ट व्यंजन पकाने के लिए विशेष बर्तन, पैन और बर्तनों का उपयोग किया जाता है।
- **सांस्कृतिक महत्व [Cultural Significance]:** विशिष्ट बर्तनों का उपयोग प्रतीकात्मक हो सकता है, जो परंपरा, विरासत और प्रामाणिकता का प्रतिनिधित्व करता है।
- **स्वाद में वृद्धि [Flavor Enhancement]:** कुछ लोगों का मानना है कि पारंपरिक बर्तनों में खाना पकाने से भोजन का स्वाद और गुणवत्ता बढ़ जाती है।

स्कूलों में मध्याह्न भोजन [Mid-Day Meal in Schools]

- **स्कूली भोजन [School Meals]:** बच्चे अपने मध्याह्न भोजन का बेसब्री से इंतजार करते हैं, जिसमें भात-शुक्तो, लूची और छोला-दाल जैसे व्यंजन शामिल होते हैं।
- **बैठने की व्यवस्था और सामाजिक मेलजोल [Seating and Socializing]:** भोजन एक घेरे में परोसा जाता है, और नए दोस्त बनाने को प्रोत्साहित करने के लिए बैठने की व्यवस्था प्रतिदिन बदलती रहती है।
- **सुधार [Improvement]:** शिक्षकों और अभिभावकों के प्रयासों से भोजन की गुणवत्ता में सुधार हुआ है।

बच्चों के अधिकार [Children's Rights]

- **भोजन का अधिकार [Right to Food]:** भारतीय सर्वोच्च न्यायालय ने घोषणा की है कि प्राथमिक विद्यालय तक के सभी बच्चों को गर्म, पका हुआ भोजन एक मौलिक अधिकार के रूप में मिलना चाहिए।

सामान्य विषय [General Themes]

- **एक साथ भोजन करना [Eating Together]:** यह अध्याय सामुदायिक सेटिंग्स, जैसे कक्षा पार्टियों और सांस्कृतिक उत्सवों में साझा भोजन के महत्व पर प्रकाश डालता है।
- **बच्चों का भोजन का अधिकार [Children's Right to Food]:** बच्चों को उचित शिक्षा और विकास के लिए पौष्टिक भोजन उपलब्ध कराने के महत्व पर जोर देता है।

अध्याय के लेखक [Author of the Chapter]

इस अध्याय के लेखक ए.के. शर्मा हैं। वे एक भारतीय लेखक और शिक्षक हैं, जो शैक्षिक पाठ्यपुस्तकें लिखने के लिए जाने जाते हैं, खासकर पर्यावरण अध्ययन, सामाजिक विज्ञान और नैतिक शिक्षा जैसे विषयों पर।

Chapter – 21: Food and Fun / अध्याय – 21: खाना खिलाना

कहानी का परिचय [Introduction to the Story]

- कहानी की शुरुआत मनप्रीत द्वारा अपने दोस्तों दिव्या और स्वास्तिक को हॉस्टल से लौटने के बाद बधाई देने से होती है।
- मनप्रीत की दोस्त गुरनूर हॉस्टल से लौटने के बाद अपने दोस्तों से मिलने के लिए उत्साहित है।

बोर्डिंग स्कूल लाइफ [Boarding School Life]

- दिव्या और स्वास्तिक हॉस्टल में अपने अनुभवों पर चर्चा करते हैं, बताते हैं कि उन्हें घर की याद आती है लेकिन हॉस्टल में दूसरे बच्चों के साथ मिलकर खाना खाने में मज़ा आता है।
- बच्चे बताते हैं कि उन्हें घर का बना खाना बहुत पसंद है और अक्सर हॉस्टल में लाए गए किसी भी घर के बने खाने को खाने के लिए दौड़ पड़ते हैं।

गुरुद्वारा यात्रा [Gurudwara Visit]

- बच्चे गुरुद्वारा जाते हैं, जहाँ वे लंगर (सामुदायिक भोजन) परंपरा का अनुभव करते हैं।
- वे रसोई में व्यस्त गतिविधि देखते हैं, जिसमें लोगों के एक बड़े समूह के लिए बड़े बर्तनों में खाना बनाना शामिल है।
- मंजीत सिंह बताते हैं कि वे एक बड़ी कढ़ाई में कड़ाह प्रसाद (हलवा जैसा व्यंजन) कैसे तैयार कर रहे हैं।
- मनप्रीत की मां तंदूर में रोटियां बनाती नजर आती हैं और बच्चों को हाथ धोने के बाद मदद करने के लिए कहा जाता है।

सामुदायिक भागीदारी [Community Involvement]

- बच्चे गुरुद्वारे में बड़े पैमाने पर खाना पकाने और भोजन तैयार करने को देखकर आश्चर्यचकित हैं।
- भोजन लोगों के एक बड़े समूह द्वारा तैयार किया जाता है, जिसमें स्वयंसेवक भी शामिल होते हैं जो सामग्री की व्यवस्था करने, पैसे देने या खाना पकाने और परोसने में सहायता करते हैं।

लंगर भोजन [Langar Meal]

- खाना पकाने के बाद, कड़ाह प्रसाद वितरित किया जाता है, और समुदाय के लोग पंक्तियों में फर्श पर बैठकर लंगर (सामुदायिक भोजन) करने के लिए इकट्ठा होते हैं।
- सभी लोग एक साथ खाते हैं, लोग बारी-बारी से भोजन और पानी परोसते हैं।
- भोजन के बाद, सभी लोग क्षेत्र की सफाई करने, बर्तन धोने और एक बड़े ड्रम में अपनी प्लेटें डालने में मदद करते हैं।

विषय [Themes]

- सामुदायिक भावना और साझा करना [Community Spirit and Sharing]: अध्याय समुदाय के रूप में एक साथ खाने के महत्व पर जोर देता है, जैसा कि गुरुद्वारे में लंगर परंपरा में देखा जाता है।
- मदद करना और योगदान देना [Helping and Contributing]: गुरुद्वारे में लोग सामग्री उपलब्ध कराने से लेकर खाना पकाने और सफाई में मदद करने तक, विभिन्न तरीकों से योगदान करते हैं।
- बोर्डिंग स्कूल बनाम घर का खाना [Boarding School vs. Home Cooking]: यह कहानी छात्रावास में सामूहिक भोजन और घर के बने भोजन के बीच अंतर दर्शाती है, जिसे बच्चे मिस करते हैं, तथा भोजन बांटने से बनने वाले विशेष बंधन पर प्रकाश डालती है।

साझा करने और मदद करने का पाठ [Lesson on Sharing and Helping]

- यह अध्याय सहयोग, दूसरों की मदद करने और साथ मिलकर खाने के आनंद के मूल्यों को व्यक्त करता है, जो गुरुद्वारे में लोगों के कार्यों में देखा जाता है।

अध्याय के लेखक [Author of the Chapter]

इस अध्याय के लेखक ए.के. शर्मा हैं। वे एक भारतीय लेखक और शिक्षक हैं, जो शैक्षिक पाठ्यपुस्तकें लिखने के लिए जाने जाते हैं, खासकर पर्यावरण अध्ययन, सामाजिक विज्ञान और नैतिक शिक्षा जैसे विषयों पर।

Chapter – 22: The World in my Home / अध्याय – 22: दुनिया मेरे घर में

- **रस्साकशी [Tug of War]:** मेरिएटा का परिवार टीवी कार्यक्रमों को लेकर झगड़ता है। अंत में, सभी फुटबॉल देखते हैं। चर्चा: क्या आपके परिवार में भी ऐसे ही झगड़े होते हैं? उन्हें कौन सुलझाता है?
- **अंतर क्यों? [Why the Difference?]:** प्रतिभा सवाल करती है कि उसके भाइयों के नियम उससे अलग क्यों हैं। चर्चा: क्या लड़कों और लड़कियों के नियम एक जैसे होने चाहिए? अगर वे एक-दूसरे के नियमों का पालन करें तो कैसा रहेगा?
- **पिल्लू आंटी [Pilloo Aunty]:** पिल्लू आंटी ने ईमानदारी दिखाई और सात कुल्फी के पैसे दिए, जबकि उनसे पाँच कुल्फी के पैसे लिए गए थे। चर्चा: क्या आपके परिवार में पिल्लू आंटी जैसा कोई है? अगर वह कम पैसे देती तो क्या होता?

- **मुझे क्या करना चाहिए? [What Should I Do?]:** अक्षय की दादी उसे अनिल के घर पर खाने-पीने से मना करती हैं। पानी दिए जाने पर अक्षय उलझन में पड़ जाता है। चर्चा: अक्षय को क्या करना चाहिए? क्या आप उसकी दादी से सहमत हैं?
- **कौन तय करेगा? [Who Will Decide?]:** धोंडू चक्की मशीन खरीदना चाहता है, लेकिन उसके चाचा इसका विरोध करते हैं। चर्चा: आपके परिवार में कौन महत्वपूर्ण निर्णय लेता है? धोंडू की जगह आप क्या करेंगे?
- **मुझे यह पसंद नहीं है! [I Don't Like It!]:** रितु मीना के निमंत्रण को अस्वीकार कर देती है क्योंकि वह मीना के चाचा द्वारा उसके हाथ को छूने से असहज महसूस करती है। चर्चा: क्या आपको कभी किसी का स्पर्श नापसंद हुआ है? रितु की जगह पर आप कैसा महसूस करेंगे?

Chapter – 23: Pochampalli / अध्याय – 23: पोचमपल्ली

वाणी और प्रसाद का गांव (मुख्तापुर) [Vani and Prasad's Village (Mukhtapur)]

- वाणी और प्रसाद तेलंगाना के पोचमपल्ली शहर (मंडल) में स्थित मुख्तापुर गांव में रहते हैं।
- उनका परिवार, गांव के कई अन्य लोगों के साथ, बुनकर हैं जो पोचमपल्ली नामक सुंदर और विशेष कपड़ा बनाते हैं।
- बुनाई की परंपरा पीढ़ियों से चली आ रही है, वाणी और प्रसाद ने अपने माता-पिता से यह कला सीखी है।

पोचमपल्ली साड़ियों की बुनाई की प्रक्रिया [The Process of Weaving Pochampalli Sarees]

धागा तैयार करना [Thread Preparation]:

- पोचमपल्ली शहर से धागे लाए जाते हैं, उबलते पानी में धोए जाते हैं, चमकीले रंगों से रंगे जाते हैं, सुखाए जाते हैं और बंडलों में लपेटे जाते हैं।

बुनाई [Weaving]:

- धागे के बंडलों को करघे पर रखा जाता है, जहाँ बुनाई होती है।
- रेशमी साड़ियों के लिए रेशमी धागे का उपयोग किया जाता है, जबकि सूती साड़ियों, कपड़े और चादरों के लिए सूती धागे का उपयोग किया जाता है।
- करघे में कई सुइयाँ होती हैं, जिनकी संख्या और आकार डिज़ाइन के आधार पर बदलते रहते हैं।
- अंतिम उत्पाद सुंदर और रंगीन पोचमपल्ली साड़ियाँ हैं।

बुनकरों के सामने चुनौतियाँ [Challenges Faced by Weavers]

- पोचमपल्ली साड़ियों को बुनने के लिए बहुत कौशल और कई दिनों की कड़ी मेहनत की आवश्यकता होती है।

आर्थिक संघर्ष [Economic Struggles]:

- रेशम की कीमतें बढ़ रही हैं, जबकि दुकानदार साड़ियों के लिए बहुत कम पैसे देते हैं, उन्हें उच्च कीमतों पर बेचते हैं।
- परिणामस्वरूप, कई बुनकर इस शिल्प को छोड़ रहे हैं और मजदूरी के लिए बड़े शहरों में जा रहे हैं।
- यदि स्थिति में सुधार नहीं हुआ, तो यह कीमती शिल्प हमेशा के लिए खो सकता है।

अध्याय के लेखक [Author of the Chapter]

इस अध्याय के लेखक प्रमोद वर्मा हैं। वे भारत के जाने-माने लेखक और शिक्षक हैं। उन्हें बच्चों के साहित्य में उनके योगदान के लिए जाना जाता है, खासकर शैक्षिक और सामाजिक विषयों के क्षेत्र में। उनके लेखन का उद्देश्य अक्सर विभिन्न सांस्कृतिक, सामाजिक और नैतिक मुद्दों के बारे में जागरूकता लाना होता है, जिसमें अक्सर युवा पाठकों को शिक्षित करने के लिए सरल, आकर्षक कथाओं का उपयोग किया जाता है।

Chapter – 24: Home and Abroad / अध्याय – 24: हर देश की बात

मालू के परिवार का परिचय [Introduction to Maalu's Family]

- मालू का परिवार चित्तप्पन और उसके परिवार का स्वागत कर रहा है, जो पाँच साल से अबू धाबी में रह रहे हैं।
- मालू और उसके पिता (अप्पा) उनका स्वागत करने के लिए हवाई अड्डे गए।

अबू धाबी से यात्रा [Journey from Abu Dhabi]

- चित्तप्पन का परिवार अबू धाबी से भारत आया और दूरी के बावजूद उनकी उड़ान में केवल दो घंटे लगे।
- मालू इस त्वरित उड़ान की तुलना चेन्नई की अपनी 12 घंटे की लंबी ट्रेन यात्रा से करती है।

विमान से अवलोकन [Observations from the Plane]

- मालू की चचेरी बहन शांता, विमान से देखे गए रेगिस्तानी परिदृश्य का वर्णन करती है, जिसमें विभिन्न रंगों के रेत के टीले हैं।
- मालू को पता चलता है कि अबू धाबी के आसपास का क्षेत्र एक रेगिस्तानी क्षेत्र है, जहाँ खजूर के पेड़ों को छोड़कर कोई पेड़ या हरियाली नहीं है।

अबू धाबी में जीवन [Life in Abu Dhabi]

- अबू धाबी में रेगिस्तानी जलवायु का मतलब है बारिश, नदियाँ या झीलें नहीं। रेगिस्तान में पानी कीमती है, और इस क्षेत्र में रेत के नीचे बहुत सारा तेल है।
- अबू धाबी में पेट्रोल पानी से सस्ता है।
- चित्तप्पन ने बताया कि कैसे अबू धाबी में बच्चे शुष्क जलवायु के कारण बारिश का एहसास लगभग भूल ही गए थे।
- शांता और शशि ने केरल में फलों के पेड़ों की बहुतायत देखी, जो अबू धाबी में देखे गए एक ही प्रकार के पेड़ से अलग है।

उपहार और सांस्कृतिक अंतर [Gifts and Cultural Differences]

- चित्तप्पन का परिवार उपहार लेकर आया, जिसमें खजूर भी शामिल थे, जो अबू धाबी में बहुत आम है। शशि ने मालू को अबू धाबी के करेंसी नोट और सिक्के दिखाए, और अरबी में लिखी उनकी स्थानीय मुद्रा दिरहम के बारे में बताया।
- चित्तप्पन ने मालू को एक ग्लोब दिया और उसे इस पर अबू धाबी और केरल का पता लगाने की चुनौती दी।

अबू धाबी में जीवनशैली [Lifestyle in Abu Dhabi]

- अबू धाबी में, इमारतें कई मंजिलों वाली ऊंची हैं, और लोग गर्मी के कारण वातानुकूलित स्थानों में घर के अंदर रहते हैं।
- लोग ढीले, सूती कपड़े पहनते हैं और तेज धूप से बचने के लिए अपने सिर को ढकते हैं।

मालू की परियोजना रिपोर्ट [Maalu's Project Report]

मालू ने अपने गृहनगर की तुलना अबू धाबी से करते हुए एक परियोजना रिपोर्ट बनाने का फैसला किया, जिसमें निम्नलिखित पर ध्यान केंद्रित किया गया:

- **जलवायु और मौसम [Climate and Weather]:** केरल में उष्णकटिबंधीय जलवायु है, जिसमें गर्म और आर्द्र मौसम होता है, मानसून के दौरान भारी वर्षा होती है। दूसरी ओर, अबू धाबी में रेगिस्तानी जलवायु है, जिसमें अत्यधिक गर्म, शुष्क मौसम और बहुत कम वर्षा होती है।
- **लोग क्या पहनते हैं [What People Wear]:** केरल में, लोग हल्के सूती कपड़े पहनते हैं, जिसमें महिलाएँ साड़ी पहनती हैं और पुरुष मुंडू या लुंगी पहनते हैं। अबू धाबी में, लोग ढीले सूती कपड़े पहनते हैं, जिसमें पुरुष "दिशाशा" और महिलाएँ "अबाया" जैसे पारंपरिक परिधान पहनते हैं। दोनों ही तीव्र गर्मी के कारण सिर को ढकते हैं।

- **पेड़ और पौधे [Trees and Plants]:** केरल हरा-भरा है, जहाँ नारियल के ताड़, केले के पौधे और कटहल के पेड़ हैं। रेगिस्तानी वातावरण के कारण अबू धाबी में बहुत कम पेड़ हैं, जिसमें खजूर के पेड़ सबसे आम हैं।
- **इमारतों का प्रकार [Kind of Buildings]:** केरल में मानसून की बारिश को झेलने के लिए ढलान वाली छतों वाले पारंपरिक कम ऊँचाई वाले घर हैं, जबकि अबू धाबी में आधुनिक, ऊँची गगनचुंबी इमारतें हैं, जो गर्मी को झेलने के लिए डिज़ाइन की गई हैं, जिनमें वातानुकूलित अंदरूनी भाग हैं।
- **सड़कों पर यातायात [Traffic on the Roads]:** केरल में कारों, बसों और ऑटो-रिक्शा से भरी सड़कें हैं, जिससे अक्सर ट्रैफ़िक जाम की स्थिति बनी रहती है। अबू धाबी में सड़कों का रखरखाव अच्छा है और कम वाहनों के कारण ट्रैफ़िक की भीड़ कम है।
- **आम खाद्य पदार्थ [Common Food Items]:** केरल का मुख्य भोजन चावल है, जिसमें सांभर, मछली करी और अप्पम जैसे व्यंजन शामिल हैं। अबू धाबी का भोजन अरबी और मध्य पूर्वी भोजन से प्रभावित है, जिसमें कबाब, हम्मस, फलाफेल और खजूर शामिल हैं।
- **बोली जाने वाली भाषा [Language Spoken]:** केरल में मलयालम मुख्य भाषा है, जबकि अरबी अबू धाबी की आधिकारिक भाषा है, दोनों जगहों पर अंग्रेजी व्यापक रूप से बोली जाती है।

गतिविधि [Activities]

- **अबू धाबी की तुलना घर से करना [Comparing Abu Dhabi with Home]:** यह अध्याय छात्रों को जलवायु, इमारतों, यातायात, भोजन और भाषा जैसे विभिन्न बिंदुओं के आधार पर अपने स्थानीय स्थान की तुलना अबू धाबी से करने के लिए प्रोत्साहित करता है।
- **रेगिस्तान और पेड़ों की वृद्धि [Desert and Tree Growth]:** यह अध्याय बताता है कि पानी की कमी और कठोर परिस्थितियों के कारण रेगिस्तानी इलाकों में पेड़ क्यों नहीं उग सकते।
- **मुद्रा पहचान [currency recognition]:** विभिन्न मुद्रा नोटों और सिक्कों को पहचानने से संबंधित गतिविधियाँ हैं, जो दिरहम और उसकी विशेषताओं पर ध्यान केंद्रित करती हैं।
- **अन्य देशों में रिश्तेदार [relatives in other countries]:** अध्याय छात्रों से विदेश में रहने वाले रिश्तेदारों के बारे में सोचने और यह जानने के लिए कहता है कि वे वहाँ क्यों गए, जैसे कि काम या पढ़ाई के लिए।

अध्याय के लेखक [Author of the Chapter]

अध्याय की लेखिका का नाम लीला रॉय (2 अक्टूबर 1900 - 11 जून 1970) है। वह वामपंथी भारतीय राजनीतिज्ञ, समाज सुधारक और नेताजी सुभाष चंद्र बोस की करीबी सहयोगी थीं। असम के ग्वालपाड़ा में गिरीश चंद्र नाग और कुंजलता नाग के घर जन्मी, वह ढाका विश्वविद्यालय की पहली महिला छात्रा बनीं। रॉय सामाजिक सुधारों और स्वतंत्रता आंदोलन में सक्रिय रूप से शामिल थीं, खासकर महिलाओं की शिक्षा और सशक्तिकरण की वकालत करती थीं।

Chapter – 25: Spicy Riddles / अध्याय – 25: चटपटी पहेलियाँ

मसाले और उनके उपयोग [Spices and Their Uses]

- **लाल मिर्च [Chili (Red chili)]:** भोजन में तीखापन और तीखापन जोड़ती है। यदि बहुत अधिक मात्रा में डाला जाए, तो यह आपको हांफने पर मजबूर कर देती है, जिससे आपकी आंखों और नाक से पानी आने लगता है।
- **हल्दी [Turmeric]:** भोजन को पीला कर देती है और घावों के उपचार में उपयोग की जाती है। इसे तेल में मिलाकर लगाया जाता है और यह घावों को भरने में मदद करती है।
- **काली मिर्च [Black pepper]:** छोटी, गोल और पूरी होने पर काली होती है। यह पाउडर के रूप में मोटी या बारीक होती है, जिसका स्वाद तीखा और मसालेदार होता है। इसका उपयोग नमकीन और मीठे दोनों तरह के व्यंजनों में किया जाता है।
- **जीरा [Cumin]:** एक छोटा, पतला मसाला जिसे अक्सर सुगंध के लिए तेल या घी के साथ इस्तेमाल किया जाता है। इसका उपयोग आमतौर पर दही और जलजीरा में किया जाता है।

- सौंफ [Fennel Seeds]: जीरे की तरह हरे रंग की होती है और पाचन में मदद करती है। इसे आमतौर पर भोजन के बाद मुंह को तरोताजा करने के लिए खाया जाता है।
- लौंग [Cloves]: चॉकलेट ब्राउन रंग की होती है और इसकी गंध बहुत तेज होती है। लौंग दांत दर्द को शांत करती है।

विभिन्न व्यंजनों में मसाले [Spices in Different Dishes]

- कुछ मसालों का इस्तेमाल मीठे और नमकीन दोनों तरह के व्यंजनों में किया जाता है (जैसे, इलायची)।
- खट्टा स्वाद [Sour Flavor]: खाने को खट्टा बनाने के लिए कुछ खास सामग्री (जैसे इमली या नींबू) का इस्तेमाल किया जाता है।

मसाला उद्यान [Spice Gardens]

- केरल में तेजपत्ता, इलायची और काली मिर्च जैसे पौधों वाले मसाला उद्यान हैं।

अध्याय के लेखक [Author of the Chapter]

अध्याय की लेखिका का नाम लीला रॉय (2 अक्टूबर 1900 - 11 जून 1970) है। वह वामपंथी भारतीय राजनीतिज्ञ, समाज सुधारक और नेताजी सुभाष चंद्र बोस की करीबी सहयोगी थीं। असम के ग्वालपाड़ा में गिरीश चंद्र नाग और कुंजलता नाग के घर जन्मी, वह ढाका विश्वविद्यालय की पहली महिला छात्रा बनीं। रॉय सामाजिक सुधारों और स्वतंत्रता आंदोलन में सक्रिय रूप से शामिल थीं, खासकर महिलाओं की शिक्षा और सशक्तिकरण की वकालत करती थीं।

Chapter – 26: Defence Officer: Wahida / अध्याय – 26: फौजी वहीदा

वहीदा प्रिज्म का परिचय [Introduction to Wahida Prism]

- लेफ्टिनेंट कमांडर वहीदा प्रिज्म भारतीय नौसेना में डॉक्टर हैं और उन कुछ महिलाओं में से एक हैं जिन्होंने नौसेना के जहाज पर काम किया है। वह भारतीय सशस्त्र बलों में परेड का नेतृत्व करने वाली पहली महिला भी हैं।

प्रारंभिक जीवन और शिक्षा [Early Life and Education]

- वहीदा जम्मू और कश्मीर के राजौरी जिले के थन्नामंडी नामक एक छोटे से गाँव से आती हैं।
- उन्होंने अपनी स्कूली शिक्षा एक सरकारी स्कूल में की, जहाँ बहुत कम लड़कियाँ आगे की शिक्षा के बारे में सोचती थीं।
- कई चुनौतियों का सामना करने के बावजूद, उनके परिवार ने उन्हें उच्च शिक्षा प्राप्त करने में सहायता की। वहीदा अपनी 12वीं कक्षा पूरी करने के लिए राजौरी में अपनी दादी के साथ रहने चली गईं।

प्रेरणा और करियर विकल्प [Inspiration and Career Choices]

- छोटी उम्र से ही वहीदा कुछ अलग करना चाहती थीं और बड़ी चीज़ें हासिल करने का सपना देखती थीं।
- उनके पिता चाहते थे कि उनकी एक बेटी डॉक्टर बने, दूसरी शिक्षिका बने और तीसरी या तो वकील बने या पुलिस बल में शामिल हो। वहीदा भारतीय नौसेना में डॉक्टर बन गईं, जबकि उनकी बहन जम्मू पुलिस बल में शामिल हो गईं।

डॉक्टर बनने का सफ़र [Journey to Becoming a Doctor]

- वहीदा ने कड़ी मेहनत की और एमबीबीएस की डिग्री के लिए जम्मू मेडिकल कॉलेज में दाखिला लिया।
- अपनी पढ़ाई पूरी करने के बाद, वहीदा ने साक्षात्कार देकर और चयनित होकर रक्षा बलों में शामिल होने के अपने सपने को पूरा किया।

भारतीय नौसेना में शामिल होना [Joining the Indian Navy]

- वहीदा भारतीय नौसेना में शामिल हुईं क्योंकि उन्हें यात्रा करना पसंद था और वे अलग-अलग जगहों की खोज करना चाहती थीं। नौसेना के जहाज पर काम करना उनके लिए एक अनूठा अवसर था, क्योंकि पहले महिलाओं को नौसेना के जहाजों पर जाने की अनुमति नहीं थी। उन्होंने इस अवसर का लाभ उठाया और स्वेच्छा से काम किया।

- वहीदा को समुद्री जीवन पसंद है, हालाँकि वर्तमान में महिलाओं को पनडुब्बी पर जाने की अनुमति नहीं है, लेकिन नीति में बदलाव होने पर वह इसमें शामिल होने की उम्मीद करती हैं।

नौसेना डॉक्टर के रूप में भूमिका [Role as a Naval Doctor]

- नौसेना के जहाज पर एक चिकित्सा अधिकारी के रूप में, वहीदा की ज़िम्मेदारियाँ सिर्फ़ दवा देने तक सीमित नहीं हैं। वह जहाज पर सवार सभी लोगों के स्वास्थ्य और तंदुरुस्ती को सुनिश्चित करती हैं, मेडिकल जाँच करती हैं और लंबी समुद्री यात्राओं (तीन या चार महीने तक) के दौरान स्वास्थ्य संबंधी आपात स्थितियों का प्रबंधन करती हैं।
- वहीदा यह भी सुनिश्चित करती हैं कि जहाज पर कोई कचरा या चूहे न हों, क्योंकि वे बीमारियाँ फैला सकते हैं।

परेड का नेतृत्व करना [Leading the Parade]

- वहीदा पासिंग-आउट परेड का नेतृत्व करने वाली पहली महिला हैं, जो सशस्त्र बलों में एक प्रतिष्ठित भूमिका है। परेड में लीडर को प्लाटून का मार्गदर्शन करने के लिए ज़ोर से और स्पष्ट रूप से 36 आदेश देनें होते हैं। परेड का सफलतापूर्वक नेतृत्व करने से पहले वहीदा ने एक महीने तक कड़ी मेहनत की।

उनके नाम का व्यक्तिगत अर्थ [Personal Meaning of Her Name]

- वहीदा के पिता ने उन्हें "प्रिज्म" नाम दिया, जो एक ऐसे कांच का प्रतीक है जो सात रंगों को दर्शाता है। उन्हें उम्मीद थी कि वह एक प्रिज्म की तरह होगी, जो कई गुणों को दर्शाता है।

प्रेरणा और प्रोत्साहन [Inspiration and Encouragement]

- वहीदा की कहानी इस बात पर प्रकाश डालती है कि कैसे महिलाएँ बाधाओं को तोड़ रही हैं और उन क्षेत्रों में उत्कृष्टता प्राप्त कर रही हैं जहाँ पहले पुरुषों का वर्चस्व था। वह दूसरों, खासकर महिलाओं को बड़े सपने देखने और भारतीय सेना, नौसेना या वायु सेना जैसे क्षेत्रों में करियर बनाने के लिए प्रोत्साहित करती हैं।
- वह सपनों को प्राप्त करने में कड़ी मेहनत और दृढ़ संकल्प के महत्व पर जोर देती हैं।

अध्याय के लेखक [Author of the Chapter]

इस अध्याय की लेखिका मंजू गुप्ता हैं। वह एक भारतीय लेखिका हैं जो बच्चों के साहित्य में अपने योगदान के लिए जानी जाती हैं। उन्होंने कई किताबें लिखी हैं, जिनमें युवा पाठकों के लिए शैक्षिक पाठ और कहानियाँ शामिल हैं। उनकी रचनाएँ अक्सर बच्चों को कहानियों के माध्यम से प्रेरित करने और प्रोत्साहित करने पर केंद्रित होती हैं जो साहस, कड़ी मेहनत और दृढ़ता जैसे महत्वपूर्ण विषयों को उजागर करती हैं।

Chapter – 27: Chuskit Goes to School / अध्याय – 27: कोशिश हुई कामयाब

चुस्किट का विशेष दिन [Chuskit's Special Day]

- 10 वर्षीय चुस्किट पहली बार स्कूल जाने के कारण उत्साहित है।
- वह इस दिन का बेसब्री से इंतजार कर रही थी, लेकिन उसकी विकलांगता के कारण स्कूल जाने का उसका सफर दूसरों से अलग है।

चुस्किट की विकलांगता [Chuskit's Disability]

- चुस्किट जन्म से ही अपने पैरों के कारण चल नहीं सकती, जो उसे अपने गांव के अन्य बच्चों से अलग बनाता है।
- वह अपना दिन खिड़की के पास बैठकर और चित्र बनाकर बिताती है। उसकी माँ उसकी रचनात्मकता को प्रोत्साहित करती है।

चुस्किट की व्हीलचेयर [Chuskit's Wheelchair]

- चुस्किट के पिता पहियों वाली व्हीलचेयर लाते हैं, जिससे वह स्वतंत्र रूप से चल-फिर सकती है।
- वह खुश है क्योंकि अब वह अपने पिता द्वारा उठाए जाने की आवश्यकता के बिना खुद बाहर जा सकती है।

चुस्किट की स्कूल जाने की इच्छा [Chuskit's Wish to Go to School]

- चुस्किट अन्य बच्चों को खेलते और स्कूल जाते हुए देखती है, और वह चाहती है कि वह भी उनके साथ शामिल हो सके।
- हालांकि, उबड़-खाबड़ सड़कों और नदी के कारण, वह अपनी व्हीलचेयर का उपयोग करके स्कूल नहीं जा सकती।

अब्दुल का दौरा [Abdul's Visit]

- अब्दुल, एक चिंतित व्यक्ति, चुस्किट से मिलने जाता है और पूछता है कि वह स्कूल क्यों नहीं जाती है। उसके कारण सुनने के बाद, वह पूछता है कि अगर स्थिति अलग होती तो क्या वह स्कूल जाना चाहती। चुस्किट उत्सुकता से जवाब देती है, "हाँ!"
- चुस्किट के दादा (मेमे-ले) ने शुरू में इस विचार को खारिज कर दिया, यह कहते हुए कि यह संभव नहीं है।

समुदाय से समाधान और सहायता [Solution and Help from the Community]

- अब्दुल प्रधानाध्यापक और शिक्षकों से बात करता है, जो चुस्किट के लिए स्कूल जाना संभव बनाने के लिए मिलकर काम करते हैं।
- बच्चों के एक समूह द्वारा सड़क को समतल किया जाता है, और दूसरा समूह नदी के पास के क्षेत्र पर काम करता है। सबसे बड़ी चुनौती नदी पार करना है, जिसे एक छोटा लकड़ी का पुल बनाकर हल किया जाता है।
- चुस्किट के माता-पिता सभी के लिए जलपान की व्यवस्था करते हैं, और उसके दादा समुदाय के समर्थन से भावुक हो जाते हैं।

चुस्किट का सपना सच होता है [Chuskit's Dream Comes True]

- काम पूरा हो गया है, और चुस्किट अब स्कूल जाने में सक्षम है। उसका सपना अब साकार होने वाला है और वह अंततः अन्य बच्चों के साथ जुड़ने के लिए उत्साहित है।

अध्याय के लेखक [Author of the Chapter]

इस अध्याय की लेखिका मंजू गुप्ता हैं। वह एक भारतीय लेखिका हैं जो बच्चों के साहित्य में अपने योगदान के लिए जानी जाती हैं। उन्होंने कई किताबें लिखी हैं, जिनमें युवा पाठकों के लिए शैक्षिक पाठ और कहानियाँ शामिल हैं। उनकी रचनाएँ अक्सर बच्चों को कहानियों के माध्यम से प्रेरित करने और प्रोत्साहित करने पर केंद्रित होती हैं जो साहस, कड़ी मेहनत और दृढ़ता जैसे महत्वपूर्ण विषयों को उजागर करती हैं।

Authors of the Textbook
[पाठ्यपुस्तक के लेखक]

अनीता रामपाल [Anita Rampal]

अनीता रामपाल दिल्ली विश्वविद्यालय, दिल्ली में शिक्षा विभाग (CIE) में प्रोफेसर हैं। वह शिक्षा में विशेषज्ञ हैं, जो शिक्षणशास्त्र, पाठ्यक्रम विकास और शैक्षिक नीतियों पर ध्यान केंद्रित करती हैं। एक प्रोफेसर के रूप में, वह शिक्षा के क्षेत्र में अनुसंधान और शिक्षण में योगदान देती हैं।

सावित्री सिंह [Savithri Singh]

सावित्री सिंह दिल्ली विश्वविद्यालय, दिल्ली के आचार्य नरेंद्र देव कॉलेज की प्रिंसिपल हैं। अपनी भूमिका में, वह कॉलेज की शैक्षणिक और प्रशासनिक गतिविधियों के प्रबंधन, शिक्षा की गुणवत्ता सुनिश्चित करने और छात्रों के लिए अनुकूल शिक्षण वातावरण को बढ़ावा देने के लिए जिम्मेदार हैं। आचार्य नरेंद्र देव कॉलेज दिल्ली विश्वविद्यालय के तहत एक प्रसिद्ध संस्थान है, जो विशेष रूप से विज्ञान और वाणिज्य में स्नातक पाठ्यक्रमों की एक विस्तृत श्रृंखला प्रदान करता है।

फराह फारूकी [Farah Farooqi]

फराह फारूकी दिल्ली के जामिया मिलिया इस्लामिया में शिक्षा संकाय में रीडर हैं। वह शिक्षा के क्षेत्र में शिक्षण और शोध में शामिल हैं, शैक्षिक प्रथाओं और नीतियों के विकास में योगदान दे रही हैं। जामिया मिलिया इस्लामिया एक प्रतिष्ठित विश्वविद्यालय है जो विभिन्न विषयों में अपने मजबूत शैक्षणिक कार्यक्रमों के लिए जाना जाता है।

लतिका गुप्ता [Latika Gupta]

लतिका गुप्ता SSA (सर्व शिक्षा अभियान), DEE (प्राथमिक शिक्षा विभाग) और NCERT (राष्ट्रीय शैक्षिक अनुसंधान और प्रशिक्षण परिषद), नई दिल्ली में सलाहकार हैं। अपनी भूमिका में, वह संभवतः भारत में प्राथमिक शिक्षा में सुधार के उद्देश्य से शैक्षिक नियोजन, नीति विकास और कार्यक्रमों के कार्यान्वयन पर काम करती हैं। NCERT देश में शैक्षिक संसाधनों और नीतियों के विकास में एक प्रमुख संगठन है।

ममता पंड्या [Mamata Pandya]

ममता पंड्या अहमदाबाद में सेंटर फॉर एनवायरनमेंट एजुकेशन (सीईई) में कार्यक्रम निदेशक हैं। अपनी भूमिका में, वह संभवतः पर्यावरण शिक्षा और स्थिरता पर केंद्रित कार्यक्रमों का नेतृत्व और देखरेख करती हैं। सीईई एक ऐसा संगठन है जो विभिन्न शैक्षिक पहलों के माध्यम से पर्यावरण जागरूकता को बढ़ावा देने और पर्यावरण के अनुकूल प्रथाओं को बढ़ावा देने के लिए समर्पित है।

पूनम मोंगिया [Poonam Mongia]

पूनम मोंगिया नई दिल्ली के विकास पुरी में स्थित सर्वोदय कन्या विद्यालय में शिक्षिका हैं। अपनी भूमिका में, वह छात्रों को शिक्षित करने, उनके शैक्षणिक विकास में योगदान देने और सकारात्मक शिक्षण वातावरण को बढ़ावा देने के लिए जिम्मेदार हैं। सर्वोदय कन्या विद्यालय दिल्ली का एक प्रसिद्ध स्कूल है, जो मुख्य रूप से लड़कियों को शिक्षा प्रदान करता है।

रीना आहूजा [Reena Ahuja]

रीना आहूजा गौतम नगर, नई दिल्ली में स्थित राष्ट्रीय शिक्षा समूह-FIRE में कार्यक्रम अधिकारी हैं। अपनी भूमिका में, वह संभवतः शैक्षिक मानकों और आउटरीच में सुधार के उद्देश्य से शैक्षिक कार्यक्रमों और पहलों के समन्वय और प्रबंधन में शामिल हैं। FIRE (शिक्षा में नवाचार और अनुसंधान के लिए फाउंडेशन) सीखने और विकास का समर्थन करने के लिए विभिन्न शैक्षिक और सामाजिक परियोजनाओं पर काम करता है।

संगीता अरोड़ा [Sangeeta Arora]

संगीता अरोड़ा केन्द्रीय विद्यालय, शालीमार बाग, नई दिल्ली में एक प्राथमिक शिक्षिका हैं। अपनी भूमिका में, वह प्राथमिक स्तर पर युवा छात्रों को पढ़ाने के लिए जिम्मेदार हैं, उनकी बुनियादी शिक्षा और समग्र विकास पर ध्यान केंद्रित करती हैं। केन्द्रीय विद्यालय भारत में सरकारी स्कूलों का एक नेटवर्क है जो स्थानांतरित होने वाले सरकारी कर्मचारियों के बच्चों को गुणवत्तापूर्ण शिक्षा प्रदान करने के लिए जाना जाता है।

सिमंतिनी धुरु [Simantini Dhuru]

सिमंतिनी धुरु, मुंबई, महाराष्ट्र में एवेही एबैकस परियोजना की निदेशक हैं। एवेही एबैकस परियोजना नवीन शिक्षण विधियों के माध्यम से शैक्षिक सहायता प्रदान करने पर केंद्रित है, विशेष रूप से छात्रों के बीच गणितीय कौशल को बढ़ाने के लिए एबैकस का उपयोग करना। इस पहल का उद्देश्य बच्चों में संज्ञानात्मक विकास और सीखने में सुधार करना है।

स्वाति वर्मा [Swati Verma]

स्वाति वर्मा नई दिल्ली के रोहिणी में स्थित हेरिटेज स्कूल में शिक्षिका हैं। अपनी भूमिका में, वह छात्रों को शिक्षित करने और उनके शैक्षणिक और व्यक्तिगत विकास में योगदान देने के लिए जिम्मेदार हैं। हेरिटेज स्कूल समग्र शिक्षा पर ध्यान केंद्रित करने के लिए जाना जाता है, जो समग्र विकास को बढ़ावा देने के लिए शैक्षणिक गतिविधियों के साथ-साथ पाठ्येतर गतिविधियों को भी जोड़ता है।

मंजू जैन [Manju Jain]

मंजू जैन नई दिल्ली में राष्ट्रीय शैक्षिक अनुसंधान और प्रशिक्षण परिषद (एनसीईआरटी) में प्रारंभिक शिक्षा विभाग में प्रोफेसर हैं। अपनी भूमिका में, वह संभवतः भारत में प्रारंभिक शिक्षा पर केंद्रित अनुसंधान, पाठ्यक्रम विकास और शिक्षक प्रशिक्षण में शामिल हैं। एनसीईआरटी देश भर में शैक्षिक नीतियों और प्रथाओं को आकार देने में महत्वपूर्ण भूमिका निभाता है।

EVS:
Class 5

Chapter – 01: Super Senses / अध्याय – 01: कैसे पहचाना चींटी ने दोस्त को?

जानवरों में दृष्टि, श्रवण, गंध और स्पर्श जैसी विशेष इंद्रियाँ होती हैं, जो उन्हें अपने पर्यावरण के साथ अनोखे तरीके से बातचीत करने में मदद करती हैं। कुछ जानवरों में उन्नत क्षमताएँ होती हैं, जैसे कि बहुत दूर से देखना या सुनना, जबकि अन्य संचार और नेविगेशन के लिए गंध पर निर्भर होते हैं।

- **चींटियाँ [Ants]:** वे एक-दूसरे को पहचानने के लिए अपनी गंध की भावना (फेरोमोन) का उपयोग करती हैं और दूसरों को भोजन तक पहुँचाने के लिए गंध के निशान छोड़ती हैं।
- **मच्छर [Mosquitoes]:** वे मनुष्यों का पता लगाने के लिए शरीर की गंध का उपयोग करते हैं।
- **कुत्ते [Dogs]:** अपनी बेहतर गंध की भावना के लिए जाने जाने वाले कुत्तों का उपयोग पदार्थों को ट्रैक करने और उनका पता लगाने और यहाँ तक कि अंधे लोगों का मार्गदर्शन करने के लिए भी किया जाता है।
- **मानव गंध [Human Smell]:** मनुष्य भी विभिन्न उद्देश्यों के लिए अपनी गंध की भावना का उपयोग करते हैं, जैसे कि खराब भोजन या आग से निकलने वाले धुएं का पता लगाना।
- **पशु दृष्टि [Animal Vision]:** पक्षियों, विशेष रूप से चील, की दृष्टि असाधारण होती है, और अधिकांश जानवर मनुष्यों की तुलना में कम रंग देखते हैं, रात में घूमने वाले जानवर ज़्यादातर काले और सफ़ेद रंग में देखते हैं।
- **श्रवण [Hearing]:** बाघों की सुनने की क्षमता तेज़ होती है, और साँप कंपन को महसूस कर सकते हैं, जबकि लंगूर और पक्षी जैसे जानवर खतरे की चेतावनी देने के लिए अलार्म कॉल का उपयोग करते हैं।
- **संचार [Communication]:** डॉल्फ़िन सहित जानवर, संदेश संप्रेषित करने के लिए ध्वनियों का उपयोग करते हैं, जैसे कि संभोग कॉल या अलार्म।
- **नींद के पैटर्न [Sleep Patterns]:** सुस्ती जैसे जानवरों के सोने के अलग-अलग कार्यक्रम होते हैं, जिनमें से कुछ हाइबरनेशन में चले जाते हैं या लंबे समय तक सोते हैं।
- **लुप्तप्राय प्रजातियाँ [Endangered Species]:** बाघ जैसे जानवर अवैध शिकार और आवास विनाश के कारण लुप्तप्राय हैं। राष्ट्रीय उद्यान इन प्रजातियों की रक्षा करने में मदद करते हैं।

अध्याय के लेखक [Author of the Chapter]

इस अध्याय की लेखिका दीपा बलसावर हैं। वे बच्चों के लिए अपनी शैक्षिक पुस्तकों के लिए जानी जाती हैं। उनका लेखन बच्चों को दिलचस्प गतिविधियों और सवालों के माध्यम से अवलोकन करने, आलोचनात्मक रूप से सोचने और प्रकृति से जुड़ने के लिए प्रोत्साहित करता है। इसका लक्ष्य जिज्ञासा जगाना और बच्चों को प्राकृतिक दुनिया को समझने में मदद करना है।

दीपा बलसावर, जिनका जन्म बॉम्बे में हुआ था, का बचपन बहुत ही लापरवाह था और उन्होंने अपनी शिक्षा वहीं पूरी की। उन्होंने अपना करियर शैक्षणिक सामग्री विकसित करने में बिताया है, जिसमें एवेही-एबैकस प्रोजेक्ट के साथ 20 साल शामिल हैं, जिसमें नगरपालिका स्कूलों के लिए शिक्षण किट बनाना शामिल है। उन्होंने NCERT की पाठ्यपुस्तकों को भी चित्रित किया है और झारखंड और छत्तीसगढ़ में यूनिसेफ द्वारा प्रायोजित गणित और पढ़ने के कार्यक्रमों में योगदान दिया है।

Chapter – 02: A Snake Charmer's Story / अध्याय – 02: कहानी सँपेरों की

आर्यनाथ का परिचय [Introduction of Aryanath]

- आर्यनाथ सपेरों (कालबेलिया) के परिवार का एक छोटा लड़का है जो बीन (एक पारंपरिक संगीत वाद्ययंत्र) बजा सकता है और साँपों को नचा सकता है।

पारिवारिक परंपरा [Family Tradition]

- आर्यनाथ के दादा रोशन नाथजी एक प्रसिद्ध सपेरे थे जो ज़हरीले साँपों को पकड़ सकते थे और पौधों से बनी दवाइयों का उपयोग करके लोगों की मदद कर सकते थे। यह परिवार कई पीढ़ियों से साँपों को पकड़ने के पेशे में है।

सपेरे की भूमिका [The Role of Snake Charmers]

- कालबेलिया परिवार अपने साँपों के साथ गाँव-गाँव घूमता है, साँपों के शो के ज़रिए मनोरंजन करता है। वे हर्बल दवाओं का उपयोग करके चिकित्सा सहायता भी प्रदान करते हैं।
- उन्हें अक्सर साँप के काटने में मदद करने, साँप के प्रकार की पहचान करने और सही दवा देने के लिए बुलाया जाता है।

साँप और उनका महत्व [Snakes and Their Importance]

- सभी साँप ज़हरीले नहीं होते।
- सपेरे मानते हैं कि साँप एक खजाना है जो पीढ़ियों से चला आ रहा है।
- साँप फसलों को नुकसान पहुँचाने वाले चूहों जैसे कीटों को नियंत्रित करके प्रकृति के संतुलन को बनाए रखने के लिए महत्वपूर्ण हैं।

साँपों का सांस्कृतिक महत्व [Cultural Significance of Snakes]

- कालबेलिया लोगों का साँपों के साथ एक मजबूत सांस्कृतिक संबंध है, जैसा कि उनके पारंपरिक कालबेलिया नृत्य में देखा जा सकता है, जो साँप की हरकतों की नकल करता है।

बदलते कानून और चुनौतियाँ [Changing Laws and Challenges]

- एक सरकारी कानून साँप जैसे जंगली जानवरों को पकड़ने और रखने पर प्रतिबंध लगाता है, जिससे कालबेलिया समुदाय के लिए अपनी आजीविका को उसी तरह जारी रखना मुश्किल हो जाता है।
- हालाँकि, वे कभी भी साँपों को नहीं मारते या उनकी खाल नहीं बेचते, क्योंकि उनकी संस्कृति में साँपों को कीमती माना जाता है।

आर्यनाथ की शैक्षिक भूमिका [Educational Role of Aryanath]

- आर्यनाथ को साँपों के बारे में अपने ज्ञान को दूसरों के साथ, खासकर कस्बों और शहरों के बच्चों के साथ साझा करने के लिए प्रोत्साहित किया जाता है। उन्हें लोगों का मनोरंजन करने और उन्हें साँपों और उनके महत्व के बारे में शिक्षित करने के लिए बीन बजाने के अपने कौशल का उपयोग करने की भी सलाह दी जाती है।

संगीत वाद्ययंत्र [Musical Instruments]

- बीन, तुम्बा, खंजरी और ढोल कुछ ऐसे संगीत वाद्ययंत्र हैं जिनका उपयोग सपेरों के प्रदर्शन में किया जाता है। ये वाद्ययंत्र अक्सर सूखी लौकी से बनाए जाते हैं।

साँपों से जुड़े तथ्य [Snake Facts]

- भारत में केवल चार प्रकार के साँप ज़हरीले होते हैं: कोबरा, कॉमन क्रेट, रसेल वाइपर (डुबोइया) और सॉ-स्केल्ड वाइपर (अफ़ाई)।
- साँपों के दाँत खोखले होते हैं (नुकीले दाँत) जिनके ज़रिए काटने पर ज़हर शरीर में प्रवेश करता है। साँप के ज़हर का इस्तेमाल एंटी-वेनम बनाने में किया जाता है, जो सरकारी अस्पतालों में उपलब्ध है।

अध्याय के लेखक [Author of the Chapter]

"एक सपेरे की कहानी" अध्याय की लेखिका मणि बब्बर हैं। वह एक प्रसिद्ध लेखिका और चित्रकार हैं, खासकर बच्चों के साहित्य और शैक्षिक सामग्री में उनके काम के लिए। उन्होंने युवा पाठकों के लिए सीखने को आकर्षक और सुलभ बनाने के लिए डिज़ाइन की गई विभिन्न शैक्षिक पुस्तकों, कहानियों और पाठ्यपुस्तकों में योगदान दिया है।

Chapter – 03: From Tasting to Digesting / अध्याय – 03: चखने से पचने तक

- **अलग-अलग स्वाद [Different Tastes]:** झुम्पा को गुड़ और रोटी जैसे मीठे खाद्य पदार्थ पसंद हैं, जबकि उसे कड़वा करेला नापसंद है। वह अपनी बहन झूलन के साथ खट्टा (नींबू), मीठा (गुड़) और नमकीन (तली हुई मछली) जैसे स्वादों की पहचान करने के लिए एक खेल खेलती है।
- **जीभ पर स्वाद [Taste on the Tongue]:** जीभ के अलग-अलग हिस्से अलग-अलग स्वाद (मीठा, नमकीन, खट्टा, कड़वा) का पता लगाते हैं। अध्याय में मुंह में अलग-अलग स्वादों के साथ प्रयोग करने को प्रोत्साहित किया गया है, जिसमें होंठ और मुंह की छत शामिल हैं।
- **लार और पाचन [Saliva and Digestion]:** भोजन को अच्छी तरह चबाना पाचन में मदद करता है, और लार भोजन को नरम करने और तोड़ने में भूमिका निभाती है, जिससे समय के साथ इसका स्वाद बदल जाता है।
- **शरीर में भोजन का मार्ग [Path of Food in the Body]:** मुंह में प्रवेश करने के बाद, भोजन पाचन तंत्र से होकर गुजरता है जहां पेट में पाचन रस द्वारा इसे तोड़ा जाता है।
- **ग्लूकोज ड्रिप [Glucose Drip]:** निर्जलीकरण और भोजन को पचाने में असमर्थता के कारण नीतू को त्वरित ऊर्जा प्रदान करने के लिए ग्लूकोज ड्रिप दी जाती है।
- **पाचन पर वैज्ञानिक प्रयोग [Scientific Experiment on Digestion]:** डॉ. ब्यूमोंट ने पाचन को समझने के लिए 1822 में मार्टिन नामक एक सैनिक का अध्ययन किया। उन्होंने पाया कि भोजन पेट के बाहर की तुलना में पेट में अधिक तेजी से पचता है।
- **अच्छा भोजन और अच्छा स्वास्थ्य [Good Food and Good Health]:** रश्मि और कैलाश को खराब खान-पान की आदतों के कारण स्वास्थ्य संबंधी समस्याओं का सामना करना पड़ता है। बच्चों के विकास और स्वास्थ्य के लिए उचित पोषण आवश्यक है।
- **भुखमरी और खाद्य असुरक्षा [Starvation and Food Insecurity]:** रश्मि की तरह कई बच्चे भूख से पीड़ित हैं। अध्याय में बाजारों और गोदामों में खाद्य अपव्यय पर भी प्रकाश डाला गया है और खाद्य सुरक्षा सुनिश्चित करने के लिए समाधान की मांग की गई है।

प्रमुख बिंदु [Key Points]

- जीभ के अलग-अलग हिस्सों से अलग-अलग स्वाद की पहचान होती है।
- पाचन के लिए भोजन को ठीक से चबाना ज़रूरी है।
- भोजन पाचन तंत्र से होकर गुज़रता है, जहाँ इसे पाचन रसों द्वारा तोड़ा जाता है।
- जब कोई व्यक्ति सामान्य रूप से खाना नहीं खा पाता या पचा नहीं पाता, तो ग्लूकोज ड्रिप उसे ऊर्जा प्रदान करने में मदद करती है।
- बच्चों के विकास और स्वास्थ्य के लिए उचित पोषण ज़रूरी है।
- भुखमरी और भोजन की बर्बादी महत्वपूर्ण मुद्दे हैं, जिन पर ध्यान देने की ज़रूरत है।

अध्याय के लेखक [Author of the Chapter]

"स्वाद चखने से लेकर पचाने तक" अध्याय के लेखक राजेश उत्साही हैं। वे एक भारतीय लेखक हैं और उन्होंने बच्चों के साहित्य में योगदान दिया है। उनकी रचनाएँ अक्सर शैक्षिक सामग्री पर केंद्रित होती हैं और युवा पाठकों के लिए जानकारीपूर्ण और आकर्षक होने के लिए जानी जाती हैं।

Chapter – 04: Mangoes Round the Year / अध्याय – 04: खाएँ आम बारहों महीने!

खाद्य पदार्थों का खराब होना और उनका संरक्षण [Food Spoilage and Preservation]

- **खराब खाद्य पदार्थ [Spoiled Food]:** गंध, बनावट, रंग और दिखावट में बदलाव के कारण खाद्य पदार्थ खराब हो जाते हैं। व्यक्तिगत अनुभव इन परिवर्तनों को पहचानने में मदद करते हैं।

- **ब्रेड प्रयोग [Bread Experiment]:** पानी के साथ बंद कंटेनर में छह दिनों में ब्रेड या रोटी कैसे खराब होती है, इसका अवलोकन करने से खाद्य पदार्थों के खराब होने को समझने में मदद मिलती है।
- **खाद्य पदार्थों का जीवनकाल [Food Lifespan]:** अलग-अलग खाद्य पदार्थ अलग-अलग दरों पर खराब होते हैं - कुछ 2-3 दिनों में खराब हो जाते हैं, कुछ एक सप्ताह तक खराब होते हैं, और कुछ एक महीने तक खराब हो सकते हैं। मौसमी परिवर्तन संरक्षण को प्रभावित करते हैं।
- **संरक्षण विधियाँ [Preservation Methods]:** विभिन्न विधियाँ (जैसे, भोजन को ठंडी, सूखी जगह पर रखना या नम कपड़े में लपेटना) दूध, चावल, धनिया, प्याज और लहसुन जैसे खाद्य पदार्थों को संरक्षित करने में मदद करती हैं।
- **खराब खाद्य पदार्थों की पहचान करना [Identifying Spoiled Food]:** खराब खाद्य पदार्थों में गंध, बनावट और दिखावट में बदलाव दिखाई देते हैं। खराब होने से बचाने के लिए खाद्य पैकेजिंग (पैकिंग तिथियों और समाप्ति तिथियों के लिए) की जाँच करना आवश्यक है।

ममीदी तंद्रा (आम पापड़) बनाना [Making Mamidi Tandra (Aam Papad)]

- **ममीदी तंद्रा [Mamidi Tandra]:** कच्चे आम, चीनी, गुड़ और चार सप्ताह तक धूप में सुखाकर बनाया जाने वाला पारंपरिक व्यंजन।
- **चरण [Steps]:** पके हुए आम चुनें, उनका गूदा निकालें, चीनी और गुड़ के साथ मिलाएँ, एक चटाई पर परतों में सुखाएँ और सूखने तक स्टोर करें।
- **पका हुआ आम [Ripeness]:** अच्छे स्वाद और बनावट के लिए पके हुए आम ज़रूरी हैं।

आम से बने खाद्य पदार्थ [Food Items Made from Mangoes]

- आम का उपयोग अचार, चटनी और मिठाई जैसी कई चीज़ें बनाने में किया जाता है।

यात्रा के लिए खाद्य पदार्थों की पैकिंग [Food Packing for Travel]

- अचार और स्नैक्स जैसे खाद्य पदार्थों की उचित पैकिंग सुनिश्चित करती है कि वे यात्रा के दौरान ताज़ा रहें।

Chapter – 05: Seeds and Seeds / अध्याय – 05: बीज, बीज, बीज

- **बीज भिगोना (चना) [Soaking Seeds (Chana)]:** गोपाल ने बहुत ज़्यादा चना भिगोया, और उसकी माँ ने आधा पकाने और बाकी आधा उसकी मौसी के लिए अंकुरित करने की योजना बनाई, जिसे डॉक्टर ने अंकुरित खाने की सलाह दी थी। चना जैसे बीजों को भिगोने से उन्हें अंकुरित होने में मदद मिलती है और उनका पोषण मूल्य बढ़ता है।
- **अंकुरित होने की प्रक्रिया [Sprouting Process]:** चना जैसे बीज नमी और हवा के साथ नम कपड़े या रूई में रखे जाने पर अंकुरित हो सकते हैं। तीन कटोरों के साथ एक प्रयोग अंकुरित होने का निरीक्षण करने में मदद कर सकता है:
  - ✓ **कटोरा 1:** पानी में भिगोया हुआ।
  - ✓ **कटोरा 2:** गीले कपड़े या रूई पर रखा हुआ।
  - ✓ **कटोरा 3:** नमी के बिना।
- **बीज बोना [Planting Seeds]:** छात्र एक गमले या टिन में बीज (जैसे, सरसों, मेथी, तिल) लगाते हैं और विकास की निगरानी करते हैं। वे पौधे की ऊँचाई, पत्तियों और अन्य विकास विशेषताओं में होने वाले परिवर्तनों को ट्रैक करते हैं।
- **बीज के प्रकार [Types of Seeds]:** बीज विभिन्न आकार, आकार, रंग और बनावट में आते हैं। उन्हें निम्न में वर्गीकृत किया जा सकता है:
  - ✓ मसाले (जैसे, जीरा, सौंफ)।
  - ✓ सब्जियाँ और फल।

- ✓ हल्के बीज (हवा से यात्रा कर सकते हैं)।
- ✓ चपटे बीज (जैसे, तिल)।

✍ **भटकते हुए बीज [Wandering Seeds]:** बीज अलग-अलग तरीकों से फैलते हैं:

- ✓ उड़ते हुए बीज (जैसे, सिंहपर्णी)।
- ✓ चिपकने वाले बीज (जानवरों या कपड़ों से चिपक जाते हैं)।
- ✓ फटने वाले बीज (जैसे, सोयाबीन)।

✍ **प्रकृति से प्रेरणा (वेल्क्रो) [Inspiration from Nature (Velcro)]:** वेल्क्रो का आविष्कार उन बीजों से प्रेरित था जो फर या कपड़ों से चिपक जाते हैं, जिसकी खोज 1948 में जॉर्ज मेस्ट्रल ने की थी।

✍ **पौधों की वृद्धि [Plant Growth]:** पौधों को बढ़ने के लिए हवा, पानी और मिट्टी की आवश्यकता होती है। छात्र समय के साथ पौधों की ऊँचाई, पत्तियों और तनों में होने वाले परिवर्तनों का निरीक्षण करते हैं।

✍ **बीज और यात्रा [Seeds and Travel]:** बीज लंबी दूरी तक फैलते हैं, कभी-कभी मनुष्यों की मदद से, जैसे कि मिर्च को व्यापारियों द्वारा दक्षिण अमेरिका से भारत लाया जाता था।

अध्याय के लेखक [Author of the Chapter]

अध्याय के लेखक राजेश उत्साही हैं। वे एक भारतीय लेखक हैं और उन्होंने बच्चों के साहित्य में योगदान दिया है। उनकी रचनाएँ अक्सर शैक्षिक सामग्री पर केंद्रित होती हैं और युवा पाठकों के लिए जानकारीपूर्ण और आकर्षक होने के लिए जानी जाती हैं।

Chapter – 06: Every Drop Counts / अध्याय – 06: बूंद-बूंद, दरिया-दरिया...

घड़सीसर झील (जैसलमेर) [Ghadsisar Lake (Jaisalmer)]

✍ जैसलमेर के राजा घड़सी ने 650 साल पहले घड़सीसर झील का निर्माण करवाया था।

✍ इस झील में घाट, बरामदे, हॉल और कमरे थे जहाँ लोग त्यौहार मनाते थे और सांस्कृतिक कार्यक्रम आयोजित करते थे।

✍ वर्षा का पानी झील में इकट्ठा होता था और दूसरी झीलों में बह जाता था, जिससे साल भर पानी का भंडारण होता था।

✍ आज, शहरीकरण के कारण झील का उपयोग नहीं किया जाता है और पानी बह जाता है और बर्बाद हो जाता है।

अल-बिरूनी के अवलोकन [Al-Biruni's Observations]

✍ उज्बेकिस्तान के एक यात्री अल-बिरूनी ने एक हज़ार साल से भी पहले भारत का दौरा किया था और तालाबों के बारे में लिखा था।

✍ उन्होंने चबूतरे (उभरे हुए प्लेटफॉर्म) और उतरने और चढ़ने के लिए अलग-अलग सीढ़ियों वाले तालाबों के निर्माण का वर्णन किया, जिससे यह कम भीड़भाड़ वाला हो गया।

✍ ऐतिहासिक जल प्रबंधन को समझने के लिए उनके लेख महत्वपूर्ण हैं।

राजस्थान में जल प्रबंधन [Water Management in Rajasthan]

✍ राजस्थान में बहुत कम वर्षा होती है और नदियों में साल भर पानी नहीं रहता।

✍ वर्षा की कमी के बावजूद, राजस्थान में लोगों ने पानी इकट्ठा करने और उसे संरक्षित करने के लिए झीलें, जोहड़ और बावड़ियाँ बनाई।

✍ झीलों का पानी ज़मीन में समा जाता था, जिससे कुएँ और बावड़ियाँ भर जाती थीं और मिट्टी उपजाऊ हो जाती थी।

✍ पानी का उपयोग एक सामूहिक प्रयास था, जिसमें सभी क्षेत्रों के लोग शामिल थे।

वर्षा जल संचयन [Rainwater Harvesting]

✍ लोगों के पास घर पर वर्षा जल इकट्ठा करने की व्यवस्था थी। उदाहरण के लिए, छत पर इकट्ठा पानी को भूमिगत टैंकों में डाला जाता था।

✍ बावड़ियाँ आम थीं और लोगों को पानी तक पहुँचने की अनुमति देने के लिए कई मंजिलों के साथ डिज़ाइन की गई थीं।

पानी की कमी [Shortage of Water]

- ✍ जोधपुर जैसे स्थानों पर, जब 1986 में बारिश नहीं हुई थी, तो लोग पानी इकट्ठा करने के लिए पुरानी बावड़ियों को साफ करके उनका इस्तेमाल करते थे।
- ✍ हालाँकि, बढ़ते शहरीकरण के साथ, झीलों और कुओं जैसे कई पारंपरिक जल निकाय अत्यधिक निकासी और मिट्टी के सीमेंटीकरण के कारण सूख गए हैं।

पारंपरिक जल स्रोत [Traditional Water Sources]

- ✍ पुराने समय में, पानी झीलों, बावड़ियों और धारों (झरनों) से प्राप्त किया जाता था।
- ✍ प्याउ (पानी के स्टेशन) और मशक (चमड़े के पानी के थैले) का इस्तेमाल यात्रियों को पानी उपलब्ध कराने के लिए किया जाता था।
- ✍ पानी से जुड़े रीति-रिवाजों में जल स्रोतों की पूजा करना और बारिश के पानी से झीलों के भरने का जश्न मनाना जैसे अनुष्ठान शामिल हैं।

आज पानी के मुद्दे [Water Issues Today]

- ✍ कई इलाकों में पानी की कमी है और लोगों को अब पानी के टैंकरों, पाइपलाइनों और बोरवेल पर निर्भर रहना पड़ता है।
- ✍ पानी का असमान वितरण है और कुछ लोगों को कभी-कभी सामाजिक और जाति-संबंधी मुद्दों के कारण स्वच्छ पेयजल तक पहुँचने में कठिनाइयों का सामना करना पड़ता है।
- ✍ कई इलाकों में अभी भी प्रदूषित या खारे पानी जैसी समस्याएँ हैं, जिसके कारण पीने का पानी खरीदना पड़ता है।

जल प्रबंधन और संरक्षण [Water Management and Conservation]

- ✍ तरुण भारत संघ जैसे कुछ संगठन झीलों और जोहड़ों जैसी पुरानी जल प्रणालियों को बहाल करने के लिए काम कर रहे हैं।
- ✍ गाँवों में लोग पानी जमा करने के लिए झीलों का पुनर्निर्माण कर रहे हैं, जिससे दैनिक ज़रूरतों, खेती और पशुओं के लिए पानी की उपलब्धता में सुधार हुआ है।

अध्याय के लेखक [Author of the Chapter]

इस अध्याय के लेखक पवन गुप्ता हैं। वे एक लेखक और शिक्षक हैं जो बच्चों के लिए इतिहास, भूगोल, पर्यावरण जागरूकता और सामाजिक मुद्दों पर केंद्रित शैक्षिक सामग्री बनाने के लिए जाने जाते हैं। उनकी रचनाएँ छात्रों को आलोचनात्मक रूप से सोचने और सांस्कृतिक, ऐतिहासिक और पर्यावरणीय विषयों के प्रति जिम्मेदारी की भावना को बढ़ावा देने के लिए प्रोत्साहित करती हैं।

Chapter – 07: Experiments with Water / अध्याय – 07: पानी के प्रयोग

- ✍ **तैरना और डूबना [Floating and Sinking]:** आयशा ने देखा कि पूड़ी और आटे की गेंद जैसी वस्तुएँ पानी और तेल में अलग-अलग तरह से व्यवहार करती हैं, कुछ अपनी आकृति या संरचना के कारण तैरती हैं, जबकि अन्य अपने घनत्व के आधार पर डूबती हैं।
- ✍ **घनत्व और उछाल [Density and Buoyancy]:** लकड़ी की नाव जैसी कम घनत्व वाली वस्तुएँ तैरती हैं, जबकि सघन वस्तुएँ, जैसे सुई, डूब जाती हैं। लोहे के जहाज और सुई जैसी सामग्रियों के व्यवहार को उनके आकार और घनत्व से समझाया जाता है।
- ✍ **खारे पानी का प्रयोग [Salt Water Experiment]:** पानी में नमक डालने से उसका घनत्व बढ़ जाता है, जिससे अंडे जैसी वस्तुएँ तैरने लगती हैं। मृत सागर अत्यधिक नमकीन पानी का एक उदाहरण है जहाँ लोग आसानी से तैर सकते हैं।
- ✍ **घुलने वाले पदार्थ [Dissolving Substances]:** नमक पानी में घुल जाता है, जबकि तेल और चाक पाउडर जैसे पदार्थ नहीं घुलते। आयशा और हामिद अलग-अलग सामग्रियों के साथ प्रयोग करके इसका पता लगाते हैं।
- ✍ **वाष्पीकरण [Evaporation]:** आयशा ने देखा कि उबालने पर पानी कैसे वाष्पित हो जाता है, जिससे कम पानी बचता है। नमक बनाने के लिए समुद्री पानी को धूप में सुखाने की प्रक्रिया को भी समझाया गया है।
- ✍ **दांडी मार्च [Dandi March]:** अध्याय में ब्रिटिश नमक कानूनों के विरोध के रूप में दांडी मार्च (1930) के ऐतिहासिक संदर्भ का संक्षेप में उल्लेख किया गया है, जिसमें दैनिक जीवन में नमक के महत्व पर प्रकाश डाला गया है।

- **चीनी को जल्दी से घोलना [Quick Dissolving of Sugar]:** पानी में चीनी को हिलाकर और गर्म करके जल्दी से घोलने के लिए सुझाव दिए गए हैं।

अध्याय के लेखक [Author of the Chapter]

इस अध्याय के लेखक शिशिर शोभन अष्ठाना हैं। वे एक भारतीय लेखक और कवि हैं जो बच्चों के साहित्य में अपने योगदान के लिए जाने जाते हैं। वे ऐसी कविताएँ और कहानियाँ लिखते हैं जो विज्ञान, प्रकृति और सामाजिक मुद्दों का पता लगाती हैं, जिससे वे युवा पाठकों के लिए सुलभ और आकर्षक बन जाती हैं। उनकी रचनाएँ बच्चों को प्राकृतिक दुनिया के सरल प्रयोगों और अवलोकनों के माध्यम से आलोचनात्मक रूप से सोचने के लिए प्रोत्साहित करती हैं।

Chapter – 08: A Treat for Mosquitoes / अध्याय – 08: मच्छरों की दावत

- **रजत की बीमारी और रक्त परीक्षण [Rajat's Illness and Blood Test]:** रजत को मलेरिया था, जिसका निदान रक्त परीक्षण के माध्यम से किया गया, जिसमें मलेरिया परजीवी का पता चला। मलेरिया मादा एनोफिलीज मच्छरों द्वारा फैलता है, सभी मच्छरों द्वारा नहीं, और निदान के लिए एक छोटे रक्त के नमूने का उपयोग किया जाता है।
- **मलेरिया और मच्छर [Malaria and Mosquitoes]:** केवल कुछ मच्छर ही मलेरिया परजीवी ले जाते हैं, और मच्छरों के लार्वा स्थिर पानी में विकसित होते हैं, जो मच्छरों के प्रजनन के मैदानों का संकेत देते हैं।
- **एनीमिया [Anaemia]:** आरती के रक्त परीक्षण में एनीमिया पाया गया, जो हीमोग्लोबिन (लौह) की कमी के कारण होता है। उपचार में थकान और कमजोरी से निपटने के लिए गुड़, आंवला और पत्तेदार साग जैसे आयरन युक्त खाद्य पदार्थ शामिल हैं।
- **मच्छरों और मक्खियों द्वारा फैलने वाली बीमारियाँ [Diseases Spread by Mosquitoes and Flies]:** मच्छर मलेरिया, डेंगू और चिकनगुनिया जैसी बीमारियाँ फैलाते हैं। मक्खियाँ अपने शरीर पर कीटाणुओं को ले जाकर, बिना काटे ही पेट की बीमारियाँ फैला सकती हैं।
- **मलेरिया की रोकथाम [Prevention of Malaria]:** मच्छरदानी का उपयोग करके, मिट्टी के तेल का छिड़काव करके और मच्छरों के प्रजनन वाले स्थिर पानी को हटाकर मच्छरों के काटने से बचें। मछलियाँ पानी की टंकियों में मच्छरों के लार्वा को नियंत्रित करने में मदद कर सकती हैं।
- **पोस्टर और जन जागरूकता [Posters and Public Awareness]:** सार्वजनिक पोस्टर मलेरिया से बचाव के लिए सुझाव देते हैं, जैसे पानी के कंटेनरों की सफाई करना और मच्छरदानी का उपयोग करना।
- **मच्छरों का जीवन चक्र [Mosquitoes' Life Cycle]:** लार्वा, शिशु मच्छर, स्थिर पानी में विकसित होते हैं और धागे जैसे भूरे जीवों की तरह दिखते हैं। शैवाल भी स्थिर पानी में बढ़ सकते हैं, खासकर बरसात के मौसम में।
- **ऐतिहासिक खोज [Historical Discovery]:** रोनाल्ड रॉस ने 1902 में पाया कि मच्छर मलेरिया फैलाते हैं, जिसके लिए उन्हें नोबेल पुरस्कार मिला। मलेरिया के संचरण को समझने में उनका शोध आवश्यक था।
- **मुख्य सीखने के बिंदु [Key Learning Points]:** स्थिर पानी को खत्म करके मच्छरों के प्रजनन को रोकें, रक्त परीक्षण के माध्यम से मलेरिया का निदान करें और आयरन युक्त खाद्य पदार्थों से एनीमिया का इलाज करें।

अध्याय के लेखक [Author of the Chapter]

"मच्छरों के लिए एक इलाज" अध्याय के लेखक आबिद शमशाद हैं। वे एक लेखक और शिक्षक हैं जो विज्ञान, स्वास्थ्य और पर्यावरण पर बच्चों के लिए शैक्षिक सामग्री लिखते हैं। उनका काम जटिल विषयों को युवा पाठकों के लिए सुलभ और आकर्षक तरीके से प्रस्तुत करता है। हालाँकि उन्हें उनके शैक्षिक योगदान के लिए जाना जाता है, लेकिन उनके बारे में व्यक्तिगत विवरण व्यापक रूप से ज्ञात नहीं हैं।

Chapter – 09: Up You Go! /
अध्याय – 09: डायरी कमर सीधी, ऊपर चढ़ो!

पर्वतारोहण शिविर का परिचय [Introduction to the Mountaineering Camp]

- **दिनांक:** 2 फरवरी 1984
- **स्थान:** नेहरू पर्वतारोहण संस्थान, उत्तरकाशी
- **प्रतिभागी:** केंद्रीय विद्यालयों से 20 शिक्षक और बैंकों तथा संस्थानों से अन्य महिलाएँ
- शिविर की शुरुआत उत्साह के साथ हुई, लेकिन यह शारीरिक रूप से चुनौतीपूर्ण था, जिसमें लंबी चढ़ाई और खड़ी चढ़ाई शामिल थी।

पर्वतारोहण की चुनौतियाँ [The Challenges of Mountaineering]

पहले दिन का संघर्ष:

- लेखिका, संगीता अरोड़ा, भारी बैग के साथ 26 किलोमीटर की चढ़ाई के दौरान दर्द का सामना करती हैं।
- वह पीछे हटने पर विचार करती हैं, लेकिन शिविर के निदेशक ब्रिगेडियर ज्ञान सिंह द्वारा उन्हें प्रोत्साहित किया जाता है।

समूह नेता के रूप में जिम्मेदारियाँ:

- संगीता को समूह संख्या 7 का नेतृत्व करने के लिए नियुक्त किया गया है और उसे व्यक्तिगत चुनौतियों का सामना करने के बावजूद, चढ़ाई के दौरान दूसरों की मदद करने की जिम्मेदारी दी गई है।
- **महत्वपूर्ण नेतृत्व कर्तव्य:** बैग उठाने में दूसरों की मदद करना, यह सुनिश्चित करना कि सभी एक साथ रहें, आराम करने के लिए अच्छे स्थान ढूँढ़ना और ऐसी परिस्थितियों को संभालना जहाँ अन्य लोग अस्वस्थ हो सकते हैं।

समूह और भाषा संबंधी बाधाएँ [The Group and Language Barriers]

- समूह संख्या 7 में असम, मणिपुर, मिजोरम, मेघालय और नागालैंड की महिलाएँ शामिल हैं।
- भाषा संबंधी बाधा थी, खास तौर पर मिजोरम की खोंडोंबी के साथ, जो केवल मिजो भाषा बोलती थी।
- भाषा संबंधी अंतर के बावजूद, एक गहरा भावनात्मक जुड़ाव विकसित हुआ।

नदी पार करना [Crossing the River]

- लंबी चढ़ाई के बाद, समूह एक नदी पर पहुँचा, जहाँ उन्हें रस्सी से बंधे हुए नदी को पार करना था।
- संगीता को तेज़ बहती, बर्फीली नदी को पार करने में घबराहट महसूस हुई, लेकिन रस्सी और प्रशिक्षक की मदद से वह ऐसा करने में सफल रही।
- **महत्वपूर्ण सबक:** चुनौतियों के दौरान डर पर काबू पाना और सहायता प्रणाली पर भरोसा करना।

चट्टान पर चढ़ना और अन्य चुनौतियाँ [Rock Climbing and Other Challenges]

- समूह ने टेकला गाँव पहुँचने के लिए 15 किलोमीटर की चढ़ाई की।
- उन्होंने रस्सियों और गोफन का उपयोग करके चट्टानों पर चढ़ना सीखा और रैपलिंग (चट्टान से उतरना) का भी अभ्यास किया।

एक मज़ेदार घटना: पहाड़ों में खो जाना [A Funny Incident: Lost in the Mountains]

- जब समूह ट्रैकिंग कर रहा था, तो मिज़ोरम के खोंडोंबी को भूख लगी और वह खीरे चुनने निकल पड़े।
- बाद में, अंधेरे में दोनों अपना रास्ता भूल गए। वे सीटी बजाकर समूह को संकेत देने में कामयाब रहे और आखिरकार फिर से मिल गए।

बछेंद्री पाल से मिलना [Meeting Bachhendri Pal]

- बछेंद्री पाल, एक प्रसिद्ध पर्वतारोही और माउंट एवरेस्ट पर चढ़ने वाली पहली भारतीय महिला, फरवरी 1984 में एक अतिथि के रूप में शिविर में आईं।

- उस समय, बछेंद्री अपने एवरेस्ट अभियान के लिए प्रशिक्षण ले रही थीं।

बर्फ में कैंपिंग [Camping in the Snow]

- समूह ने 2134 मीटर की ऊँचाई पर एक रात बिताई। उन्होंने गर्म रहने के लिए डबल-लेयर प्लास्टिक शीट का उपयोग करके टेंट लगाए।
- उन्होंने अपना भोजन खुद पकाया, जिसमें पारंपरिक "चूल्हा" (जलाऊ लकड़ी से बना स्टोव) भी शामिल था।
- अगले दिन, बर्फबारी शुरू हो गई, और समूह ने बर्फ का आनंद लेते हुए और बर्फ के आदमी बनाते हुए 2700 मीटर की ऊँचाई तक चढ़ाई की।

शिविर का अंतिम दिन [Last Day at the Camp]

- शिविर का समापन एक मजेदार कैम्प फायर नाइट के साथ हुआ, जहाँ प्रत्येक समूह ने एक कार्यक्रम प्रस्तुत किया।
- संगीता को उनके प्रयासों और नेतृत्व के लिए "सर्वश्रेष्ठ प्रदर्शन पुरस्कार" से सम्मानित किया गया।

पर्वतारोहण और साहसिक कार्य [Mountaineering and Adventure]

- अध्याय में पर्वतारोहण की शारीरिक और भावनात्मक चुनौतियों पर चर्चा की गई है, जिसमें अनुशासन, नेतृत्व और व्यक्तिगत भय पर काबू पाने पर जोर दिया गया है।
- पर्वतारोहण के लिए आवश्यक उपकरणों में रस्सियाँ, हुक, गोफन और चढ़ाई के उपकरण शामिल हैं।

बछेंद्री पाल की एवरेस्ट की यात्रा [Bachhendri Pal's Journey to Everest]

- अध्याय के अंत में बछेंद्री पाल की माउंट एवरेस्ट की प्रेरक यात्रा पर प्रकाश डाला गया है।
- 1984 में, वह माउंट एवरेस्ट पर चढ़ने वाली पहली भारतीय महिला बनीं।
- अध्याय में अभियान के दौरान उनके संघर्षों का वर्णन किया गया है, जिसमें बर्फीला तूफ़ान और चोटों और प्रतिकूल परिस्थितियों के बावजूद शिखर तक पहुँचने का उनका दृढ़ संकल्प शामिल है।

मुख्य अवधारणाएँ [Key Concepts]

- **टीमवर्क और नेतृत्व [Teamwork and Leadership]:** एक अच्छा नेता समूह का समर्थन करता है, कठिनाइयों का प्रबंधन करता है, और सभी की सुरक्षा और भलाई सुनिश्चित करता है।
- **डर पर काबू पाना [Overcoming Fears]:** डर का सामना करना और उस पर काबू पाना, जैसे नदी पार करना या चट्टान पर चढ़ना, आत्मविश्वास और लचीलापन बनाता है।
- **साहसिक कार्य और अन्वेषण [Adventure and Exploration]:** पर्वतारोहण साहसिक और चुनौतीपूर्ण है, जिसके लिए सावधानीपूर्वक योजना, शारीरिक शक्ति और मानसिक दृढ़ संकल्प की आवश्यकता होती है।
- **भाषाओं और संस्कृतियों के लिए सम्मान [Respect for Languages and Cultures]:** भाषा की बाधा होने पर भी, आपसी सम्मान और समझ गहरे संबंधों को बढ़ावा दे सकती है।

अध्याय के लेखक [Author of the Chapter]

इस अध्याय की लेखिका संगीता अरोड़ा हैं। वह एक भारतीय शिक्षिका और पर्वतारोही हैं, जो अपने पर्वतारोहण के अनुभव को साझा करने के लिए जानी जाती हैं। वह केंद्रीय विद्यालय में काम करती हैं और उन्होंने 1984 में नेहरू पर्वतारोहण संस्थान में पर्वतारोहण शिविर में भाग लिया था। उन्होंने चुनौतियों पर काबू पाते हुए और नेतृत्व, व्यक्तिगत विकास और साहसिक कार्य को बढ़ावा देते हुए समूह संख्या 7 का नेतृत्व किया। जबकि वह छात्रों को प्रेरित करती हैं, शिक्षण और पर्वतारोहण के अलावा उनके जीवन के बारे में सीमित जानकारी है।

Chapter – 10: Walls Tell Stories / अध्याय – 10: बोलती इमरातें

गोलकोंडा किला [Golconda Fort]

- अपने विशाल द्वारों, मोटी दीवारों और सुरक्षा के लिए बनाए गए 87 बुर्जों के लिए जाना जाता है।
- कुतुबशाही सुल्तानों (1518-1687) के तहत एक महत्वपूर्ण भूमिका निभाई।
- सुल्तान के महल, श्रमिकों और किसानों के लिए आवास।
- मजबूत सुरक्षा ने औरंगजेब की सेना द्वारा की गई लंबी घेराबंदी सहित हमलों का सामना किया।

उन्नत इंजीनियरिंग [Advanced Engineering]

- पानी उठाने के लिए ड्रम चलाने वाले बैलों जैसी जल प्रबंधन प्रणाली।
- फव्वारे, टैंक और जटिल शिल्प कौशल ने किले के डिजाइन में महत्वपूर्ण भूमिका निभाई।

ऐतिहासिक महत्व [Historical Significance]

- संग्रहालयों में पाए जाने वाले मिट्टी के बर्तन, गहने और उपकरण जैसी कलाकृतियाँ अतीत को संरक्षित करने और समझने में मदद करती हैं।

किले में जीवन की कल्पना करना [Imagining Life in the Fort]

- किले में जीवन पर चिंतन को प्रोत्साहित करता है, युद्ध, शांति और उस समय के दैनिक जीवन पर प्रकाश डालता है।

संग्रहालयों का महत्व [Importance of Museums]

- प्राचीन संस्कृतियों को समझने में मदद करने के लिए संग्रहालय ऐतिहासिक कलाकृतियों को संरक्षित करते हैं।
- ऐतिहासिक स्थल और कलाकृतियाँ अतीत की घटनाओं और दैनिक जीवन की कहानियाँ बताती हैं।

मुख्य बिंदु [Key Points]

- गोलकोंडा किला सुरक्षा, सुल्तानों के अधीन जीवन और इंजीनियरिंग करतबों को दर्शाता है।
- संग्रहालय अतीत की संस्कृतियों को संरक्षित करने और समझने में महत्वपूर्ण भूमिका निभाते हैं।
- ऐतिहासिक स्थल और कलाकृतियाँ हमें अतीत से जोड़ती हैं।

अध्याय के लेखक [Author of the Chapter]

इस अध्याय के लेखक सुकांतो देबनाथ हैं। सुकांतो देबनाथ एक भारतीय लेखक और शिक्षक हैं जो अपने बच्चों के साहित्य के लिए जाने जाते हैं जो इतिहास, संस्कृति और सामाजिक मुद्दों पर केंद्रित है। उनकी रचनाएँ जिज्ञासा और आलोचनात्मक सोच को प्रोत्साहित करती हैं, जिससे बच्चों को विरासत और परंपराओं को समझने में मदद मिलती है। भारत में उनके लेखन को उनके शैक्षिक मूल्य के लिए व्यापक रूप से सम्मानित किया जाता है।

Chapter – 11: Sunita in Space / अध्याय – 11: सुनीता अंतरिक्ष में

उज़ैरा और शाहमीर की बातचीत [Uzaira and Shahmir's Conversation

- वे पृथ्वी के आकार पर चर्चा करते हैं और आश्चर्य करते हैं कि ब्राज़ील और अर्जेंटीना जैसी जगहों पर लोग कैसे नहीं गिरते।
- उज़ैरा बताती हैं कि गुरुत्वाकर्षण पृथ्वी पर सब कुछ अपनी जगह पर बनाए रखता है।

सुनीता विलियम्स के अंतरिक्ष अनुभव [Sunita Williams' Space Experiences]

- ✍ सुनीता शून्य गुरुत्वाकर्षण में तैरने, बूँदों में तैरते भोजन और अंतरिक्ष में अपने बालों के खड़े होने के अनुभव साझा करती हैं।
- ✍ अंतरिक्ष से पृथ्वी को सुंदर और एकीकृत बताती हैं, जिसमें देश की सीमाएँ मानव निर्मित हैं।

प्रयोग और गतिविधियाँ [Experiments and Activities]

- ✍ छात्र गुरुत्वाकर्षण और भारहीनता को समझने के लिए गतिविधियों में संलग्न होते हैं, जैसे कि एक सिक्का और कागज़ गिराना और अपनी कक्षा को एक अंतरिक्ष यान के रूप में कल्पना करना।

सुनीता से प्रेरणा [Inspiration from Sunita]

- ✍ सुनीता छात्रों को अपने सपनों को कभी न छोड़ने के लिए प्रोत्साहित करती हैं, एक हेलीकॉप्टर पायलट से अंतरिक्ष यात्री बनने तक की अपनी यात्रा साझा करती हैं।
- ✍ बच्चों को विज्ञान और गणित समझने में मदद करने के लिए एक शिक्षक बनने की इच्छा व्यक्त करती हैं।

जिज्ञासा और सीखने के लिए प्रोत्साहन [Encouragement for Curiosity and Learning]

- ✍ यह अध्याय आलोचनात्मक सोच, अंतरिक्ष के बारे में सीखने और पृथ्वी के आकार और गुरुत्वाकर्षण पर चिंतन को बढ़ावा देता है।
- ✍ पृथ्वी के आकार और गुरुत्वाकर्षण के बारे में गलत धारणाओं को चुनौती देता है।

Chapter – 12: What if it Finishes...? /
अध्याय – 12: ख़त्म हो जाये तो...?

स्कूल यात्रा अवलोकन [School Trip Observations]

- ✍ बच्चे अडालज स्टेपवेल की बस यात्रा के दौरान ट्रैफिक जाम, हॉर्न बजाना और प्रदूषण देखते हैं।
- ✍ प्रदूषण के प्रभाव, खास तौर पर रिक्शा में बैठे बच्चे पर देखे जाते हैं।

पेट्रोल पंप का दौरा [Petrol Pump Visit]

- ✍ पेट्रोल पंप पर, बच्चे सीखते हैं कि पेट्रोल और डीजल सीमित हैं, गहरे भूमिगत से निकाले जाते हैं और लाखों वर्षों में बनते हैं।

वैकल्पिक ईंधन पर चर्चा [Discussion on Alternative Fuels]

- ✍ पेट्रोल और डीजल के विकल्पों में सीएनजी और इलेक्ट्रिक वाहन शामिल हैं।
- ✍ मंजू ने अक्षय ऊर्जा पर प्रकाश डालते हुए सौर ऊर्जा से चलने वाली कार का प्रस्ताव रखा।

ईंधन के उपयोग का पर्यावरणीय प्रभाव [Environmental Impact of Fuel Usage]

- ✍ वाहन वायु प्रदूषण (धुआँ) और ध्वनि प्रदूषण (हॉन बजाना) का कारण बनते हैं।
- ✍ ईंधन संरक्षण के महत्व पर चर्चा की जाती है, जिसमें ईंधन की खपत कम करने के लिए बसों का उपयोग करने जैसे सुझाव दिए जाते हैं।

पेट्रोलियम उत्पाद [Petroleum Products]

- ✍ पेट्रोल, डीजल, एलपीजी, प्लास्टिक और पेंट जैसे विभिन्न उत्पाद पेट्रोलियम से आते हैं।
- ✍ ईंधन के संरक्षण और बर्बादी से बचने की आवश्यकता पर जोर दिया जाता है।

पारंपरिक ईंधन से जुड़ी चुनौतियाँ [Challenges with Traditional Fuels]

- ✍ ग्रामीण क्षेत्रों में खाना पकाने के लिए लकड़ी जलाने से होने वाले धुएं से दुर्गा को स्वास्थ्य संबंधी समस्याओं का सामना करना पड़ता है।
- ✍ एक बार चार्ट 20 वर्षों में लकड़ी जैसे पारंपरिक ईंधन से एलपीजी और बिजली जैसे आधुनिक ईंधन की ओर हुए बदलाव को दर्शाता है।

ईंधन संरक्षण [Fuel Conservation]

- ईंधन बचाने के लिए लाल बत्ती पर वाहन के इंजन बंद करने का सुझाव दिया जाता है।
- जीवाश्म ईंधन के विकल्प के रूप में सौर ऊर्जा का प्रस्ताव है।

ईंधन की बढ़ती कीमतें [Rising Fuel Price]

- 2002 और 2017 के बीच पेट्रोल और डीजल की कीमतों में उल्लेखनीय वृद्धि हुई है।

नवीकरणीय ऊर्जा [Renewable Energy]

- सीमित संसाधनों पर निर्भरता कम करने के लिए सौर ऊर्जा और इलेक्ट्रिक वाहनों की क्षमता पर चर्चा की गई।

अध्याय के लेखक [Author of the Chapter]

इस अध्याय की लेखिका अनुपा लाल हैं। वह एक प्रसिद्ध भारतीय लेखिका हैं जो अपने बच्चों के साहित्य के लिए जानी जाती हैं। उन्होंने 20 से ज़्यादा किताबें लिखी हैं, जिनमें चित्र पुस्तकें, कविताएँ, पौराणिक कथाएँ, लोक कथाएँ और अनुवाद शामिल हैं। उनकी उल्लेखनीय कृतियों में "बीरबल एक चतुर दरबारी", "अकबर और बीरबल की कहानियाँ", "शेख चिल्ली की कहानियाँ" और "शेख चिल्ली के कॉमिक कैपर्स" शामिल हैं।

Chapter – 13: A Shelter so High! / अध्याय – 13: बसेरा उंचाई पर

गौरव जानी की यात्रा [Gaurav Jani's Journey]

- गौरव अपनी मोटरसाइकिल लोनर से मुंबई से लेह, लद्दाख की यात्रा करते हैं।
- वे टेंट, भोजन, कैमरा और अतिरिक्त पेट्रोल जैसी ज़रूरी चीज़ें साथ रखते हैं।
- यह यात्रा दो महीने तक चलती है, जो महाराष्ट्र, गुजरात, राजस्थान, दिल्ली और मनाली से होकर गुज़रती है।

लेह और लद्दाख [Leh and Ladakh]

- लेह बर्फ़ से ढके पहाड़ों और कम बारिश वाला एक ठंडा रेगिस्तान है।
- स्थानीय घर अत्यधिक ठंड को झेलने के लिए पत्थर, मिट्टी और लकड़ी से बने होते हैं।

चांगपा जनजाति [Changpa Tribe]

- चांगपा जनजाति चांगथांग में 5000 मीटर की ऊँचाई पर रहती है और दूध, मांस और पशमीना ऊन के लिए बकरियों पर निर्भर रहती है।
- वे याक के बालों से बने "रेबो" नामक पोर्टेबल शेल्टर का इस्तेमाल करते हैं, जिसे ठंड और तेज़ हवाओं को सहने के लिए डिज़ाइन किया गया है।

पश्मीना ऊन [Pashmina Wool]

- बकरियों से एकत्र किया गया पश्मीना ऊन पतला लेकिन बहुत गर्म होता है।
- पश्मीना शॉल बनाने में घंटों हाथ से बुनाई का काम लगता है।

श्रीनगर [Srinagar]

- श्रीनगर में अनोखे घर हैं, जिनमें हाउसबोट और डोंगा (पानी पर घरों के रूप में इस्तेमाल की जाने वाली नावें) शामिल हैं।
- घर पत्थर, लकड़ी और मिट्टी से बने होते हैं और बर्फ से बचने के लिए ढलान वालीछतें होती हैं।

घरों में अंतर [Contrast in Homes]

- गौरव लेह, श्रीनगर और मुंबई के घरों की तुलना करते हैं। लेह और श्रीनगर के घर कठोर जलवायु के अनुकूल हैं, जबकि मुंबई के घर सीमेंट, स्टील और कांच से बने हैं।

वापसी यात्रा [Return Journey]

- ✍ गौरव ने अलग-अलग आश्रयों के बारे में सोचा और बताया कि वे जलवायु और भूगोल के आधार पर लोगों की ज़रूरतों के हिसाब से कैसे अनुकूल हैं।

मुख्य सबक [Key Lessons]

- ✍ आश्रय लोगों की विशिष्ट जलवायु, भूगोल और जीवनशैली से निपटने के लिए डिज़ाइन किए गए हैं।
- ✍ चांगपा जैसी खानाबदोश जनजातियाँ पोर्टेबल आश्रयों का उपयोग करती हैं जो उनकी मोबाइल जीवन शैली के अनुकूल हैं।
- ✍ पत्थर, मिट्टी, लकड़ी और याक के बाल जैसी पारंपरिक सामग्रियों का उपयोग व्यावहारिक और जलवायु-उपयुक्त डिज़ाइन के लिए किया जाता है।

अध्याय के लेखक [Author of the Chapter]

इस अध्याय के लेखक गौरव जानी हैं। गौरव जानी एक भारतीय फिल्म निर्माता, यात्री और मोटरसाइकिल चालक हैं, जो अपने साहसिक-केंद्रित वृत्तचित्रों के लिए जाने जाते हैं। उन्हें 2009 की अपनी फिल्म वन क्रेजी राइड के लिए प्रसिद्धि मिली, जिसमें 2002 के हिमालय अभियान का दस्तावेजीकरण किया गया था। जानी भारत में बाइकर्स क्लब 60KPH क्लब के संस्थापक भी हैं, और उन्हें दूरदराज के क्षेत्रों की खोज करना पसंद है, अक्सर फिल्मों और लेखन में अपनी यात्राओं का दस्तावेजीकरण करते हैं जैसे कि अध्याय ए शेल्टर सो हाई!, जिसमें लद्दाख और जम्मू और कश्मीर के माध्यम से उनकी यात्रा का विवरण है।

Chapter – 14: When the Earth Shook! / अध्याय – 14: जब धरती कांपी

जसमा का अनुभव [Jasma's Experience]

- ✍ गुजरात के कच्छ की 11 वर्षीय लड़की जसमा 26 जनवरी, 2001 को आए भूकंप को याद करती है।
- ✍ भूकंप ने उसके गांव में व्यापक विनाश किया, जिसके कारण घर ढह गए और कई लोग हताहत हुए।

भूकंप [The Earthquake]

- ✍ भूकंप उस समय आया जब लोग परेड देख रहे थे, जिससे दहशत और भ्रम की स्थिति पैदा हो गई।
- ✍ गांव जल्दी ही मलबे में तब्दील हो गया, और कई सामान मलबे के नीचे दब गए।

जसमा के गांव पर प्रभाव [Impact on Jasma's Village]

- ✍ जसमा के दादा सहित छह लोगों की मौत हो गई, और जसमा के पैर में फ्रैक्चर हो गया।
- ✍ कोई अस्पताल न होने के कारण, ग्रामीणों ने एक-दूसरे की चिकित्सा देखभाल में मदद की और भोजन साझा किया।

गांव का पुनर्निर्माण [Rebuilding the Village]

- ✍ बाहरी सहायता पहुंची, जिसमें भोजन, दवा और कपड़े शामिल थे।
- ✍ विशेषज्ञों ने ग्रामीणों को मिट्टी और गाय के गोबर जैसी स्थानीय सामग्रियों का उपयोग करके भूकंप-रोधी डिजाइन वाले घरों का पुनर्निर्माण करने में मदद की।
- ✍ समुदाय ने मिलकर स्कूल का पुनर्निर्माण भी किया।

भूकंप सुरक्षा सीखना [Learning Earthquake Safety]

- ✍ ग्रामीणों को भूकंप की तैयारी का प्रशिक्षण दिया गया।
- ✍ जसमा के स्कूल ने भूकंप के दौरान बच्चों को सुरक्षा उपायों के बारे में शिक्षित किया, जैसे कि टेबल के नीचे शरण लेना।

बाहरी सहायता [External Help]

- सरकारी संगठनों, स्वयंसेवकों, वैज्ञानिकों, इंजीनियरों और वास्तुकारों ने चिकित्सा सहायता, पुनर्निर्माण प्रयासों और सुरक्षित घरों को डिजाइन करने में मदद की।

आपदा की तैयारी [Disaster Preparedness]

- एक टीवी रिपोर्ट ने भूकंप के विनाश को उजागर किया, जिसमें तैयारी के महत्व पर जोर दिया गया।
- भूकंप सुरक्षा पर निर्देश साझा किए गए (जैसे, खाली करना या मजबूत वस्तुओं के नीचे शरण लेना)।

आपदा सहायता की जरूरतें [Disaster Help Needs]

- आपदाओं के बाद, आवश्यक जरूरतों में भोजन, आश्रय, चिकित्सा देखभाल और पुनर्निर्माण सहायता शामिल हैं।
- स्वयंसेवक और बचाव दल आपदा वसूली में महत्वपूर्ण भूमिका निभाते हैं।

आपदा तैयारी और प्रतिक्रिया [Disaster Preparedness and Response]

- अध्याय आपात स्थिति के दौरान भूकंप की तैयारी और सामुदायिक सहयोग के बारे में सोचने को प्रोत्साहित करता है।

अध्याय के लेखक [Author of the Chapter]

इस अध्याय के लेखक सुनील जैकब हैं। वे बच्चों के लिए अपने शैक्षिक कार्यों के लिए जाने जाते हैं। जैकब का लेखन बच्चों को सहानुभूति, लचीलापन और आपदा की तैयारी के बारे में सिखाता है। बच्चों की शिक्षा में उनका योगदान, विशेष रूप से भारत में, युवा पाठकों को वास्तविक जीवन की चुनौतियों को समझने में मदद करने के लिए मूल्यवान है।

Chapter – 15: Blow Hot, Blow Cold / अध्याय – 15: उसी से ठंडा उसी से गर्म

कहानी का अवलोकन [Story Overview]

- **लकड़ी काटने वाला [The Woodcutter]:** एक लकड़हारा सर्दियों के दिन अपने ठंडे हाथों को गर्म करने के लिए उन पर फूंक मारता है और बाद में उन्हें ठंडा करने के लिए गर्म आलू पर फूंक मारता है।
- **मियां बालिश्टिये की जिज्ञासा [Mian Balishtiye's Curiosity]:** मियां बालिश्टिये लकड़हारे को देखता है और भ्रमित हो जाता है, सोचता है कि एक ही सांस से गर्म और ठंडी दोनों हवा फूंकना असंभव है।

गर्म और ठंडा फूंकने की अवधारणा [Concept of Blowing Hot and Cold]

- **ठंडे हाथों पर फूंक मारना [Blowing on Cold Hands]:** लकड़हारा ठंडे हाथों को गर्म करने के लिए उन पर फूंक मारने की व्याख्या करता है।
- **गर्म आलू पर फूंक मारना [Blowing on Hot Potatoes]:** वह गर्म आलू को ठंडा करने के लिए उन पर फूंक मारता है, जिससे मियां भ्रमित हो जाता है, जिससे उसे लगता है कि लकड़हारा कोई भूत या जिन्न है।

वैज्ञानिक व्याख्या [Scientific Explanation]

- **सांस और तापमान [Breath and Temperature]:** सांस किसी वस्तु को गर्म या ठंडा कर सकती है, यह वस्तु पर निर्भर करता है (ठंडे हाथ गर्म करते हैं, गर्म वस्तुएं ठंडी होती हैं)।
- **सांस में जल वाष्प [Water Vapor in Breath]:** सांस में जल वाष्प होता है, जो दर्पण या चशमे को धुंधला कर सकता है।
- **वायु प्रवाह [Air Flow]:** गर्म हवा ऊपर उठती है (घड़ी की दिशा में) और ठंडी हवा नीचे उतरती है (वामावर्त दिशा में)।

वास्तविक जीवन में उपयोग [Real-life Applications]

- **चश्मा साफ करना [Cleaning Spectacles]:** चश्मे या दर्पण पर फूंक मारने से वे धुंधले होकर साफ हो जाते हैं।
- **जीभ जलना [Burning Tongue]:** गर्म भोजन पर फूंक मारने से उसे ठंडा करने में मदद मिलती हैं, जिससे जीभ जलने से बचती है।

- **सांस लेने की दर [Breathing Rate]**: शारीरिक गतिविधि से पहले और बाद में सांस की दर को मापने और तुलना करने की गतिविधि।

समापन पाठ [Concluding Lessons]

- सांस गर्म या ठंडी हो सकती है [Breath Can Be Hot or Cold]: संदर्भ के आधार पर सांस चीजों को गर्म या ठंडा कर सकती है।
- वायु प्रवाह और गति [Air Flow and Movement]: यह समझना कि तापमान के आधार पर हवा अलग-अलग दिशाओं में कैसे चलती है।

अध्याय के लेखक [Author of the Chapter]

इस अध्याय के लेखक डॉ. जाकिर हुसैन (8 फरवरी 1897 - 3 मई 1969) हैं, जो एक भारतीय शिक्षाविद् और राजनीतिज्ञ थे, जो भारत के उपराष्ट्रपति (1962-1967) और राष्ट्रपति (1967-1969) के रूप में कार्यरत थे। हैदराबाद में जन्मे, उन्होंने बर्लिन से अर्थशास्त्र में डॉक्टरेट की उपाधि प्राप्त की और जामिया मिलिया इस्लामिया की सह-स्थापना की, 1926 से 1948 तक इसके कुलपति के रूप में कार्य किया। उन्होंने बेसिक नेशनल एजुकेशन कमेटी की अध्यक्षता की, जिसमें मुफ्त, अनिवार्य शिक्षा के लिए नई तालीम नीति बनाई गई। हुसैन ने मुसलमानों के लिए अलग निर्वाचन क्षेत्रों का विरोध किया और मुस्लिम लीग के वीटो के कारण उन्हें 1946 की अंतरिम सरकार से बाहर रखा गया।

Chapter – 16: Who will do this Work? / अध्याय – 16: कौन करेगा यह काम?

परिचय [Introduction]

- हाशिये पर पड़े समुदाय अक्सर जो काम करते हैं, उसके महत्व पर ध्यान केंद्रित करता है, लेकिन दूसरे लोग उससे बचते हैं।
- स्थानों को साफ रखने में जिम्मेदारी के बारे में सवाल उठाता है और कुछ कामों से क्यों परहेज किया जाता है।

सफाईकर्मी का साक्षात्कार [Cleaner's Interview]

- एक सफाईकर्मी शिक्षा प्राप्त करने के बावजूद 20 वर्षों तक काम करने के अपने अनुभव को साझा करता है।
- अन्य नौकरियों के अवसर सीमित हैं, और यह काम पारंपरिक रूप से पीढ़ियों से चला आ रहा है।
- सामाजिक बाधाएं व्यवसाय में बदलाव को रोकती हैं।

काम के प्रकार [Types of Work]

- सड़कों, शौचालयों और अन्य स्वच्छता कार्यों की सफाई करना शामिल है।
- कई बच्चे अपने समुदाय से जुड़ी सामाजिक अपेक्षाओं के कारण स्कूल में ऐसे कामों में शामिल होते हैं।

गांधी का प्रभाव [Gandhi's Influence]

- गांधी ने समानता को बढ़ावा देने और अस्पृश्यता को चुनौती देने के लिए सफाई कार्यों में सक्रिय रूप से भाग लिया।
- उनका मानना था कि सभी को, चाहे उनकी सामाजिक स्थिति कुछ भी हो, सभी प्रकार के कार्य करने चाहिए।

अस्पृश्यता और सामाजिक परिवर्तन [Untouchability and Social Change]

- सफाई के काम को ऐतिहासिक रूप से "गंदा" माना जाता था और इसे अस्पृश्यता से जोड़ा जाता था।
- गांधी के कार्यों का उद्देश्य इन सामाजिक मानदंडों को चुनौती देना और समानता को बढ़ावा देना था।
- गांधी के साथ नारायण (बबला) की बातचीत सामाजिक दृष्टिकोण को बदलने के संघर्ष को दर्शाती है।

सफाई के काम पर चिंतन [Reflection on Cleaning Jobs]

- छात्रों को सफाई के काम के सामाजिक निहितार्थों और उन्हें करने वालों के सामने आने वाली कठिनाइयों के बारे में सोचने के लिए प्रोत्साहित करता है।
- यदि कोई इन कार्यों को नहीं करता है तो इसके परिणामों पर विचार करता है।

व्यक्तिगत कहानियाँ [Personal Stories]

- भीम राव अंबेडकर की कहानी "गंदे" कामों से जुड़े जाति-आधारित भेदभाव को उजागर करती है।
- हेतल और मीना की कहानी दिखाती है कि कैसे स्कूलों में भी सामाजिक अलगाव जारी है।

समाज में परिवर्तन [Changes in Society]

- परिवर्तन के प्रयासों के बावजूद, जाति-आधारित विभाजन और असमान कार्य वितरण जारी है।
- गांधी का दृष्टिकोण सभी को सभी प्रकार के काम करने के लिए प्रोत्साहित करके इन बाधाओं को तोड़ना था।

गांधीजी का पसंदीदा भजन [Gandhi's Favourite Bhajan]

- गांधीजी के भजन "ओ शरण" का उल्लेख समानता और सभी प्रकार के काम के मूल्य को दर्शाने के लिए किया जाता है।

चिंतन और कार्रवाई [Reflection and Action]

- **सामाजिक न्याय [Social Justice]:** विभिन्न प्रकार के काम और उन्हें करने वालों के बारे में सामाजिक दृष्टिकोण बदलने की आवश्यकता।
- **व्यक्तिगत जिम्मेदारी [Personal Responsibility]:** सभी प्रकार के काम के लिए सम्मान को प्रोत्साहित करें और समानता को बढ़ावा दें।
- **सामुदायिक भागीदारी [Community Involvement]:** जाति या सामाजिक स्थिति की परवाह किए बिना सभी को सफाई की जिम्मेदारी लेनी चाहिए।

कार्यवाही योग्य विचार [Actionable Ideas]

- **सफाई कर्मचारियों के साथ साक्षात्कार [Interviews with Cleaning Workers]:** उनके अनुभवों और चुनौतियों के बारे में जानें।
- **मानसिकता में बदलाव [Change in Mindset]:** समावेशी प्रथाओं और सभी प्रकार के काम के लिए सम्मान को बढ़ावा दें।
- **समानता को बढ़ावा दें [Promote Equality]:** इस बात पर चिंतन करें कि सभी प्रकार के काम को अपनाने से समाज में कैसे बदलाव आ सकता है।

अध्याय के लेखक [Author of the Chapter]

अध्याय के लेखक सुधारक ओलवे हैं, जिनका जन्म 19 मार्च, 1966 को महाराष्ट्र के अकोला में हुआ था। वे मुंबई के एक डॉक्यूमेंट्री फ़ोटोग्राफ़र हैं, जिन्हें सामाजिक मुद्दों के प्रभावशाली चित्रण के लिए जाना जाता है। उनके काम को दुनिया भर में प्रदर्शित किया गया है, और उन्हें नेशनल जियोग्राफ़िक "ऑल रोड्स फ़ोटोग्राफ़ी प्रोग्राम" पुरस्कार (2005) और पद्म श्री (2016) सहित उल्लेखनीय पुरस्कार मिले हैं। ओलवे ने सर जे. जे. इंस्टीट्यूट ऑफ़ एप्लाइड आर्ट में फ़ोटोग्राफ़ी और सेंट जेवियर्स कॉलेज में फ़िल्म निर्माण का अध्ययन किया। हैदराबाद में बिताए अपने समय से प्रभावित होकर, वे फ़ोटोग्राफ़ी प्रमोशन ट्रस्ट भी चलाते हैं, जो शहरी और ग्रामीण क्षेत्रों में युवाओं को फ़ोटोग्राफ़ी सिखाता है।

Chapter – 17: Across the Wall / अध्याय – 17: फाँद ली दीवार

- **अफसाना मंसूरी का सफर [Afsana Mansuri's Journey]:** मुंबई के नागपाड़ा की 13 वर्षीय अफसाना ने सामाजिक बाधाओं को पार किया और नागपाड़ा बास्केटबॉल एसोसिएशन (एनबीए) में एक प्रमुख खिलाड़ी बन गई। अपने लिंग के कारण शुरुआती विरोध के बावजूद, अफसाना और उनकी टीम जिला स्तरीय टूर्नामेंट के सेमीफाइनल में पहुँच गई।
- **परिवार और समाज से प्रतिरोध [Resistance from Family & Society]:** लड़कियों को अपने परिवार और समाज से प्रतिरोध का सामना करना पड़ा। अफसाना की माँ ने उनके बास्केटबॉल खेलने का विरोध किया, लेकिन दोस्तों और अपने कोच के समर्थन से,

उन्होंने अपने सपने को पूरा किया। खुशनूर और आफरीन जैसी अन्य लड़कियों को भी अपने परिवारों को उन्हें खेलने की अनुमति देने के लिए मनाना पड़ा।

- **प्रशिक्षण और टीमवर्क [Training & Teamwork]:** एक सख्त कोच के मार्गदर्शन में, लड़कियों ने कड़ी मेहनत की, गेंद पर नियंत्रण, पासिंग, चकमा देने और शूटिंग पर ध्यान केंद्रित किया। टीमवर्क, एकता और आपसी सहयोग का महत्व उनकी सफलता के लिए केंद्रीय था।
- **लिंग भेदभाव पर काबू पाना [Overcoming Gender Discrimination]:** लड़कियों ने लिंग भेदभाव का सामना किया, लेकिन साबित कर दिया कि वे लड़कों के साथ समान रूप से प्रतिस्पर्धा कर सकती हैं। उनकी सफलता अनुशासन, मजबूत टीमवर्क और आपसी सहयोग पर आधारित थी।
- **भविष्य की आकांक्षाएँ [Aspirations for the Future]:** लड़कियाँ भारत के लिए खेलना चाहती हैं, लैंगिक भेदभाव को दूर करना चाहती हैं और खेलों में अपने देश का प्रतिनिधित्व करना चाहती हैं। सामाजिक और घरेलू चुनौतियों का सामना करने के बावजूद, वे अपने सपनों को पूरा करने के लिए दृढ़ हैं।
- **कोच नूर खान की भूमिका [Role of Coach Noor Khan]:** कोच नूर खान नें अनुशासन, टीमवर्क और विविध पृष्ठभूमि से आए खिलाड़ियों को एकजुट टीम बनाने के लिए समर्थन देने के महत्व पर जोर दिया।
- **लिंग संबंधी दीवारें तोड़ना [Breaking Gender Walls]:** अध्याय में लड़कियों को खेलों में समान अवसर देने के लिए सामाजिक और लैंगिक बाधाओं को तोड़ने के महत्व पर प्रकाश डाला गया है, जिसमें दृढ़ता और टीमवर्क पर जोर दिया गया है।

मुख्य अवधारणाएँ [Key Concepts]

- **लिंग पूर्वाग्रह [Gender Bias]:** लिंग के आधार पर भेदभाव जो लड़कियों के लिए अवसरों को सीमित करता है।
- **टीमवर्क [Teamwork]:** एकता, आपसी सहयोग और अनुशासन के माध्यम से सफलता।
- **परिवार और समाज [Family and Society]:** सामाजिक मानदंडों पर काबू पाना और परिवारों को खेलों में लड़कियों का समर्थन करने के लिए राजी करना।
- **सपने और आकांक्षाएँ [Dreams and Aspirations]:** चुनौतियों के बावजूद भारत का प्रतिनिधित्व करने और खेलों में उत्कृष्टता हासिल करने की आकांक्षा।

अध्याय के लेखक [Author of the Chapter]

इस अध्याय की लेखिका पारो आनंद हैं। पारो आनंद एक भारतीय लेखिका हैं जो अपने प्रभावशाली बच्चों और युवा वयस्क साहित्य के लिए जानी जाती हैं। 1957 में जन्मी, वह अपने लेखन में सांप्रदायिक घृणा, विफलता और सामाजिक चुनौतियों जैसे विषयों से निपटती हैं। उल्लेखनीय कार्यों में नो गन्स एट माई सन्स फ्यूनरल और द लिटिल बर्ड शामिल हैं। आनंद ने बच्चों के साहित्य को बढ़ावा देने में महत्वपूर्ण भूमिका निभाई है, उन्होंने नेशनल सेंटर फॉर चिल्ड्रन लिटरेचर का नेतृत्व किया है और पॉडकास्ट लिटरेचर इन एक्शन की मेजबानी की है।

Chapter – 18: No Place for Us? / अध्याय – 18: जाएँ तो जाएँ कहाँ

- **मुंबई में प्रवास [Migration to Mumbai]:** जत्र्याभाई का परिवार बेहतर अवसरों की तलाश में दो साल पहले सिंदूरी गांव से मुंबई चला गया।
- **मुंबई में संघर्ष [Struggles in Mumbai]:** उन्हें कम वेतन वाली नौकरियों में कठिनाइयों का सामना करना पड़ा। जत्र्या के बेटे सिद्या ने एक मछली कारखाने में काम किया और परिवार का भरण-पोषण करने के लिए छोटे-मोटे काम किए।
- **खेड़ी गांव की यादें [Memories of Khedi Village]:** जत्र्या खेड़ी में एक शांतिपूर्ण, प्रकृति से भरे जीवन को याद करते हैं, लेकिन एक बांध के निर्माण के कारण उन्हें मजबूरन वहां से जाना पड़ा।
- **सिंदूरी में जीवन [Life in Sinduri]:** परिवार सिंदूरी चला गया, लेकिन उन्हें खराब रहने की स्थिति, संसाधनों की कमी और स्थानीय लोगों से अस्वीकृति का सामना करना पड़ा।

- ✍ **सपने बनाम वास्तविकता [Dreams vs Reality]:** जत्र्या ने अपने बच्चों के लिए बेहतर जीवन का सपना देखा, लेकिन सिंदूरी उनकी उम्मीदों पर खरा नहीं उतरा।
- ✍ **मुंबई में कदम [Move to Mumbai]:** एक नई शुरुआत की तलाश में, जत्र्या ने अपनी जमीन बेच दी और बेहतर अवसरों की उम्मीद में मुंबई चले गए।
- ✍ **मुंबई में चुनौतियाँ [Challenges in Mumbai]:** निरंतर संघर्षों के बावजूद, जत्र्या अपने परिवार के बेहतर भविष्य के लिए आशान्वित रहे।

मुख्य विषय [Key Themes]

- ✍ प्रवास और विस्थापन
- ✍ सपनों और वास्तविकता के बीच अंतर
- ✍ नए वातावरण में अस्तित्व के लिए संघर्ष
- ✍ **चिंतन [Reflection]:** यह अध्याय इस बात की पड़ताल करता है कि विस्थापन परिवारों को कैसे प्रभावित करता है, लोग क्यों पलायन करते हैं, और पलायन के भावनात्मक प्रभाव क्या होते हैं। यह बेहतर जीवन के लिए बड़े शहरों में जाने पर प्रवासियों द्वारा सामना की जाने वाली कठोर वास्तविकताओं पर प्रकाश डालता है।

अध्याय के लेखक [Author of the Chapter]

इस अध्याय के लेखक शशि थरूर हैं। शशि थरूर एक भारतीय राजनीतिज्ञ, राजनयिक और लेखक हैं, जिनका जन्म 9 मार्च, 1956 को लंदन में हुआ था। वे 2009 से केरल के तिरुवनंतपुरम से संसद सदस्य हैं और विदेश मामलों की संसदीय समिति के अध्यक्ष हैं। थरूर इससे पहले संयुक्त राष्ट्र (2002-2007) में अवर महासचिव के पद पर कार्यरत थे। उन्होंने भारत के इतिहास और उत्तर-औपनिवेशिक पहचान पर केंद्रित द ग्रेट इंडियन नॉवेल और इनग्लोरियस एम्पायर सहित कई किताबें लिखी हैं।

Chapter – 19: A Seed Tells a Farmer's Story / अध्याय – 19: किसानों की कहानी - बीज की ज़ुबानी

बीज का परिचय [Introduction of the Seed]

- ✍ वर्णनकर्ता गुजरात के वंगाम में एक किसान दामजीभाई द्वारा लकड़ी के बक्से में संग्रहीत बाजरे का बीज है। यह गाँव अपने अनाज और सब्जी की खेती के लिए जाना जाता था, और समुदाय फसल कटाई के समय एक-दूसरे की मदद करता था, उंधिया और बाजरे की रोटी जैसे भोजन साझा करता था।

खेती के तरीकों में बदलाव [Changes in Farming Practices]

- ✍ नहर के पानी, बिजली और मशीनों जैसी नई तकनीकों के आने से खेती बदल गई। दामजीभाई के बेटे, हसमुख ने पारंपरिक फसलों की जगह गेहूँ और कपास जैसी लाभदायक फसलों पर ध्यान केंद्रित किया। बीजों को बचाने की ज़रूरत कम हो गई, और सामुदायिक सभाएँ कम होती गई।

खेती में प्रगति [Progress in Farming]

- ✍ हसमुख खेती को लाभ पर केंद्रित व्यवसाय के रूप में देखता था, लेकिन बीज सवाल करता है कि क्या यह वास्तविक प्रगति है, क्योंकि यह पारंपरिक प्रथाओं, मिट्टी के स्वास्थ्य और सामुदायिक बंधनों की उपेक्षा करता है। ट्रैक्टर जैसे आधुनिक उपकरणों ने मैनुअल श्रम की जगह ले ली।

आधुनिक खेती के परिणाम [Consequences of Modern Farming]

- ✍ गाय का गोबर न होने के कारण उर्वरकों की आवश्यकता होने लगी, जिससे खर्च बढ़ गया।
- ✍ उर्वरकों और रसायनों के अत्यधिक उपयोग से मिट्टी का क्षरण हुआ।
- ✍ किसानों ने खेती के लिए बैंकों से ऋण लेना शुरू कर दिया, जिसके परिणामस्वरूप अक्सर वित्तीय तनाव और कर्ज होता था।

परेश का निर्णय [Paresh's Decision]

- हसमुख के बेटे परेश ने किसान बनने के बजाय ट्रक ड्राइवर बनने का फैसला किया, जो पारंपरिक खेती में गिरावट को दर्शाता है। वह ट्रक के औजारों के लिए पुराने बीज बॉक्स का उपयोग करने में भी रुचि दिखाता है, जो बदलाव का प्रतीक है।

कृषि में उभरती समस्याएँ [Emerging Problems]

- रासायनिक उर्वरकों और कीटनाशकों के अत्यधिक उपयोग ने पर्यावरण पर नकारात्मक प्रभाव डाला।
- किसानों द्वारा फसलों की सिंचाई के लिए पंपों का उपयोग करने के कारण भूजल का अत्यधिक दोहन किया जा रहा था।
- खर्चों को पूरा करने के लिए ऋण का उपयोग किया गया, लेकिन लाभ न्यूनतम था, जिससे दीर्घकालिक वित्तीय अस्थिरता पैदा हुई।

भास्करभाई की संधारणीय खेती [Bhaskarbhai's Sustainable Farming]

- हसमुख के विपरीत, भास्करभाई जैविक खेती करते हैं, सूखे पत्तों और केंचुओं जैसे प्राकृतिक उर्वरकों का उपयोग करते हैं। वह मिट्टी की नमी की निगरानी के लिए क्रोटन पौधों का भी उपयोग करते हैं, जिससे संधारणीयता को बढ़ावा मिलता है।

तकनीकी परिवर्तन [Technological Changes]

- खेती मैनुअल तरीकों से मशीनीकृत मशीनरी में बदल गई, लेकिन पारंपरिक ज्ञान मूल्यवान बना हुआ है।

किसानों का संघर्ष [Farmer's Struggles]

- अध्याय में किसानों द्वारा सामना की जाने वाली वित्तीय कठिनाइयों पर चर्चा की गई है, जिसमें आधुनिक खेती के दबाव के कारण ऋण, फसल विफलता और आत्महत्या जैसे वास्तविक जीवन के मुद्दों का संदर्भ दिया गया है।

अध्याय के लेखक [Author of the Chapter]

इस अध्याय के लेखक गिजुभाई बधेका हैं। गिजुभाई बधेका (15 नवंबर 1885 - 23 जून 1939) एक भारतीय शिक्षक थे, जिन्हें भारत में मोंटेसरी शिक्षा पद्धतियों को शुरू करने के लिए जाना जाता है। शुरुआत में एक उच्च न्यायालय के वकील, उन्होंने 1923 में अपने बेटे के जन्म के बाद बचपन के विकास में रुचि विकसित की। 1920 में, उन्होंने "बाल मंदिर" प्री-प्राइमरी स्कूल की स्थापना की। चित्तल, गुजरात में जन्मे बधेका ने शिक्षा पर कई रचनाएँ प्रकाशित कीं, जिनमें दिवास्वप्न ("दिवास्वप्न") शामिल हैं। उन्हें प्यार से "मूछली माँ" ("मूंछों वाली माँ") भी कहा जाता था। उनका निधन 1939 में भारत के भावनगर में हुआ।

Chapter – 20: Whose Forests? / अध्याय – 20: किसके जंगल?

- **सूर्यमणि की वकालत [Suryamani's Advocacy]:** सूर्यमणि वन संरक्षण और वनवासियों (आदिवासियों) के अधिकारों के लिए एक मजबूत वकील हैं, जो इस बात पर जोर देते हैं कि आदिवासियों का अस्तित्व जंगल से बहुत करीब से जुड़ा हुआ है।
- **बचपन और ठेकेदारों का प्रभाव [Childhood and Contractors' Impact]:** सूर्यमणि का परिवार संसाधनों के लिए जंगल पर निर्भर था। हालांकि, शंभू नामक एक ठेकेदार ने जंगल तक पहुंच को प्रतिबंधित कर दिया, जिससे समुदाय के जीवन के तरीके पर नकारात्मक प्रभाव पड़ा।
- **शिक्षा और वकालत [Education and Advocacy]:** शिक्षा को आगे बढ़ाने के लिए प्रोत्साहित होकर, सूर्यमणि ने अपनी बी.ए. की पढ़ाई पूरी की और वन अधिकारों और आजीविका की रक्षा के लिए झारखंड जंगल बचाओ आंदोलन में शामिल हो गई।
- **तोरंग केंद्र [Torang Centre]:** सूर्यमणि ने कुडुक संस्कृति को संरक्षित करने के लिए तोरंग की स्थापना की, बच्चों को जंगल, उसके महत्व और पारंपरिक प्रथाओं के बारे में पढ़ाया।
- **वन अधिकार अधिनियम (2007) [Right to Forest Act (2007)]:** यह कानून वनवासियों के अपनी भूमि और संसाधनों पर अधिकारों को मान्यता देता है, और ग्राम सभा (ग्राम परिषदों) को वन संरक्षण का प्रबंधन करने का अधिकार देता है।
- **आदिवासियों के लिए वनों का महत्व [Importance of Forests for Adivasis]:** वन आदिवासियों के लिए आवश्यक संसाधन प्रदान करते हैं, और ठेकेदारों की कार्रवाई से उनकी पारंपरिक जीवन शैली को खतरा है।

- ✍ **सिख्या का पत्र [Sikhya's Letter]:** ओडिशा की एक लड़की सिख्या ने विकास परियोजनाओं के खतरों पर प्रकाश डाला, तथा टिकाऊ भविष्य के लिए वनों की रक्षा करने की आवश्यकता पर बल दिया।
- ✍ **मिजोरम में झूम खेती [Jhoom Farming in Mizoram]:** झूम खेती, एक टिकाऊ पद्धति है जिसमें प्रत्येक फसल के बाद भूमि को खाली छोड़ दिया जाता है, यह समुदाय के लिए भोजन उपलब्ध कराते हुए वन पारिस्थितिकी तंत्र को संरक्षित करती है।
- ✍ **सांस्कृतिक प्रथाएँ [Cultural Practices]:** मिजोरम में, फसल कटाई के बाद, समुदाय सांस्कृतिक बंधनों को मजबूत करते हुए चेराव नृत्य के साथ जश्न मनाता है।
- ✍ **वन संरक्षण पर मुख्य बिंदु [Key Points on Forest Conservation]:** वनवासियों की आजीविका के लिए वन महत्वपूर्ण हैं, तथा झूम खेती जैसी टिकाऊ खेती पद्धतियाँ पर्यावरण और संस्कृति दोनों को संरक्षित करने के लिए महत्वपूर्ण हैं।
- ✍ **निष्कर्ष [Conclusion]:** वनों के नष्ट होने से पर्यावरण और उन पर निर्भर समुदायों दोनों को खतरा है, तथा सूर्यमणि जैसे नेताओं के नेतृत्व में वन अधिकारों की लड़ाई जारी है।

अध्याय के लेखक [Author of the Chapter]

इस अध्याय के लेखक नितिन उपाध्याय हैं। नितिन उपाध्याय एक भारतीय लेखक और पत्रकार हैं जो सामाजिक मुद्दों, शिक्षा और पर्यावरण संरक्षण पर ध्यान केंद्रित करते हैं। वे हाशिए पर पड़े समुदायों, खास तौर पर वनवासियों और स्वदेशी लोगों के संघर्षों को उजागर करते हैं और सांस्कृतिक विरासत और पर्यावरण के संरक्षण को बढ़ावा देते हैं। उनका काम युवा पाठकों को वन संरक्षण, स्वदेशी अधिकारों और सतत विकास के बारे में गंभीरता से सोचने के लिए प्रोत्साहित करता है।

Chapter – 21: Like Father, Like Daughter / अध्याय – 21: किसकी झलक? किसकी छाप?

- ✍ **वंशानुगत गुण [Inherited Traits]:** बच्चों को अपने माता-पिता से बालों का प्रकार, आँखों का रंग और ऊँचाई जैसे शारीरिक गुण विरासत में मिलते हैं।
- ✍ **पारिवारिक संबंध [Family Relationships]:** यह पता लगाता है कि परिवार के विस्तारित सदस्य (जैसे, चचेरे भाई-बहन, चाची) किस तरह से जुड़े हुए हैं।
- ✍ **दोनों तरफ से गुण [Traits from Both Sides]:** गुण माता या पिता की तरफ से आ सकते हैं, जैसे कि नीलिमा के घुंघराले बाल उसकी दादी से।
- ✍ **जुड़वाँ [Twins]:** सरोजा और सुवासिनी, जो एक जैसी दिखती हैं, उनकी रुचियाँ और व्यवहार अलग-अलग हैं, जो दर्शाता है कि गुण विरासत में मिल सकते हैं या पर्यावरण से सीखे जा सकते हैं।
- ✍ **पारिवारिक सर्वेक्षण [Family Surveys]:** बच्चों को अपने परिवारों में विरासत में मिले या सीखे गए गुणों की पहचान करने के लिए प्रोत्साहित करता है।
- ✍ **पोलियो [Polio]:** पोलियो विरासत में नहीं मिलता बल्कि वायरस के कारण होता है।
- ✍ **ग्रेगर मेंडल के प्रयोग [Gregor Mendel's Experiments]:** मेंडल के प्रयोगों से पता चला कि गुण जोड़े में विरासत में मिलते हैं। मटर के पौधों के साथ मेंडल के प्रयोगों ने दिखाया कि कैसे गुण जोड़े में विरासत में मिलते हैं (जैसे, खुरदरे या चिकने बीज, पीले या हरे बीज)। उनके काम ने आनुवंशिक विरासत को समझने की नींव रखी।
- ✍ **आनुवंशिकी और पर्यावरण [Genetics and Environment]:** आनुवंशिक विरासत और पर्यावरणीय कारक दोनों ही हमें आकार देते हैं।
- ✍ **व्यक्तिगत चिंतन [Personal Reflection]:** बच्चों को अपने परिवारों के साथ साझा किए गए गुणों पर चिंतन करने के लिए प्रोत्साहित किया जाता है।

Chapter – 22: On the Move Again / अध्याय – 22: फिर चला काफ़िला

- **दशहरा उत्सव [Dussehra Celebration]:** धनु का परिवार विस्तारित परिवार के साथ उत्सव मनाता है, जहाँ महिलाएँ भोजन तैयार करती हैं, और बाद में वे पलायन की तैयारी शुरू कर देते हैं।
- **मुकदम की भूमिका [The Mukadam's Role]:** मुकदम एक ऋण एजेंट है जो कमज़ोर महीनों के दौरान ऋण प्रदान करके ग्रामीणों की मदद करता है, और वे गन्ने के खेतों में काम करके चुकाते हैं।
- **मौसमी काम और पलायन [Seasonal Work and Migration]:** धनु का परिवार बरसात के मौसम में ज़मीन पर काम करता है और दशहरा के बाद छह महीने के लिए गन्ने की कटाई और बंडल बनाने के लिए पलायन करता है। इस दौरान, बच्चे स्कूल नहीं जाते हैं।
- **परिवार की गतिशीलता [Family Dynamics]:** बुज़ुर्ग और बीमार लोग गाँव में ही रहते हैं जबकि अन्य पलायन करते हैं। धनु अपनी दादी के स्वास्थ्य के बारे में चिंतित है और स्कूल के लिए पीछे रहने की उम्मीद करता है।
- **बारिश के बिना जीवन [Life Without Rain]:** ट्यूबवेल और नहरों जैसी सिंचाई विधियों का उपयोग करके बारिश के बिना खेती संभव है।
- **पलायन की चुनौतियाँ [Challenges of Migration]:** प्रवासी परिवारों को कठिनाइयों का सामना करना पड़ता है, खासकर उन बच्चों के लिए जो स्कूल नहीं जाते हैं। मामी को उम्मीद है कि धनु अपनी शिक्षा जारी रखने के लिए पीछे रह सकता है।
- **शिक्षा पर प्रभाव [Impact on Education]:** स्कूल से लंबे समय तक अनुपस्थित रहने से बच्चे की शिक्षा में बाधा आ सकती है। मामी चाहती हैं कि धनु अगली बार स्कूल के लिए गाँव में ही रहे।
- **संभावित शिक्षा समाधान [Possible Education Solutions]:** मोबाइल स्कूल या शिक्षक धनु जैसे बच्चों को प्रवास के दौरान अपनी शिक्षा जारी रखने में मदद कर सकते हैं।
- यह अध्याय प्रवास के परिवारों पर पड़ने वाले प्रभाव, उनकी शिक्षा और प्रवास के दौरान स्कूली शिक्षा का समर्थन करने के संभावित तरीकों पर चिंतन को प्रोत्साहित करता है।

इस अध्याय में प्रवासी परिवारों के सामने आने वाली चुनौतियों पर प्रकाश डाला गया है, खास तौर पर शिक्षा के मामले में, और खेती में सिंचाई के महत्व पर जोर दिया गया है। यह बच्चों को प्रवास के दौरान अपनी पढ़ाई जारी रखने में मदद करने के तरीकों के बारे में सोचने के लिए भी प्रोत्साहित करता है।

अध्याय के लेखक [Author of the Chapter]

अध्याय की लेखिका सुभद्रा सेन गुप्ता हैं। सुभद्रा सेन गुप्ता (जून 1952 - 3 मई 2021) एक भारतीय लेखिका थीं, जो अपने ऐतिहासिक उपन्यास, गैर-काल्पनिक और जासूसी कहानियों के लिए जानी जाती थीं। उन्होंने 30 से ज़्यादा किताबें लिखीं, जिनमें मिस्ट्री ऑफ़ द हाउस ऑफ़ पिजन्स और ए मौर्यन एडवेंचर शामिल हैं। उन्होंने 2015 में साहित्य अकादमी का बाल साहित्य पुरस्कार जीता था। इतिहास में पृष्ठभूमि के साथ, उन्होंने एक कॉपीराइटर के रूप में अपना करियर शुरू किया। उल्लेखनीय कार्यों में गुडबाय, पाशा बेगम! और ए चिल्ड्रन हिस्ट्री ऑफ़ इंडिया शामिल हैं। 3 मई 2021 को 68 वर्ष की आयु में COVID-19 के कारण उनका निधन हो गया।

Authors of the Textbook / [पाठ्यपुस्तक के लेखक]

अनीता रामपाल [Anita Rampal]

अनीता रामपाल दिल्ली विश्वविद्यालय, दिल्ली में शिक्षा विभाग (CIE) में प्रोफेसर हैं। वह शिक्षा में विशेषज्ञ हैं, जो शिक्षणशास्त्र, पाठ्यक्रम विकास और शैक्षिक नीतियों पर ध्यान केंद्रित करती हैं। एक प्रोफेसर के रूप में, वह शिक्षा के क्षेत्र में अनुसंधान और शिक्षण में योगदान देती हैं।

फराह फारूकी [Farah Farooqi]

फराह फारूकी दिल्ली के जामिया मिलिया इस्लामिया में शिक्षा संकाय में रीडर हैं। वह शिक्षा के क्षेत्र में शिक्षण और शोध में शामिल हैं, शैक्षिक प्रथाओं और नीतियों के विकास में योगदान दे रही हैं। जामिया मिलिया इस्लामिया एक प्रतिष्ठित विश्वविद्यालय है जो विभिन्न विषयों में अपने मजबूत शैक्षणिक कार्यक्रमों के लिए जाना जाता है।

अपर्णा जोशी [Aparna Joshi]

अपर्णा जोशी गार्गी कॉलेज, दिल्ली विश्वविद्यालय, नई दिल्ली में व्याख्याता हैं। वह कॉलेज में छात्रों के शैक्षणिक विकास में शिक्षण और योगदान में शामिल हैं। गार्गी कॉलेज दिल्ली विश्वविद्यालय के अंतर्गत एक प्रतिष्ठित संस्थान है, जो विशेष रूप से कला और विज्ञान में विभिन्न स्नातक कार्यक्रम प्रदान करता है।

ममता पंड्या [Mamata Pandya]

ममता पंड्या अहमदाबाद में सेंटर फॉर एनवायरनमेंट एजुकेशन (सीईई) में कार्यक्रम निदेशक हैं। अपनी भूमिका में, वह संभवतः पर्यावरण शिक्षा और स्थिरता पर केंद्रित कार्यक्रमों का नेतृत्व और देखरेख करती हैं। सीईई एक ऐसा संगठन है जो विभिन्न शैक्षिक पहलों के माध्यम से पर्यावरण जागरूकता को बढ़ावा देने और पर्यावरण के अनुकूल प्रथाओं को बढ़ावा देने के लिए समर्पित है।

पूनम मोंगिया [Poonam Mongia]

पूनम मोंगिया नई दिल्ली के विकास पुरी में स्थित सर्वोदय कन्या विद्यालय में शिक्षिका हैं। अपनी भूमिका में, वह छात्रों को शिक्षित करने, उनके शैक्षणिक विकास में योगदान देने और सकारात्मक शिक्षण वातावरण को बढ़ावा देने के लिए जिम्मेदार हैं। सर्वोदय कन्या विद्यालय दिल्ली का एक प्रसिद्ध स्कूल है, जो मुख्य रूप से लड़कियों को शिक्षा प्रदान करता है।

रीना आहूजा [Reena Ahuja]

रीना आहूजा गौतम नगर, नई दिल्ली में स्थित राष्ट्रीय शिक्षा समूह-FIRE में कार्यक्रम अधिकारी हैं। अपनी भूमिका में, वह संभवतः शैक्षिक मानकों और आउटरीच में सुधार के उद्देश्य से शैक्षिक कार्यक्रमों और पहलों के समन्वय और प्रबंधन में शामिल हैं। FIRE (शिक्षा में नवाचार और अनुसंधान के लिए फाउंडेशन) सीखने और विकास का समर्थन करने के लिए विभिन्न शैक्षिक और सामाजिक परियोजनाओं पर काम करता है।

संगीता अरोड़ा [Sangeeta Arora]

संगीता अरोड़ा केन्द्रीय विद्यालय, शालीमार बाग, नई दिल्ली में एक प्राथमिक शिक्षिका हैं। अपनी भूमिका में, वह प्राथमिक स्तर पर युवा छात्रों को पढ़ाने के लिए जिम्मेदार हैं, उनकी बुनियादी शिक्षा और समग्र विकास पर ध्यान केंद्रित करती हैं। केन्द्रीय विद्यालय भारत में सरकारी स्कूलों का एक नेटवर्क है जो स्थानांतरित होने वाले सरकारी कर्मचारियों के बच्चों को गुणवत्तापूर्ण शिक्षा प्रदान करने के लिए जाना जाता है।

सिमंतिनी धुरु [Simantini Dhuru]

सिमंतिनी धुरु, मुंबई, महाराष्ट्र में एवेही एबैकस परियोजना की निदेशक हैं। एवेही एबैकस परियोजना नवीन शिक्षण विधियों के माध्यम से शैक्षिक सहायता प्रदान करने पर केंद्रित है, विशेष रूप से छात्रों के बीच गणितीय कौशल को बढ़ाने के लिए एबैकस का उपयोग करना। इस पहल का उद्देश्य बच्चों में संज्ञानात्मक विकास और सीखने में सुधार करना है।

स्मृति शर्मा [Smriti Sharma]

स्मृति शर्मा दिल्ली विश्वविद्यालय, दिल्ली के लेडी श्री राम कॉलेज फॉर विमेन में लेक्चरर हैं। अपनी भूमिका में, वह छात्रों के शैक्षणिक विकास को पढ़ाती हैं और उनका समर्थन करती हैं, जिससे शिक्षा में उत्कृष्टता के लिए कॉलेज की प्रतिष्ठा में योगदान मिलता है, खासकर मानविकी और सामाजिक विज्ञान में। लेडी श्री राम कॉलेज दिल्ली के प्रमुख महिला कॉलेजों में से एक है, जो अपने उच्च शैक्षणिक मानकों के लिए जाना जाता है।

स्वाति वर्मा [Swati Verma]

स्वाति वर्मा नई दिल्ली के रोहिणी में स्थित हेरिटेज स्कूल में शिक्षिका हैं। अपनी भूमिका में, वह छात्रों को शिक्षित करने और उनके शैक्षणिक और व्यक्तिगत विकास में योगदान देने के लिए जिम्मेदार हैं। हेरिटेज स्कूल समग्र शिक्षा पर ध्यान केंद्रित करने के लिए जाना जाता है, जो समग्र विकास को बढ़ावा देने के लिए शैक्षणिक गतिविधियों के साथ-साथ पाठ्येतर गतिविधियों को भी जोड़ता है।

मंजू जैन [Manju Jain]

मंजू जैन नई दिल्ली में राष्ट्रीय शैक्षिक अनुसंधान और प्रशिक्षण परिषद (एनसीईआरटी) में प्रारंभिक शिक्षा विभाग में प्रोफेसर हैं। अपनी भूमिका में, वह संभवतः भारत में प्रारंभिक शिक्षा पर केंद्रित अनुसंधान, पाठ्यक्रम विकास और शिक्षक प्रशिक्षण में शामिल हैं। एनसीईआरटी देश भर में शैक्षिक नीतियों और प्रथाओं को आकार देने में महत्वपूर्ण भूमिका निभाता है।

हिंदी:

कक्षा 1 - सारंगी

पाठ – 1: मीना का परिवार

सारांश

मीना के परिवार में सात सदस्य हैं, जिनमें उसका छोटा भाई दिवाकर भी शामिल है, जो बहुत चुलबुला और नटखट है। मीना और दिवाकर खेलते हैं, गिनती सीखते हैं, और चाचाजी के साथ समय बिताते हैं। पूरा परिवार मिलकर बरामदे में फल खाता है और आपस में खुशी से बातें करता है।

कहानी के पात्र

1. **मीना** – अपने छोटे भाई दिवाकर के साथ खेलना और उसे गिनती सिखाना पसंद करती है।
2. **दिवाकर** – तीन साल का नटखट और चुलबुला बच्चा है, जो खेल-कूद में मग्न रहता है।
3. **दादाजी** – गमलों में पानी देने का काम करते हैं और परिवार के साथ समय बिताते हैं।
4. **दादी** – बरामदे में बैठकर माँ के साथ मिलकर फल काटती हैं।
5. **माता (माँ)** – परिवार के लिए फल काटकर सभी को खिलाती हैं।
6. **पिता** – दादाजी के साथ मिलकर पौधों को पानी देते हैं।
7. **चाचाजी** – बच्चों से प्यार करते हैं और दिवाकर को गोद में उठा लेते हैं।

लेखक के बारे में

मालती देवी एक समकालीन हिंदी लेखिका हैं; जिनकी कहानी 'मीना का परिवार' NCERT की कक्षा 1 की हिंदी पाठ्यपुस्तक 'सारंगी' में शामिल है। यह कहानी मीना और उसके परिवार के सदस्यों के बीच प्रेम और सामंजस्य को दर्शाती है, जो बच्चों को परिवार के महत्व और आपसी संबंधों की समझ प्रदान करती है। मालती देवी की अन्य रचनाओं के बारे में सार्वजनिक रूप से उपलब्ध जानकारी सीमित है।

पाठ – 2: दादा – दादी

सारांश

दादाजी और दादी हमेशा भूरी खादी पहनते हैं। दादी गाना गाती हैं, और दादाजी मुस्कुराते हैं। कभी-कभी दादाजी भी गाना गाते हैं।

कहानी के पात्र

1. **दादाजी** – दादाजी हमेशा भूरी खादी पहनते हैं और मुस्कुराते रहते हैं। कभी-कभी वे भी गाना गाते हैं और खुशी बांटते हैं।
2. **दादी:** दादी भूरी खादी पहनकर मधुर गीत गाती हैं। उनके गानों पर दादाजी मुस्कुराते हैं और आनंद लेते हैं।

लेखक के बारे में

श्रीप्रसाद प्रख्यात बाल साहित्यकार है। उन्होंने बच्चों के लिए 500 से अधिक कहानियों व 5000 से अधिक कविताओं व नाटकों का सृजन किया है। श्रीप्रसाद बाल साहित्य भारती सम्मान (1995) सहित अनेकों सम्मानों व पुरस्कारों से विभूषित है।

पाठ – 3: रीना का दिन

सारांश

रीना रोज़ सुबह जल्दी उठकर सफाई से तैयार होती है और नाश्ता करके स्कूल जाती है। स्कूल में वह प्रार्थना करती है, मन लगाकर पढ़ाई करती है और सहेलियों के साथ खेलती है। घर आकर परिवार से बातें करती है और छोटे भाई के साथ खेलती है। रात में दादी के प्यार भरे शुभ रात्रि कहने पर वह जल्दी सो जाती है।

कहानी के पात्र

1. **रीना:** **रीना** सुबह जल्दी उठकर सफाई से तैयार होती है और स्कूल जाती है। स्कूल में पढ़ाई और खेल के बाद घर आकर परिवार से बातें करती है।

2. **माँ: माँ** रीना की **माँ** रीना के लिए स्वादिष्ट पराठे और सब्ज़ी बनाती हैं। रीना को प्यार से गले लगाकर स्कूल भेजती हैं।
3. **दीपा: दीपा** रीना की सहेली है; जो स्कूल के रास्ते में मिलती है। दोनों हँसते-खेलते साथ स्कूल जाती हैं।
4. **अध्यापिका: अध्यापिका** कक्षा में आते ही सभी बच्चों को मुस्कुराकर नमस्ते करती हैं। बच्चों को ध्यानपूर्वक पढ़ाती हैं और अनुशासन सिखाती हैं।
5. **छोटा भाई:** रीना का **छोटा भाई** रीना के साथ खेलता है और उसके साथ समय बिताता है। उसके साथ खेलकर रीना खुश होती है।
6. **दादी: दादी** रात को रीना को प्यार से शुभ रात्रि कहती हैं। उसे सुलाने में मदद करती हैं ताकि वह आराम से सो सके।

पाठ – 4: रानी भी

सारांश

रमा और रानी दो बहनें हैं, और रानी हमेशा रमा की नकल करती है। जब रमा स्कूल जाने लगी, तो रानी भी जाना चाहती थी, लेकिन माँ ने उसे रोका। माँ ने प्यार से समझाया कि वह अभी छोटी है और बड़ी होने पर स्कूल जा सकेगी।

कहानी के पात्र

1. **रमा: रमा** स्कूल जाने के लिए तैयार होती है और बस्ता उठाती है। अपनी छोटी बहन रानी के साथ समय बिताती है।
2. **रानी: रानी** रमा की हर चीज़ की नकल करती है और स्कूल जाना चाहती है। माँ के समझाने पर वह रुक जाती है और बड़ी होने का इंतजार करती है।
3. **माँ: माँ** रानी को समझाती हैं कि वह अभी स्कूल जाने के लिए बहुत छोटी है। प्यार से उसे धैर्य रखने की सीख देती हैं।

लेखक के बारे में

"बरखा क्रमिक पुस्तक माला" राष्ट्रीय शैक्षिक अनुसंधान और प्रशिक्षण परिषद (NCERT) द्वारा प्रकाशित एक पुस्तक श्रृंखला है। यह प्राथमिक कक्षाओं के बच्चों के लिए विकसित की गई है, जिसमें सरल और रोचक कहानियाँ, कविताएँ एवं लेखन अभ्यास शामिल हैं। इस श्रृंखला का उद्देश्य बच्चों में भाषा कौशल को व्यवस्थित रूप से विकसित करना है।

पाठ – 5: मिठाई

सारांश

गधे का मन मिठाई खाने का हुआ, लेकिन उसने अपने मित्रों द्वारा सुझाए गए शहद, गाजर, गुड़, गन्ना और आम को खाने से मना कर दिया। आखिर में जब बिल्ली ने हलवाई की दुकान चलने को कहा, तो गधे को यह पसंद आया। फिर सभी दोस्त मिलकर मिठाई खाने चले गए।

कहानी के पात्र

1. **गधा: गधा** मिठाई खाने की इच्छा करता है और दोस्तों से मीठा माँगता है। हलवाई की दुकान पर जाने की बात सुनकर खुश हो जाता है।
2. **भालू: भालू** गधे को शहद खाने का सुझाव देता है। लेकिन गधे के मना करने पर और कुछ नहीं कहता।
3. **खरगोश: खरगोश** गधे को गाजर खाने के लिए कहता है। गधा मना कर देता है, तो वह चुप हो जाता है।
4. **चींटा: चींटा** गधे को मीठे के रूप में गुड़ खाने की सलाह देता है। गधे के इनकार पर कुछ और नहीं कहता।
5. **हाथी: हाथी** गधे को गन्ना खाने का सुझाव देता है। गधा मना कर देता है, तो वह आगे नहीं बढ़ता।
6. **गिलहरी: गिलहरी** गधे को मीठे आम खाने की सलाह देती है। गधा मना कर देता है, तो वह कुछ नहीं कहती।
7. **बिल्ली: बिल्ली** गधे को हलवाई की दुकान पर चलने का सुझाव देती है। गधे को यह बात पसंद आती है और सभी मिठाई खाने चल पड़ते हैं।

लेखक के बारे में

"बरखा क्रमिक पुस्तक माला" राष्ट्रीय शैक्षिक अनुसंधान और प्रशिक्षण परिषद (NCERT) द्वारा प्रकाशित एक पुस्तक श्रृंखला है। यह प्राथमिक कक्षाओं के बच्चों के लिए विकसित की गई है, जिसमें सरल और रोचक कहानियाँ, कविताएँ एवं लेखन अभ्यास शामिल हैं। इस श्रृंखला का उद्देश्य बच्चों में भाषा कौशल को व्यवस्थित रूप से विकसित करना है।

पाठ – 6: तीन साथी

सारांश

हाथी और बकरी जंगल में साथ घूमते और भोजन करते थे। एक दिन हाथी ने बेर के पेड़ को हिलाया, जिससे चिड़िया का बच्चा तालाब में गिर गया। बकरी उसे बचाने गई, लेकिन खुद भी डूबने लगी। हाथी ने दोनों को बचा लिया। बाद में चिड़िया का बच्चा बड़ा होकर फल मिलने की जगह बताने लगा, और तीनों दोस्त मिलकर साथ रहने लगे।

कहानी के पात्र

1. **हाथी: हाथी** अपने दोस्त बकरी के साथ जंगल में घूमता और पेड़ की डालियाँ झुकाता है। बकरी और चिड़िया के बच्चे को तालाब से बचाकर उनकी मदद करता है।
2. **बकरी: बकरी** हाथी के साथ जंगल में जाती और पेड़ों के पत्ते खाती है। चिड़िया के बच्चे को बचाने जाती है, लेकिन खुद भी डूबने लगती है।
3. **चिड़िया का बच्चा: चिड़िया का बच्चा** पेड़ से गिरकर तालाब में डूबने लगता है, लेकिन हाथी उसे बचा लेता है। बड़ा होकर यह पता लगाता है कि फल कहाँ हैं और अपने दोस्तों को वहाँ ले जाता है।

लेखक के बारे में

'तीन साथी' शीर्षक कहानी एकलव्य द्वारा प्रकाशित की गई है, जो एक गैर-लाभकारी संगठन है। यह संगठन बच्चों की शिक्षा और साहित्य के क्षेत्र में सक्रिय है। इस कहानी की लेखिका इंदु हरिकुमार हैं, जिन्होंने इसे लिखा और चित्रित किया है। 'तीन साथी' कहानी बच्चों के बीच दोस्ती और साहस की भावना को प्रोत्साहित करती है।

पाठ – 7: वाह, मेरे घोड़े!

सारांश

यह कविता एक घोड़े की चाल और उसकी गति की प्रशंसा करती है। घोड़े को नैनीताल जाने के लिए प्रेरित किया जाता है और चने की दाल खाने का इनाम दिया जाता है। अंत में, उसे अपनी ताकत और कौशल दिखाने के लिए प्रोत्साहित किया जाता है।

कहानी के पात्र

1. **घोड़ा:** तेज़ और शानदार चाल से दौड़ता है। नैनीताल जाने और चने की दाल खाने के बाद अपना कमाल दिखाता है।
2. **घोड़े का मालिक/सवार: मालिक** घोड़े की चाल की प्रशंसा करता है और उसे नैनीताल जाने के लिए प्रेरित करता है। उसे चने की दाल खिलाकर उसकी ताकत और कौशल देखने की इच्छा रखता है।

लेखक के बारे में

टीकमगढ़ (म.प्र.) में 2 जून 1964 को जन्मे लेखक ने हिंदी और समाजशास्त्र में एम.ए. किया। उनकी पहली बाल कविता 'बाल-भारत' में छपी, लेकिन 1965-66 में 'पराग' में प्रकाशन के बाद लेखन यात्रा तेजी से आगे बढ़ी। उनकी कई रचनाएँ 'बाल-भारती', 'चंपक', 'नंदन' आदि पत्रिकाओं में प्रकाशित हुईं और कुछ आकाशवाणी से भी प्रसारित हुईं।

पाठ – 8: खतरे में साँप

सारांश

जानवरों ने खतरे से बचने के तरीकों पर चर्चा की और अंत में बंदर की सलाह मानी कि सिर पर पैर रखकर भागना सबसे अच्छा है। सभी जानवर अपने ठिकाने चले गए, लेकिन साँप, जो भाग नहीं सकते, असमंजस में वहीं रह गए।

कहानी के पात्र

1. **बंदर:** **बंदर** खतरे से बचने के लिए सिर पर पैर रखकर भागने की सलाह देता है। सभी जानवर उसकी बात से सहमत होकर अपने-अपने ठिकाने चले जाते हैं।
2. **साँप:** **साँप** भागने में असमर्थ होने के कारण बंदर की सलाह को समझ नहीं पाते। वे असमंजस में एक-दूसरे का मुँह ताकते रह जाते हैं।
3. **अन्य जानवर:** खतरे से बचने के उपायों पर चर्चा करते हैं और बंदर की सलाह मानते हैं। बातचीत के बाद वे अपने-अपने ठिकानों को लौट जाते हैं।

लेखक के बारे में

चंदन यादव नई दिल्ली के समकालीन हिंदी कवि और लेखक हैं, जिनका जन्म 1996 में हुआ था। उन्होंने "खतरे में साँप" और "दोस्त के जूते" जैसी कहानियाँ लिखी हैं, जो बाल साहित्य में शामिल हैं। उनकी रचनाएँ NCERT हिंदी पाठ्यपुस्तक "सारंगी" (कक्षा 1) जैसे शैक्षिक सामग्री में सम्मिलित की गई हैं।

पाठ – 9: आलू की सड़क

सारांश

भालू नानी के घर ज़ाने के लिए बोरे में आलू भरकर निकला, लेकिन बोरे में छेद होने के कारण आलू रास्ते में गिरते गए। पेड़ पर बैठे बंदर ने भालू से पूछा, लेकिन उसे सिर्फ़ धप्प-टप्प की आवाज़ सुनाई दी। जब बंदर ने गिरे हुए आलू देखे, तो उसने अंदाजा लगा लिया कि भालू कहाँ जा रहा है।

कहानी के पात्र

1. **भालू:** भालू नानी के घर जाने के लिए बोरे में आलू भरकर निकला। रास्ते में बोरे में छेद होने के कारण आलू गिरते गए, लेकिन भालू को इसका पता नहीं चला।
2. **बंदर:** बंदर पीपल के पेड़ पर बैठा था और उसने भालू से उसका गंतव्य पूछा। जब उसे सिर्फ़ धप्प-टप्प की आवाज़ सुनाई दी, तो उसने गिरे हुए आलू देखकर खुद अंदाजा लगाया कि भालू कहाँ जा रहा है।

लेखक के बारे में

चंदन यादव नई दिल्ली के समकालीन हिंदी कवि और लेखक हैं, जिनका जन्म 1996 में हुआ था। उन्होंने "खतरे में साँप" और "दोस्त के जूते" जैसी कहानियाँ लिखी हैं, जो बाल साहित्य में शामिल हैं। उनकी रचनाएँ NCERT हिंदी पाठ्यपुस्तक "सारंगी" (कक्षा 1) जैसे शैक्षिक सामग्री में सम्मिलित की गई हैं।

पाठ – 10: झूलम-झूली

सारांश

यह कविता बच्चों के विभिन्न खेलों की सुंदर झलक प्रस्तुत करती है। इसमें मिट्टी में खेलना, बीज बोना, पेड़ पर चढ़ना और तरह-तरह की पारंपरिक गतिविधियाँ करने का आनंद दिखाया गया है।

कहानी के पात्र

1. **बच्चे: बच्चे** मिट्टी और पानी से खेलते हैं, बीज बोकर खेती के खेल में आनंद लेते हैं। छुप्पम-छुप्पी, झूला झूलना, पेड़ पर चढ़ना और कूदने जैसे खेलों में मग्न रहते हैं।
2. **प्रकृति: प्रकृति** बच्चों को खेलने के लिए मिट्टी, पानी, पेड़ और खुले मैदान का उपहार देती है। खेती और प्राकृतिक खेलों के माध्यम से बच्चों को आनंद और सीखने का अवसर प्रदान करती है।

लेखक के बारे में

श्याम सुशील एक समकालीन हिंदी कवि हैं, जिन्होंने बच्चों के लिए कई कविताएँ लिखी हैं, जिनमें 'झूलम-झूली' शामिल है। उन्होंने दिल्ली विश्वविद्यालय से हिंदी साहित्य में एम.ए. किया है और लगभग बीस वर्षों तक दैनिक 'हिन्दुस्तान' में संपादन कार्य किया है।

पाठ – 11: भुट्टे

सारांश

यह कविता बच्चों के विभिन्न खेलों की सुंदर झलक प्रस्तुत करती है। इसमें मिट्टी में खेलना, बीज बोना, पेड़ पर चढ़ना और तरह-तरह की पारंपरिक गतिविधियाँ करने का आनंद दिखाया गया है।

कहानी के पात्र

1. **नीना:** भुट्टे खाने का उसे बहुत शौक था, इसलिए उसने जी भरकर भुट्टे खाए। बाद में उसने सोचा कि बचे हुए भुट्टों से कुछ नया बनाया जाए।
2. **नाना: नाना** बाज़ार से ढेर सारे ताज़े भुट्टे लाए ताकि सब मिलकर खा सकें। नीना के लिए प्यार से भुट्टे भूने और सबके साथ मज़े से खाए।
3. **नानी: नानी** ने भुट्टे उबालकर उनका स्वाद बढ़ाया और परिवार के साथ उनका आनंद लिया। नीना को देख खुश हुई और भुट्टे से नया व्यंजन बनाने में उसकी मदद की।

पाठ – 12: फूली रोटी

सारांश

जमाल की माँ रसोई में खाना बना रही थीं, और जमाल उन्हें देखकर रोटी बनाना चाहता था। माँ ने उसे आटा दिया, लेकिन वह रोटी गोल नहीं बना पा रहा था, तब उसके मित्र जय ने कटोरी देकर मदद की। कटोरी घुमाने से रोटी गोल हो गई, माँ ने उसे सेंका, और दोनों दोस्त खुशी से रोटी खाने लगे।

कहानी के पात्र

1. **जमाल:** रसोई में माँ को देखकर उसे भी रोटी बनाने की इच्छा हुई। रोटी गोल न बन पाने पर उसने जय की मदद से कटोरी से रोटी बनाई।
2. **माँ:** खाना बनाते हुए उन्होंने जमाल को रोटी बनाने के लिए छोटी-सी लोई दी। जमाल की बनाई रोटी को सेंककर उन्होंने उसे खाने के लिए दिया।
3. **जय:** बर्तनों से खेलते हुए उसने जमाल को रोटी गोल करने में मदद की। कटोरी देकर उसने जमाल की रोटी को सही आकार दिलाने में सहयोग किया।

लेखक के बारे में

"बरखा क्रमिक पुस्तक माला" राष्ट्रीय शैक्षिक अनुसंधान और प्रशिक्षण परिषद (NCERT) द्वारा प्रकाशित एक पुस्तक श्रृंखला है। यह प्राथमिक कक्षाओं के बच्चों के लिए विकसित की गई है, जिसमें सरल और रोचक कहानियाँ, कविताएँ एवं लेखन अभ्यास शामिल हैं। इस श्रृंखला का उद्देश्य बच्चों में भाषा कौशल को व्यवस्थित रूप से विकसित करना है।

पाठ – 13: मेला

सारांश

इस कविता में मेले की रौनक और बच्चों की खुशियों का सुंदर वर्णन किया गया है। बच्चे चाट का आनंद लेते हैं, झूले झूलते हैं और रंग-बिरंगे खिलौने खरीदते हैं। वे पूरे मेले का आनंद उठाते हैं और इसकी खूबसूरती से मंत्रमुग्ध हो जाते हैं।

कहानी के पात्र

1. **बच्चे**: मेले में घूमकर चाट खाते हैं, झूले झूलते हैं और खिलौने खरीदते हैं। वे मेले की रौनक देखकर बहुत खुश होते हैं।
2. **गुड़िया और गुनगुन**: दोनों मेले का आनंद लेते हैं और साथ में घूमते हैं। उनकी उत्सुकता और खुशी मेले की चमक बढ़ा देती है।
3. **छोटू**:छोटे बच्चे के रूप में मेले में बड़े उत्साह से घूमता है। वह अपने साथियों का हाथ पकड़कर पूरे मेले का आनंद लेता है।
4. **चाट वाला**: मेले में स्वादिष्ट चाट बेचकर लोगों को लुभाता है। बच्चे और अन्य लोग उसके ठेले पर चाट खाने आते हैं।
5. **झूले वाला**: मेले में झूले लगाकर बच्चों को झूलने का आनंद देता है। उसकी वजह से बच्चे उत्साहित होकर झूले झूलते हैं।
6. **खिलौने वाला**: अपने रंग-बिरंगे खिलौनों से बच्चों को आकर्षित करता है। बच्चे खुशी-खुशी उसके खिलौने खरीदते हैं।

लेखक के बारे में

रमेश थानवी एक प्रतिष्ठित हिंदी लेखक, कवि और शिक्षाविद् हैं, जिन्होंने 'घड़ियों की हड़ताल', 'शिक्षा की परीक्षा' और 'भोर भई' जैसी पुस्तकें लिखी हैं। उन्होंने राजस्थान वयस्क शिक्षा संघ में वरिष्ठ सलाहकार के रूप में कार्य किया है।

पाठ – 14: बरखा और मेघा

सारांश

मुर्गी मेघा और बत्तख बरखा अपने बच्चों के साथ मेला देखने जा रही थीं। रास्ते में नदी आने पर मेघा घबरा गई, लेकिन बरखा ने तैरने की तरकीब बताई। सभी ने खुशी-खुशी उसकी बात मानी और सुरक्षित नदी पार कर ली।

कहानी के पात्र

1. **मुर्गी (मेघा): मेघा** नदी देखकर डर जाती है और सोचती है कि वे सब डूब जाएँगे। बरखा से नदी पार करने का तरीका पूछती है और उसकी मदद से पार कर लेती है।
2. **बत्तख (बरखा): बरखा** नदी पार करने का उपाय सोचती है और सबको तैरने की जुगत बताती है। उसकी तरकीब से सभी सुरक्षित नदी पार कर लेते हैं और खुशी मनाते हैं।
3. **बच्चे (मुर्गी और बत्तख के):** वे अपनी माँओं के साथ मेला देखने जा रहे होते हैं। बरखा की तरकीब सुनकर खुशी से उछल पड़ते हैं और नदी पार कर लेते हैं।

पाठ – 15: होली

सारांश

यह कविता होली के रंग-बिरंगे उत्सव का वर्णन करती है, जहाँ लोग मिलकर रंग खेलते हैं, ढोल बजाते हैं और खुशियाँ मनाते हैं। मित्रों की टोली मिलकर गुलाल लगाती है, पिचकारी से रंग उड़ाती है और पकवान बनाकर सभी का स्वागत करती है। अंत में, प्रेम और भाईचारे का संदेश देते हुए एक-दूसरे को गले लगाते हैं।

कहानी के पात्र

1. **मित्रों की टोली:** रंगों से सराबोर होकर **टोली** ने उल्लास के साथ होली खेली। गुलाल लगाकर, पिचकारी से रंग उड़ाकर पर्व को खास बनाया।
2. **ढोल बजाने वाले:** ढोल **बजाने** वालो ने ढोल की थाप पर सभी को नाचने और गाने को मजबूर किया। उत्साह बढ़ाकर होली के रंगों में संगीतमय आनंद घोल दिया।

3. **पकवान बनाने वाले: पकवान बनाने** वालो ने पुए-पकवान बनाकर मेहमानों का स्वागत किया। सभी को प्रेम से खिलाकर होली की मिठास बढ़ाई।
4. **होली का संदेश देने वाले:** गले मिलकर भाईचारे और प्रेम का संदेश दिया। रंगों के इस पर्व में सौहार्द और खुशी को बढ़ाया।

लेखक के बारे में

मधुर अथैया का जन्म 26 अगस्त 1965 को आगरा, उत्तर प्रदेश में हुआ था। वे एक प्रतिष्ठित हिंदी लेखिका और कवयित्री हैं। उन्होंने हिंदी साहित्य और पत्रकारिता में स्नातकोत्तर डिग्री प्राप्त की है; साथ ही नाटक और रंगमंच में स्नातकोत्तर डिप्लोमा भी किया है। उन्होंने लगभग 500 शैक्षिक पुस्तकों और दर्जनों व्यक्तित्व विकास एवं प्रतियोगी परीक्षाओं से संबंधित पुस्तकों की रचना की है। उनके उल्लेखनीय कार्यों में स्वामी दयानंद सरस्वती की जीवनी भी शामिल है।

पाठ – 16: जन्मदिवस पर पेड़ लगाओ

सारांश

यह कविता जन्मदिवस को खास बनाने के लिए पेड़ लगाने का संदेश देती है। पेड़ों से हरियाली और खुशहाली आती है, जो प्रकृति की सुंदरता और हमारी जरूरतों को पूरा करती है। पेड़ बच्चों की माता के समान होते हैं, जो हमें फूल और फल देते हैं, इसलिए जन्मदिवस पर पेड़ लगाना एक सार्थक कार्य है।

कहानी के पात्र

1. **पेड़: पेड़** छाया, फल और हरियाली देकर जीवन को संवारते हैं। धरती की सुंदरता बढ़ाते हैं और पर्यावरण को शुद्ध रखते हैं।
2. **प्रकृति: प्रकृति** हरियाली और खुशहाली का संदेश देकर सभी को आनंदित करती है। मनुष्यों को पेड़ लगाने और उनकी देखभाल करने की प्रेरणा देती है।
3. **मनुष्य: मनुष्य** जन्मदिवस पर पेड़ लगाकर पर्यावरण को हरा-भरा बनाने का संकल्प लेते हैं। पेड़ों से फूल, फल और शुद्ध हवा पाकर अपने जीवन को सुखद बनाते हैं।

लेखक के बारे में

राजा चौरसिया एक समकालीन हिंदी कवि हैं; जिनकी कविता 'जन्मदिवस पर पेड़ लगाओ' NCERT की कक्षा 1 की हिंदी पाठ्यपुस्तक 'सारंगी' में शामिल है। यह कविता बच्चों को उनके जन्मदिन पर पेड़ लगाने के लिए प्रेरित करती है, जिससे पर्यावरण हरा-भरा और सुंदर बना रहे। उनकी अन्य रचनाओं के बारे में सार्वजनिक रूप से उपलब्ध जानकारी सीमित है।

पाठ – 17: हवा

सारांश

यह कविता हवा और मुन्नी के बीच की एक मजेदार बातचीत को दर्शाती है। हवा तेज़ी से इधर-उधर बहती है और मुन्नी को छेड़ती है, जबकि मुन्नी उसे पकड़ने की कोशिश में हँसी-मज़ाक करती है। अंत में, मुन्नी हवा को फुग्गे में बंद करने की बात कहकर उसे चुनौती देती है।

कहानी के पात्र

1. **हवा: हवा** तेज़ी से बहकर मुन्नी को छेड़ती है और पेड़ पर चढ़ जाती है। हाथ नहीं आने का वादा करके दूर उड़ जाने की धमकी देती है।
2. **मुन्नी: मुन्नी** हवा की शरारतों पर हँसते हुए उसे रोकने की कोशिश करती है। मजाक में कहती है कि वह हवा को पकड़कर फुग्गे में बंद कर लेगी।

लेखक के बारे में

शिवचरण सरोहा एक समकालीन हिंदी कवि हैं; जिनकी कविता 'हवा' NCERT की कक्षा 1 की हिंदी पाठ्यपुस्तक 'सारंगी' में शामिल है। यह कविता बच्चों को हवा की चंचलता और उसके साथ खेलने के आनंद को दर्शाती है।

पाठ – 18: कितनी प्यारी है ये दुनिया

सारांश

इस कविता में प्रकृति, जीव-जंतु, वस्तुएँ और परिवार के प्रति प्रेम व्यक्त किया गया है। कवि को हवा, सूरज, धरती, चिड़ियाँ, फूल, किताबें और अपने परिवार के सभी सदस्य प्रिय लगते हैं। अंत में, वे पूरी दुनिया को अपना मानते हैं और उससे प्रेम करते हैं।

कहानी के पात्र

1. **कवि (बच्चा/वक्ता):** उसे प्रकृति, परिवार और जीवन की सभी चीजें प्यारी लगती हैं। वह हवा, सूरज, धरती, चिड़ियाँ, किताबें और अपने प्रियजनों से प्रेम करता है।
2. **प्रकृति (हवा, सूरज, बारिश, धरती, समुद्र, आसमान):** यह जीवन के लिए आवश्यक तत्व हैं और कवि को सुखद अनुभूति कराते हैं। इनसे कवि को दुनिया की सुंदरता और शांति का एहसास होता है।
3. **जीव-जंतु (चिड़ियाँ, जानवर, मछलियाँ):** ये जीवन का हिस्सा हैं और कवि को प्रिय लगते हैं। इनका अस्तित्व प्रकृति की सुंदरता को बढ़ाता है।
4. **व्यक्तिगत चीजें (किताबें, कपड़े, खिलौने):** ये कवि की रोजमर्रा की ज़िंदगी से जुड़ी हैं और उसे प्रिय हैं। किताबें ज्ञान देती हैं, जबकि कपड़े और खिलौने खुशी का स्रोत हैं।
5. **परिवार (माँ, बापू, भाई, बहन):** ये कवि के सबसे करीबी और प्रिय लोग हैं। वे उसे प्यार, सुरक्षा और अपनापन देते हैं।
6. **दुनिया (समाज और समग्र रूप में जीवन):** कवि को पूरी दुनिया प्यारी लगती है, क्योंकि वह सबको समान प्रेम से देखता है। यह सार्वभौमिक प्रेम और अपनत्व की भावना को दर्शाता है।

लेखक के बारे में

जयंती मनोकरण एक समकालीन हिंदी कवयित्री हैं, जिनकी कविता 'कितनी प्यारी है यह दुनिया' NCERT की कक्षा 1 की हिंदी पाठ्यपुस्तक 'सारंगी' में शामिल है। यह कविता बच्चों को दुनिया की सुंदरता और उसकी विविधताओं के प्रति जागरूक करती है।

पाठ – 19: चाँद का बच्चा

सारांश

इस कविता में एक बच्चा चाँद को देखकर अपनी अम्मा से सवाल करता है। वह चाँद के बदलते आकार को देखकर आश्चर्यचकित होता है और उसे छोटा व दुबला बताता है। अम्मा उसे समझाती हैं कि यह चाँद बड़ा होकर पूरा गोल हो जाएगा, जैसे बच्चा भी बड़ा होकर बदलता है।

कहानी के पात्र

1. **बच्चा:** बच्चा चाँद को देखकर अम्मा से सवाल करता है और उसके आकार को लेकर आश्चर्य प्रकट करता है। वह चाँद के छोटे और दुबले होने पर हैरान होता है और उसे बड़ा बनने की कल्पना करता है।
2. **अम्मा:** अम्मा बच्चे के सवालों का प्यार से उत्तर देती हैं और उसे चाँद के बदलते रूप के बारे में समझाती हैं। वे अपने बच्चे को "मेरा चाँद" कहकर स्नेह जताती हैं और उसकी जिज्ञासा को बढ़ावा देती हैं।
3. **चाँद:** चाँद कभी छोटा, कभी बड़ा नजर आता है, जिससे बच्चा उसके बदलाव को लेकर सवाल करता है। वह बादलों के साथ खेलता है और तमाशा करता हुआ नजर आता है, जिससे बच्चा उसे और रोचक पाता है।

लेखक के बारे में

अफ़सर मेरठी (1895-1958) एक प्रसिद्ध उर्दू कवि थे; जिनका असली नाम हामिदुल्लाह था। उनकी कविता 'चाँद का बच्चा' NCERT की कक्षा 1 की हिंदी पाठ्यपुस्तक 'सारंगी' में शामिल है, जो बच्चों के बीच विशेष रूप से लोकप्रिय है। यह कविता चाँद के बच्चे के माध्यम से बच्चों की जिज्ञासा और कल्पनाशीलता को प्रकट करती है।

किताबों के लेखकों के बारे में

1. **प्रोफेसर शशिकला वंजारी** एस.एन.डी.टी. महिला विश्वविद्यालय, मुंबई की पूर्व कुलपति हैं। उन्होंने भारतीय संदर्भ में महिलाओं की असाधारण भूमिका पर जोर देते हुए अहिल्याबाई होल्कर और जीजाबाई जैसी विभूतियों से प्रेरणा लेने की बात कही है।
2. **प्रोफेसर सुनीति सनवाल** राष्ट्रीय शैक्षिक अनुसंधान और प्रशिक्षण परिषद (एनसीईआरटी), नई दिल्ली में प्रारंभिक शिक्षा विभाग की अध्यक्ष हैं। उन्होंने "प्री-स्कूल शिक्षा-एनसीईआरटी की पहल" पर लाइव चर्चा में भाग लिया है।
3. **कविता बिष्ट** केंद्रीय विद्यालय, एन.सी.ई.आर.टी. परिसर, नई दिल्ली में मुख्य अध्यापिका हैं। उनकी शैक्षणिक नेतृत्व क्षमता और प्रशासनिक कौशल के लिए उन्हें जाना जाता है।
4. **चमन लाल गुप्त** हिमाचल प्रदेश विश्वविद्यालय, शिमला के हिंदी विभाग में आचार्य एवं पूर्व अध्यक्ष रह चुके हैं। उन्होंने 16 अप्रैल 1997 से 22 मई 1998 तक अध्यक्ष पद का कार्यभार संभाला था।
5. **चोन्हास ओरॉंव** झारखंड के लोहरदागा जिले के जुरिआ स्थित राजकीय माध्यमिक विद्यालय में प्रभारी प्रधानाचार्य के पद पर कार्यरत हैं। उनका योगदान शिक्षा के क्षेत्र में महत्वपूर्ण माना जाता है।
6. **नम्रता दत्त** गाज़ियाबाद, उत्तर प्रदेश में प्रधानाचार्य (सेवानिवृत्त) हैं। उनकी शैक्षणिक नेतृत्व क्षमता और प्रशासनिक कौशल के लिए उन्हें जाना जाता है।
7. **नरेंद्र सिंह निहार** दिल्ली के संगम विहार स्थित राजकीय वरिष्ठ माध्यमिक विद्यालय में हिंदी के पी.जी.टी. शिक्षक हैं। वे हिंदी साहित्य के प्रति अपनी गहरी समझ और शिक्षण में नवाचार के लिए प्रसिद्ध हैं।
8. **निशा बुटोलिया** अज़ीम प्रेमजी विश्वविद्यालय, बेंगलुरु में सहायक आचार्य हैं। उनके पास 15 वर्षों से अधिक का शिक्षण अनुभव है, जिसमें उन्होंने बच्चों, मास्टर कार्यक्रम के छात्रों, शिक्षकों और शिक्षा अधिकारियों के साथ कार्य किया है।
9. **पटेल राकेश कुमार चंद्रकांत** गुजरात के पंचमहल जिले के गोधरा ब्लॉक में नवा नदीसर प्राथमिक शाला के प्रधान शिक्षक हैं। वे प्राथमिक शिक्षा में अपने योगदान और छात्रों के समग्र विकास के प्रति समर्पण के लिए जाने जाते हैं।
10. **प्रिया यादव** राष्ट्रीय शैक्षिक अनुसंधान और प्रशिक्षण परिषद (एनसीईआरटी), नई दिल्ली के प्रारंभिक शिक्षा विभाग में जूनियर प्रोजेक्ट फेलो (जे.पी.एफ.) हैं। वे प्रारंभिक शिक्षा के क्षेत्र में अनुसंधान और विकास कार्यों में सक्रिय रूप से संलग्न हैं।
11. **बिनय पटनायक** झारखंड में शिक्षा विशेषज्ञ के रूप में कार्यरत हैं। उन्होंने यूनिसेफ, भारत के साथ शिक्षा विशेषज्ञ के रूप में कार्य किया है और एम-टीएएलएल अखरा के संस्थापक हैं।
12. **मंजुल भार्गव** राष्ट्रीय पाठ्यचर्या की रूपरेखा के लिए गठित राष्ट्रीय संचालन समिति के सदस्य एवं मैंडेट ग्रुप के अध्यक्ष हैं। वे गणित के क्षेत्र में अपने योगदान के लिए प्रसिद्ध हैं और गणित के क्षेत्र में उनके योगदान के लिए उन्हें 2014 में फील्ड्स मेडल से सम्मानित किया गया था।
13. **याचना गुप्ता** राष्ट्रीय साक्षरता केंद्र प्रकोष्ठ, राष्ट्रीय शैक्षिक अनुसंधान और प्रशिक्षण परिषद (रा.शै.अ.प्र.प.), नई दिल्ली में वरिष्ठ परामर्शदाता हैं। वे साक्षरता और शिक्षा के क्षेत्र में अपने योगदान के लिए जानी जाती हैं।
14. **रमेश कुमार** प्रारंभिक शिक्षा विभाग, रा.शै.अ.प्र.प., नई दिल्ली में सह आचार्य के पद पर कार्यरत हैं। उनका योगदान प्रारंभिक शिक्षा के क्षेत्र में महत्वपूर्ण है।
15. **विजय कुमार चावला** हरियाणा के कैथल जिले के ग्योंग में स्थित राजकीय मॉडल सह वरिष्ठ माध्यमिक विद्यालय में हिंदी के पी.जी.टी. शिक्षक हैं। वे हिंदी भाषा और साहित्य के प्रति अपनी गहरी समझ और शिक्षण में नवाचार के लिए प्रसिद्ध हैं।
16. **विनोद 'प्रसून'** दिल्ली पब्लिक स्कूल, ग्रेटर नोएडा में हिंदी विभागाध्यक्ष के रूप में कार्यरत हैं। वे हिंदी भाषा और साहित्य के प्रचार-प्रसार में सक्रिय भूमिका निभाते हैं।
17. **सुमन कुमार सिंह** बिहार के सिवान जिले में उत्क्रमित माध्यमिक विद्यालय, कौड़िया बसंती में मुख्य अध्यापक के पद पर कार्यरत हैं। वे शिक्षा के क्षेत्र में नवाचार और विद्यार्थियों के समग्र विकास के लिए प्रयासरत रहते हैं।
18. **सैयद मतीन अहमद** तेलंगाना में एस.सी.ई.आर.टी. (राज्य शैक्षिक अनुसंधान और प्रशिक्षण परिषद) में आचार्य के रूप में कार्यरत हैं। वे शिक्षाशास्त्र और पाठ्यचर्या विकास से जुड़े महत्वपूर्ण कार्यों में योगदान देते हैं।

हिंदी:
कक्षा 2 - सारंगी

पाठ – 1: नीमा की दादी

सारांश

नीमा स्कूल से लौटने पर दादी से बातें करती थी, जिन्हें उसका बेसब्री से इंतज़ार रहता था। एक दिन जब दादी ने अकेलेपन की बात कही, तो नीमा ने उन्हें खेलने चलने के लिए कहा। दादी खुशी से हँस पड़ीं और दोनों साथ खेलने निकल पड़े।

कहानी के पात्र

1. **नीमा:** नीमा स्कूल से लौटकर दादी से बातें करती और उनकी चिंता समझती थी। उसने दादी का अकेलापन दूर करने के लिए उन्हें खेलने चलने के लिए प्रेरित किया।
2. **दादी:** दादी घर में अकेली रहती थीं और घुटनों के दर्द के कारण ज्यादा हिल-डुल नहीं पाती थीं। नीमा के साथ समय बिताना उन्हें अच्छा लगता था, और अंत में वे उसकी बात मानकर खेलने चल पड़ीं।

लेखक के बारे में

शशि सबलोक एक प्रसिद्ध हिंदी लेखिका हैं; जिन्होंने बच्चों के लिए अनेक रोचक कहानियाँ लिखी हैं। उनकी कहानी "नीमा की दादी" पारिवारिक प्रेम और दादी-पोती के विशेष संबंध को दर्शाती है। उनकी लेखनी सरल, प्रभावशाली और बाल पाठकों के लिए प्रेरणादायक होती है।

पाठ – 2: घर

सारांश

यह कविता घर की प्यारी भावनाओं को दर्शाती है, जहाँ घर को माँ की गोद जैसा सुखद और स्नेहपूर्ण बताया गया है। घर घूमने-फिरने के बाद भी सबसे प्रिय लगता है, क्योंकि यह थकान मिटाकर ताज़गी और आराम देता है।

कहानी के पात्र

1. **पिता** – वे अपने बच्चे के सवालों का जवाब देते हैं और घर के महत्व को समझते हैं। वे भी महसूस करते हैं कि घर माँ की गोद जैसा स्नेहपूर्ण होता है।
2. **बच्चा** – उसे अपना घर बहुत प्यारा लगता है और वह अपने पापा से पूछता है कि घर इतना अच्छा क्यों लगता है। वह मानता है कि घर ममता और सुकून का स्थान है।
3. **घर** – यह माँ की गोद की तरह प्यार और सुरक्षा प्रदान करता है। यह थके हुए अपनों को सुकून देकर नई ताज़गी देता है।

लेखक के बारे में

दिविक रमेश एक प्रसिद्ध हिंदी कवि और साहित्यकार हैं, जिनकी रचनाएँ सामाजिक संवेदनाओं और मानवीय भावनाओं को प्रभावी रूप से प्रस्तुत करती हैं। उनकी कविता "घर" परिवार, आत्मीयता और सुरक्षा की भावना को व्यक्त करती है। उन्होंने बाल साहित्य और समकालीन हिंदी कविता में भी महत्वपूर्ण योगदान दिया है।

पाठ – 3: माला की चाँदी की पायल

सारांश

माला को दूसरों को डराने में मजा आता था, लेकिन जब उसकी माँ ने उसे चाँदी की पायल दी, तो उसकी चाल की आवाज़ से सब पहले ही सतर्क हो जाते। अब वह किसी को नहीं डरा पाती थी। आखिर में, उसने अपनी पायल उतार दी ताकि वह फिर से सबको चौंका सके।

कहानी के पात्र

1. **माला:** माला को दूसरों को डराने में मज़ा आता था, लेकिन चाँदी की पायल पहनने के बाद उसकी चाल की आवाज़ से सब पहले ही सतर्क हो जाते। जब उसे एहसास हुआ कि अब वह किसी को नहीं डरा सकती, तो उसने पायल उतार दी।

2. **माँ:** माला की माँ ने उसे एक छोटी-सी डिब्बी में चाँदी की पायल दी। उन्होंने प्यार से उसे उपहार दिया, जिससे माला की शरारतों में बदलाव आ गया।
3. **बिल्ली:** माला जब उसे डराने की कोशिश करती, तो वह घबराकर कूद जाती। लेकिन पायल पहनने के बाद, वह पहले ही सतर्क हो जाती और भाग जाती।
4. **नानी:** माला नानी को डराने में मज़ा लेती थी, लेकिन पायल की आवाज़ के कारण नानी पहले ही पलट जातीं। इससे माला का मज़ा खत्म हो गया।
5. **छोटा भाई:** माला जब उसे डराने जाती, तो वह डरकर भाग जाता। लेकिन पायल पहनने के बाद, वह पहले से ही सतर्क हो जाता और जल्दी बाहर भाग जाता।
6. **डाकिया:** माला डाकिए को भी डराने की कोशिश करती थी, लेकिन पायल की आवाज़ से वह पहले ही सावधान हो जाता और निकल जाता।

लेखक के बारे में

ऐनी बेसेंट एक ब्रिटिश समाज सुधारक, थियोसॉफिस्ट और भारतीय स्वतंत्रता संग्राम की समर्थक थीं। उन्होंने शिक्षा और समाज सेवा के क्षेत्र में उल्लेखनीय कार्य किया। उनकी कविता "माला की चाँदी की पायल" मानवीय संवेदनाओं और सांस्कृतिक मूल्यों को दर्शाती है।

पाठ – 4: माँ

सारांश

यह कविता माँ के निस्वार्थ प्रेम, सादगी और विशेषता को दर्शाती है। माँ को मिठास से भरपूर और दुनिया में सबसे न्यारी बताया गया है। वह अपने बच्चे के जीवन में जोश, प्रकाश, साहस और विश्वास का संचार करती हैं। माँ की उपस्थिति संतान के लिए प्रेरणा और सुरक्षा का स्रोत होती है।

कहानी के पात्र

1. **माँ** – माँ सरल, स्नेहमयी और दुनिया की सबसे न्यारी होती हैं। वह अपने बच्चे को जोश, प्रकाश, साहस और विश्वास देती हैं।
2. **बच्चा (कवि)** – बच्चा अपनी माँ को मिसरी जैसी मीठी और सच्ची मानता है। वह माँ से प्रेरणा और हिम्मत प्राप्त करता है।

लेखक के बारे में

अनुभव राज बिहार के मुजफ्फरपुर के निवासी हैं, जो सेरेब्रल पाल्सी से ग्रसित होने के बावजूद साहित्य के क्षेत्र में सक्रिय हैं। उनकी कविता "माँ" एनसीईआरटी की कक्षा 2 की हिंदी पाठ्यपुस्तक 'सारंगी' में शामिल है, जो मातृत्व के प्रति उनकी गहरी संवेदना को प्रकट करती है।

पाठ – 5: थाथू और मैं

सारांश

यह कहानी एक बच्ची और उसके दादाजी (थाथू) के अनोखे और गहरे रिश्ते को दर्शाती है। बच्ची अपने दादाजी के साथ समय बिताना बहुत पसंद करती है—चाहे वह सिनेमा जाना हो, बारिश में भीगना हो या समुद्र तट पर खेलना। थाथू के साथ बिताए हर पल में उसे जादू जैसा महसूस होता है, और वह प्रार्थना करती है कि एक दिन वह भी उनके जैसी बन सके।

कहानी के पात्र

1. **बच्ची – बच्ची** अपने दादाजी (थाथू) से बहुत प्यार करती है और उनके साथ समय बिताना पसंद करती है। उसे थाथू के साथ घूमना, खेलना और उनकी कहानियाँ सुनना जादू जैसा लगता है।
2. **थाथू (दादाजी)** – वे अपनी पोती को बहुत प्यार करते हैं और उसके साथ सैर-सपाटा व खेल-कूद में आनंद लेते हैं। वे शांत, समझदार और स्नेहिल हैं, जिनके साथ बच्ची सुरक्षित और खुश महसूस करती है।

लेखक के बारे में

गीता धर्मराजन एक प्रसिद्ध लेखिका, संपादक और सामाजिक कार्यकर्ता हैं, जो बच्चों के साहित्य और शिक्षा के क्षेत्र में सक्रिय हैं। उनकी कहानी "थथु और मैं" बाल साहित्य के रूप में जानी जाती है, जो सरल भाषा और रोचक शैली में लिखी गई है। वे कथा और शिक्षण को जोड़कर बच्चों के समग्र विकास के लिए कार्य करने वाली संस्था कथालय की संस्थापक भी हैं।

(पाठ – 6: चींटा)

सारांश

यह कविता एक चींटे और चींटी की कहानी है, जिसमें चींटा चींटी के लिए तरह-तरह की चीजें लाने और बनाने में जुटा रहता है। वह दूध लाकर दही जमाता है, गन्ने से शक्कर बनाता है, और शक्कर से शरबत तैयार करता है ताकि चींटी भूख और प्यास मिटा सके। इसके अलावा, वह चींटी के लिए घर भी बनाता है और बाज़ार से ज़रूरी सामान लाकर उसकी ख़ुशी का ख्याल रखता है। अंत में, जब चींटी यह सब देखती है, तो खुशी से चींटे की तारीफ करने लगती है।

कहानी के पात्र

1. **चींटा:** वह मेहनती और जिम्मेदार है; जो चींटी के लिए दूध, गन्ना, शक्कर और अन्य आवश्यक चीजें लाता है। वह चींटी के लिए घर भी बनाता है और उसकी जरूरतों का पूरा ध्यान रखता है।
2. **चींटी:** वह भूख और प्यास लगने पर चींटे के लाए हुए भोजन को खुशी-खुशी खा-पी लेती है। जब वह चींटे की मेहनत से बना घर देखती है, तो खुश होकर उसकी प्रशंसा करती है।

लेखक के बारे में

एकलव्य एक शैक्षिक संगठन है जो बच्चों के लिए रचनात्मक और ज्ञानवर्धक साहित्य तैयार करता है। इसकी कविता "चींटा" कक्षा 2 की "सारंगी" पाठ्यपुस्तक में शामिल है, जो बच्चों को सरल भाषा में प्राकृतिक विषयों से जोड़ती है। एकलव्य शिक्षा और बाल साहित्य के क्षेत्र में नवाचार के लिए जाना जाता है।

पाठ – 7: टिल्लू जी

सारांश

टिल्लू जी स्कूल जाते समय अपना बस्ता घर पर भूल गए और रास्ते भर डरे रहे। लेकिन स्कूल पहुँचकर जब छुट्टी का नोटिस देखा, तो खुशी से झूम उठे और दौड़कर माँ से लिपट गए।

कहानी के पात्र

1. **टिल्लू जी:** टिल्लू जी स्कूल जाते समय बस्ता घर पर भूल गए और रास्ते भर घबराए रहे। जब स्कूल में छुट्टी का नोटिस देखा, तो खुशी से झूम उठे और माँ से लिपट गए।
2. **माँ:** माँ ने टिल्लू को प्यार से गले लगाया जब वह खुशी में उछल पड़े। उन्होंने टिल्लू की मासूम खुशी को देखकर स्नेहभरी मुस्कान दी।

लेखक के बारे में

नरेश सक्सेना हिंदी साहित्य के जाने-माने कवि और लेखक हैं, जो विशेष रूप से बच्चों के लिए सरल और शिक्षाप्रद रचनाएँ लिखते हैं। उनकी कविता "टिल्लू जी" कक्षा 2 की "सारंगी" पाठ्यपुस्तक में शामिल है, जो बच्चों को रोचक और रचनात्मक तरीके से सीखने के लिए प्रेरित करती है। वे कविता, नाटक और कहानी लेखन में सक्रिय रहे हैं।

पाठ – 8: तीन दोस्त

सारांश

तीन मूल रंग—लाल, पीला और नीला—आपस में घुल-मिलकर नए रंग बनाते हैं। लाल और पीला मिलकर नारंगी, पीला और नीला मिलकर हरा, और लाल व नीला मिलकर बैंगनी बनाते हैं। इस तरह, उन्होंने दुनिया को और अधिक सुंदर और रंगीन बना दिया।

कहानी के पात्र

1. **लाल:** लाल स्वादिष्ट चीजों में पाया जाता था; जैसे टमाटर, सेब और चेरी। जब पीले से मिला, तो नारंगी रंग बना।
2. **पीला:** पीला सूरज की चमक में समाया था और रोशनी फैलाता था। जब नीले से मिला, तो हरा रंग बना।
3. **नीला:** नीला आसमान, समुंदर और बारिश का रंग था। जब लाल से मिला, तो बैंगनी रंग बना।
4. **नारंगी:** लाल और पीले के मिलने से बना नया दोस्त नारंगी। चमकीला और ऊर्जावान दिखता था।
5. **हरा:** पीले और नीले के मिलने से बना सुंदर रंग - हरा। प्रकृति, पेड़-पौधों का प्रतीक बना हरा।
6. **बैंगनी:** लाल और नीले के मिलन से जन्मा बैंगनी। गहरा, रहस्यमयी और आकर्षक था - बैंगनी।

लेखक के बारे में

इंदु हरिकुमार एक प्रसिद्ध लेखिका और चित्रकार हैं; जो विशेष रूप से बच्चों के साहित्य और चित्रकथाओं के लिए जानी जाती हैं। उनकी कविता "तीन दोस्त" को N.C.E.R.T की कक्षा 2 की "सारंगी" पाठ्यपुस्तक में शामिल किया गया है; जो बच्चों को दोस्ती और सहभाव का महत्व सिखाती है।

वे अपनी अनूठी शैली और रचनात्मक दृष्टिकोण के लिए पहचानी जाती हैं, जिससे उनकी रचनाएँ बच्चों के बीच लोकप्रिय हैं।

पाठ – 9: दुनिया रंग-बिरंगी

सारांश

यह कविता विभिन्न रंगों का सुंदर वर्णन करती है। नीला आकाश, सागर और मोर के पंखों में दिखता है; पीला सूरज, आम और सूरजमुखी के फूल से जुड़ा है, लाल सेब, गुलाब और टमाटर में चमकता है, जबकि हरा घास, मटर और पत्तों का रंग है।

कहानी के पात्र

1. **नीला:** नीला रंग खुले आकाश, सागर और मोर के पंखों में दिखाई देता है। यह शांत और गहराई का प्रतीक है, जो प्रकृति की सुंदरता को दर्शाता है।
2. **पीला:** पीला रंग चमचमाते सूरज, पके आम और सूरजमुखी के फूल से जुड़ा है। यह ऊर्जा और खुशहाली का प्रतीक है, जो जीवन में रोशनी भरता है।
3. **लाल:** लाल रंग सेब, गुलाब, चेरी और टमाटर में पाया जाता है। यह प्रेम, गर्मजोशी और जोश का प्रतीक है, जो आकर्षण बढ़ाता है।
4. **हरा:** हरा रंग घास, मटर, पालक और पत्तों में देखा जाता है। यह ताजगी और प्रकृति की जीवनदायिनी शक्ति को दर्शाता है।

लेखक के बारे में

देविका रंगाचारी एक प्रसिद्ध लेखिका और इतिहासकार हैं, जो विशेष रूप से बच्चों और युवाओं के लिए साहित्य लिखती हैं। उन्होंने भारतीय इतिहास पर कई शोधपरक लेख और उपन्यास भी लिखे हैं, जिससे वे बच्चों के साहित्य और ऐतिहासिक लेखन में एक महत्वपूर्ण स्थान रखती हैं।

पाठ – 10: कौन

सारांश

यह कविता प्रकृति के विभिन्न तत्वों—चाँद, सूरज, नदियाँ, पर्वत, पेड़, फूल और बादल—की महत्ता को दर्शाती है। यह सवाल उठाती है कि यदि ये सभी न होते, तो दुनिया कैसी होती और कौन इनकी भूमिकाएँ निभाता?

कहानी के पात्र

1. **चाँद** – यह रात में रोशनी फैलाकर राह दिखाता है और अंधेरे को कम करता है।
2. **सूरज** – यह दिन में प्रकाश बिखेरकर दुनिया को रोशन करता है और जीवन के लिए ऊर्जा प्रदान करता है।

3. **नदियाँ** – यह निर्मल जल देकर संसार की प्यास बुझाती हैं और जीवनदायिनी होती हैं।
4. **पर्वत** – यह ऊँचाई से मीठे झरने बहाकर प्रकृति को संजीवनी देते हैं।
5. **पेड़** – यह हरियाली फैलाकर शुद्ध हवा और छाया प्रदान करते हैं।
6. **फूल** – यह अपनी सुंदरता और खुशबू से वातावरण को खुशनुमा बनाते हैं।
7. **बादल** – यह आसमान में इंद्रधनुष बनाते हैं और वर्षा लाकर धरती को हरा-भरा करते हैं।
8. **मनुष्य** – यह प्रकृति के इन अनमोल तत्वों को देखकर उनके महत्व को समझता है और प्रश्न उठाता है।

लेखक के बारे में

बालस्वरूप राही हिंदी साहित्य के प्रसिद्ध कवि और गीतकार थे, जिन्होंने बच्चों और बड़ों के लिए कई प्रेरणादायक रचनाएँ लिखीं। वे साहित्य, फिल्म और नाट्य लेखन से भी जुड़े रहे और अपनी सरल व प्रभावशाली भाषा के लिए जाने जाते हैं।

पाठ – 11: बैंगनी जोजो

सारांश

जोजो नाम का सफ़ेद कुत्ता पेड़ के नीचे सो रहा था, जब वह बैंगनी धब्बों के साथ जागा। उसने बादल, सूरज, कौआ, गुब्बारे और घास से पूछा, लेकिन किसी ने उसे धब्बे नहीं दिए थे। अंत में, उसे पता चला कि ये धब्बे जामुन के पेड़ से गिरे थे।

कहानी के पात्र

1. **जोजो (सफ़ेद कुत्ता)** – जोजो एक जिज्ञासु कुत्ता था; जो अपने बैंगनी धब्बों का रहस्य सुलझाना चाहता था। उसने कई चीजों से पूछताछ की, लेकिन अंत में जामुन के पेड़ से सच पता चला।
2. **बादल** – बादल सफ़ेद था और धीरे-धीरे आकाश में चल रहा था। उसने जोजो को बताया कि उसने उसे कोई बैंगनी धब्बे नहीं दिए।
3. **सूरज** – सूरज चमकदार पीला था और जोजो के सवाल पर जवाब दिया कि उसने उसे बैंगनी धब्बे नहीं दिए।
4. **कौआ** – कौआ काला था और उसने स्पष्ट किया कि वह बैंगनी धब्बों के लिए ज़िम्मेदार नहीं है।
5. **गुब्बारा** – लाल रंग का गुब्बारा हवा में था और जोजो को बताया कि उसने भी बैंगनी धब्बे नहीं दिए।
6. **घास** – हरी घास ज़मीन पर फैली थी और जोजो को समझाया कि वह भी बैंगनी धब्बों के लिए जिम्मेदार नहीं है।
7. **जामुन का पेड़** – आखिर में जोजो को बैंगनी धब्बों का असली कारण जामुन के पेड़ से गिरते जामुनों के रूप में मिला।

लेखक के बारे में

समीरा ज़िया क़ुरैशी एक प्रसिद्ध लेखिका हैं, जिनकी बच्चों की पुस्तक "पर्पल जोजो" कई भाषाओं में प्रकाशित हुई है, जिसमें हिंदी संस्करण "बैंगनी जोजो" शामिल है। यह कहानी जोजो नामक एक कुत्ते की है, जो एक दिन बैंगनी धब्बों के साथ जागता है और उनके रहस्य को सुलझाने के सफर पर निकल पड़ता है। क़ुरैशी की रोचक कहानी शैली और सरल भाषा के कारण उनकी पुस्तकें बच्चों में लोकप्रिय हैं।

पाठ – 12: तोसिया का सपना

सारांश

तोसिया ने सपना देखा कि दुनिया के सारे रंग गायब हो गए हैं और सब कुछ सफ़ेद हो गया है। घबराकर वह घर और बाहर रंग ढूँढने निकली, जहाँ उसे मसाले, फूल, कपड़े, सब्ज़ियाँ और गुब्बारे रंग-बिरंगे दिखे। यह देखकर उसे तसल्ली हुई कि रंग कहीं नहीं गए। बाद में, जब उसने नानी के सफ़ेद बाल देखे, तो उसे समझ आया कि शायद उनके बालों का रंग अब उसके बालों में आ गया है।

कहानी के पात्र

1. **तोसिया** – तोसिया एक जिज्ञासु बच्ची थी जो सपने देखने और उनके बारे में सोचने में मग्न रहती थी। उसने सपना देखा कि दुनिया के सारे रंग गायब हो गए हैं, लेकिन बाद में उसे एहसास हुआ कि रंग तो हर जगह हैं।

2. **नानी** – नानी एक समझदार और प्यारी महिला थीं, जिनके सफ़ेद बालों ने तोसिया को उसके सपने की सच्चाई का एहसास दिलाया। उन्होंने मज़ाक में कहा कि उनके बालों का रंग तोसिया के बालों में चला गया है।
3. **मम्मी-पापा** – मम्मी-पापा तोसिया के जीवन में रंगों की तरह खुशियाँ लाने वाले थे। उनके कपड़ों में भी रंग थे, जिससे तोसिया को समझ आया कि दुनिया बेरंग नहीं हुई है।
4. **नानी की सहेलियाँ** – ये सभी वृद्ध महिलाएँ थीं जिनके सफ़ेद बालों ने तोसिया को उसके सपने की असली वजह समझने में मदद की। उनकी उपस्थिति ने तोसिया को यह सोचने पर मजबूर किया कि उम्र के साथ बालों का रंग क्यों बदल जाता है।
5. **गुब्बारेवाला** – यह बाज़ार में खड़ा था और उसके पास रंग-बिरंगे गुब्बारे थे। उसकी गुब्बारों की दुकान ने तोसिया को रंगों के अस्तित्व का अहसास कराया।

लेखक के बारे में

"बरखा क्रमिक पुस्तक माला" राष्ट्रीय शैक्षिक अनुसंधान और प्रशिक्षण परिषद (NCERT) द्वारा प्रकाशित एक पुस्तक श्रृंखला है। यह प्राथमिक कक्षाओं के बच्चों के लिए विकसित की गई है, जिसमें सरल और रोचक कहानियाँ, कविताएँ एवं लेखन अभ्यास शामिल हैं। इस श्रृंखला का उद्देश्य बच्चों में भाषा कौशल को व्यवस्थित रूप से विकसित करना है।

पाठ – 13: तालाब

सारांश

छोटा तालाब विभिन्न जीव-जंतुओं और पक्षियों से भरा हुआ है, जहाँ केंचुए, साँप, केकड़े, मेंढक, कछुए, मछलियाँ और कई पक्षी रहते हैं। सर्दियों में यहाँ सारस आते हैं, लेकिन उनके जाने के बाद तालाब सूना महसूस होगा।

कहानी के पात्र

1. **तालाब** – यह एक छोटा जलाशय है, जहाँ विभिन्न जीव-जंतु और पक्षी रहते हैं। सर्दियों में यहाँ सारस आकर चहल-पहल बढ़ा देते हैं।
2. **केंचुए, साँप, केकड़े, मेंढक, कनखजूरे** – ये सभी तालाब के स्थायी निवासी हैं, जो यहाँ अपना जीवन व्यतीत करते हैं। तालाब की जैव विविधता में इनका महत्वपूर्ण योगदान है।
3. **कछुए और उनके बच्चे** – ये तालाब के पानी में आराम से तैरते हैं और यहाँ का शांतिपूर्ण वातावरण पसंद करते हैं। कछुए अपने बच्चों के साथ तालाब में घूमते रहते हैं।
4. **मछलियाँ** – इनकी संख्या अनगिनत है और वे पूरे तालाब में तैरती रहती हैं। पानी के अंदर का जीवन इन्हीं की हलचल से जीवंत रहता है।
5. **मच्छर और अन्य उड़ने वाले कीट** – ये तालाब के आस-पास उड़ते रहते हैं और पानी के ऊपर अपनी दुनिया बसाते हैं। इनका जीवन पानी और नमी पर निर्भर करता है।
6. **तितलियाँ, गिलहरियाँ, चींटियाँ** – ये छोटे जीव तालाब के आस-पास अपने तरीके से जीवन व्यतीत करते हैं। तितलियाँ फूलों के इर्द-गिर्द मंडराती हैं, जबकि गिलहरियाँ और चींटियाँ अपने भोजन की खोज में रहती हैं।
7. **छिपकलियाँ और गिरगिट** – कभी-कभी ये तालाब के किनारे आकर अपने लिए भोजन तलाशते हैं। गिरगिट अपने रंग बदलने की खासियत के कारण अदृश्य-सा हो जाता है।
8. **पेड़ और मकड़ियों के जाले** – तालाब के किनारे खड़ा पेड़ यहाँ के जीवों को छाया और आसरा देता है। मकड़ियाँ अपने जाले इसी पेड़ की डालियों पर बुनती हैं।
9. **कौए, मैना, तोते, किंगफिशर, फ़ाख्ता** – ये पक्षी तालाब के आस-पास बसेरा करते हैं, कुछ पानी में मछलियाँ पकड़ते हैं तो कुछ पेड़ों पर चहचहाते हैं। उनकी आवाज़ से तालाब हमेशा गूंजता रहता है।
10. **सारस** – सर्दियों में दूर-दूर से उड़कर आने वाले ये पक्षी तालाब को विशेष रूप से जीवंत बना देते हैं। उनके जाने के बाद तालाब सूना महसूस करता है।

11. **मैं (कथावाचक)** – तालाब को रोज़ देखने आने वाला व्यक्ति, जिसे यहाँ के जीवों और पक्षियों से गहरा लगाव है। सर्दियों में सारसों के आने और जाने का यह गवाह है।

लेखक के बारे में

शशि सबलोक एक प्रसिद्ध लेखिका हैं, जिन्होंने बच्चों के लिए कई रोचक कहानियाँ लिखी हैं। उनकी कहानी "तालाब" प्रकृति और जीवन के बीच के संबंध को दर्शाती है। उनकी लेखन शैली सरल और प्रभावशाली होती है, जो बच्चों को सीखने और सोचने के लिए प्रेरित करती है।

पाठ – 14: बीज

सारांश

एक बच्चे को एक बीज मिला, जिसे उसने गमले में लगाया, पानी दिया और धूप में रखा। वह उत्सुकता से सोचता है कि यह पेड़ बनेगा या झाड़ी, फूल देगा या फल, बड़ा होगा या छोटा रहेगा। अंत में, उसे एहसास होता है कि इन सबका कोई फ़र्क नहीं पड़ता, बस उसका उगना ही खास है।

कहानी के पात्र

1. **बच्चा** – उसे एक बीज मिला और उसने उसे गमले में लगाया। वह उत्सुक था कि बीज से क्या उगेगा – पेड़, झाड़ी, फूल, या फल।
2. **बीज** – यह एक रहस्य था कि वह क्या बनेगा। बच्चा उसे पानी और धूप देता रहा, लेकिन उसे इसका परिणाम नहीं पता था।

लेखक के बारे में

दीपा बालसावर एक जानी-मानी लेखिका और चित्रकार हैं, जो बच्चों के लिए शिक्षाप्रद और रोचक साहित्य रचती हैं। उनकी कविता "बीज" प्रकृति, जीवन और वृद्धि के महत्व को सरल भाषा में दर्शाती है। उनकी लेखन शैली सहज और प्रेरणादायक होती है, जो बच्चों को सोचने और समझने के नए दृष्टिकोण देती है।

पाठ – 15: किसान

सारांश

यह कविता किसान के कठिन परिश्रम और समर्पण को दर्शाती है। वह सुबह से पहले उठकर खेतों में काम करता है, चाहे कड़ी धूप हो, बारिश हो या सर्दी। उसके लिए कोई छुट्टी या आराम नहीं, क्योंकि उसकी मेहनत से ही अन्न पैदा होता है।

कहानी के पात्र

1. **किसान** – किसान सुबह सबसे पहले उठता है और बिना किसी अवकाश के मेहनत करता है। चाहे गर्मी हो, बारिश हो या ठंड, वह अपने खेतों की देखभाल में लगा रहता है।
2. **बैल** – किसान बैलों को पहले खिलाता-पिलाता है और फिर उन्हें खेतों में ले जाता है। बैल किसान के कार्य में सहायक होते हैं और खेती के लिए आवश्यक हैं।
3. **सूरज/गर्मी** – तेज़ धूप में जब धरती तवे जैसी जलती है, तब भी किसान खेतों में मेहनत करता है। गरम लू के थपेड़ों के बावजूद वह काम से पीछे नहीं हटता।
4. **बादल/बारिश** – बादल गरजते हैं, बिजली चमकती है, और मूसलाधार बारिश होती है। इसके बावजूद किसान बिना रुके खेतों में काम करता रहता है।
5. **ठंड/सर्दी** – ठंड में जब हाथ-पाँव ठिठुर जाते हैं, लोग घरों में रहते हैं। लेकिन किसान आग जलाकर खेतों की रखवाली करता है और मेहनत जारी रखता है।

लेखक के बारे में

सत्यनारायण लाल एक संवेदनशील कवि थे, जिन्होंने अपने लेखन में ग्रामीण जीवन और किसानों की मेहनत को उजागर किया। उनकी कविता "किसान" किसानों के परिश्रम, संघर्ष और महत्व को सरल लेकिन प्रभावशाली शब्दों में व्यक्त करती है। उनकी रचनाएँ समाज की वास्तविकता को दर्शाने और प्रेरणा देने के लिए जानी जाती हैं।

पाठ – 16: मूली

सारांश

नानाजी ने बगीचे में मूली उगाई, जो बहुत मोटी और लंबी हो गई। जब उन्होंने उसे निकालने की कोशिश की, तो वह अकेले सफल नहीं हो सके। नानी, नातिन और फिर नातिन के कुत्ते ने भी मिलकर मदद की। आखिरकार, सबने साथ मिलकर ज़ोर लगाया और मूली को बाहर निकाल ही लिया।

कहानी के पात्र

1. **नानाजी** – नानाजी ने बगीचे में मूली बोई और उसे लंबा और मज़बूत बनने के लिए कहा। जब मूली बहुत बड़ी हो गई, तो उन्होंने उसे निकालने की कोशिश की लेकिन सफल नहीं हुए।
2. **नानी** – नानी ने नानाजी की मदद के लिए मूली खींचने में उनका साथ दिया। दोनों ने मिलकर ज़ोर लगाया, लेकिन मूली फिर भी नहीं निकली।
3. **नातिन** – नातिन को नानी ने बुलाया, और उसने सबके साथ मिलकर मूली निकालने की कोशिश की। लेकिन मूली फिर भी बाहर नहीं आई।
4. **कुत्ता** – नातिन के बुलाने पर कुत्ते ने भी मदद की और सभी के साथ जुड़कर ज़ोर लगाया। आखिरकार, सबके मिलकर प्रयास करने से मूली बाहर आ ही गई।
5. **मूली** – यह एक मोटी और लंबी मूली थी, जिसे निकालने में सभी को कड़ी मेहनत करनी पड़ी। अंत में, सबने मिलकर मेहनत की और मूली को बाहर निकाल लिया।

लेखक के बारे में

स्नेहलता शुक्ला एक प्रसिद्ध लेखिका हैं, जो बच्चों के लिए सरल और शिक्षाप्रद कहानियाँ लिखने के लिए जानी जाती हैं। उनकी कहानी "मूली" रोजमर्रा के जीवन की छोटी-छोटी घटनाओं से सीख देने का प्रयास करती है। उनकी लेखन शैली सहज और रोचक होती है, जिससे बच्चे आसानी से जुड़ाव महसूस करते हैं।

पाठ – 17: बरसात और मेंढक

सारांश

सोमारू और कमली जंगल से लौटते समय भूख लगने पर गाय से दूध माँगते हैं, लेकिन गाय घास माँगती है। घास पानी माँगती है, नदी बारिश चाहती है, और बादल मेंढकों के टर्राने पर बरसते हैं। सोमारू और कमली मेंढकों को मनाते हैं, जिससे बारिश होती है, नदी में पानी आता है, घास हरी होती है, और गाय दूध देती है। अंत में, दोनों दूध पीकर घर लौट जाते हैं।

कहानी के पात्र

1. **सोमारू और कमली** – दोनों जंगल घूमने गए और भूख लगने पर दूध पाने की कोशिश करने लगे। उन्होंने समझदारी और मेहनत से सारी समस्याओं का हल निकाला।
2. **गाय** – उसने कमली और सोमारू से हरी घास माँगी ताकि वह दूध दे सके। बिना भोजन के वह दूध देने में असमर्थ थी।
3. **घास** – सूखी होने के कारण खाने लायक नहीं थी और पानी माँग रही थी। पानी मिलने पर वह हरी-भरी हो गई।
4. **नदी** – वह सूखी थी और बरसात होने पर ही उसमें पानी आ सकता था। पानी के बिना वह घास को हरा नहीं कर सकती थी।

5. **बादल** – वे बिना मेंढकों के टर्राने के बरसने को तैयार नहीं थे। जैसे ही मेंढकों ने आवाज़ की, बादल झूमकर बरस पड़े।
6. **मेंढक** – वे डर के कारण बाहर नहीं आ रहे थे क्योंकि बच्चे उन्हें पत्थर मारते थे। कमली और सोमारू के भरोसा देने पर उन्होंने टर्राना शुरू किया, जिससे बारिश हुई।

लेखक के बारे में

"एकतारा" एक साहित्यिक समूह या प्रकाशन है, जो बच्चों के लिए रोचक और शिक्षाप्रद कहानियाँ व कविताएँ प्रकाशित करता है। उनकी कहानी "बरसात और मेंढक" प्रकृति और पर्यावरण से जुड़ी एक सरल लेकिन प्रभावशाली कहानी है, जो बच्चों को रोचक अंदाज में नई बातें सिखाती है।

पाठ – 18: शेर और चूहे की दोस्ती

सारांश

एक दिन शेर के पंजे के नीचे चूहे की पूँछ आ गई, लेकिन शेर ने उसे छोड़ दिया। बाद में जब शेर शिकारी के जाल में फँस गया, तो कोई भी मदद के लिए नहीं आया, लेकिन चूहे ने अपने तेज़ दाँतों से जाल काटकर उसे आज़ाद कर दिया।

कहानी के पात्र

1. **शेर** – जंगल का राजा होने के बावजूद **शेर** शिकारी के जाल में फँस गया। अंततः चूहे की सहायता से वह मुक्त हुआ।
2. **चूहा** – छोटा होते हुए भी उसने हिम्मत दिखाई और शेर के जाल काटकर उसकी जान बचाई।
3. **शिकारी** – उसने शेर को पकड़ने के लिए जंगल में जाल बिछाया था।
4. **अन्य जानवर (हाथी, भालू, हिरण, खरगोश, लोमड़ी, बंदर, अजगर)** – उन्होंने शेर की दहाड़ सुनी, लेकिन कोई भी उसकी मदद के लिए आगे नहीं आया।

लेखक के बारे में

जगदीश जोशी हिंदी बाल साहित्य के प्रमुख लेखकों में से एक हैं, जिन्होंने बच्चों के लिए कई शिक्षाप्रद कहानियाँ लिखी हैं। उनकी कहानी "शेर और चूहे की दोस्ती" मित्रता, साहस और परोपकार का सुंदर संदेश देती है, जो बच्चों को नैतिक शिक्षा के साथ मनोरंजन भी प्रदान करती है।

पाठ – 19: आउट

सारांश

छुट्टी के दिन जीत और बबली ने कई खेल खेले। क्रिकेट खेलते समय उनकी गेंद मोहित के आँगन में चली गई। बबली ने कपड़े, कागज़ और पन्नी से नई गेंद बनाई, लेकिन खेल के दौरान गेंद खुलकर बिखर गई, जिससे मज़ेदार स्थिति बन गई।

कहानी के पात्र

1. **जीत** – **जीत** पूरे दिन बबली के साथ खेला और क्रिकेट में गेंदबाज़ी की। जब गेंद खो गई, तो उसने नई गेंद बनाने के लिए सामग्री जुटाई।
2. **बबली** – उसने खेल के दौरान नयी गेंद बनाई और गेंदबाज़ी भी की। गेंद खुलने पर आउट-आउट चिल्लाकर खुशी से दौड़ने लगी।
3. **मोहित** – उसका आँगन बंद था, जिससे जीत और बबली की गेंद अंदर चली गई और खेल रुक गया।

लेखक के बारे में

"बरखा क्रमिक पुस्तक माला" राष्ट्रीय शैक्षिक अनुसंधान और प्रशिक्षण परिषद (NCERT) द्वारा प्रकाशित एक पुस्तक श्रृंखला है। यह प्राथमिक कक्षाओं के बच्चों के लिए विकसित की गई है, जिसमें सरल और रोचक कहानियाँ, कविताएँ एवं लेखन अभ्यास शामिल हैं। इस श्रृंखला का उद्देश्य बच्चों में भाषा कौशल को व्यवस्थित रूप से विकसित करना है।

पाठ – 20: छुपन-छुपाई

सारांश

छुपन-छुपाई के खेल में जीत की बारी थी। उसने गिनती पूरी कर सबको ढूँढ़ा—मोहित दरवाज़े के पीछे, बबली अलमारी के पीछे, मारिया पलंग के नीचे और सिमरन दादी के पीछे मिली। नाज़िया सबसे चालाक निकली, उसने पेड़ से कूदकर जीत को धप्पा दिया, और खेल फिर से शुरू हो गया।

कहानी के पात्र

1. **जीत** – **जीत** ने छुपन-छुपाई में गिनती गिनकर सबको ढूँढ़ा। नाज़िया के धप्पा देने के बाद फिर से गिनती गिनने लगा।
2. **मोहित** – **मोहित** दरवाज़े के पीछे छुपा, लेकिन जीत ने उसे जल्दी ढूँढ़ लिया।
3. **बबली** – **बबली** अलमारी के पीछे छुपी, मगर जीत की नज़रों से बच नहीं पाई।
4. **मारिया** – **मारिया** पलंग के नीचे छुपी, लेकिन जीत ने उसे भी ढूँढ़ निकाला।
5. **सिमरन** – **सिमरन** आँगन में दादी के पीछे छुपी, लेकिन जीत ने उसे पकड़ लिया।
6. **नाज़िया** – **नाज़िया** सबसे चालाकी से छुपी और अंत में पेड़ से कूदकर जीत को धप्पा दिया।

लेखक के बारे में

"बरखा क्रमिक पुस्तक माला" राष्ट्रीय शैक्षिक अनुसंधान और प्रशिक्षण परिषद (NCERT) द्वारा प्रकाशित एक पुस्तक श्रृंखला है। यह प्राथमिक कक्षाओं के बच्चों के लिए विकसित की गई है, जिसमें सरल और रोचक कहानियाँ, कविताएँ एवं लेखन अभ्यास शामिल हैं। इस श्रृंखला का उद्देश्य बच्चों में भाषा कौशल को व्यवस्थित रूप से विकसित करना है।

पाठ – 21: हाथी साइकिल चला रहा था

सारांश

हाथी साइकिल चला रहा था और पीछे चींटी शान से बैठी थी। जब चढ़ाई आई, तो हाथी हाँफने लगा और साइकिल रुक गई। चींटी कूदकर बोली, "मत घबराना, मैं धक्का दूँगी!" लेकिन तभी साइकिल का चक्का पीछे सरकने लगा।

कहानी के पात्र

1. **हाथी** – हाथी बड़े जोश से साइकिल चला रहा था, लेकिन चढ़ाई आते ही हाँफने लगा।
2. **चींटी** – चींटी साइकिल की सवारी का मज़ा ले रही थी और हाथी को धक्का देने का भरोसा दिला रही थी।

लेखक के बारे में

श्याम सुशील एक प्रसिद्ध हिंदी बाल साहित्यकार हैं, जिन्होंने बच्चों के लिए रोचक और हास्यपूर्ण कविताएँ लिखी हैं। उनकी कविता "हाथी साइकिल चला रहा था" हास्य और कल्पना से भरपूर है, जो बच्चों को आनंदित करने के साथ-साथ उनकी कल्पनाशक्ति को भी विकसित करती है।

पाठ – 22: चार दिशाएँ

सारांश

यह कविता दिशाओं के ज्ञान को सरल तरीके से समझाती है। यदि हम उगते सूरज की ओर मुँह करें, तो सामने पूरब, पीछे पश्चिम, बायीं ओर उत्तर और दायीं ओर दक्षिण होता है। इस तरह चार दिशाएँ होती हैं—पूरब, पश्चिम, उत्तर और दक्षिण।

कहानी के पात्र

1. **पूरब** – जहाँ सूरज उगता है, सामने की दिशा होती है।

2. **पश्चिम** – सूरज जहाँ डूबता है, यह पीछे की दिशा होती है।
3. **उत्तर** – यह बायीं ओर की दिशा होती है जब मुँह पूरब की ओर हो।
4. **दक्षिण** – यह दायीं ओर की दिशा होती है जब मुँह पूरब की ओर हो।

पाठ – 23: चंदा मामा

सारांश

रात होते ही आकाश में चारों ओर अंधेरा छा जाता है, लेकिन चंदा मामा अपनी सुंदर रोशनी से उसे रोशन कर देते हैं। बादल बीच में आ जाते हैं, जिससे चंदा मामा दिखाई नहीं देते। जब बादल हट जाते हैं, तो चंदा मामा फिर से मुस्कराने लगते हैं।

कहानी के पात्र

1. **चंदा मामा** – गोल और चमकदार, जो रात में अपनी रोशनी बिखेरते हैं।
2. **बादल जी** – कभी-कभी चंदा मामा को ढक लेते हैं, लेकिन जल्दी ही हट जाते हैं।
3. कवि (वक्ता) – चंदा मामा को बुलाने और बादलों से हटने की विनती करने वाला।

लेखक के बारे में

आकिको हयाशी जापान की प्रसिद्ध बाल साहित्यकार और चित्रकार हैं, जो अपनी खूबसूरत चित्र-कथाओं के लिए जानी जाती हैं। उनकी कविता "चंदा मामा" बच्चों की कोमल भावनाओं और कल्पनाशीलता को दर्शाती है, जिससे वे प्रकृति और रिश्तों के प्रति जुड़ाव महसूस करते हैं।

मंजुला माथुर एक प्रतिष्ठित अनुवादक और हिंदी साहित्य से जुड़ी लेखिका हैं। उन्होंने जापानी कविता "चंदा मामा" का हिंदी अनुवाद किया, जिससे यह भारतीय बाल पाठकों के लिए अधिक सहज और रोचक बन गई। उनके अनुवाद कार्य सरलता और भावनात्मक गहराई के लिए जाने जाते हैं।

पाठ – 24: गिरे ताल में चंदा मामा

सारांश

तालाब में चंदा मामा के प्रतिबिंब को देखकर सभी ने सोचा कि वे पानी में गिर गए हैं। जब मछुआरे ने जाल फेंका और उसे समेटा, तो चंदा मामा कहीं नजर नहीं आए, जिससे सभी हैरान रह गए।

कहानी के पात्र

1. **चंदा मामा** – चंदा मामा पानी में प्रतिबिंब के रूप में दिखे, लेकिन वास्तव में आकाश में ही थे।
2. **मछुआरा** – चंदा मामा को पकड़ने के लिए जाल फेंकने वाला, जो अंत में चकित रह गया।
3. **देखने वाले लोग** – तालाब में चंदा मामा को देखकर अचंभित होने वाले सभी लोग।

लेखक के बारे में

राजेश जोशी प्रसिद्ध हिंदी कवि और साहित्यकार हैं, जो समकालीन कविता के लिए जाने जाते हैं। उन्होंने बाल साहित्य में भी योगदान दिया, जिसमें "गिरे ताल में चंदा मामा" जैसी कविताएँ शामिल हैं। उनकी रचनाएँ सरल भाषा में गहरी संवेदनाएँ व्यक्त करने के लिए जानी जाती हैं।

पाठ – 25: सबसे बड़ा छाता

सारांश

बारिश लगातार हो रही थी, जिससे सब कुछ भीग गया, लेकिन बच्चे छाते के नीचे सूखे और गरम थे। धीरे-धीरे कई दोस्त छाते के नीचे

आए, जिससे छाता छोटा पड़ता गया। दयाल चाचू से और बड़ा छाता लाने के बाद भी जगह कम पड़ गई। तब बच्चे ने सोचा कि बड़ा होकर वह दुनिया का सबसे बड़ा छाता बनाएगा, जो पूरे शहर को बारिश से बचा सके।

कहानी के पात्र

1. **मैं (मुख्य पात्र)** – बारिश में भीगने से बचने के लिए छाता लेकर दोस्तों को साथ जोड़ने वाला बच्चा, जो भविष्य में सबसे बड़ा छाता बनाने का सपना देखता है।
2. **सलीम** – छाते के नीचे सबसे पहले शामिल हुआ, लेकिन बाद में अन्य दोस्तों के आने से थोड़ा गीला हो गया।
3. **टिल्लू** – बारिश में भीग रहा था, लेकिन छाते के नीचे आकर सूखा हो गया।
4. **दयाल चाचू** – बच्चों को लगातार बड़े छाते लाकर देते रहे, लेकिन अंत में बोले कि इससे बड़ा छाता बनता ही नहीं।
5. **लता, मोनू, शलीन, सनत, सोनू, हामिद, हरमीत, राकेश** – सभी बारिश में भीगने से बचने के लिए छाते के नीचे आते गए, जिससे छाता बार-बार छोटा पड़ता गया।

लेखक के बारे में

मनोज कुमार हिंदी साहित्य के सक्रिय लेखक और कवि हैं, जिन्होंने बच्चों के लिए रोचक और शिक्षाप्रद कविताएँ लिखी हैं। उनकी कविता "सबसे बड़ा छाता" सरल भाषा और सहज शैली में बच्चों के मन को आकर्षित करती है। उनकी रचनाएँ नैतिक मूल्यों और कल्पनाशीलता को बढ़ावा देती हैं।

किताबों के लेखकों के बारे में

1. **शशिकला वंजारी** – वे एस.एन.डी.टी. महिला विश्वविद्यालय, मुंबई की पूर्व कुलपति रही हैं। उन्होंने पाठ्यक्रम और अधिगम-शिक्षण सामग्री विकास समिति की अध्यक्षता भी की है।
2. **सुनीति सनवाल** – वे प्रारंभिक शिक्षा विभाग, रा.शै.अ.प्र.प., नई दिल्ली में आचार्य एवं अध्यक्ष रही हैं। वे पाठ्यक्रम एवं अधिगम-शिक्षण सामग्री विकास समिति की सदस्य समन्वयक भी हैं।
3. **कविता बिष्ट** – वे केंद्रीय विद्यालय, रा.शै.अ.प्र.प. परिसर, नई दिल्ली में मुख्याध्यापिका हैं। शिक्षा के क्षेत्र में उनका योगदान महत्वपूर्ण रहा है।
4. **चमन लाल गुप्त** – वे हिंदी विभाग, हिमाचल प्रदेश विश्वविद्यालय, शिमला के आचार्य एवं पूर्व अध्यक्ष रहे हैं। हिंदी भाषा और साहित्य में उनका गहरा योगदान है।
5. **चोन्हास ओराव** – वे झारखंड के लोहरदागा जिले में स्थित राजकीय माध्यमिक विद्यालय, जुरिआ के प्रभारी प्रधानाचार्य हैं। क्षेत्रीय शिक्षा के विकास में वे सक्रिय भूमिका निभा रहे हैं।
6. **नम्रता दत्त** – वे गाज़ियाबाद, उत्तर प्रदेश की सेवानिवृत्त प्रधानाचार्य और संकुल प्रमुख रही हैं। शिक्षा के क्षेत्र में उनका अनुभव और योगदान सराहनीय है।
7. **नरेंद्र सिंह निहार** – वे दिल्ली के संगम विहार स्थित राजकीय वरिष्ठ माध्यमिक विद्यालय में पी.जी.टी. (हिंदी) के रूप में कार्यरत हैं। हिंदी भाषा के शिक्षण में वे विशेष रुचि रखते हैं।
8. **निशा बुटोलिया** – वे अज़ीम प्रेमजी विश्वविद्यालय, बेंगलुरु में सहायक आचार्य के रूप में कार्यरत हैं। प्रारंभिक शिक्षा और भाषा शिक्षण में उनकी विशेषज्ञता है।
9. **नीलकंठ कुमार** – वे सी.आई.ई.टी., रा.शै.अ.प्र.प., नई दिल्ली में सहायक आचार्य (हिंदी) हैं। उन्होंने हिंदी भाषा और डिजिटल शिक्षण सामग्री विकास में योगदान दिया है।
10. **पटेल राकेश कुमार चंद्रकांत** – वे गुजरात के पंचमहल जिले के नवा नदीसर प्राथमिक शाला में हेड टीचर हैं। प्राथमिक शिक्षा के क्षेत्र में उनकी भूमिका महत्वपूर्ण रही है।

11. **प्रिया यादव** – वे प्रारंभिक शिक्षा विभाग, रा.शै.अ.प्र.प., नई दिल्ली में जूनियर प्रोजेक्ट फैलो हैं। शैक्षिक अनुसंधान और पाठ्यचर्या विकास में वे सक्रिय रूप से कार्यरत हैं।
12. **बिनय पटनायक** – वे झारखंड के एक प्रसिद्ध शिक्षा विशेषज्ञ हैं। प्रारंभिक शिक्षा और शिक्षण सामग्री विकास में उनका विशेष योगदान रहा है।
13. **याचना गुप्ता** – वे राष्ट्रीय साक्षरता केंद्र प्रकोष्ठ, रा.शै.अ.प्र.प., नई दिल्ली में वरिष्ठ परामर्शदाता हैं। साक्षरता अभियान और शिक्षा नीति निर्माण में वे योगदान देती रही हैं।
14. **यासमीन अशरफ** – वे भी राष्ट्रीय साक्षरता केंद्र प्रकोष्ठ, रा.शै.अ.प्र.प., नई दिल्ली में वरिष्ठ परामर्शदाता हैं। बाल शिक्षा और वयस्क साक्षरता कार्यक्रमों में उनकी सक्रिय भूमिका है।
15. **रमेश कुमार** – वे प्रारंभिक शिक्षा विभाग, रा.शै.अ.प्र.प., नई दिल्ली में सह आचार्य के रूप में कार्यरत हैं। शिक्षा नीति और शिक्षण विधियों के विकास में उनका योगदान उल्लेखनीय है।
16. **विजय कुमार चावला** – वे हरियाणा के कैथल जिले में स्थित रा.मा.स.व.मा. विद्यालय, ग्योंग में पी.जी.टी. (हिंदी) के रूप में कार्यरत हैं। हिंदी भाषा शिक्षण और साहित्य में उनकी गहरी रुचि है।
17. **विनोद 'प्रसून'** – वे दिल्ली पब्लिक स्कूल, ग्रेटर नोएडा में हिंदी विभागाध्यक्ष हैं। हिंदी शिक्षण और भाषा के प्रचार-प्रसार में उनका योगदान सराहनीय है।

हिंदी:

कक्षा 3 - वीणा

पाठ – 1: सीखो

सारांश

यह कविता हमें प्रकृति से जीवन के महत्वपूर्ण गुण सीखने की प्रेरणा देती है। फूलों से मुस्कुराना, भौंरों से गाना, पेड़ों से विनम्रता, सूरज से जागरूकता, और दीपक से अंधकार दूर करना सीखने की बात कही गई है। साथ ही, पृथ्वी से सेवा का भाव, जलधारा से आगे बढ़ने की प्रेरणा और धुएँ से ऊँचाई तक पहुँचने की सीख दी गई है।

कहानी के पात्र

1. **फूल** – यह हमें नित्य मुस्कुराने और खुश रहने की प्रेरणा देते हैं।
2. **भौंरे** – मधुर गीत गाने की सीख देते हैं, जिससे जीवन में सकारात्मकता बनी रहे।
3. **पेड़ (तरु की डालियाँ)** – नम्रता और दूसरों के प्रति आदरभाव रखना सिखाते हैं।
4. **हवा के झोंके** – कोमलता और दूसरों के प्रति सौम्यता दिखाने की प्रेरणा देते हैं।
5. **पानी** – आपसी मेल-जोल और समरसता का प्रतीक है।
6. **सूरज की किरणें** – स्वयं जागकर और दूसरों को प्रेरित करके जीवन को रोशन करने का संदेश देती हैं।
7. **लता और पेड़** – प्रेम और अपनापन दिखाकर सभी को गले लगाने की प्रेरणा देते हैं।
8. **दीपक** – अंधकार मिटाकर समाज में प्रकाश फैलाने की सीख देता है।
9. **पृथ्वी** – नि:स्वार्थ सेवा और सभी के कल्याण के लिए कार्य करने का उदाहरण है।
10. **जलधारा** – निरंतर आगे बढ़ने और जीवन में रुकावटों को पार करने की प्रेरणा देती है।

लेखक के बारे में

श्रीनाथ सिंह एक प्रसिद्ध हिंदी कवि और लेखक थे, जिनकी रचनाएँ शिक्षाप्रद और प्रेरणादायक होती हैं। उनकी कविता "सीखो" जीवन में ज्ञान अर्जन और अनुभवों से सीखने के महत्व को दर्शाती है। उनकी लेखनी सरल भाषा में गहरे संदेश देने के लिए जानी जाती है।

पाठ – 2: चींटी

सारांश

यह कविता चींटी की मेहनत और उसके अद्भुत संकल्प की प्रशंसा करती है। चाहे धूप हो या वर्षा, चींटी लगातार काम करती रहती है और अपने घर को सुंदर बनाती है। उसका छोटा आकार होते हुए भी वह बड़े कार्यों को करने का साहस रखती है। पर्वत जैसी ऊँचाइयों को पार कर वह हमें सिखाती है कि मेहनत ही सबसे बड़ी पूजा है।

कहानी के पात्र

1. **चींटी** – यह लगातार परिश्रम करने वाली जीव है जो कभी हार नहीं मानती और हमें मेहनत का महत्व सिखाती है।
2. **सूरज (कड़ी धूप)** – यह जीवन की कठिनाइयों का प्रतीक है; जिनसे चींटी बिना डरे काम करती रहती है।
3. **वर्षा** – यह चुनौतियों को दर्शाती है, लेकिन चींटी इन बाधाओं के बावजूद अपना कार्य जारी रखती है।
4. **पर्वत** – यह कठिन लक्ष्यों को दर्शाता है, जिन्हें चींटी अपनी मेहनत से पार कर लेती है।
5. **प्रभु** – चींटी अपने श्रम और अनुशासन के माध्यम से यह संदेश देती है कि सच्ची पूजा मेहनत करना है।

लेखक के बारे में

प्रकाश मनु एक प्रसिद्ध हिंदी साहित्यकार, कवि और बाल साहित्य लेखक हैं। उनकी कविता "चींटी" धैर्य, परिश्रम और निरंतर प्रयास की सीख देती है। वे बच्चों के लिए प्रेरणादायक कहानियाँ और कविताएँ लिखने के लिए जाने जाते हैं।

पाठ – 3: कितने पैर?

सारांश

इस संवाद में अध्यापिका बच्चों को विभिन्न जीवों के पैरों की संख्या के बारे में सिखाती हैं। बच्चे अलग-अलग जीवों के उदाहरण देकर अपनी समझ दर्शाते हैं। चर्चा में शून्य पैरों वाले केंचुए से लेकर द्विपाद कंगारू, चतुष्पाद पशु, छह पैरों वाले कीट, आठ पैरों वाली मकड़ी और सैकड़ों पैरों वाले कनखजूरे तक की जानकारी दी जाती है। इस तरह, यह संवाद जीव-जंतुओं के शारीरिक संरचना की रोचक जानकारी प्रदान करता है।

कहानी के पात्र

1. **अध्यापिका** – अध्यापिका बच्चों को जीवों के पैरों की संख्या के बारे में शिक्षित करती हैं और उनकी जिज्ञासा को बढ़ाती हैं।
2. **श्याम** – श्याम बताता है कि केंचुए के पैर नहीं होते और वह पेट के बल सरकता है।
3. **रमेश** – रमेश पक्षियों को द्विपाद कहकर सही उत्तर देता है और बाद में मकड़ी के आठ पैरों की जानकारी देता है।
4. **सविता** – सविता कंगारू के बारे में बताती है, लेकिन उसका नाम भूल जाती है।
5. **रजनी** – रजनी कंगारू का नाम याद करके बताती है और उसकी विशेषताओं का वर्णन करती है।
6. **समीर, वीणा, रफ़िया, बिपिन** – चार पैरों वाले विभिन्न पशुओं के नाम बताते हैं।
7. **मीना** – मीना बताती है कि चींटी के छह पैर होते हैं; जिसे उसने खुद गिनकर देखा है।
8. **राम, सिमरन** – मक्खी, भँवरा, तितली, और झींगुर जैसे छह पैरों वाले कीटों के नाम बताते हैं।
9. **सविता** – सविता मकड़ी के आठ पैरों के बारे में बताती है।
10. **सब विद्यार्थी** – सब कनखजूरे के बारे में जानने पर आश्चर्य व्यक्त करते हैं और सीखने की रुचि दिखाते हैं।

लेखक के बारे में

मंजुल भार्गव एक प्रसिद्ध शिक्षाविद् और लेखक हैं, जो शिक्षा और साहित्य के क्षेत्र में सक्रिय हैं। उनकी कहानी "कितने पैर" बच्चों के सोचने और गणितीय तर्क विकसित करने की दिशा में लिखी गई है। वे राष्ट्रीय पाठ्यक्रम निर्माण से भी जुड़े रहे हैं।

पाठ – 4: बया हमारी चिड़िया रानी!

सारांश

यह कविता बया चिड़िया की मेहनत, घर बनाने की कला और उसके प्रति बच्चों के स्नेह को दर्शाती है। बया चिड़िया तिनके इकट्ठा कर घोंसला बनाती है, दाना-पानी लाती है और अंडे सेती है। बच्चे उसे दाना और पानी देकर उसकी मदद करने का वादा करते हैं और उसके नन्हे बच्चों की देखभाल करने की इच्छा जताते हैं।

कहानी के पात्र

1. **बया चिड़िया** – एक मेहनती और कुशल चिड़िया है; जो सुंदर घोंसला बनाकर उसमें अंडे सेती है।
2. **बच्चे** – बया चिड़िया की देखभाल करने और उसके बच्चों की निगरानी करने की इच्छा रखते हैं।

लेखक के बारे में

महादेवी वर्मा हिंदी साहित्य की प्रसिद्ध छायावादी कवयित्री थी; जिन्हें आधुनिक मीरा भी कहा जाता है। उनकी कविता " बया हमारी चिड़िया रानी" प्रकृति और मासूम जीवों के प्रति स्नेह और करुणा को दर्शाती है। वे साहित्य अकादमी और ज्ञानपीठ पुरस्कार से सम्मानित हुई थीं।

पाठ – 5: आम का पेड़

सारांश

सौरभ को आम बहुत पसंद आए, इसलिए उसने अपने बगीचे में आम की गुठली बोई। कुछ समय बाद पानी डालना बंद करने पर भी बारिश के कारण नन्हा पौधा उग आया। सौरभ और उसकी बहन प्रिया बहुत खुश हुए और पिताजी को दिखाने गए। पिताजी ने समझाया कि पेड़ बड़ा होने में समय लगेगा, लेकिन सौरभ ने धैर्य रखते हुए उसकी देखभाल करने का निश्चय किया।

कहानी के पात्र

1. **सौरभ** – सौरभ एक उत्साही और धैर्यवान बच्चा है; जो अपने बगीचे में आम का पौधा लगाने और उसकी देखभाल करने के लिए तत्पर है।
2. **प्रिया** – सौरभ की छोटी बहन, जो आम के पौधे को देखकर उत्साहित हो जाती है लेकिन पेड़ के फलने में समय लगने की बात सुनकर थोड़ा उदास हो जाती है।
3. **पिताजी** – वे धैर्य और प्रकृति के नियमों को समझाने वाले हैं; जो बच्चों को पौधों के बढ़ने की प्रक्रिया बताते हैं।
4. **चाचाजी** – सौरभ को आम भेजने वाले, जिनकी वजह से सौरभ के मन में आम का पेड़ लगाने की इच्छा जागती है।

पाठ – 6: बीरबल की खिचड़ी

सारांश

अकबर ने एक व्यक्ति को सर्द रात में यमुना के ठंडे पानी में खड़े रहने की शर्त दी और इनाम का वादा किया। वह व्यक्ति पूरी रात खड़ा रहा, लेकिन जब उसने बताया कि उसने राजमहल के दीपक की रोशनी देखकर रात बिताई, तो अकबर ने इनाम देने से इंकार कर दिया। बीरबल ने इस अन्याय को सुधारने के लिए एक युक्ति निकाली—उन्होंने बहुत ऊँचाई पर हाँडी लटकाकर आग से खिचड़ी पकाने का नाटक किया। जब अकबर ने इस पर आपत्ति जताई, तो बीरबल ने चतुराई से राजा को उनकी गलती समझा दी। अकबर ने अपनी भूल स्वीकार कर व्यक्ति को इनाम दे दिया।

कहानी के पात्र

1. **अकबर** – अकबर एक न्यायप्रिय लेकिन कभी-कभी हठी राजा था; जो बीरबल की बुद्धिमानी से अपनी गलती स्वीकार कर लेते हैं।
2. **बीरबल** – चतुर और हाजिरजवाब मंत्री, जो अपनी बुद्धिमत्ता से अकबर को सही निर्णय लेने के लिए प्रेरित करते हैं।
3. **यमुना में खड़ा व्यक्ति** – साहसी और दृढ़ संकल्पी, जो शर्त पूरी करता है लेकिन अन्याय का शिकार हो जाता है।
4. **दरबारी और गाँववाले** – वे कहानी के.गवाह हैं और अकबर तथा बीरबल के संवादों को सुनकर सीखते हैं।

पाठ – 7: मित्र को पत्र

सारांश

रूपम अपने नाना-नानी के घर गुवाहाटी में गरमी की छुट्टियाँ मना रहा है। उसने वहाँ ब्रह्मपुत्र नदी, माजुली द्वीप, सत्रिया नृत्य और कामाख्या देवी मंदिर देखा। उमानंद मंदिर जाने के दौरान उसकी नानी ने उसे खेल-कूद के महत्व के बारे में समझाया। रूपम को अपने मित्र अभिषेक की याद आई और उसने उसे पत्र लिखकर अपने अनुभव साझा किए।

कहानी के पात्र

1. **रूपम** – एक जिज्ञासु और उत्साही बच्चा, जिसे नई जगहों को देखने और अपने अनुभव साझा करने में आनंद आता है।
2. **अभिषेक** – रूपम का प्रिय मित्र, जिससे वह अपनी छुट्टियों के अनुभव साझा करता है और जिसे याद करता है।
3. **नानी** – अनुभवी और समझदार, जो रूपम को खेल-कूद और स्वास्थ्य के महत्व के बारे में बताती हैं।

पाठ – 8: चतुर गीदड़

सारांश

मगरमच्छ तालाब की सारी मछलियाँ खा चुका था और अब गीदड़ को खाने की योजना बना रहा था। कछुए ने उसे पकड़ने के लिए एक चाल चली और गीदड़ को बुलाया। मगरमच्छ ने मरा होने का नाटक किया, लेकिन गीदड़ ने उसकी चालाकी को भाँप लिया। उसने कहा कि मरने के बाद भी मगरमच्छ की पूँछ हिलती रहती है। जैसे ही मगरमच्छ की पूँछ हिली, गीदड़ भाग गया। कछुए ने मगरमच्छ को उसकी मूर्खता पर डाँटा।

कहानी के पात्र

1. **मगरमच्छ** – धूर्त और लालची, जो अपनी भूख मिटाने के लिए गीदड़ को धोखे से पकड़ने की योजना बनाता है।
2. **कछुआ** – चतुर और व्यावहारिक, जो मगरमच्छ की मदद करने का नाटक करता है लेकिन अंततः गीदड़ की सुरक्षा सुनिश्चित करता है।
3. **गीदड़** – तेज़-तर्रार और चालाक, जो मगरमच्छ की चाल को समझकर समय रहते अपनी जान बचा लेता है।

पाठ – 9: प्रकृति पर्व-फूलदेई

सारांश

जानकी और उसके मित्र उत्तराखंड के प्रसिद्ध त्योहार फूलदेई को मनाने के लिए जंगल से फूल इकट्ठा करते हैं। ‹फुलारी' टोली बनाकर वे घर-घर जाकर देहली पर फूल और अक्षत चढ़ाते हैं और लोकगीत गाकर आशीर्वाद देते हैं। बदले में उन्हें चावल, गुड़ और पैसे मिलते हैं, जिससे हलवा और अन्य व्यंजन बनाए जाते हैं। यह त्योहार प्रकृति प्रेम, सामाजिक सद्भाव और लोक परंपराओं से जुड़ने की प्रेरणा देता है।

कहानी के पात्र

1. **जानकी** – फूलदेई त्योहार को लेकर उत्साहित, अपने मित्रों के साथ फूल एकत्रित कर इसे पूरे हर्षोल्लास से मनाती है।
2. **इजा (माँ)** – जानकी को सुबह उठाने और त्योहार की तैयारी में सहायता करने वाली, परिवार और परंपराओं से जुड़ी महिला।
3. **हेमा, गीता, राधा, बीर, गोविंद, मनोज** – जानकी के मित्र, जो 'फुलारी' टोली का हिस्सा बनकर फूलदेई का आनंद लेते हैं।

पाठ – 10: रस्साकशी

सारांश

यह कविता रस्साकशी के खेल पर आधारित है, जिसमें खिलाड़ी पूरी ताकत लगाकर जीतने का प्रयास कर रहे हैं। वे कमर कसकर, संतुलन बनाए रखते हुए, अपने साथियों के साथ तालमेल बिठाकर रस्से को खींच रहे हैं। उनकी मेहनत, ऊर्जा और जोश कविता में स्पष्ट झलकता है। अंत में, सब पसीने से तर-बतर हो जाते हैं, लेकिन संघर्ष और टीम वर्क से सफलता प्राप्त करने का आनंद उठाते हैं।

कहानी के पात्र

1. **खिलाड़ी (प्रतिभागी)** – पूरे जोश और उत्साह के साथ रस्साकशी खेल रहे हैं, अपनी शक्ति और एकजुटता का प्रदर्शन कर रहे हैं।
2. **साथी (टीम के सदस्य)** – मिलकर खेल में सहयोग कर रहे हैं, एक-दूसरे को प्रोत्साहित कर जीतने का प्रयास कर रहे हैं।

लेखक के बारे में

कन्हैया लाल 'मत्त' हिंदी साहित्य के जाने-माने कवि थे, जिनकी रचनाएँ हास्य-व्यंग्य और सरल भाषा में गहरी भावनाएँ व्यक्त करती हैं। उनकी कविता "रस्साकशी" मानवीय संघर्ष और संतुलन की भावना को रोचक ढंग से प्रस्तुत करती है। उनकी कविताएँ पाठकों को सोचने पर मजबूर करने के साथ-साथ मनोरंजन भी करती हैं।

पाठ – 11: एक जादुई पिटारा

सारांश

यह कविता कल्पना और हास्य से भरी हुई है, जिसमें एक पिटारे से गप्पू गोला निकलता है और घटनाओं की एक मजेदार कड़ी शुरू हो जाती है। कठपुतली, ऊँट, सुपारी, आटा, घोड़ा, गुब्बारा, इंजन, भैंसे और खेत—हर वस्तु से एक नई अनोखी चीज निकलती जाती है। यह कविता बच्चों की कल्पनाशक्ति को प्रेरित करने वाली एक रोचक कहानी प्रस्तुत करती है।

कहानी के पात्र

1. **गप्पू गोला** – पिटारे से निकला एक रहस्यमयी गोला, जो कहानी की शुरुआत करता है।
2. **कठपुतली** – सुतली बाँधते ही नाचने लगता है और अपनी दुनिया को जीवंत बनाता है।
3. **ऊँट** – कठपुतली के लगाए खूँटों से निकलते हैं और सवारी का आनंद देते हैं।
4. **सुपारी** – सफर के दौरान मिलने वाली चीज, जिसे काटने पर उसमें से आटा निकलता है।
5. **घोड़ा** – नारियल फोड़ने पर निकलता है और आसमान तक ले जाने की शक्ति रखता है।
6. **गुब्बारा** – आसमान में मिलता है, जिसमें कई छेद होते हैं, जिनमें से एक पर इस्टेशन होता है।
7. **इंजन** – इस्टेशन पर खड़ा होता है, जिसे धोने पर उसमें से भैंसे निकलते हैं।
8. **भैंसे** – खेत जोतने के लिए इस्तेमाल होती हैं, जिससे भरपूर अनाज उगता है।
9. **खेत और अनाज** – भैंसों के जोतने से बहुत सारा अनाज पैदा होता है, जिसे खाकर सब मस्त हो जाते हैं।

पाठ – 12: अपना-अपना काम

सारांश

सिमरन पढ़ाई से थककर सोचती है कि बिना मेहनत के जीवन अच्छा होता। वह मधुमक्खी, पेड़ और चिड़िया बनने की कल्पना करती है, लेकिन जब वे अपने परिश्रम की कहानी सुनाते हैं, तो उसे एहसास होता है कि हर जीव को परिश्रम करना पड़ता है। अंत में, वह समझ जाती है कि मेहनत से ही सफलता मिलती है और उत्साह से पढ़ाई में लग जाती है।

कहानी के पात्र

1. **सिमरन** – पढ़ाई से परेशान होकर अलग-अलग जीव बनने की कल्पना करती है, लेकिन अंत में मेहनत का महत्व समझती है।
2. **मधुमक्खियाँ** – फूलों से रस इकट्ठा करने में दिनभर मेहनत करती हैं और बताती हैं कि उनका जीवन भी आसान नहीं है।
3. **पेड़** – जड़ों, पत्तों और फलों के माध्यम से दिन-रात काम करता है और निःस्वार्थ भाव से सबको फल देता है।
4. **चिड़िया** – दाना ढूँढ़ने और घोंसला बनाने में कड़ी मेहनत करती है, जिससे सिमरन को परिश्रम का वास्तविक अर्थ समझ में आता है।

पाठ – 13: पेडों की अम्मा 'थिमक्का'

सारांश

श्रीमती थिमक्का, जिन्हें 'अम्मा' और 'वृक्षमाता' के नाम से जाना जाता है, कर्नाटक की एक पर्यावरण संरक्षक हैं। उन्होंने ८० वर्षों से अधिक समय तक पेड़ लगाए और विशेष रूप से ४५ किलोमीटर लंबे राजमार्ग पर ३८५ बरगद के पेड़ रोपित किए। उन्होंने कुल ८००० से अधिक पेड़ लगाए, जिससे पर्यावरण को बड़ा लाभ मिला। उनके कार्यों के लिए भारत सरकार ने उन्हें २०१९ में पद्मश्री से सम्मानित किया। कठिनाइयों के बावजूद, उन्होंने समाज के लिए अनुकरणीय योगदान दिया और आज भी पर्यावरण संरक्षण में सक्रिय हैं।

कहानी के पात्र

1. **श्रीमती थिमक्का** – पर्यावरण संरक्षण के प्रति समर्पित एक प्रेरणादायक महिला, जिन्होंने हजारों पेड़ लगाकर हरियाली को बढ़ावा दिया।
2. **थिमक्का के पति** – उन्होंने थिमक्का के वृक्षारोपण अभियान में पूरा सहयोग दिया और इस नेक कार्य में उनके साथी बने।

पाठ – 14: किसान की होशियारी

सारांश

एक किसान खेत जोत रहा था, तभी एक भालू ने उस पर हमला कर दिया। किसान ने अपनी फसल का एक हिस्सा देने का वादा किया, और भालू ने पहले भूमि के ऊपर की उपज मांगी, लेकिन किसान ने आलू बोकर उसे केवल पत्ते दिए। अगली बार भालू ने भूमि के नीचे की उपज मांगी, तो किसान ने गेहूँ उगाया और भालू को केवल जड़ें मिलीं। अंत में, भालू ने ऊपर और नीचे दोनों का दावा किया, लेकिन किसान ने गन्ना बोकर उसे फिर धोखा दे दिया। भालू हार मानकर रह गया।

कहानी के पात्र

1. **किसान** – चतुर और समझदार; जिसने भालू को उसकी लालच के कारण तीन बार मात दे दी।
2. **भालू** – लालची और मूर्ख, जो बार-बार किसान की चाल में फँसता गया और अंत में हार मान गया।

पाठ – 15: किसान

सारांश

यह कविता भारत देश की महानता और प्राकृतिक सुंदरता का गुणगान करती है। इसमें हिमालय, गंगा-यमुना, समृद्ध वनस्पति, रत्न-खनिज और भारत के महापुरुषों की महिमा का वर्णन किया गया है। अंत में, कवि देश के सम्मान और गौरव को बढ़ाने का संकल्प लेता है।

कहानी के पात्र

1. **भारत माता** – महान, सुंदर और समृद्ध, जिसे कवि ने सर्वोत्तम देश बताया है।
2. **हिमालय, गंगा-यमुना और प्रकृति** – भारत की शान और जीवनदायिनी शक्तियाँ, जो इसकी पवित्रता और समृद्धि को दर्शाती हैं।

लेखक के बारे में

सोहन लाल द्विवेदी हिंदी साहित्य के प्रसिद्ध राष्ट्रवादी कवि थे, जिनकी कविताएँ देशभक्ति और प्रेरणा से ओत-प्रोत होती थीं। उनकी कविता "भारत" देश के गौरव, संस्कृति और आत्मसम्मान को दर्शाती है। उनकी रचनाएँ स्वतंत्रता संग्राम के समय जनमानस में उत्साह भरने का कार्य करती थीं।

पाठ – 16: चंद्रयान

सारांश

यह संवाद चंद्रयान मिशन पर आधारित एक कक्षा चर्चा को दर्शाता है। अध्यापिका और विद्यार्थी चाँद, चंद्रयान-1, 2, 3, विक्रम लैंडर और प्रज्ञान रोवर के बारे में बातचीत करते हैं। वैज्ञानिकों के परिश्रम और चाँद के रहस्यों को जानने की जिज्ञासा को उजागर किया गया है।

कहानी के पात्र

1. **अध्यापिका** – ज्ञानवर्धक तरीके से विद्यार्थियों को चंद्रयान मिशन और चाँद की जानकारी देती हैं।
2. **विद्यार्थी** – जिज्ञासु स्वभाव के होते हैं, चाँद और अंतरिक्ष मिशनों को लेकर सवाल पूछते हैं और नई जानकारी सीखते हैं।

पाठ – 17: बोलने वाली माँद

सारांश

खरनखर नाम का एक सिंह भोजन की तलाश में जंगल में भटकता रहा और भूखा रह गया। उसे एक माँद मिली, जिसमें वह शिकार की प्रतीक्षा करने लगा। उस माँद का निवासी दधिपुच्छ नाम का सियार था, जिसने चालाकी से सिंह की उपस्थिति का पता लगाया। सियार ने माँद को पुकारने का नाटक किया, जिससे सिंह ने मूर्खता में स्वयं उत्तर दे दिया। सियार समझ गया कि सिंह भीतर है और तुरंत वहाँ से भाग गया, अपनी बुद्धिमत्ता से जान बचा ली।

कहानी के पात्र

1. **खरनखर (सिंह)** – खरनखर भूखा और शिकार की तलाश में था, लेकिन लालच और मूर्खता के कारण धोखा खा गया।
2. **दधिपुच्छ (सियार)** – दधिपुच्छ चालाक और बुद्धिमान था, जिसने अपनी सूझबूझ से सिंह के जाल से बचकर जान बचाई।

लेखक के बारे में

भगवान सिंह हिंदी साहित्य के जाने-माने लेखक थे, जिन्होंने समाज और संस्कृति से जुड़ी कहानियाँ लिखीं। उनकी कहानी "बोलने वाली मांड" एक रोचक और विचारशील रचना है, जो मानवीय मूल्यों को उजागर करती है। उनकी लेखनी सरल भाषा में गहरी बातें कहने के लिए जानी जाती है।

पाठ – 18: हम अनेक किंतु एक

सारांश

यह कविता भारत की एकता और विविधता को दर्शाती है। इसमें बताया गया है कि भारत में अनेक प्रदेश, भाषाएँ, वेशभूषाएँ और परंपराएँ होने के बावजूद हम सभी एक राष्ट्र के अंग हैं। हमारी मातृभूमि और लक्ष्य एक हैं, और हम मिलकर आगे बढ़ रहे हैं।

लेखक के बारे में

द्वारिका प्रसाद माहेश्वरी हिंदी साहित्य के प्रतिष्ठित कवि और शिक्षाविद थे, जिनकी रचनाएँ राष्ट्रभक्ति और एकता के संदेश से भरपूर हैं। उनकी प्रसिद्ध कविता "हम अनेक किंतु एक" भारतीय संस्कृति की विविधता में एकता को दर्शाती है। उनकी लेखनी सरल होते हुए भी गहरी प्रेरणा देने वाली मानी जाती है।

किताबों के लेखकों के बारे में

1. **चमन लाल गुप्त-** चमन लाल गुप्त हिमाचल प्रदेश विश्वविद्यालय, शिमला में हिंदी विभाग के प्रोफेसर एवं पूर्व अध्यक्ष रहे हैं। उन्होंने हिंदी भाषा और साहित्य के क्षेत्र में महत्वपूर्ण योगदान दिया है।
2. **कविता बिष्ट-** कविता बिष्ट केंद्रीय विद्यालय, रा.शै.अ.प्र.प. परिसर, नई दिल्ली में मुख्य अध्यापिका हैं। वे शिक्षा के क्षेत्र में नवाचार और विद्यार्थियों के सर्वांगीण विकास पर विशेष ध्यान देती हैं।
3. **ज्योति-** ज्योति प्रारंभिक शिक्षा विभाग, रा.शै.अ.प्र.प., नई दिल्ली में वरिष्ठ शोध सहायक के रूप में कार्यरत हैं। वे शैक्षिक अनुसंधान और नीतिगत विकास में सक्रिय योगदान दे रही हैं।
4. **टीना कुमारी-** टीना कुमारी गार्गी महाविद्यालय, दिल्ली विश्वविद्यालय में सहायक प्रोफेसर हैं। वे हिंदी साहित्य और भाषा अध्ययन के क्षेत्र में विशेषज्ञता रखती हैं।
5. **निशा जैन-** निशा जैन राजकीय कन्या उच्चतर माध्यमिक विद्यालय, शकरपुर, दिल्ली में हिंदी प्रवक्ता हैं। वे भाषा शिक्षण में आधुनिक तकनीकों के समावेश के लिए जानी जाती हैं।
6. **नीरा नारंग-** नीरा नारंग केंद्रीय शैक्षिक संस्थान, दिल्ली विश्वविद्यालय में प्रोफेसर हैं। वे हिंदी भाषा शिक्षण और अनुसंधान के क्षेत्र में प्रतिष्ठित हैं।
7. **पूजा-** पूजा प्रारंभिक शिक्षा विभाग, रा.शै.अ.प्र.प., नई दिल्ली में जूनियर प्रोजेक्ट फैलो (जे.पी.एफ.) के रूप में कार्यरत हैं। वे प्रारंभिक शिक्षा के पाठ्यक्रम विकास में योगदान दे रही हैं।
8. **प्रणय कुमार-** प्रणय कुमार एल.के. सिंहानिया एजुकेशन सेंटर, गोटन, नागौर, राजस्थान में वरिष्ठ अध्यापक एवं पूर्व हिंदी एवं संस्कृत विभागाध्यक्ष रहे हैं। वे भाषा शिक्षण में नवाचारों को बढ़ावा देते हैं।
9. **विजय कुमार चावला-** विजय कुमार चावला आरोही आदर्श वरिष्ठ माध्यमिक विद्यालय, ग्योंग, कैथल, हरियाणा में पी.जी.टी. (हिंदी) हैं। वे हिंदी भाषा और साहित्य को विद्यार्थियों में लोकप्रिय बनाने के लिए जाने जाते हैं।

10. **शशि कुमार शर्मा-** शशि कुमार शर्मा राजकीय वरिष्ठ माध्यमिक पाठशाला, मझियाठ, मंडी, हिमाचल प्रदेश में हिंदी प्रवक्ता हैं। वे साहित्यिक लेखन और भाषा अध्ययन के प्रति समर्पित हैं।

11. **शारदा कुमारी-** शारदा कुमारी जिला शिक्षा एवं प्रशिक्षण संस्थान, आर.के. पुरम, नई दिल्ली की प्रधानाचार्य (सेवानिवृत्त) हैं। उन्होंने शिक्षण प्रशिक्षण और शिक्षाशास्त्र में योगदान दिया है।

12. **श्याम सिंह सुशील-** श्याम सिंह सुशील एक प्रसिद्ध बाल साहित्यकार एवं दैनिक हिंदुस्तान, नई दिल्ली में पूर्व वरिष्ठ उप-संपादक रह चुके हैं। वे बच्चों के लिए प्रेरणादायक और रोचक साहित्य लिखते हैं।

13. **समीर-** समीर केंद्रीय विश्वविद्यालय, भटिंडा, पंजाब में हिंदी विभाग में सहायक प्रोफेसर हैं। वे भाषा अध्ययन और साहित्य के गहन शोध में रुचि रखते हैं।

14. **सय्यद मतीन अहमद-** सय्यद मतीन अहमद राज्य शैक्षिक अनुसंधान और प्रशिक्षण परिषद, तेलंगाना में प्रोफेसर हैं। वे भाषा शिक्षण और शैक्षिक अनुसंधान में विशेष योगदान दे रहे हैं।

15. **साकेत बहुगुणा-** साकेत बहुगुणा राष्ट्रीय पाठ्यक्रम एवं शिक्षण-अधिगम सामग्री समिति, रा.शै.अ.प्र.प, नई दिल्ली में परामर्शदाता हैं। वे पाठ्यक्रम विकास और शिक्षण अधिगम सामग्री निर्माण में संलग्न हैं।

16. **सुधा मिश्रा-** सुधा मिश्रा पी.एम.यू, राज्य शिक्षा केंद्र, भोपाल, मध्य प्रदेश में परामर्शदाता एवं साक्षरता विशेषज्ञ हैं। वे शैक्षिक नीतियों और साक्षरता अभियान में योगदान दे रही हैं।

17. **सुमन कुमार सिंह-** सुमन कुमार सिंह उत्क्रमित माध्यमिक विद्यालय, कौड़िया बसंती, भगवानपुर हाट, सिवान, बिहार के प्रधानाध्यापक हैं। वे ग्रामीण शिक्षा के विकास और विद्यार्थियों के लिए बेहतर शिक्षण सुविधाएं उपलब्ध कराने पर कार्य कर रहे हैं।

हिंदी:
कक्षा 4 - रिमझिम

पाठ – 1: मन के भोले-भाले बादल

सारांश

इस कविता में बादलों के विभिन्न रूपों और हरकतों का मनमोहक चित्रण किया गया है। कुछ बादल जोकर, हाथी और ऊँट जैसे दिखते हैं, तो कुछ परियों की तरह उड़ते हैं। वे गरजते, बरसते और कभी-कभी शरारत करते हुए बाढ़ भी ले आते हैं, लेकिन फिर भी मासूम और प्यारे लगते हैं।

कहानी के पात्र

1. **काले बादल** – काले बादल आसमान में झूमते और दौड़ते हैं, अलग-अलग आकृतियों में दिखाई देते हैं।
2. **तूफ़ानी बादल** – गरजते और मूसलाधार बारिश लाने वाले बादल।
3. **शरारती बादल** – रह-रहकर गरजने और छतों पर मंडराने वाले बादल।
4. **भोले-भाले बादल** – कभी बाढ़ लाने वाले, तो कभी मासूम और प्यारे लगने वाले बादल।

लेखक के बारे में

कल्पनाथ सिंह हिंदी के एक प्रतिष्ठित कवि थे, जिन्होंने बच्चों के लिए सरल और मनोहर कविताएँ लिखीं। उनकी कविता "मन के भोले-भाले बादल" विशेष रूप से प्रसिद्ध है, जो बच्चों के पाठ्यक्रम में सम्मिलित है। उनकी रचनाएँ बाल मनोविज्ञान को समझते हुए सरल भाषा में लिखी गई हैं, जो बच्चों के बीच अत्यंत लोकप्रिय हैं।

पाठ – 2: जैसा सवाल वैसा जवाब

सारांश

बादशाह अकबर बीरबल की बुद्धिमानी से बहुत प्रभावित थे, जिससे दरबार के कुछ लोग जलते थे। ख्वाजा सरा, जो स्वयं को अत्यंत बुद्धिमान समझते थे, ने बीरबल को मूर्ख साबित करने के लिए तीन कठिन प्रश्न पूछे। बीरबल ने अपनी चतुराई से ऐसे उत्तर दिए कि ख्वाजा कोई प्रतिक्रिया न दे सके। अकबर बीरबल की बुद्धिमत्ता से संतुष्ट हुए, जबकि ख्वाजा की योजना विफल हो गई।

कहानी के पात्र

1. **बीरबल** – अकबर के प्रिय मंत्री, जो अपनी बुद्धिमत्ता के लिए प्रसिद्ध थे। उन्होंने कठिन प्रश्नों के उत्तर चतुराई से दिए और अपनी कुशाग्र बुद्धि का प्रमाण दिया।
2. **बादशाह अकबर** – न्यायप्रिय शासक, जो बीरबल की बुद्धि से प्रभावित रहते थे। उन्होंने ख्वाजा सरा के कहने पर बीरबल की परीक्षा ली और उनके उत्तरों से संतुष्ट हुए।
3. **ख्वाजा सरा** – दरबार का एक सदस्य, जो अपनी बुद्धि पर घमंड करता था। उन्होंने बीरबल को मूर्ख साबित करने का प्रयास किया, लेकिन असफल रहे।

पाठ – 3: किरमिच की गेंद

सारांश

गर्मी की छुट्टियों में दिनेश को अपने बगीचे में एक चमचमाती नई गेंद मिली। उसने ईमानदारी दिखाते हुए अपने दोस्तों से पूछा कि यह किसकी है, लेकिन अनिल, सुधीर, दीपक और सुनील में से कोई ठोस सबूत नहीं दे पाया। दीपक ने जबरदस्ती गेंद पर दावा जताया, जिससे झगड़ा बढ़ने लगा। दिनेश ने माहौल शांत करने के लिए पहले खेलना उचित समझा। खेल के दौरान गेंद उछलकर एक स्कूटर की टोकरी में जा गिरी, और बच्चे उसे पकड़ नहीं सके। अंत में सबने समझदारी दिखाई और इस घटना पर हँस पड़े।

कहानी के पात्र

1. **दिनेश** – ईमानदार और समझदार लड़का है; जिसने झगड़े को टालने के लिए खेल खेलने का सुझाव दिया।

2. **दीपक** – चालाक और स्वार्थी है; जो किसी भी तरह गेंद को हथियाना चाहता था।
3. **अनिल** – दिनेश का समर्थन करने वाला है; जो दीपक के झूठे दावे का विरोध करता रहा।
4. **सुधीर** – अपने स्वार्थ के अनुसार पक्ष बदलने वाला है; जो गेंद पर दावा करता रहा।
5. **सुनील** – दीपक के साथ मिलकर उसे समर्थन देने वाला है; जो बिना ठोस प्रमाण के पक्षधर बन गया।
6. **दिनेश की माँ** – अपने बेटे की सुरक्षा को लेकर चिंतित है; जो उसे धूप में बाहर जाने से रोक रही थी।

लेखक के बारे में

शांताकुमारी जैन हिंदी साहित्य की जानी-मानी लेखिका थीं, जिन्होंने विशेष रूप से बाल साहित्य में महत्वपूर्ण योगदान दिया। उनकी कहानी "किरमिच की गेंद" बच्चों की संवेदनशीलता और खेल भावना को दर्शाने वाली एक प्रेरणादायक रचना है। उनकी लेखन शैली सहज, रोचक और बाल मनोविज्ञान को गहराई से समझने वाली थी।

पाठ – 4: पापा जब बच्चे थे

सारांश

इस कहानी में लेखक के पापा के बचपन की इच्छाओं का वर्णन किया गया है। उन्होंने चौकीदार, आइसक्रीम विक्रेता, शंटिंग करने वाला, वायुयान चालक, अभिनेता, जहाज़ी, चरवाहा और यहाँ तक कि कुत्ता बनने की भी कल्पना की। उनके विचार बार-बार बदलते रहे, लेकिन एक फ़ौजी अफ़सर के सवाल ने उन्हें सोचने पर मजबूर कर दिया। अंत में उन्होंने समझा कि सबसे महत्वपूर्ण चीज़ अच्छा इंसान बनना है।

कहानी के पात्र

1. **पापा:** बचपन में उनके कई सपने थे, लेकिन अंत में उन्होंने महसूस किया कि सबसे ज़रूरी चीज़ अच्छा इंसान बनना है।
2. **माता-पिता:** वे पापा की इच्छाओं पर हँसते थे लेकिन उनके सपनों को मज़ाक में नहीं उड़ाते थे।
3. **फ़ौजी अफ़सर:** उन्होंने पापा से एक गहरी बात पूछी, जिससे पापा को अपनी सबसे महत्वपूर्ण पहचान का अहसास हुआ।
4. **बूढ़ी महिला:** उन्होंने पापा को प्यार से सहलाना चाहा, लेकिन पापा ने उन्हें काटने की कोशिश की।

लेखक के बारे में

ऐलेकज़ैन्ड्रा रस्किन एक प्रसिद्ध लेखिका थीं, जिन्होंने बच्चों के लिए संवेदनशील और प्रेरणादायक कहानियाँ लिखीं। उनकी कहानी "पापा जब बच्चे थे" बचपन की मासूमियत और पीढ़ियों के अनुभवों को दर्शाती है। उनकी लेखन शैली सरल लेकिन भावनात्मक रूप से गहराई लिए होती है, जो पाठकों को सहज ही जोड़ लेती है।

पाठ – 5: दोस्त की पोशाक

सारांश

नसीरूद्दीन अपने पुराने दोस्त जमाल साहब से मिले और उन्हें घुमाने के लिए अपनी अचकन पहनने को दी। पहले पड़ोसी से मिलते समय नसीरूद्दीन ने बताया कि अचकन उनकी है, जिससे जमाल साहब शर्मिंदा हो गए। अगली बार उन्होंने कहा कि अचकन जमाल साहब की ही है, तो जमाल साहब को यह भी पसंद नहीं आया। अंत में, जब तीसरे व्यक्ति से मिलवाया, तो नसीरूद्दीन ने अचकन पर चुप रहने की बात कहकर मज़ाकिया अंदाज में जवाब दिया।

कहानी के पात्र

1. **नसीरूद्दीन:** हंसमुख और चतुर व्यक्ति, जो अपने दोस्त की मदद करने की कोशिश करते हैं, लेकिन उनकी बातों से हास्यजनक स्थिति उत्पन्न हो जाती है।
2. **जमाल साहब:** स्वाभिमानी व्यक्ति, जो अपनी पोशाक को लेकर संवेदनशील हैं और बार-बार नसीरूद्दीन की बातों से असहज महसूस करते हैं।

3. **पहला पड़ोसी:** नसीरूद्दीन के परिचित, जिनसे मिलने पर अचकन की सच्चाई बताने पर जमाल साहब को शर्मिंदगी होती है।
4. **हुसैन साहब:** गर्मजोशी से स्वागत करने वाले व्यक्ति, जिनसे मिलते समय नसीरूद्दीन अचकन के बारे में झूठ बोलते हैं।
5. **तीसरा पड़ोसी:** जिससे मिलते समय नसीरूद्दीन ने हास्यपूर्ण ढंग से अचकन के बारे में चुप रहने की बात कही।

पाठ – 6: नाव बनाओ नाव बनाओ

सारांश

कविता में एक बालक अपने बड़े भाई को बुलाकर नाव बनाने की बात करता है। बारिश होने वाली है, बादल घिरे हैं और पानी भरने वाला है, इसलिए वह चाहता है कि भाई उसके साथ नाव बनाए। वह अपने भाई से पैसे लेकर रंग-बिरंगा कागज़ लाने को कहता है ताकि सुंदर नाव तैयार की जा सके। नाव पानी में तैरे और सभी को आनंद दे, यही उसकी इच्छा है। अंत में वह कहता है कि काम न करने का कारण सिर्फ़ आलस है, जिसे छोड़कर सब कुछ संभव है।

कहानी के पात्र

1. **बालक (कविता का मुख्य पात्र):** उत्साही और कल्पनाशील बच्चा, जो बारिश में नाव तैराने के लिए बेहद उत्सुक है।
2. **भाई:** बड़ा भाई, जिसे बालक बुलाकर नाव बनाने और बाज़ार से सामान लाने के लिए प्रेरित करता है।

लेखक के बारे में

हरिकृष्ण दास गुप्त हिंदी साहित्य के जाने-माने कवि थे, जिन्होंने बच्चों और समाज से जुड़ी प्रेरणादायक रचनाएँ लिखीं। उनकी कविता "नाव बनाओ नाव बनाओ" सृजनशीलता और परिश्रम के महत्व को दर्शाती है। उनकी लेखनी सरल भाषा में गहरी सीख देने की विशेषता रखती थी।

पाठ – 7: दान का हिसाब

सारांश

यह कहानी एक राजा की है, जो अपने ऐशो-आराम पर हज़ारों रुपए खर्च करता था, लेकिन ज़रूरतमंदों की सहायता के लिए राजकोष खोलने को तैयार नहीं था। जब उसके राज्य में अकाल पड़ा, तो उसने लोगों की मदद करने से इनकार कर दिया। फिर एक संन्यासी आया और राजा से 20 दिनों तक एक विशेष तरीके से भिक्षा देने का अनुरोध किया। शुरुआत में राजा ने इसे मामूली समझा, लेकिन जैसे-जैसे रकम बढ़ती गई, राजकोष खाली होने की नौबत आ गई। आखिरकार, संन्यासी ने शर्त रखी कि यदि पचास हज़ार रुपए जनता की सहायता के लिए दिए जाएँ, तो वह अपनी भिक्षा की माँग छोड़ देगा। मजबूर होकर राजा को यह रकम देनी पड़ी, और पूरे राज्य में उसकी दानवीरता की प्रशंसा होने लगी।

कहानी के पात्र

1. **राजा:** ऐशो-आराम में रहने वाला राजा, जो ज़रूरतमंदों की मदद करने में अनिच्छुक था लेकिन अंततः संन्यासी की युक्ति के कारण जनता की सहायता करने के लिए विवश हो गया।
2. **संन्यासी:** चतुर और बुद्धिमान व्यक्ति, जिसने राजा को अपनी ही प्रतिज्ञा में फँसाकर उसे मजबूर किया कि वह अकालग्रस्त जनता की मदद करे।
3. **मंत्री:** राजा का विश्वासपात्र, जो शुरू में भिक्षा योजना को हल्के में लेता है, लेकिन बाद में जब राजकोष खाली होने की नौबत आती है, तो परेशान हो जाता है।
4. **भंडारी:** राजकोष का प्रबंधक, जो धीरे-धीरे बढ़ते दान को देखकर चिंतित हो जाता है और अंततः मंत्री को इसके गंभीर परिणामों से अवगत कराता है।
5. **अकालग्रस्त जनता:** भूख से पीड़ित लोग, जो बार-बार राजा से मदद की गुहार लगाते हैं और अंत में संन्यासी की युक्ति से राहत प्राप्त करते हैं।

लेखक के बारे में

सुकुमार राय बांग्ला साहित्य के प्रसिद्ध लेखक, कवि और व्यंग्यकार थे, जिन्हें विशेष रूप से बाल साहित्य और हास्य रचनाओं के लिए जाना जाता है। उनकी कहानी **"दान का हिसाब"** उनकी अनोखी शैली और चतुराई भरे कथानक का उदाहरण है। वे सत्यजीत राय के पिता थे और उनकी रचनाएँ आज भी लोकप्रिय हैं।

पाठ – 8: कौन?

सारांश

इस कविता में कवि ने एक रहस्यमय शरारती तत्व के बारे में पूछा है, जो घर में चीज़ों को नुकसान पहुँचाता है। कभी वह जूते-चप्पल कुतर देता है, कभी अनाज बिखेर देता है, तो कभी मिठाई चुरा लेता है। किताबों के पन्ने फाड़ने, कागज़ रद्दी बनाने और रात में खुर-खुर करने की आदत से वह सबको परेशान करता है। अंत में कवि बच्चों से पूछता है कि यह शरारती तत्व कौन हो सकता है।

कहानी के पात्र

1. **रहस्यमय शरारती तत्व (चूहा)** – यह घर में चीज़ों को कुतरता और बिखेरता रहता है, जिससे सबको परेशानी होती है।
2. **कवि (प्रश्नकर्ता)** – वह बच्चों से पूछता है कि यह सब शरारतें करने वाला कौन है और इसके बारे में जानना चाहता है।

लेखक के बारे में

सोहनलाल द्विवेदी हिंदी कविता के प्रसिद्ध राष्ट्रवादी कवि थे, जिन्हें उनकी देशभक्ति और प्रेरणादायक कविताओं के लिए जाना जाता है। उनकी कविता "कौन" मानवीय मूल्यों और प्रेरणा से भरपूर है। उनकी रचनाएँ स्वतंत्रता संग्राम और समाजिक उत्थान से जुड़ी होती थीं।

पाठ – 9: स्वतंत्रता की ओर

सारांश

यह कहानी साबरमती आश्रम के नौ वर्षीय धनी की है, जिसे लगता है कि उससे कोई बड़ी योजना छुपाई जा रही है। जिज्ञासावश, वह माँ, बिंदा चाचा और पिता से सवाल करता है और उसे पता चलता है कि गांधी जी दांडी यात्रा पर जा रहे हैं। जब उसे मालूम होता है कि यात्रा का उद्देश्य ब्रिटिश सरकार के नमक कर का विरोध करना है, तो वह गांधी जी के साथ जाने की जिद करता है। अंततः गांधी जी उसे समझाते हैं कि उसका काम आश्रम में रहकर उनकी प्रिय बकरी बिन्नी की देखभाल करना है, ताकि जब वे लौटें तो दूध पीकर स्वस्थ रह सकें। धनी इस ज़िम्मेदारी को खुशी-खुशी स्वीकार कर लेता है।

कहानी के पात्र

1. **धनी** – नौ साल का जिज्ञासु और हठी लड़का, जो गांधी जी के साथ दांडी यात्रा पर जाना चाहता है, पर अंत में उनकी बकरी बिन्नी की देखभाल करने का उत्तरदायित्व लेता है।
2. **महात्मा गांधी** – स्वतंत्रता संग्राम के नेता, जो नमक सत्याग्रह की योजना बना रहे हैं और धनी को समझाते हैं कि आश्रम में रहकर बिन्नी की देखभाल करना भी एक महत्वपूर्ण कार्य है।
3. **बिंदा चाचा** – एक अनुभवी व्यक्ति, जो धनी को नमक कानून और सत्याग्रह के महत्व के बारे में समझाते हैं।
4. **धनी की माँ** – एक सख्त लेकिन व्यस्त महिला, जो बेटे के सवालों से परेशान होती हैं और उसे ज्यादा पूछताछ करने से रोकती हैं।
5. **धनी के पिता** – गांधी जी के अनुयायी, जो दांडी यात्रा पर जाने वाले सत्याग्रहियों में शामिल होते हैं।
6. **बिन्नी (बकरी)** – धनी की प्रिय मित्र, जिसके लिए वह गांधी जी की यात्रा के दौरान आश्रम में रहने को तैयार हो जाता है।

लेखक के बारे में

सुभद्रा सेनगुप्ता भारतीय इतिहास और बच्चों के साहित्य की प्रसिद्ध लेखिका थीं। उनकी कहानी "स्वतंत्रता की ओर" भारतीय स्वतंत्रता संग्राम की घटनाओं को रोचक अंदाज में प्रस्तुत करती है। उन्होंने ऐतिहासिक और सांस्कृतिक विषयों पर कई रोचक पुस्तकें लिखी हैं।

पाठ – 10: थप्प रोटी थप्प दाल

सारांश

यह कहानी बच्चों के खेल पर आधारित एक नाटक है, जिसमें बच्चे उत्साहपूर्वक खाना बनाने का खेल खेलते हैं। मुन्नी घर से आटा, घी, दाल आदि लाकर नीना और बाकी बच्चों को बुलाती है। सभी अपनी-अपनी जिम्मेदारी निभाते हैं—कोई मट्ठा बनाता है, कोई दाल पकाता है, तो कोई रोटी बनाता है। रात में जब बच्चे सो जाते हैं, तब बिल्ली चोरी-छिपे मक्खन, रोटी और अन्य चीज़ें खा जाती है। सुबह बच्चे जागते हैं और चोरी का पता लगाकर बिल्ली को ढूँढ़ते हैं। अंत में बिल्ली पकड़ में आती है और सब उसे घेरकर उसकी शरारत पर हँसते हैं।

कहानी के पात्र

1. मुन्नी – खेल की अगुआई करती है और सभी को अलग-अलग जिम्मेदारी सौंपती है। वह उत्साही और चतुर है।
2. नीना – बच्चों के साथ खेल में शामिल होती है और बिल्ली की भूमिका निभाकर सबको चौंकाती है।
3. चुन्नू – आग जलाकर दाल पकाने की कोशिश करता है, लेकिन कई मज़ेदार घटनाएँ होती हैं।
4. टिंकू – चुन्नू के साथ मिलकर खाना बनाता है और मस्ती करता है।
5. सरला – मट्ठा बनाकर सभी को खिलाने की भूमिका निभाती है।
6. तरला – मुन्नी के साथ रोटी बनाती है और खाने की व्यवस्था में मदद करती है।
7. बिल्ली – चुपके से रात में खाने की चीज़ें चुरा लेती है और बाद में पकड़ी जाती है।

लेखक के बारे में

रेखा जैन एक जानी-मानी लेखिका हैं, जिन्होंने बच्चों और शिक्षाप्रद साहित्य पर कई रचनाएँ लिखी हैं। उनकी कहानी "थप्प रोटी, थप्प दाल" सरल भाषा में सामाजिक और पारिवारिक मूल्यों को दर्शाती है, जिससे बच्चों को सीखने और समझने में आसानी होती है।

पाठ – 11: पढ़क्कू की सूझ

सारांश

यह कविता एक पढ़क्कू व्यक्ति और एक कोल्हू मालिक के संवाद पर आधारित है। पढ़क्कू व्यक्ति कोल्हू के बैल की निरंतर घूमने की प्रक्रिया को लेकर तर्क करने लगते हैं। वे मालिक से पूछते हैं कि बिना देखे उसे कैसे पता चलता है कि बैल चल रहा है। मालिक घंटी की आवाज़ से इसकी पहचान बताते हैं। पढ़क्कू इस पर तर्क देते हैं कि बैल सिर्फ़ गर्दन हिलाकर भी घंटी बजा सकता है। मालिक हँसकर कहते हैं कि बैल ने अभी तर्कशास्त्र नहीं पढ़ा है, इसलिए यह समस्या कभी नहीं होगी।

कहानी के पात्र

1. पढ़क्कू – तर्कशास्त्र पढ़ने वाले व्यक्ति हैं, जो हर चीज़ में जटिल तर्क खोजते हैं। वे व्यर्थ की चिंताओं में उलझे रहते हैं।
2. मालिक – व्यावहारिक और समझदार व्यक्ति हैं, जो सीधे-सादे तरीक़े से चीज़ों को समझते हैं। वे पढ़क्कू के तर्कों पर हँसते हैं।

लेखक के बारे में

रामधारी सिंह दिनकर हिंदी साहित्य के प्रतिष्ठित कवि थे, जिन्हें राष्ट्रकवि के रूप में जाना जाता है। उनकी कविता "पढ़क्कू की सुझ" व्यंग्यात्मक शैली में ज्ञान और व्यवहारिकता के अंतर को दर्शाती है, जिससे पाठकों को गहरी सीख मिलती है।

पाठ – 12: सुनीता की पहिया कुर्सी

सारांश

यह कहानी सुनीता नामक एक आत्मनिर्भर लड़की की है, जो पहिया कुर्सी पर चलती है लेकिन किसी पर निर्भर नहीं रहना चाहती। पहली बार अकेले बाज़ार जाते समय, वह समाज के भेदभावपूर्ण दृष्टिकोण का सामना करती है। लोग उसे अलग नज़रों से देखते हैं, जिससे वह असहज

महसूस करती है। अमित, जो छोटे कद का है, उसकी मदद करता है और दोनों के बीच दोस्ती हो जाती है। अमित समझाता है कि हर व्यक्ति अपनी तरह से अलग होता है, लेकिन इसका मतलब यह नहीं कि वे किसी से कम हैं। अंततः, सुनीता आत्मविश्वास के साथ अपने रास्ते पर आगे बढ़ती है।

कहानी के पात्र

1. **सुनीता** – आत्मनिर्भर और साहसी लड़की है, जो अपनी पहिया कुर्सी के बावजूद स्वतंत्र रहना चाहती है। समाज के भेदभावपूर्ण दृष्टिकोण से परेशान होती है लेकिन अंत में आत्मविश्वास से भर जाती है।
2. **अमित** – एक छोटे कद का लड़का है, जिसे बच्चे "छोटू" कहकर चिढ़ाते हैं। वह सुनीता की मदद करता है और उसे सिखाता है कि अलग होना कमजोरी नहीं, बल्कि एक विशेषता है।
3. **माँ** – सुनीता की माँ उसे प्यार और सहयोग देती हैं, लेकिन उसकी सुरक्षा को लेकर चिंतित रहती हैं। वे चाहती हैं कि सुनीता अपनी सीमाओं को समझे, परंतु उसे स्वतंत्रता भी देती हैं।
4. **फ़रीदा** – एक जिज्ञासु लड़की है, जो सुनीता की पहिया कुर्सी को देखकर सवाल करती है। बाद में, बिना कुछ कहे सुनीता और अमित के साथ दौड़ती है, जिससे उसकी स्वीकृति दिखती है।
5. **दुकानदार** – वह सुनीता की मदद करने की कोशिश करता है, लेकिन अनजाने में उसे असहज कर देता है। उसका व्यवहार यह दर्शाता है कि लोग अक्सर सहानुभूति और दया के बीच अंतर नहीं समझते।

पाठ – 13: हुदहुद

सारांश

बादशाह सुलेमान अपने उड़नखटोले पर यात्रा कर रहे थे और धूप से परेशान होकर गिद्धों से छाया करने को कहा, पर उन्होंने बहाना बनाकर मना कर दिया। फिर हुदहुदों के मुखिया ने अपने साथियों संग मिलकर छाया की और बदले में वरदान माँगा कि उनके सिर पर सोने की कलगी हो। यह वरदान उनके लिए अभिशाप बन गया, क्योंकि लोग उन्हें मारकर सोना लूटने लगे। तब सुलेमान ने उनकी सोने की कलगी हटाकर सुंदर परों की कलगी बना दी। तभी से हुदहुदों के सिर पर सुंदर कलगी होती है। हुदहुद एक रंग-बिरंगा पक्षी है जिसकी चोंच लंबी व पतली होती है और यह जमीन में छिपे कीड़ों को निकालने में सक्षम होता है।

कहानी के पात्र

1. **बादशाह सुलेमान** – बुद्धिमान और न्यायप्रिय राजा, जो सभी जीवों की परीक्षा लेते हैं। उन्होंने हुदहुदों को वरदान भी दिया और उनकी गलती सुधारने में मदद भी की।
2. **गिद्ध** – स्वार्थी और बहानेबाज़, जिन्होंने सुलेमान की सहायता करने से इनकार कर दिया। अपनी ताकत होते हुए भी मदद न करने के लिए झूठा बहाना बनाया।
3. **हुदहुदों का मुखिया** – चतुर और नेतृत्व क्षमता रखने वाला पक्षी, जिसने अपने समुदाय के लिए अवसर का लाभ उठाया। जल्दबाजी में सोने की कलगी माँग ली, जिससे उनकी प्रजाति संकट में आ गई।
4. **अन्य हुदहुद पक्षी** – मिलकर सुलेमान की सहायता की और बाद में अपनी माँगी हुई कलगी के कारण परेशानी में आ गए। उनके लिए सोने की कलगी अभिशाप बन गई, जिसे सुलेमान ने बाद में सुंदर पंखों की कलगी में बदल दिया।

पाठ – 14: मुफ़्त ही मुफ़्त

सारांश

भीखूभाई नारियल खाने के इच्छुक थे, लेकिन पैसे बचाने के चक्कर में वे बाज़ार, मंडी, बंदरगाह और फिर नारियल के बगीचे तक पहुँच गए। अंत में, मुफ़्त नारियल पाने के लिए वे पेड़ पर चढ़ गए, लेकिन फिसलकर लटक गए। उन्हें बचाने के लिए ऊँटवाला और घुड़सवार भी एक के बाद एक फँस गए। अंततः तीनों ज़मीन पर गिर पड़े और भीखूभाई के सिर पर नारियल आ गिरा—बिल्कुल मुफ़्त!

कहानी के पात्र

1. **भीखूभाई:** कंजूस और चालाक स्वभाव के व्यक्ति, जो पैसे बचाने के लिए लंबी यात्रा करने को तैयार रहते हैं। उनकी लालच अंततः हास्यास्पद स्थिति में उन्हें फँसा देती है।
2. **लाभुबेन (भीखूभाई की पत्नी):** व्यावहारिक और स्पष्टवादी महिला, जो अपने पति के स्वभाव को भली-भाँति समझती हैं। उन्हें भीखूभाई की कंजूसी पर कोई आश्चर्य नहीं होता।
3. **नारियलवाले:** अपने व्यापार के प्रति ईमानदार व्यक्ति, जो उचित दाम पर नारियल बेचता है। वह भीखूभाई को उनकी कंजूसी के कारण टालता रहता है।
4. **माली:** मेहनती और तर्कशील व्यक्ति, जो मेहनत का मूल्य समझता है। वह भीखूभाई को मुफ़्त में नारियल देने के बजाय खुद तोड़ने की सलाह देता है।
5. **ऊँटवाला:** मददगार लेकिन मूर्खतापूर्ण ढंग से फँसने वाला व्यक्ति। ऊँट के हरी घास खाने के कारण खुद को पेड़ से लटकता हुआ पाता है।
6. **घुड़सवार:** साहसी और संकट में कूदने वाला व्यक्ति। वह भीखूभाई को बचाने के प्रयास में खुद भी पेड़ से लटक जाता है।

लेखक के बारे में

ममता पांड्या एक प्रसिद्ध लेखिका हैं, जो बच्चों के लिए शिक्षाप्रद और रोचक कहानियाँ लिखती हैं। उनकी कहानी "मुफ्त ही मुफ्त" बच्चों को संसाधनों के महत्व और उनके विवेकपूर्ण उपयोग की सीख देने के उद्देश्य से लिखी गई है।

किताबों के लेखकों के बारे में

1. **मुकुल प्रियदर्शिनी** – मिरांडा हाउस, नई दिल्ली में प्रवक्ता के रूप में कार्यरत हैं। वे उच्च शिक्षा के क्षेत्र में भाषा और साहित्य के शिक्षण से जुड़ी हैं।
2. **अक्षय कुमार दीक्षित** – नगर निगम प्राथमिक सहशिक्षा विद्यालय, राजपुर, नई दिल्ली में शिक्षक हैं। वे प्राथमिक शिक्षा के संवर्धन और बच्चों की समग्र शिक्षा पर विशेष ध्यान देते हैं।
3. **उषा द्विवेदी** – केंद्रीय विद्यालय, एन.सी.ई.आर.टी., नई दिल्ली में मुख्य अध्यापिका के रूप में कार्यरत हैं। वे शैक्षिक विकास और विद्यालय प्रशासन में सक्रिय भूमिका निभाती हैं।
4. **कृष्ण कुमार** – एन.सी.ई.आर.टी., नई दिल्ली के निदेशक रह चुके हैं। उन्होंने शिक्षा नीतियों और पाठ्यक्रम विकास में महत्वपूर्ण योगदान दिया है।
5. **मंजुला माथुर** – सी.आई.ई.टी., एन.सी.ई.आर.टी., नई दिल्ली में प्रोफ़ेसर के रूप में कार्यरत हैं। वे शैक्षिक संसाधन विकास और तकनीकी शिक्षा पर शोध कार्य कर चुकी हैं।
6. **मालविका राय** – हैरिटेज स्कूल, डी-II, वसंत कुंज, नई दिल्ली में शिक्षिका हैं। वे नवीन शिक्षण विधियों और छात्रों के समग्र विकास पर ध्यान केंद्रित करती हैं।
7. **रमेश कुमार** – एन.सी.ई.आर.टी., नई दिल्ली के प्रारंभिक शिक्षा विभाग में प्रवक्ता हैं। वे प्रारंभिक शिक्षा के पाठ्यक्रम और शिक्षण विधियों के विकास में योगदान देते हैं।
8. **शारदा कुमारी** – जिला मंडलीय शिक्षा प्रशिक्षण संस्थान, आर.के. पुरम, नई दिल्ली में प्रवक्ता के रूप में कार्यरत हैं। वे शिक्षक प्रशिक्षण और साक्षरता अभियान से जुड़ी हुई हैं।
9. **सोनिका कौशिक** – जीसस एंड मेरी कॉलेज, नई दिल्ली में प्रवक्ता हैं। वे भाषा और साहित्य के अध्ययन एवं अध्यापन में विशेष रुचि रखती हैं।
10. **लता पांडे** – एन.सी.ई.आर.टी., नई दिल्ली के प्रारंभिक शिक्षा विभाग में प्रवाचक हैं। वे प्राथमिक शिक्षा के पाठ्यक्रम और अध्यापन में अनुसंधान कार्यों से जुड़ी हुई हैं।

हिंदी:
कक्षा 5 - रिमझिम

पाठ – 1: राख की क रस्सी

सारांश

लोनपो गार तिब्बत के राजा सौनगवसैन गांपो के मंत्री थे, जो अपनी चालाकी के लिए प्रसिद्ध थे। उनका बेटा बहुत सीधा-सादा था, जिससे वे चिंतित रहते थे। उसकी परीक्षा लेने के लिए उन्होंने उसे सौ भेड़ों के साथ शहर भेजा और वापस सौ बोरे जौ लाने की शर्त रखी। एक समझदार लड़की ने उसकी मदद की—पहली बार भेड़ों के बाल बेचकर और दूसरी बार उनके सींग बेचकर। लोनपो गार ने लड़की की बुद्धिमत्ता जांचने के लिए उसे नौ हाथ लंबी राख की रस्सी बनाने को कहा। लड़की ने रस्सी जलाकर राख का आकार बनाए रखा, जिससे लोनपो गार प्रभावित हुए और अपने बेटे का विवाह उससे कर दिया।

कहानी के पात्र

1. **लोनपो गार** – तिब्बत के राजा के मंत्री, बहुत चालाक और बुद्धिमान व्यक्ति। वे अपने भोले बेटे की परीक्षा लेकर उसकी बुद्धिमत्ता बढ़ाना चाहते थे।
2. **लोनपो गार का बेटा** – बहुत सीधा-सादा और भोला व्यक्ति। वह हर बार समस्या में फंसता, लेकिन लड़की की मदद से समाधान पा लेता था।
3. **लड़की** – बुद्धिमान और चतुर नायिका, जिसने अपनी तीव्र बुद्धि से हर समस्या का हल निकालकर लोनपो गार को प्रभावित किया।
4. **सौनगवसैन गांपो** – तिब्बत के 32वें राजा, जिनके दरबार में लोनपो गार मंत्री थे। (हालाँकि वे कहानी में सीधे शामिल नहीं हैं, लेकिन उनका ज़िक्र हुआ है।)

पाठ – 2: फ़सलों के त्योहार

सारांश

मकर संक्रांति से जुड़ी यह कहानी ग्रामीण परिवेश में त्योहार की तैयारियों, पारिवारिक माहौल और परंपराओं का चित्रण करती है। ठंड के बावजूद, परिवार के सदस्य उत्साहपूर्वक त्योहार की रस्में निभाते हैं। दादी तिल, गुड़, और चावल का दान करवाती हैं, और सब मिलकर खिचड़ी खाते हैं। स्कूल में मनाई जाने वाली खिचड़ी की यादें, गंगा की सैर और पतंगबाज़ी का ज़िक्र किया गया है। भारत के विभिन्न राज्यों में यह त्योहार अलग-अलग नामों और परंपराओं के साथ मनाया जाता है, जैसे पोंगल, लोहड़ी, बीहू, और सरहुल। हर क्षेत्र का अपना तरीका है, चाहे वह विशेष पकवान बनाना हो, पतंग उड़ाना हो, या साल के पेड़ की पूजा करना। कुल मिलाकर, यह त्योहार प्रकृति, फसल और सामूहिक उल्लास का प्रतीक है।

कहानी के पात्र

1. **दादी:** खादी की सफेद साड़ी पहने हुए शांत और गरिमामयी, पारंपरिक रीति-रिवाजों को निभाती हैं और परिवार को उनका महत्व सिखाती हैं।
2. **पापा:** सफेद धोती-कुर्ते में ठंड से ठिठुरते हुए भी त्योहार की उमंग में भाग लेते हैं, परिवार से जुड़े रहते हैं।
3. **दादा और चाचा:** त्योहार की पारंपरिक वेशभूषा में त्योहार को पूरे उत्साह से मनाते हैं और पारिवारिक परंपराओं का पालन करते हैं।
4. **अप्पी दिदिया:** चूड़ा-दही और खिचड़ी पसंद न होने के बावजूद, त्योहार के नियमों का पालन करने को मजबूर होती हैं, जिससे हास्यजनक स्थिति बनती है।
5. **कथावाचक (मुख्य पात्र):** उत्साही और जिज्ञासु, जो त्योहार की हर गतिविधि में भाग लेते हैं और बीते पलों की यादों को संजोते हैं।

पाठ – 3: खिलौनेवाला

सारांश

एक खिलौनेवाला तरह-तरह के खिलौने लेकर आता है, जिससे बच्चे बहुत खुश होते हैं। मुन्नू, मोहन और सरला अपने पसंदीदा खिलौने लेने की जिद करते हैं। एक बच्चा सोचता है कि वह बच्चों के खेल वाले खिलौने नहीं लेगा, बल्कि तलवार और तीर-कमान खरीदेगा ताकि

राम जैसा वीर बन सके। वह कल्पना करता है कि असुरों को मार भगाएगा और यज्ञ की रक्षा करेगा। लेकिन फिर उसे एहसास होता है कि वह अपनी माँ के बिना जंगल में कैसे रहेगा, किससे पैसे माँगेगा और उसे कौन प्यार से मनाएगा।

कहानी के पात्र

1. **खिलौनेवाला** – तरह-तरह के सुंदर खिलौने बेचता है और बच्चों को लुभाने के लिए ज़ोर-ज़ोर से पुकारता है।
2. **मुन्नू** – वह गुड़िया खरीदता है और अपनी पसंद के खिलौने में रुचि दिखाता है।
3. **मोहन** – उसे मोटर गाड़ी पसंद आती है और वह खुशी-खुशी उसे खरीदता है।
4. **सरला** – खिलौने की जगह माँ से साड़ी खरीदने की ज़िद करती है, जो अजीब-सा लगता है।
5. **मुख्य बच्चा (कवि का पात्र)** – वह तलवार और तीर-कमान खरीदना चाहता है, राम जैसा वीर बनने की कल्पना करता है, लेकिन माँ के बिना खुद को अकेला महसूस करता है।
6. **माँ (कौशल्या के प्रतीक रूप में)** – बच्चे की दुनिया में सबसे महत्वपूर्ण व्यक्ति है, जिसकी अनुपस्थिति में वह स्वयं को असहाय समझता है।

लेखक के बारे में

सुभद्रा कुमारी चौहान प्रसिद्ध हिंदी कवयित्री और स्वतंत्रता सेनानी थीं। उनकी कविता "खिलौनेवाला" बचपन की मासूमियत और छोटे व्यापारियों के संघर्ष को दर्शाती है। वे अपनी प्रेरणादायक रचनाओं, विशेष रूप से "झाँसी की रानी", के लिए जानी जाती हैं।

पाठ – 4: नन्हा फ़नकार

सारांश

यह कहानी केशव नामक दस वर्षीय लड़के की है, जो अपने पिता के साथ संगतराशी का काम सीख रहा है। वह फतेहपुर सीकरी में पत्थरों पर घंटियों की नक्काशी कर रहा होता है, जब अचानक बादशाह अकबर वहाँ आ जाते हैं। अकबर उसकी नक्काशी की प्रशंसा करते हैं और सीखने की इच्छा जताते हैं। केशव उन्हें नक्काशी करना सिखाता है, जिससे उनके बीच एक दोस्ताना संबंध बन जाता है। अकबर उसे भविष्य में अपने शिल्पकारों के कारखाने में काम करने का वादा करते हैं। रात में केशव अपने पिता से पूछता है कि अकबर सीकरी में नया शहर क्यों बना रहे हैं। उसके पिता बताते हैं कि यह ख्वाजा सलीम चिश्ती के सम्मान में बसाया जा रहा है, जिन्होंने अकबर को संतान प्राप्ति का आशीर्वाद दिया था।

कहानी के पात्र

1. **केशव:** दस वर्षीय लड़का, जो संगतराशी सीख रहा है और नक्काशी में निपुण हो रहा है। जिज्ञासु, मेहनती और स्वाभिमानी बालक, जो अकबर को भी नक्काशी सिखाने में सक्षम है।
2. **अकबर:** मुग़ल बादशाह, जो फतेहपुर सीकरी का निर्माण करवा रहे हैं। विनम्र, उत्सुक और कला प्रेमी, जो केशव से नक्काशी सीखते हैं और उसकी प्रतिभा को पहचानते हैं।
3. **केशव के पिता:** कुशल संगतराश, जो अपने बेटे को नक्काशी का प्रशिक्षण देते हैं। इतिहास और परंपराओं की जानकारी रखने वाले, जो अकबर और सीकरी के निर्माण की कहानी बताते हैं।
4. **पहरेदार:** महल का सुरक्षाकर्मी, जो अकबर के प्रति अटूट निष्ठा रखता है। अनुशासनप्रिय, जो केशव को बादशाह का सम्मान करने का निर्देश देता है।

पाठ – 5: जहाँ चाह वहाँ राह

सारांश

इला सचानी, जो सूरत जिले की रहने वाली हैं, जन्मजात विकलांगता के बावजूद अपने दृढ़ संकल्प से कढ़ाई की दुनिया में पहचान बना चुकी हैं। बचपन में वह अन्य बच्चों के साथ खेल नहीं पाती थीं, लेकिन उन्होंने इसे अपनी कमजोरी नहीं बनने दिया। अपने पैरों से लिखने,

खाने, सफाई करने और कशीदाकारी करने की कला सीख ली। परीक्षा में अतिरिक्त सुविधाओं की जानकारी के अभाव में वह दसवीं उत्तीर्ण नहीं कर सकीं, लेकिन हार नहीं मानी। अपनी माँ और दादी से प्रेरणा लेकर काठियावाड़ी कढ़ाई में निपुण हो गईं। धीरे-धीरे उन्होंने अन्य प्रकार की कढ़ाई जैसे चिकनकारी, कांथा और कसूती को भी अपनाया। आज उनके बनाए परिधानों की प्रदर्शनी लगती है और उनकी कढ़ाई की नवीनता सभी को प्रभावित करती है। इला का आत्मविश्वास और मेहनत उन्हें निरंतर आगे बढ़ा रही है।

कहानी के पात्र

1. **इला सचानी** – बचपन से विकलांगता से ग्रसित होने के बावजूद इला ने हार नहीं मानी और अपने पैरों से कढ़ाई करना सीखा। उनकी कला में काठियावाड़ी, लखनऊ और बंगाल की कढ़ाई की झलक दिखती है।
2. **इला की माँ और दादी** – ये दोनों पारंपरिक कशीदाकारी में माहिर थीं और इला ने उन्हीं को देखकर इस कला को अपनाने का निश्चय किया।
3. **इला के दोस्त** – ये वे बच्चे थे जो खेलकूद में सक्रिय थे और इला को भी अपने साथ शामिल करने का प्रयास करते थे। उनकी मस्ती और ऊर्जावान खेल इला को प्रेरित करते थे।
4. **इला के शिक्षक और स्कूल प्रशासन** – स्कूल में दाखिला लेने में उन्हें कठिनाई हुई क्योंकि प्रशासन उनकी शारीरिक चुनौतियों को लेकर चिंतित था। उन्हें परीक्षा में अतिरिक्त सुविधा मिलने की जानकारी भी नहीं दी गई, जिससे वे दसवीं पास नहीं कर सकीं।

पाठ – 6: चिट्ठी का सफ़र

सारांश

पत्रों की सही और समय पर डिलीवरी कई कारकों पर निर्भर करती है, जैसे सही पता, पिनकोड, डाकटिकट और डिलीवरी की गति। पुराने समय में संदेश भेजने के लिए कबूतरों और हरकारों का उपयोग किया जाता था। घुड़सवार हरकारे राजा-महाराजाओं के संदेश पहुँचाते थे, जबकि आम आदमी तक चिट्ठी पहुँचाने के लिए पैदल हरकारे काम करते थे। आज भी भारतीय डाक सेवा दुर्गम क्षेत्रों में हरकारों की सहायता लेती है। समय के साथ, संचार माध्यमों में प्रगति हुई और हवाई डाक, पानी के जहाज, मनीऑर्डर, ई-मेल आदि डाक सेवा के नए साधन बन गए। गिरहबाज़ या हूमर प्रजाति के कबूतर विशेष रूप से प्रशिक्षित कर संदेशवाहक के रूप में उपयोग किए जाते थे। प्रवासी पक्षियों की तरह ये कबूतर भी अपना रास्ता पहचानने में सक्षम होते हैं।

कहानी के पात्र

1. **हरकारे** – पुराने समय में ये संदेशवाहक पैदल या घुड़सवार होकर पत्र पहुँचाते थे। इनका कार्य जोखिम भरा था क्योंकि उन्हें डाकुओं, लुटेरों और जंगली जानवरों से बचते हुए सफर तय करना होता था।
2. **संदेशवाहक कबूतर (गिरहबाज़ या हूमर)** – यह विशेष रूप से प्रशिक्षित कबूतर होते थे, जो संदेश ले जाने में सक्षम थे। ये अपने रास्ते को पहचानने और दूर-दराज के स्थानों तक पत्र पहुँचाने के लिए प्रसिद्ध थे।
3. **डाक विभाग के कर्मचारी** – ये लोग पत्रों की छँटाई और वितरण का कार्य करते हैं। पिनकोड प्रणाली के कारण इन्हें पत्रों को सही जगह तक पहुँचाने में सुविधा मिलती है।
4. **घुड़सवार संदेशवाहक** – राजा-महाराजाओं के समय में ये विशेष दूत होते थे, जो तेज गति से घोड़ों पर सवार होकर महत्वपूर्ण संदेशों को एक स्थान से दूसरे स्थान तक ले जाते थे

पाठ – 7: डाकिए की कहानी, कँवरसिंह की ज़ुबानी

सारांश

शिमला के जनरल पोस्ट ऑफिस में काम करने वाले कँवरसिंह एक समर्पित डाक सेवक हैं, जो ग्रामीण इलाकों में पत्र, पार्सल और पेंशन पहुँचाने का कार्य करते हैं। उनका परिवार गाँव में रहता है, और उनके बच्चों को शिक्षा के लिए लंबी दूरी तय करनी पड़ती है। उन्होंने लाहौल-स्पीति और किन्नौर जैसे दुर्गम स्थानों में डाक सेवा दी, जहाँ अत्यधिक ठंड और कठिनाइयाँ सहनी पड़ती हैं। कँवरसिंह को उनकी सेवाओं के लिए "बेस्ट पोस्टमैन" पुरस्कार मिला। 1998 में डाकघर में ड्यूटी के दौरान उन पर हमला हुआ, जिससे वे गंभीर रूप से घायल हो गए, लेकिन

फिर भी उन्होंने अपना कर्तव्य निभाया। गाँवों में आज भी डाक सेवकों का सम्मान किया जाता है क्योंकि वे संचार का मुख्य माध्यम हैं। बढ़ते काम के बोझ और कम वेतन की समस्या के बावजूद वे अपने काम को पूरी निष्ठा से करते हैं।

कहानी के पात्र

1. **कँवरसिंह** – शिमला के डाक विभाग में कार्यरत एक समर्पित डाक सेवक। दुर्गम पहाड़ी क्षेत्रों में पत्र और मनीऑर्डर पहुँचाने के लिए उन्हें "बेस्ट पोस्टमैन" पुरस्कार मिला।
2. **कँवरसिंह का बेटा** – 17 वर्षीय युवक, जो 1998 में अपने पिता पर हमले के दौरान मदद के लिए आया। गाँव में पहाड़ी से गिरने के कारण उनका एक बेटा पहले ही खो चुका था।
3. **डाक विभाग के कर्मचारी** – शिमला पोस्ट ऑफिस में काम करने वाले डाक सेवक, जो पत्रों की छँटाई और वितरण का कार्य करते हैं। ग्रामीण इलाकों में डाक पहुँचाने का काम बेहद कठिन होता है।
4. **हमलावर** – 1998 में शिमला पोस्ट ऑफिस में घुसकर कँवरसिंह पर हमला करने वाले लोग। उन्होंने डाक विभाग की संपत्ति लूटने का प्रयास किया और कँवरसिंह को गंभीर रूप से घायल कर दिया।

लेखक के बारे में

प्रतीमा शर्मा एक भारतीय लेखिका हैं, जिनका जन्म कोलकाता में हुआ था और वर्तमान में वे बेंगलुरु में निवास करती हैं। उन्होंने विभिन्न राज्यों की यात्रा की है, जिससे उन्हें विभिन्न संस्कृतियों और व्यंजनों का अनुभव प्राप्त हुआ है। प्रतीमा एक पूर्णकालिक माँ होने के साथ-साथ फ्रीलांसर, शिल्पकार, शौकिया फोटोग्राफर और फूडी भी हैं। उन्हें नई जगहों की खोज करना और स्थानीय व्यंजनों का आनंद लेना पसंद है।

पाठ – 8: वे दिन भी क्या दिन थे

सारांश

सन् 2155 में कुम्मी अपनी डायरी में लिखती है कि रोहित को एक पुरानी किताब मिली, जिसमें सदियों पुराने स्कूलों के बारे में लिखा था। उस समय बच्चे मशीनों से नहीं, बल्कि असली अध्यापकों से पढ़ते थे और स्कूल नामक भवनों में जाते थे। रोहित और कुम्मी आश्चर्य करते हैं कि तब सारे बच्चे एक ही समय में एक जैसे विषय कैसे सीखते थे, जबकि उनकी मशीनी शिक्षा प्रत्येक विद्यार्थी के लिए अलग होती थी। कुम्मी को याद आता है कि उसकी पढ़ाई एक मशीन नियंत्रित करती है और उसमें कोई बदलाव भी आवश्यक हो सकता है। अंत में, जब कुम्मी सबक के लिए मशीन के सामने बैठती है, तो वह सोचती है कि पुराने समय के स्कूल कितने मजेदार और आनंददायक रहे होंगे।

कहानी के पात्र

1. **कुम्मी** - एक जिज्ञासु लड़की, जो पुराने स्कूलों के बारे में जानकर उत्साहित होती है। वह अपनी मशीनी शिक्षा से ऊब चुकी है और असली अध्यापकों और सहपाठियों के साथ पढ़ाई करने की कल्पना करती है।
2. **रोहित** - एक समझदार और जागरूक लड़का, जिसे पुरानी किताब मिलती है। वह कुम्मी को पुराने समय के स्कूलों और शिक्षा प्रणाली के बारे में जानकारी देता है।
3. **कुम्मी की माँ** - अपने बच्चे की शिक्षा को लेकर चिंतित रहती है। जब कुम्मी की मशीन में समस्या आती है, तो उसे ठीक करवाने के लिए विशेषज्ञ बुलाती है।
4. **मशीनी अध्यापक** - वह एक स्वचालित यंत्र है, जो कुम्मी को पढ़ाता है और गृहकार्य की जाँच करता है। यह हर बच्चे की क्षमता के अनुसार पाठ्यक्रम को समायोजित करता है, लेकिन इंसानी अध्यापकों जैसी भावनाएँ नहीं होतीं।

लेखक के बारे में

आइजैक असिमोव (Isaac Asimov) एक प्रसिद्ध अमेरिकी विज्ञान कथा लेखक, जीवविज्ञानी और प्रोफेसर थे। वे अपनी फाउंडेशन और रोबोट शृंखला के लिए प्रसिद्ध हैं, जिन्होंने विज्ञान कथा को नई ऊंचाइयों तक पहुंचाया। उनकी कहानी "वे दिन भी क्या दिन थे" (अनुवादित) वैज्ञानिक कल्पनाओं और रोबोटिक्स की जटिलताओं को दर्शाने वाली रचनाओं में से एक है।

पाठ – 9: एक माँ की बेबसी

सारांश

कविता में बचपन की स्मृतियों को संजोया गया है, जहाँ कवि अपने खेल के साथी रतन को याद करता है। रतन बोल नहीं सकता था, लेकिन वह अन्य बच्चों की तरह ही खेलता था। बच्चे उसे अजीब मानते थे क्योंकि वे उसकी घबराहट और इशारों की भाषा नहीं समझ पाते थे। खेल के दौरान उसकी माँ चुपचाप उसे निहारती रहती थी, जिसकी आँखों में बेबसी झलकती थी। अब कवि समझने लगा है कि वे लोग जो बोल नहीं सकते, उनकी दुनिया और उनकी अभिव्यक्ति कितनी अलग होती है। कविता केवल रतन के बारे में नहीं, बल्कि उसकी माँ की भावनाओं और संघर्ष को भी उजागर करती है।

कहानी के पात्र

1. रतन - एक मूक-बधिर बच्चा जो अन्य बच्चों के साथ खेलने आता था। उसकी भावनाएँ और घबराहटें अन्य बच्चे पूरी तरह समझ नहीं पाते थे।
2. रतन की माँ - अपने बेटे को खेलता देखकर संतोष और बेबसी के मिश्रित भाव व्यक्त करती थी। उसकी आँखों में रतन के लिए चिंता और समाज में उसकी असहायता झलकती थी।
3. कवि (वक्ता) - बचपन की यादों को संजोने वाला व्यक्ति जो अब रतन और उसकी माँ की भावनाओं को गहराई से समझने लगा है। अब उसे अहसास होता है कि जो लोग बोल नहीं सकते, उनकी दुनिया कितनी संघर्षपूर्ण होती है।

लेखक के बारे में

कुँवर नारायण हिंदी साहित्य के प्रतिष्ठित कवि, कथाकार और विचारक थे, जिन्हें गहन संवेदनशीलता और दार्शनिक दृष्टिकोण के लिए जाना जाता है। उनकी कविता "एक माँ की बेबसाई" मातृत्व की संवेदनाओं और सामाजिक यथार्थ को प्रभावी रूप में अभिव्यक्त करती है। उन्हें भारतीय साहित्य में उनके योगदान के लिए ज्ञानपीठ पुरस्कार से सम्मानित किया गया था।

पाठ – 10: एक दिन की बादशाहत

सारांश

आरिफ़ और सलीम को घर की पाबंदियों से परेशान होकर यह विचार आया कि एक दिन के लिए उन्हें बड़े होने के सभी अधिकार मिल जाएँ। अब्बा ने इस मज़ेदार प्रस्ताव को स्वीकार कर लिया। अगले दिन दोनों ने घर के बड़ों पर उन्हीं के नियम लागू करने शुरू कर दिए—अम्मी को जबरदस्ती दाँत साफ़ करवाया, अब्बा को समय पर ऑफ़िस भेजा, आपा की पसंदीदा साड़ी बदलवाई और भाई जान को फ़िल्म देखने से रोका। घर के सभी लोग उनकी नकल देखकर चौंक गए, मगर वे अपनी गलती भी समझने लगे। अगले दिन जब आरिफ़ और सलीम सोकर उठे, तो उन्हें एहसास हुआ कि अब घर के सभी लोग उन्हीं की शैली में व्यवहार कर रहे हैं। इस मज़ाकिया खेल ने यह साबित किया कि हर उम्र की अपनी सीमाएँ और ज़िम्मेदारियाँ होती हैं।

कहानी के पात्र

1. **आरिफ़** - घर की पाबंदियों से परेशान होकर बड़े बनने की योजना बनाने वाला चंचल और मज़ाकिया लड़का। बड़ों की नकल उतारकर उन्हें उनकी सख़्ती का एहसास कराता है।
2. **सलीम** - आरिफ़ का साथी, जो इस खेल में पूरी तरह साथ देता है और नियमों को बड़ों पर लागू करता है। अपनी समझदारी से बड़ों की हरकतों को उनके ही अंदाज में दिखाकर उनका ध्यान आकर्षित करता है।
3. **अम्मी** - घर की अनुशासनप्रिय महिला, जो बच्चों पर सख़्ती से नियम लागू करती हैं। जब बच्चे उन्हीं की तरह सख़्ती करते हैं, तो बेबस होकर चुपचाप सहन करती हैं।
4. **अब्बा** - हँसमुख और खुले विचारों वाले व्यक्ति, जो बच्चों की योजना को दिलचस्पी से स्वीकारते हैं। जब बच्चे उन पर भी अनुशासन लागू करते हैं, तो वे इसे मनोरंजन की तरह लेते हैं।

5. **दादी** - घर की बुजुर्ग सदस्य, जो बच्चों के शोर से परेशान रहती हैं। जब बच्चे उनकी आलोचना करते हैं, तो गुस्से में चीखने लगती हैं।
6. **आपा** - बड़ी बहन, जो अपने छोटे भाइयों को नियमों में बाँधती हैं और उनकी पसंद पर रोक लगाती हैं। जब बच्चे उन्हीं पर वही नियम लागू करते हैं, तो शर्मिंदा होकर चुप हो जाती हैं।
7. **भाई जान** - बड़े भाई, जो छोटे भाइयों को डाँटते और फ़िल्म देखने जैसी चीज़ों पर रोक लगाते हैं। जब उन्हें उन्हीं के नियमों का सामना करना पड़ता है, तो वे चुपचाप मुस्कुरा देते हैं।

लेखक के बारे में

ज़िलानी बानो उर्दू साहित्य की प्रसिद्ध लेखिका थीं, जिन्होंने सामाजिक यथार्थ और महिला सशक्तिकरण को अपनी कहानियों में प्रमुखता दी। उनकी कहानी "एक दिन की बादशाहत" आम आदमी की आकांक्षाओं और सामाजिक व्यवस्था पर तीखी टिप्पणी प्रस्तुत करती है। उन्हें अपनी साहित्यिक कृतियों के लिए कई प्रतिष्ठित पुरस्कारों से सम्मानित किया गया था।

पाठ – 11: चावल की रोटियाँ

सारांश

कोको के माता-पिता खेतों में गए होते हैं और वह घर की देखभाल कर रहा होता है। उसे चावल की रोटियाँ नाश्ते में मिलती हैं, लेकिन दोस्तों के आने के डर से वह उन्हें छिपाने की कोशिश करता है। पहले नीनी आता है, फिर मिमि, तिन सू और अंत में उ बा तुन, जिससे वह बार-बार अपनी रोटियाँ छिपाने के बहाने बनाता है। मिमि अपने केले के पापड़ लाती है, लेकिन कोको पेट भरा होने का झूठ बोलता है और अंततः पापड़ भी उसके हाथ से निकल जाते हैं। अंत में उ बा तुन उसकी माँ द्वारा खरीदा गया गुलाबी फूलदान बदलकर ले जाता है, जिसमें रोटियाँ छिपी होती हैं, और कोको अपनी चावल की रोटियों से हाथ धो बैठता है।

कहानी के पात्र

1. **कोको** – एक चतुर लेकिन लालची लड़का, जो अपने नाश्ते को दूसरों से बचाने की कोशिश करता है और अंत में सबकुछ खो देता है।
2. **नीनी** – कोको का दोस्त, जो रेडियो पर परीक्षा की सूचना सुनने आता है और कोको को परेशान कर देता है।
3. **मिमि** – एक भूखी और हंसमुख लड़की, जो केले के पापड़ लेकर आती है और कोको के बहाने को पकड़ लेती है।
4. **तिन सू** – एक दोस्त, जो फूलदान में फूल रखने आता है और अनजाने में कोको की चोरी पकड़ी जाती है।
5. **उ बा तुन** – दुकान का मैनेजर, जो फूलदान बदलने आता है और कोको की छिपी हुई रोटियों को ले जाता है।

लेखक के बारे में

पी. ओंग खिन्न एक प्रसिद्ध लेखक थे, जो समाज और संस्कृति से जुड़ी कहानियों के लिए जाने जाते हैं। उनकी कहानी "चावल की रोटियां" खाद्य संसाधनों, परंपराओं और सामाजिक ताने-बाने को दर्शाती है। उनके लेखन में मानवीय संवेदनाओं और यथार्थवादी दृष्टिकोण की झलक मिलती है।

पाठ – 12: गुरु और चेला

सारांश

एक गुरु और उनका चेला घूमते-घूमते एक अनोखी नगरी में पहुँचे, जहाँ सब चीज़ों की एक समान कीमत थी। गुरुजी ने वहाँ ठहरने से मना किया, लेकिन चेला लालच में पड़कर रुक गया। बाद में एक दीवार गिरने पर राजा ने दोषी खोजने के बजाय कई निर्दोषों को सज़ा देने का आदेश दिया। अंततः जब एक मोटे व्यक्ति को फाँसी देने की ज़रूरत पड़ी, तो चेला पकड़ा गया। गुरुजी ने चतुराई से राजा को भ्रमित किया कि इस समय फाँसी पर चढ़ने से वह चक्रवर्ती सम्राट बनेगा। राजा ने स्वयं फाँसी चढ़ने का निर्णय लिया और मारा गया। इस तरह मूर्ख राजा से प्रजा को मुक्ति मिली।

कहानी के पात्र

1. **गुरुजी** – बुद्धिमान और दूरदर्शी व्यक्ति, जो खतरे को पहले ही भाँप लेते हैं। अपनी चतुराई से चेले को फाँसी से बचाते हैं और राजा को स्वयं फाँसी चढ़ने के लिए प्रेरित करते हैं।
2. **चेला** – लालची और मूर्ख व्यक्ति, जो सस्ती चीज़ों के लालच में गुरु की बात नहीं मानता। अंततः संकट में फँसता है, लेकिन गुरु की बुद्धिमानी से बच जाता है।
3. **राजा** – अंधेर नगरी का मूर्ख और तानाशाही शासक, जो बिना तर्क के निर्णय लेता है। गुरु के छलावे में आकर स्वयं फाँसी पर चढ़ जाता है।
4. **ग्वालिन** – एक समझदार स्त्री, जो गुरु-चेले को नगरी के विचित्र नियमों से अवगत कराती है। राजा और नगरी की अजीब व्यवस्था के बारे में जानकारी देती है।
5. **संतरी** – राजा का सेवक, जो हर आदेश का पालन करता है। राजा के निर्देश पर दोषियों की खोज में लगा रहता है।
6. **कारीगर** – दीवार बनाने वाला, जिस पर दीवार गिरने का दोष लगाया जाता है। अपनी गलती से बचने के लिए भिश्ती पर आरोप लगा देता है।
7. **भिश्ती** – गारा गीला करने वाला, जिसे दीवार गिरने का दोषी ठहराया जाता है। वह गलती मशक वाले पर डाल देता है।
8. **मंत्री** - राज्य का प्रमुख सलाहकार, जिसे मशक का गलत चमड़ा देने का दोषी बनाया जाता है। अंत में फाँसी से बच जाता है क्योंकि उसकी गर्दन पतली होती है।

लेखक के बारे में

सोहनलाल द्विवेदी हिंदी साहित्य के प्रसिद्ध कवि थे, जो राष्ट्रभक्ति और प्रेरणादायक रचनाओं के लिए जाने जाते हैं। उनकी कविता "गुरु और चेला" शिक्षा, अनुशासन और गुरु-शिष्य परंपरा के महत्व को दर्शाती है। उनकी रचनाएँ सरल भाषा में गहरी सीख देने के लिए जानी जाती हैं।

पाठ – 13: स्वामी की दादी

सारांश

स्वामीनाथन अपनी दादी के पास बैठकर उनसे बातें कर रहा था। वह अपने मित्र राजम की बहादुरी और उपलब्धियों की कहानियाँ दादी को सुनाना चाहता था, लेकिन दादी पुरानी यादों में खोकर अपने पति और परिवार के किस्से सुनाने लगती हैं। स्वामीनाथन बार-बार उन्हें रोककर राजम के बारे में बताने की कोशिश करता है। अंत में, वह राजम की बहादुरी की कहानी सुनाता है, जिसमें उसने एक शेर को मार गिराया था। दादी बीच-बीच में ऊँघने लगती हैं, जिससे स्वामीनाथन चिढ़ जाता है, लेकिन वह दादी के प्यार से खुश भी होता है। अंततः दोनों अपनी-अपनी कहानियों के बीच सो जाते हैं।

कहानी के पात्र

1. **स्वामीनाथन** – उत्साही और कल्पनाशील लड़का, जो अपने दोस्त राजम की बहादुरी की कहानियाँ सुनाना चाहता है। जब दादी पुरानी बातें करने लगती हैं, तो वह अधीर हो जाता है लेकिन अंततः उनकी बातों से खुश भी होता है।
2. **दादी** – स्मृतियों में खोई हुई वृद्धा, जो अतीत की घटनाओं को याद करते हुए अपने पति और परिवार के किस्से सुनाती हैं। अपने पोते की बातों को गंभीरता से नहीं लेतीं, लेकिन उसे खुश करने के लिए उसकी कहानियों में रुचि दिखाती हैं।
3. **राजम** – स्वामीनाथन का मित्र, जो एक बहादुर और होशियार लड़का बताया गया है। स्वामीनाथन उसकी बहादुरी की कहानियाँ बनाकर अपनी दादी को प्रभावित करने की कोशिश करता है।

लेखक के बारे में

आर. के. नारायण भारतीय अंग्रेज़ी साहित्य के प्रसिद्ध लेखक थे, जो अपने सहज और मार्मिक लेखन के लिए जाने जाते हैं। उनकी कहानी "स्वामी की दाढ़ी" बच्चों की मासूमियत और सामाजिक स्थितियों के हास्यपूर्ण चित्रण को दर्शाती है। उनकी रचनाएँ आम जीवन की सादगी और गहराई को प्रभावी रूप से प्रस्तुत करती हैं।

पाठ – 14: बाघ आया उस रात

सारांश

बच्चे आपस में बाघ के बारे में बातें कर रहे हैं और उसे एक वास्तविक खतरे के रूप में देख रहे हैं। एक बच्चा उत्सुकता से बताता है कि बाघ उनके इलाके में आया था और रात को बाहर न निकलने की चेतावनी देता है। दूसरा बच्चा बाघ के दिनचर्या के बारे में बताता है कि वह झरने के पास रहता है, सोता है या बच्चों से खेलता है। तीसरा बच्चा मज़ाक में जोड़ता है कि बाघ न तो किसी ऑफिस जाता है, न कॉलेज और न ही स्कूल। अंत में, छोटा बच्चा फिर से आगाह करता है कि रात को बाहर न जाना।

कहानी के पात्र

1. **पहला बालक** – वह बाघ को देखने का दावा करता है और सबको सतर्क रहने की चेतावनी देता है। उसके शब्दों में उत्साह और रोमांच झलकता है।
2. **दूसरा बालक** – बाघ के रहने की जगह और उसकी दिनचर्या के बारे में विस्तार से बताता है। उसे बाघ के परिवार और उसकी गतिविधियों की भी जानकारी है।
3. **छोटू** – वह मज़ाकिया लहजे में जोड़ता है कि बाघ स्कूल भी नहीं जाता। उसकी बातों में मासूमियत झलकती है।
4. **बेटू (सबसे छोटा बच्चा)** – वह सबसे अधिक सतर्क है और एक बार फिर रात को बाहर न जाने की चेतावनी देता है। उसकी बातों में डर और चिंता साफ दिखती है।

लेखक के बारे में

नागार्जुन हिंदी और मैथिली के सुप्रसिद्ध कवि थे, जिन्हें जनकवि के रूप में जाना जाता है। उनकी कविता "बाघ आया उस रात" लोकजीवन और प्राकृतिक घटनाओं के जीवंत चित्रण का उत्कृष्ट उदाहरण है। उनकी रचनाएँ समाज की सच्चाइयों और आमजन के संघर्षों को प्रभावी रूप से अभिव्यक्त करती हैं।

पाठ – 15: बिशन की दिलेरी

सारांश

बिशन रोज़ की तरह कर्नल दत्ता के फ़ार्म हाउस की ओर जा रहा था जब उसने गोली चलने की आवाज़ सुनी। उसे जल्द ही समझ आया कि शिकारी तीतरों का शिकार कर रहे हैं। उसने एक घायल तीतर को बचाने का निश्चय किया और उसे स्वेटर में लपेटकर छिपते-छिपाते फ़ार्म हाउस तक ले गया। शिकारी उसका पीछा करते हुए वहाँ पहुँच गए, लेकिन कर्नल दत्ता ने उन्हें डाँटकर भगा दिया। बिशन ने तीतर की देखभाल की, और कर्नल दत्ता और उनकी पत्नी ने उसकी मदद की। अंततः तीतर को बचाने की इस कोशिश में बिशन सफल रहा और खुशी-खुशी अपने घर लौट गया।

कहानी के पात्र

1. **बिशन** - दस वर्षीय निडर और दयालु लड़का, जो घायल तीतर को बचाने के लिए अपनी जान जोखिम में डालता है। मुश्किलों के बावजूद हिम्मत नहीं हारता और शिकारी से बचकर फ़ार्म हाउस तक पहुँचता है।
2. **कर्नल दत्ता** - फ़ार्म हाउस के मालिक और अनुशासनप्रिय व्यक्ति, जो शिकारियों को फटकार लगाते हैं। घायल तीतर की मरहम-पट्टी कर बिशन की मदद करते हैं और उसकी अच्छाई की सराहना करते हैं।
3. **कर्नल दत्ता की पत्नी (बहूजी)** - बिशन की पढ़ाई में मदद करने वाली दयालु महिला, जो घायल तीतर को खाना खिलाती हैं। बिशन को तीतर की देखभाल करने की सलाह देती हैं और उसकी मासूमियत पर हँसती हैं।
4. **शिकारी** - निर्दयी लोग जो तीतरों का शिकार करते हैं और घायल पक्षियों को तड़पने के लिए छोड़ देते हैं। बिशन से उसका बचाया हुआ तीतर वापस लेना चाहते हैं लेकिन कर्नल दत्ता से डाँट खाकर लौट जाते हैं।
5. **गुलाब चंद** - कर्नल दत्ता के फ़ार्म हाउस का नौकर, जो सफ़ाई करता है और उनके आदेशों का पालन करता है।

6. **घायल तीतर** - शिकारियों द्वारा घायल पक्षी, जिसे बिशन अपनी सूझबूझ से बचाता है। उसकी देखभाल के बाद वह धीरे-धीरे ठीक होने लगता है।

लेखक के बारे में

प्रतिभा नाथ एक प्रसिद्ध लेखिका हैं, जो बच्चों और युवाओं के लिए रोचक एवं प्रेरणादायक कहानियाँ लिखने के लिए जानी जाती हैं। उनकी कहानी "बिशन की दिलेरी" साहस और आत्मविश्वास की भावना को उजागर करती है। उनकी लेखनी सरल, सहज और शिक्षाप्रद होती है, जिससे पाठकों को सीखने और प्रेरणा लेने का अवसर मिलता है।

पाठ – 16: पानी रे पानी

सारांश

हमारे पानी का स्रोत और उसकी यात्रा को जल-चक्र समझाता है, लेकिन आजकल पानी की उपलब्धता असंतुलित हो गई है। गर्मियों में पानी की कमी से लोग परेशान होते हैं, वहीं बरसात में बाढ़ से जनजीवन प्रभावित होता है। जल-संरक्षण न होने के कारण भूजल स्तर गिरता जा रहा है, क्योंकि तालाबों और झीलों को भरकर उन पर इमारतें बना दी गई हैं। यदि हमें भविष्य में पानी की समस्या से बचना है, तो हमें जल-स्रोतों की सुरक्षा करनी होगी। जल-चक्र को समझकर वर्षा जल को संचित करने और भूजल भंडार को पुनः भरने की जरूरत है, जिससे अकाल और बाढ़ की समस्या कम हो सके।

कहानी के पात्र

1. **नदी:** यह जल-चक्र का प्रमुख हिस्सा है, जो पानी को बहाकर समुद्र तक ले जाती है और भूजल स्तर बनाए रखने में मदद करती है।
2. **समुद्र:** सूर्य की गर्मी से पानी को भाप बनाकर बादलों के रूप में परिवर्तित करने का मुख्य स्रोत है।
3. **बादल:** जल-वाष्प को संघनित करके बारिश का निर्माण करते हैं, जिससे जल-चक्र पूरा होता है।
4. **तालाब और झीलें:** यह धरती की गुल्लक की तरह काम करते हैं, जिसमें वर्षा जल संचित होकर भूजल स्तर को बनाए रखता है।
5. **नल और मोटर:** पानी की कमी के कारण कई घरों में मोटर लगाकर दूसरों का पानी खींचा जाता है, जिससे जल असमान रूप से बंटता है।
6. **शहर और गाँव:** जल संकट से प्रभावित क्षेत्र, जहाँ कभी पानी की कमी होती है तो कभी बाढ़ से जनजीवन अस्त-व्यस्त हो जाता है।

लेखक के बारे में

अनुपम मिश्र एक प्रसिद्ध पर्यावरणविद् और लेखक थे, जो जल संरक्षण और पारंपरिक जल प्रबंधन प्रणाली पर अपने कार्यों के लिए जाने जाते हैं। उनकी कहानी "पानी रे पानी" जल संकट और जल संरक्षण के महत्व को दर्शाती है। उनकी लेखनी सरल, प्रभावशाली और पर्यावरण चेतना से परिपूर्ण होती थी।

पाठ – 17: छोटी-सी हमारी तदी

सारांश

यह कविता एक छोटी नदी के विभिन्न रूपों का वर्णन करती है। गर्मियों में यह नदी छोटी और उथली होती है, जिसे लोग पैदल पार कर सकते हैं, लेकिन वर्षा ऋतु में यह वेगवान और उफनती हुई बहने लगती है। इसके किनारों पर बसे गाँव के लोग, बच्चे और पशु इसका उपयोग अलग-अलग तरीकों से करते हैं। महिलाएँ यहाँ कपड़े धोती हैं, बच्चे इसमें खेलते और नहाते हैं, तो कुछ लोग मछली पकड़ते हैं। बरसात में नदी के आसपास का वातावरण जीवंत हो उठता है, जिससे प्रकृति का सौंदर्य और नदी का महत्व उजागर होता है।

कहानी के पात्र

1. **नदी:** गर्मियों में शांत और उथली, जबकि बरसात में उग्र और तेज़ धाराओं वाली। यह गाँववालों के जीवन का महत्वपूर्ण हिस्सा है।
2. **गाँव के बच्चे:** नदी के किनारे खेलते, नहाते और पानी में उछल-कूद करते हैं, जिससे उनका नदी से लगाव झलकता है।

3. **गाँव की बहुएँ:** नदी के जल का उपयोग कपड़े धोने और घर के अन्य कार्यों के लिए करती हैं, जिससे उनका दैनिक जीवन जुड़ा हुआ है।
4. **ढोर-डंगर (पशु):** गर्मियों में नदी पार करते हैं, जिससे ग्रामीण जीवन और नदी का आपसी संबंध दर्शाया गया है।
5. **सियार:** रात में हुआँ-हुआँ की आवाज़ निकालते हैं, जो गाँव के परिवेश और जंगल के जीवन को दर्शाते हैं।
6. **मैना:** दिनभर किचपिच-किचपिच करती है, जो नदी के किनारे के प्राकृतिक सौंदर्य को और जीवंत बनाती है।

लेखक के बारे में

रवींद्रनाथ ठाकुर (टैगोर) भारत के महान कवि, लेखक और नोबेल पुरस्कार विजेता थे। उनकी कविता "छोटी सी हमारी नदी" प्रकृति के सौंदर्य और नदी के बहाव के माध्यम से जीवन के सहज प्रवाह को दर्शाती है। उनकी रचनाएँ मानवीय संवेदनाओं और प्रकृति के अद्भुत चित्रण के लिए प्रसिद्ध हैं।

पाठ – 18: चुनौती हिमालय की

सारांश

यह कहानी जवाहरलाल और उनके भाई की रोमांचक यात्रा को दर्शाती है, जब वे जोज़ीला पास होते हुए अमरनाथ की गुफा तक पहुँचने का प्रयास करते हैं। रास्ता कठिन और दुर्गम था, जहाँ कुली और गड़ेरिया किशन उनकी सहायता कर रहे थे। ठंडी हवाओं, ऊँची-नीची बर्फ़ीली चट्टानों और साँस लेने की दिक्कतों के बावजूद, जवाहरलाल का हौसला अडिग रहा। यात्रा के दौरान एक गहरी खाई में गिरने से उनकी जान खतरे में पड़ गई, लेकिन रस्सी की मदद से उन्हें बचा लिया गया। अंततः खतरनाक रास्तों और खाइयों के कारण अमरनाथ तक पहुँचना संभव नहीं हुआ, पर हिमालय की इस चुनौतीपूर्ण यात्रा का रोमांच उनके मन में बना रहा।

कहानी के पात्र

1. **जवाहरलाल:** उत्साही और साहसी यात्री, जिन्होंने हिमालय की कठिनाइयों को चुनौती के रूप में लिया। खाई में गिरने के बावजूद हार नहीं मानी और यात्रा पूरी करने का प्रयास किया।
2. **भाई:** शांत और व्यावहारिक व्यक्ति, जो हर परिस्थिति में जवाहरलाल की सहायता करते रहे। जब जवाहरलाल खाई में गिरे, तो उन्होंने धैर्य और सूझबूझ से उन्हें बचाने में मदद की।
3. किशन (गड़ेरिया): गाइड के रूप में कार्य करने वाला स्थानीय व्यक्ति, जिसने कठिन रास्तों पर समूह का मार्गदर्शन किया। अमरनाथ की यात्रा की कठिनाइयों से परिचित था, लेकिन फिर भी साथ देने को तैयार रहा।
4. **कुली:** यात्रा में सामान ढोने वाले स्थानीय युवक, जो कठिन परिस्थितियों में भी सहायक बने। एक कुली की नाक से खून बहने लगा, जिससे ऊँचाई पर चढ़ाई के दुष्प्रभाव भी स्पष्ट हुए।

लेखक के बारे में

सुरेखा पनंदिकर एक प्रसिद्ध बाल साहित्यकार हैं, जिन्होंने अंग्रेजी, हिंदी और मराठी में 45 से अधिक पुस्तकें लिखी हैं। वह एक लोकप्रिय कहानीकार हैं और ऑल इंडिया वुमेंस कॉन्फ्रेंस (AWIC) चिल्ड्रन लाइब्रेरी प्रोजेक्ट की संयोजिका रही हैं, जिसने 1991 में IBBY असाही रीडिंग प्रमोशन अवार्ड जीता था।

किताबों के लेखकों के बारे में

1. **अनीता रामपाल** – केंद्रीय शिक्षा संस्थान, दिल्ली विश्वविद्यालय में प्रोफेसर हैं। वे शिक्षा में नवाचार और पाठ्यचर्या विकास से जुड़ी हैं।
2. **मुकुल प्रियदर्शिनी** – मिरांडा हाउस, नई दिल्ली में प्रवक्ता के रूप में कार्यरत हैं। वे भाषा शिक्षण और उच्च शिक्षा के क्षेत्र में सक्रिय भूमिका निभाती हैं।

3. **अक्षय कुमार दीक्षित** – नगर निगम प्राथमिक सहशिक्षा विद्यालय, राजपुर, नई दिल्ली में शिक्षक हैं। वे प्राथमिक शिक्षा के संवर्धन और बच्चों के सर्वांगीण विकास पर कार्यरत हैं।
4. **अपूर्वानंद** – दिल्ली विश्वविद्यालय में रीडर के रूप में कार्यरत हैं। वे सामाजिक और साहित्यिक मुद्दों पर लेखन और शिक्षण में विशेष योगदान देते हैं।
5. **उषा द्विवेदी** – केंद्रीय विद्यालय, एन.सी.ई.आर.टी., नई दिल्ली में मुख्य अध्यापिका हैं। वे विद्यालय प्रशासन और शिक्षण तकनीकों के उन्नयन में सक्रिय हैं।
6. **कृष्ण कुमार** – एन.सी.ई.आर.टी., नई दिल्ली के निदेशक रह चुके हैं। उन्होंने शिक्षा नीतियों और पाठ्यक्रम सुधार में महत्वपूर्ण योगदान दिया है।
7. **चंदन यादव** – भोपाल स्थित संस्था मुस्कान 5 से जुड़े हैं। वे सामाजिक शिक्षा और वंचित बच्चों की शिक्षा के लिए प्रयासरत हैं।
8. **मंजुला माथुर** – एन.सी.ई.आर.टी., नई दिल्ली में रीडिंग डेवलपमेंट सेल की प्रोफेसर हैं। वे पाठ्य सामग्री विकास और पठन कौशल पर कार्य कर रही हैं।
9. **मालविका राय** – हैरिटेज स्कूल, डी-II, वसंत कुंज, नई दिल्ली में शिक्षिका हैं। वे शिक्षण में नवाचार और रचनात्मक शिक्षण पद्धतियों पर कार्यरत हैं।
10. **रमेश कुमार** – एन.सी.ई.आर.टी., नई दिल्ली के प्रारंभिक शिक्षा विभाग में प्रवक्ता हैं। वे शिक्षा के पाठ्यक्रम विकास और शिक्षण विधियों पर अनुसंधान कर रहे हैं।
11. **शारदा कुमारी** – जिला मंडलीय शिक्षा प्रशिक्षण संस्थान, आर.के. पुरम, नई दिल्ली में प्रवक्ता हैं। वे शिक्षक प्रशिक्षण और साक्षरता अभियान से जुड़ी हुई हैं।
12. **सोनिका कौशिक** – एन.सी.ई.आर.टी., नई दिल्ली के रीडिंग डेवलपमेंट सेल में कंसलटेंट हैं। वे प्रारंभिक शिक्षा और भाषा शिक्षण के क्षेत्र में कार्य कर रही हैं।
13. **लता पांडे** – एन.सी.ई.आर.टी., नई दिल्ली के प्रारंभिक शिक्षा विभाग में प्रवाचक हैं। वे प्राथमिक शिक्षा के पाठ्यक्रम विकास और अध्यापन पर शोध कर रही हैं।

English:
Class 1

Chapter – 01: My Family and Me

Summary

The poem "Two Little Hands" describes the functions of various body parts, such as hands, legs, eyes, ears, nose, mouth, and head, in a playful and engaging way. It highlights how each part helps us interact with the world, encouraging children to appreciate and recognize their bodies.

Characters of the Poem

The main "characters" of the poem "Two Little Hands" are:

- ✍ **Two little hands** – Representing the action of clapping.
- ✍ **Two little legs** – Representing the action of tapping and walking.
- ✍ **Two little eyes** – Representing the ability to see.
- ✍ **One little head** – Representing movement side to side.
- ✍ **Two little ears** – Representing the ability to hear.
- ✍ **One little nose** – Representing the sense of smell.
- ✍ **One little mouth** – Representing the ability to eat and talk.

These parts of the body are described as essential, functional characters that work together to help the individual navigate and interact with the world.

Chapter – 02: Greetings

Summary

The poem "Greetings" teaches children different greetings for various times of the day. It encourages saying "Namaste" when meeting someone, and "Good morning," "Good afternoon," "Good evening," and "Good night" based on the time of day.

Characters of the Poem

The main "characters" of the poem "Greetings" are:

- ✍ **The speaker** – The person who is sharing the greetings.
- ✍ **The people the speaker meets** – The individuals the speaker greets at different times of the day.

The poem focuses on the act of greeting others with respect and politeness.

Chapter – 03: Life Around Us

Summary

The Chapter includes activities and questions related to a picture, focusing on identifying animals, birds, and snakes in the image. It also encourages children to recognize and name the animals in English.

Characters of the Chapter

The main "characters" in this chapter include:

- ✍ **Animals in the picture** – These are the animals the children are asked to identify and name.
- ✍ **Birds** – Mentioned as part of the picture to identify and name.
- ✍ **Snakes** – Also part of the picture, which children are asked to count.
- ✍ **Monkey** – The monkey's action is a focus of the questions.
- ✍ **The fish** – The subject of the song "Fun with Numbers" and the speaking activity.

These "characters" are part of the activities designed to engage children in observation, identification, and conversation.

Chapter – 04: The Cap-seller and the Monkeys

Summary

In "The Cap-seller and the Monkeys," a cap-seller naps under a tree while monkeys steal and wear his caps. When he wakes up, he throws his own cap into the basket, and the monkeys imitate him, dropping their caps into the basket, allowing the cap-seller to recover them.

Characters of the Chapter

The main characters of the chapter "The Cap-seller and the Monkeys" are:

- ✍ **The Cap-seller** – The man who sells caps and carries a basket full of them.
- ✍ **The Monkeys** – The mischievous creatures that steal the caps from the cap-seller.

Chapter – 05: A Farm

Summary

The poem "A Farm" is a playful song about a farm owned by the speaker's grandpa. It describes different animals on the farm, such as a cow and a hen, along with the sounds they make ("moo-moo" and "cluck-cluck"). The rhyme repeats with each animal and its sound, inviting children to replace animals and their sounds with those from their own language.

Characters of the Chapter

The main characters of the poem "A Farm" are:

- ✍ **The Grandpa** – The owner of the farm.
- ✍ **The Cow** – An animal on the farm that makes the "moo-moo" sound.
- ✍ **The Hen** – Another animal on the farm that makes the "cluck-cluck" sound.

These characters are part of the farm where different animals make their characteristic sounds.

Chapter – 06: Food

Summary

The chapter includes a series of questions based on a picture of fruits and vegetables. It encourages children to observe and identify the different fruits and vegetables, count them, and name specific ones based on their color. It also asks children about their preferences and the importance of eating fruits and vegetables for health.

Characters of the Chapter

The main "characters" of this chapter are:

- ✍ **Fruits** – Different types of fruits that appear in the picture.
- ✍ **Vegetables** – Various vegetables visible in the picture.
- ✍ **The Child (or Reader)** – The person answering the questions about the fruits and vegetables in the picture.

The focus is on identifying, naming, and discussing fruits and vegetables, as well as expressing personal preferences and understanding the importance of eating them.

Chapter – 07: The Food we Eat

Summary

The chapter "The Food We Eat" introduces various foods and encourages sharing, gratitude, and respect for food. It highlights the diversity of food and culture in India and prompts children to discuss the foods they eat at home. The chapter also teaches kindness through a scenario where a child shares their food with someone whose mother is sick.

Characters of the Chapter

The main characters of the chapter "The Food We Eat" are:

- ✍ The Child – The speaker who describes the various foods they have, such as poori, roti, idli, fruits, and more.
- ✍ The Mother – The mother of the child, who is sick and unable to provide lunch.
- ✍ The Friend – A person who receives the food (chilla and paratha) from the child when their mother is sick.

These characters highlight themes of sharing, gratitude, and cultural diversity in food.

Chapter – 08: Seasons

Summary

The chapter "The Four Seasons" explains the unique features of each season: Spring is for play and blooming flowers, Summer is hot, and people cool off in the pool. The poem "Monsoon Clouds" describes how the rain cools things down. The chapter introduces the changing weather and activities of each season.

Characters of the Chapter

The main characters of the chapter "The Four Seasons" are:

- ✍ **Children** – They play during the spring and enjoy the summer.

- **Flowers** – They bloom in spring.
- **Monsoon Clouds** – Represented as filled with rain that cools things down.
- **The Seasons** – Spring and Summer are specifically mentioned in the chapter, highlighting their unique characteristics.

Chapter – 09: Anandi's Rainbow

Summary

In "Anandi's Rainbow", Anandi wakes up to a rainbow and, with her cat Milli, paints the flowers in her garden using the rainbow's colors. She leaves the yellow for the Sun to shine brightly. After finishing, the rainbow disappears, and the garden looks beautiful with vibrant colors.

Characters of the Chapter

The main characters of the chapter "Anandi's Rainbow" are:

- **Anandi** – The girl who is inspired by the rainbow and decides to paint the flowers in her garden.
- **Milli** – Anandi's favorite cat, who accompanies her in the garden.
- **The Rainbow** – The colorful rainbow that inspires Anandi to paint.
- **The Sun** – The bright Sun that shines in its yellow glory after Anandi leaves the yellow color for it.

Author of the Chapter

The author of the poem Anandi's Rainbow is Shobha Sunder, a writer known for creating child-friendly works with engaging themes. In the poem, she captures young readers' imaginations through Anandi's colorful, creative adventure in the garden after a rainbow appears in the sky.

English:
Class 2

Chapter – 01: My Bicycle

Summary

In Chapter, My Bicycle, the narrator describes their red bicycle. They pedal and ride it, hearing the bell as they go. The bicycle has a blue seat, black tyres, and pedals. The narrator enjoys riding at varying speeds but always stays on track. They mention wearing a helmet for safety and happily riding their bicycle everywhere.

Characters of the Chapter

- ✍ The main character is the narrator, who describes their experience with the bicycle.
- ✍ The narrator's friends are mentioned, as they move aside when they hear the bell.
- ✍ The focus is primarily on the narrator and their bicycle.

Chapter – 02: Picture Reading

Summary

In this Chapter, Jeet and Babli play games on a holiday, including 'bat and ball.' When the ball lands in Mohit's locked garden, they can't retrieve it. Babli makes a new ball with rags, paper, wool, and string. The game resumes, and when Jeet hits the ball, it scatters. Babli catches a piece and excitedly shouts, "OUT! OUT!"

Characters of the Chapter

The main characters of this Chapter are:

- ✍ Jeet – One of the children who plays various games, including 'bat and ball.'
- ✍ Babli – Jeet's friend who plays with him, makes a new ball when the original one is lost, and shouts "OUT! OUT!" during the game.

Chapter – 03: It is Fun

Summary

It is Fun, the poem celebrates the joy of pretending to be different animals. The narrator describes the fun of leaping like a lamb, climbing like a cat, hopping like a frog, swimming like a fish, trotting like a horse, and flying like a bird. The poem emphasizes how enjoyable it is to act like these creatures and explore different movements.

Characters of the Chapter

- ✍ The main character is the narrator.
- ✍ The animals imitated are a lamb, cat, frog, fish, horse, and bird.
- ✍ The chapter focuses on the narrator's playful imagination as they act like these animals.

Chapter – 04: Seeing without Seeing

Summary

In Chapter, Seeing without Seeing, Onshangla tells her mother, Ava, about a new boy in class who cannot see. Ava blindfolds Onshangla to help her understand how people can experience the world without sight. Through a game, Onshangla identifies objects by touch, smell, and sound. Ava teaches her that even without sight, one can still learn and experience things, and encourages Onshangla to be kind to the new boy.

Characters of the Chapter

The main characters of Chapter, Seeing without Seeing, are:

- ✍ **Onshangla** – A little girl who learns about experiencing the world without sight.
- ✍ **Ava** – Onshangla's mother, who teaches her a game to help understand how people without sight can still identify things.

Chapter – 05: Come Back Soon

Summary

In the chapter Come Back Soon, the poem explores various ways of traveling, including by bus, train, boat, plane, taxi, car, or even a rocket to the moon. It emphasizes the idea of traveling both near and far, but always returning home soon. The chapter encourages children to think about their own travel experiences and share them.

Characters of the Chapter

- ✍ Come Back Soon is a poem about various modes of transportation (bus, train, boat, plane, taxi, car, rocket).
- ✍ The poem emphasizes traveling both near and far.
- ✍ It suggests that after traveling, one should return home soon.
- ✍ The "main character" is the traveler, but there are no specific named characters.

Chapter – 06: Between Home and School

Summary

In Between Home and School, Ravi, a Class 2 student, shares the fun journey he and his friend have walking to school. They pass paddy fields and a mango grove, enjoying activities like jumping over canals, climbing trees, and watching lizards, while always reaching school on time.

Characters of the Chapter

The main characters of the chapter Between Home and School are:

- ✍ Ravi, a Class 2 student.
- ✍ Ravi's friend, who accompanies him on the journey to school, is also a key character in the story.
- ✍ Together, they enjoy the fun activities during their walk to school.

Chapter – 07: This is My Town

Summary

In the chapter "This is My Town," the narrator describes their town and gradually narrows down to their room, highlighting how the town, street, house, room, bed, basket, and flowers are all connected in a simple, structured manner.

Characters of the Chapter

- ✍ The main character is the narrator.
- ✍ The chapter focuses on the narrator's surroundings, with no other specific characters.

Chapter – 08: A Show of Clouds

Summary

In the poem "A Show of Clouds," the narrator describes lying on their back and looking up at the sky. They imagine seeing various shapes in the clouds, such as a big white bear, a ship sailing on a white sea, and an elephant waving its trunk. The narrator expresses the fun and joy of imagining whatever they want to see in the clouds.

Characters of the Chapter

- ✍ The main character is the narrator.
- ✍ The poem highlights the fun and imagination of seeing different shapes in the clouds.

Chapter – 09: My Name

Summary

In the chapter "My Name," a little fly forgets its name and asks various things for help in remembering it. The fly first asks an ant, then a cow, followed by grass, and finally a leaf. When the wind blows the leaf away, the fly suddenly remembers its name and joyfully exclaims, "My name is Fly!" The story illustrates the journey of self-discovery and the fun process of recalling one's identity.

Characters of the Chapter

The main characters in the chapter "My Name" are:

- ✍ **The Little Fly** – The protagonist who forgets its name and embarks on a journey to remember it.
- ✍ **The Ant** – The first character the fly asks about its name.
- ✍ **The Cow** – Another character the fly asks for help in remembering its name.
- ✍ **The Grass** – The next thing the fly asks, hoping to learn its name.
- ✍ **The Leaf** – The final character the fly asks before remembering its name, as the leaf is blown away by the wind.

These characters help the fly in its quest, leading to the moment of self-realization.

Chapter – 10: The Crow

Summary

In "The Crow," a black crow tries to look beautiful by attaching peacock feathers to himself. However, the other crows laugh at him and remind him that he is already beautiful as he is. The chapter teaches the lesson of self-acceptance and embracing one's true identity.

Characters of the Chapter

The main characters in the chapter "The Crow" are:

- ✍ **The Crow** – The protagonist who wants to become beautiful by adding peacock feathers to himself.
- ✍ **The Other Crows** – They laugh at the crow for trying to change his appearance and remind him that he is beautiful just as he is.

Chapter – 11: The Smart Monkey

Summary

In the chapter "The Smart Monkey," Anju and Farida carelessly throw their trash on the ground while resting under a tree. A monkey sets an example by throwing its banana peel into a dustbin. Feeling ashamed, the girls clean up their trash, learning the importance of responsibility and cleanliness.Top of Form

Characters of the Chapter

The main characters in the chapter "The Smart Monkey" are:

- **Anju** – One of the two girls who goes to the market with Farida.
- **Farida** – The other girl who goes to the market with Anju.
- **The Monkey** – The smart monkey sitting in the tree, who sets an example of cleanliness by throwing its banana peel into a dustbin.

Chapter – 12: Little Drops of Water

Summary

The chapter "Little Drops of Water" highlights how small acts of love, kindness, and warmth can create a positive impact, much like how tiny drops of water and grains of sand form the ocean and land. It teaches the value of small good deeds in making the world better.

Characters of the Chapter

- The poem doesn't feature individual characters.
- The poem emphasizes how little words of love, acts of kindness, and deeds of warmth can have a positive impact.

Poet of the Poem

Julia Carney (1823–1908) was an American poet known for "Little Drops of Water," a poem that emphasizes how small actions, like kindness and love, can make a big impact. Her work is valued for its simplicity and ability to teach children the power of small contributions in creating positive change.

Chapter – 13: We are all Indians

Summary

The chapter "We Are All Indians" highlights characters from different states of India, each sharing their unique backgrounds, languages, and interests. Despite their differences, they all share the common identity of being Indian. The chapter emphasizes the diversity and unity within India, encouraging children to appreciate their own cultures and learn about others, fostering respect and understanding.

Characters of the Chapter

The characters in the chapter "We Are All Indians" are:

- **Ramu** – From Gujarat, speaks Gujarati, likes dancing the Garba, and is 7 years old.
- **Meenakshi** – From Tamil Nadu, speaks Tamil, and her favorite festival is Pongal.

- ✍ **Gulabo** – From Rajasthan, likes wearing colorful clothes, enjoys puppet shows, and travels by camel.
- ✍ **Badal** – From Bengal, speaks Bengali, likes painting and music, and studies at Santiniketan.
- ✍ **Surinder** – From Punjab, speaks Punjabi, and his neighbor Mallika likes to do Bhangra.
- ✍ **Vibha** – From Maharashtra, speaks Marathi, and once visited Ellora and Ajanta caves.
- ✍ **Neerja** – From Uttar Pradesh, has seen the Taj Mahal.
- ✍ **Kamala** – From Karnataka, speaks Kannada, and plays the Mridang.
- ✍ **Nonglik** – From Manipur, speaks Manipuri.
- ✍ **Bharti** – From Andhra Pradesh, speaks Telugu, and goes to Kashmir during her summer holidays.
- ✍ **Two sisters** – From Odisha, speak Odia, and decorate their walls and floors.
- ✍ **Unni** – From Kerala, speaks Malayalam, and his favorite tree is the coconut tree.

Each character highlights their unique cultural background and interests, showing the diversity within India.

English:
Class 3

Chapter – 01: Picture Reading

Summary

The chapter "Fun with Friends" is about a hen and a duck, with their chicks and ducklings, going to the village fair. When they reach a stream, the duck can't swim, and the hen comes up with a plan to help. The story teaches friendship, cooperation, and problem-solving, with activities for children to reflect on helping friends and matching animals with their young ones.

Characters of the Chapter

The main characters in the chapter "Fun with Friends" are:

- ✍ **Hen** – She is one of the main characters who brings her chicks along to the village fair. She helps the duck when they reach the stream by coming up with a plan to cross.
- ✍ **Duck** – Another main character who invites the hen and her chicks to the fair. The duck is unable to swim when they reach the stream, but the hen helps by coming up with a solution.
- ✍ **Chicks** – The young ones of the hen. They are part of the group traveling to the fair.
- ✍ **Ducklings** – The young ones of the duck. They accompany the duck on the journey to the fair.

These characters work together and demonstrate the importance of friendship, cooperation, and helping each other.

Chapter – 01: Colours

Summary

The chapter "Colours" is a short poem about sharing crayons. It mentions different colours of crayons, including red, yellow, blue, green, purple, and black. The child expresses the need for certain colours and suggests that by sharing, both can have a full set of crayons. The chapter highlights the importance of sharing and teamwork.

Characters of the Chapter

The chapter "Colours" doesn't have specific named characters, but the main "characters" in the poem are:

- ✍ **The Speaker** – The person reciting the poem, who has some crayons and needs red.
- ✍ **The Other Person** – Another individual who has crayons and needs the black one.

The central theme of the poem is the concept of sharing crayons to have a full set, emphasizing cooperation and sharing between two people.

Chapter – 02: Badal and Moti

Summary

The chapter "Badal and Moti" is about a boy named Badal who adopts a puppy, Moti, and they become best friends. One day, Badal falls into a pit while returning home from school. Moti helps by finding Badal's scent and leading the searchers to him. Badal is rescued, and he thanks Moti for saving him. The story highlights friendship, loyalty, and the strong bond between Badal and Moti.

Characters of the Chapter

The main characters in the chapter "Badal and Moti" are:

- **Badal** – A young boy who lives with his mother in a village. He finds the puppy Moti and cares for it, developing a strong bond of friendship with him.
- **Moti** – A puppy that Badal adopts. As he grows, Moti becomes Badal's loyal and loving friend. Moti plays a key role in helping rescue Badal from the pit.
- **Badal's Mother** – She supports Badal in taking care of Moti and encourages him to be responsible. She also plays a role in organizing a search for Badal when he goes missing.
- **Neighbors** – They assist in the search for Badal when he doesn't come home, and they help rescue him after Moti leads them to the pit.

These characters highlight themes of friendship, loyalty, and the bond between a boy and his dog.

Chapter – 03: Best Friends

Summary

The chapter "Best Friends" is about four shapes Circle, Square, Triangle, and Rectangle arguing over which is the best. They seek help from a wise star, who advises them to cooperate and combine their qualities to create beautiful patterns. The shapes realize their mistake, make up, and promise to remain friends, highlighting the importance of friendship and teamwork.

Characters of the Chapter

The main characters in the chapter "Best Friends" are:

- **Circle** – One of the four friends, who believes it is the best because of its round shape and lack of sharp edges.
- **Square** – Another friend who thinks it is the best because it has four equal sides.
- **Triangle** – A third friend who claims to be the best due to its three sides and how children use it to draw mountains or enjoy snacks shaped like triangles.
- **Rectangle** – The fourth friend who argues that it is the best because it has four sides, with two equal long sides and two equal short sides.
- **Star** – A wise character who helps the shapes resolve their argument. The Star advises them to stop fighting and work together to create beautiful patterns and designs.

These characters highlight the theme of friendship, cooperation, and realizing the value of each other's uniqueness.

Chapter – 04: Out in the Garden

Summary

The chapter "Out in the Garden" describes a child enjoying various activities in the garden on fine days. The child plays with a ball, bouncing, throwing, and catching it. Then, the child flies a kite, tugging, pulling, and flying it. Lastly, the child spends time with friends, running, skipping, jumping, swaying, sliding, and swinging. The chapter emphasizes outdoor fun and active play.

Characters of the Chapter

The chapter "Out in the Garden" features the following characters:

- ✍ **The Child** – The main character who enjoys playing with a ball, flying a kite, and spending time with friends in the garden.
- ✍ **Friends** – The child's friends, who play together by running, skipping, jumping, swaying, sliding, and swinging.

These characters focus on outdoor activities and the enjoyment of play.

Chapter – 05: Talking Toys

Summary

The chapter "Talking Toys" is about toys in a shop eagerly waiting to be bought. The toys watch customers choose items like a board game, toy train, and marbles. Each toy hopes to be picked. Eventually, a group of children buys the toys, and they leave happily with their new possessions. The story focuses on the excitement of toys hoping to be chosen and loved.

Characters of the Chapter

The main characters in the chapter "Talking Toys" are:

- ✍ **Toys -** Various toys in the shop, including a toy kitten, talking doll, toy elephant, toy aeroplane, toy phone, spinning top, and dancing dolls, all eagerly waiting to be chosen by customers.
- ✍ **Girl and Boy -** A girl and a little boy who visit the shop with their father.
- ✍ **Woman and Son -** A woman who buys the Vande Bharat toy train for her son.
- ✍ **Two Girls -** Two girls who visit the shop and buy marbles and a toy aeroplane.
- ✍ **Group of Children -** A group of children who buy various toys, such as a toy elephant, spinning top, and dancing dolls.
- ✍ **Toy Shopkeeper -** The person who runs the shop and assists customers.

Author of the Chapter

Geeta Dharmarajan is an Indian author and the founder of Katha, a non-profit focused on children's literature and education. In her chapter "Talking Toys," she tells a story where toys in a shop come to life and eagerly await being chosen by customers. The toys have personalities and dreams, highlighting the joy of imagination and the excitement of children picking toys.

Chapter – 06: Paper Boats

Summary

In "Paper Boats," Meena enjoys sailing paper boats in a stream, but a boy overturns them for fun. After confronting him, Meena teaches him how to make his own boats. They both enjoy watching their boats float together, emphasizing sharing, cooperation, and helping others.

Characters of the Chapter

The main characters in the chapter "Paper Boats" are:

- Meena – The protagonist, who enjoys making and watching paper boats sail down the stream.
- The Naughty Boy – A mischievous boy who initially overturns Meena's paper boats for fun.

Chapter – 07: The Big Laddoo

Summary

In "The Big Laddoo," the poem imagines a world where everything is combined into one giant version, including a massive laddoo, a huge child, and a vast sea. It ends with the child throwing the giant laddoo into the big sea, creating a big splash. The chapter is a playful imagining of how things would be if they were much larger.

Characters of the Chapter

The chapter "The Big Laddoo" features no specific named characters, as it is more of a whimsical poem about imagining things on a larger scale.

- **The BIG Laddoo** – A large sweet, imagined as one huge laddoo.
- **The BIG Child** – A single, very large child, representing all the children combined.
- **The BIG Sea** – A vast, enormous sea, imagined as one big sea instead of many.

Poet of the Poem

Geeta Dharmarajan, an Indian author and poet, is known for her children's literature and as the founder of Katha, a non-profit promoting storytelling. In her poem "The Big Laddoo," she uses playful imagination to envision a world where laddoos, children, and seas merge into one giant version.

Chapter – 08: Thank God!

Summary

In the chapter "Thank God!" a farmer grows a variety of fruits and decides to gift the best fruit to the king. He chooses grapes, thinking they would be easier to carry than watermelons. When the king playfully throws grapes at him, the farmer says, "Thank God!" The king asks why, and the farmer explains that watermelons would have been harder to manage. The farmer's wise response teaches the importance of gratitude and wisdom.

Characters of the Chapter

The main characters in "Thank God!" are:

- **The Farmer:** A wise and hardworking man who gifts grapes to the king.
- **The King's Guard:** The servant who helps the farmer deliver the grapes.
- **The King:** A playful ruler who throws grapes at the farmer, prompting his grateful response.
- **The Princess:** The king's companion, present in the royal garden during the interaction.

Author of the Chapter

The author of the chapter "Thank God!" is an anonymous storyteller, as it is a Jataka tale. Jataka tales are traditional stories from ancient Indian literature that often feature animals or humans and teach moral lessons.

Chapter – 09: Madhu's Wish

Summary

In "Madhu's Wish," Madhu, a food lover, shares his lunch with an old man under a banyan tree. In gratitude, the old man grants Madhu a wish. Madhu asks for various foods, and soon laddoos, fruits, and savouries appear. However, he grows bored and craves water. After trying drinks like sharbat and kheer, Madhu realizes the importance of water and finally asks for it. The tree grants his wish, and Madhu's hiccups stop, teaching him the value of water.

Characters of the Chapter

The main characters in "Madhu's Wish" by Sudha Murty are:

- ✍ **Madhu:** A food lover who wishes for endless food but later learns the value of water.
- ✍ **The Old Man:** A grateful elder who grants Madhu a wish for his kindness.
- ✍ **The Banyan Tree:** A magical tree that fulfills Madhu's wishes, teaching him a lesson about the importance of water.

The story highlights the importance of basic necessities, like water, over indulgence.

Author of the Chapter

The author of the chapter "Madhu's Wish" is Sudha Murty. Sudha Murty is an Indian author, philanthropist, and social worker. She is known for her simple yet impactful storytelling, often addressing social issues, human values, and lessons that can be learned through everyday experiences.

Chapter – 10: Night

Summary

Chapter, "Night," reflects on the cycle of day and night, describing how the sun sets and the world grows dark before the narrator sleeps. Upon waking, the sun shines again, signaling the start of a new day. The chapter highlights the peaceful transition between day and night.

Characters of the Chapter

In Chapter, "Night," there are no specific characters, as it is a simple poetic reflection about the natural cycle of day and night. The only "character" is the narrator, who expresses curiosity about the sun's journey and their own experience of sleeping and waking.

Author of the Chapter

The poem "Night" is written by Robert Louis Stevenson, a Scottish author and poet, best known for works such as Treasure Island and A Child's Garden of Verse. This collection of poems is aimed at children and explores themes of nature, childhood experiences, and the world around them in a simple and lyrical style.

Chapter – 11: Chanda Mama Counts the Stars

Summary

In the chapter "Chanda Mama Counts the Stars," Chanda Mama (the Moon) struggles to count the stars, often losing track and falling asleep. Frustrated, he cries one night, but the Sun comforts him, saying the number of stars is the same as the number of children in the world. This makes Chanda Mama happy, and he smiles as he watches both the stars and children each night.

Characters of the Chapter

The characters in the chapter "Chanda Mama Counts the Stars" are:

- ✍ **Chanda Mama (The Moon):** The main character who tries to count the stars every night but often forgets where he left off.
- ✍ **The Sun:** The Sun comforts Chanda Mama when he becomes upset and helps him understand that the number of stars in the sky is equal to the number of children, bringing him happiness.

Author of the Chapter

The author of the chapter "Chanda Mama Counts the Stars" is Sudha Murty. She is a well-known Indian author, philanthropist, and social worker. Sudha Murty has written several books for children, young adults, and adults, often focusing on moral values, life lessons, and simple yet powerful storytelling. Her stories are inspired by Indian culture and traditions and often involve elements of fantasy and imagination.

Chapter – 12: Chandrayaan

Summary

In the chapter "Chandrayaan," Rani asks her mother about the Moon's distance. The next day, she learns from her brother, Pratik, that India landed on the Moon through the Chandrayaan mission. They visit Pratik's friend Vivaan's house, where Aunt Nandini, a scientist, explains that "Chandrayaan" means Moon vehicle and that India became the first country to land on the far side of the Moon on 14th July, 2023. Rani excitedly asks if she can go to the Moon one day, and Aunt Nandini replies, "Maybe, one day."

Characters of the Chapter

The main characters in the chapter "Chandrayaan" are:

- ✍ **Rani:** A curious girl fascinated by the Moon and space.
- ✍ **Pratik:** Rani's excited older brother, who shares news about India's Moon landing.
- ✍ **Amma:** Rani's mother, who tells her about the Moon.
- ✍ **Aunt Nandini:** A scientist and Vivaan's mother, who explains the Chandrayaan mission to Rani and Pratik.
- ✍ **Vivaan:** Pratik's friend, who is mentioned when they visit his house.

These characters guide Rani in learning about the Chandrayaan mission and space exploration.

Author of the Chapter

The author of the chapter "Chandrayaan" is S. A. Iyer, creates educational content for young readers. In this chapter, Rani learns about space and India's Chandrayaan mission through her family and Aunt Nandini, a scientist, using simple language and relatable characters to inspire curiosity in children.

English:
Class 4

Unit-1: Wake up!

Summary

The poem "Wake Up!" is an energetic and cheerful call to wake up and start the day. The speaker encourages someone to get out of bed and join the lively world outside, where birds are singing, bees are buzzing, and animals like cows, horses, and chickens are active. The tone is playful, urging the listener to stop being lazy and join in the fun of the day.

Characters of the Chapter

The poem "Wake Up!" features the following characters:

- ✍ **The Speaker:** The one urging the listener to wake up and start the day.
- ✍ **The Listener:** The person being encouraged to get out of bed and join the world outside.
- ✍ **Animals:** Various animals mentioned in the poem.
- ✍ Birds singing in the trees.
- ✍ Bees buzzing.
- ✍ Cows, horses, ducks, and sheep.
- ✍ A tiny chicken that is cheeping.

Author of the Chapter

C. Fletcher is the author of the poem "Wake Up!". The poem is known for its playful and energetic tone, encouraging children to get up and enjoy the day. While specific details about C. Fletcher's life and works are not widely documented, this particular poem remains a charming example of lighthearted, child-oriented poetry.

Unit-1: Neha's Alarm Clock

Summary

In "Neha's Alarm Clock," Neha struggles to wake up early, facing the alarm clock, birds, the Sun, and her mother. After the alarm clock falls, she sleeps in but is still woken up by other things. Her mother explains that everyone has an internal clock. Neha then rushes, only to realize it's Sunday and she doesn't need to hurry.

Characters of the Chapter

The characters in the chapter "Neha's Alarm Clock" are:

- ✍ **Neha:** The main character, who struggles with waking up early and wishes for more sleep.
- ✍ **The Narrator:** The one telling the story and describing Neha's experiences.
- ✍ **The Alarm Clock:** The device that wakes Neha up every morning at six o'clock.
- ✍ **The Birds:** The small chirpy birds that try to wake Neha up by singing outside her window.
- ✍ **The Sun:** The bright sun that fills Neha's room with light to wake her up.
- ✍ **Neha's Mother:** Neha's mother who wakes her up to ensure she doesn't miss the school bus.
- ✍ **Neha's Internal Clock:** The concept described by Neha's mother, referring to the natural rhythm that tells Neha when to eat, sleep, and wake up.

Author of the Chapter

Girija Rani Asthana is an Indian author who is well-known for writing children's literature. Her stories are often simple, engaging, and designed to teach valuable lessons in a fun and relatable way. "Neha's Alarm Clock" is one of her works, where she explores the theme of waking up early and the challenges children face with morning routines.

Unit-2: Noses

Summary

In the poem "Noses," the speaker humorously describes their nose sticking out and occupying a prominent place on their face. They suggest that looking in the mirror can make you giggle at how funny your nose looks, highlighting the playful nature of our unique features.

Characters of the Chapter

- ✍ **Main Character:** The speaker who humorously reflects on their nose.
- ✍ **Secondary Character:** The reader, encouraged to laugh at their own nose.

Author of the Chapter

The author of the poem "Noses" is Aileen Fisher. She was an American author and poet, best known for her children's poems and books. She wrote numerous works that focused on the simple, everyday experiences of children, using clear and imaginative language.

Unit-2: The Little Fir Tree

Summary

In "The Little Fir Tree," the tree is granted four wishes by Shetty the magician. After wishing for green, gold, and glass leaves, the tree faces problems like goats eating them, thieves stealing them, and the wind breaking them. In the end, the tree realizes its original needle-like leaves are the best and is content when they are restored.

Characters of the Chapter

The main characters in the chapter "The Little Fir Tree" are:

- ✍ **Shetty the Magician:** A kind magician who, after taking shelter under the fir tree during a rainstorm, grants the tree four wishes as a reward for the shelter.
- ✍ **The Little Fir Tree:** The main character of the story. Initially sad about its needle-like leaves, the tree makes four wishes, each of which leads to a series of challenges, ultimately realizing that its original leaves are the best.

These two characters are central to the story's events and lessons.

Author of the Chapter

The author of "The Little Fir Tree" is Hans Christian Andersen, a famous Danish author known for fairy tales like "The Ugly Duckling" and "The Little Mermaid."

Unit-3: Run!

Summary

In the poem "Run!," the speaker encourages running away from the city and into the countryside, enjoying the freedom of nature. The poem describes running in the rain, beneath trees, through meadows, and up and down hills. It emphasizes the joy and merriment of running throughout the day, embracing the outdoors and its beauty.

Characters of the Chapter

The poem "Run!" does not have specific named characters. Instead, the poem features:

- **The Speaker:** The person who is encouraging running and describing the activities.
- **The Reader:** The implied character who is being urged to run and enjoy the outdoors, creating a sense of invitation for anyone who reads the poem.

Author of the Chapter

The poem "Run!" was written by John Burningham. He was a renowned British author and illustrator, celebrated for his children's books and poetry. His works, known for gentle storytelling and creative illustrations, often explore themes of adventure, freedom, and nature.

Unit-3: Nasruddin's Aim

Summary

In "Nasruddin's Aim," Nasruddin boasts about his archery skills, but after missing the target twice, he blames others for the shots. Finally, he hits the target and proudly claims it was his aim.

Characters of the Chapter

The main characters in the chapter "Nasruddin's Aim" are:

- **Nasruddin:** The protagonist, who boasts about his archery skills but initially misses the target.
- **Nasruddin's Friends:** A group of people who hear Nasruddin boast about his archery and challenge him to prove his skills.

Author of the Chapter

The author of the story "Nasruddin's Aim" is Shah Abdul Latif. He is known for his stories and folktales centered around the humorous character Nasruddin, a wise fool who uses wit and humor to teach lessons. These stories are popular in many cultures, especially in the Middle East, Central Asia, and South Asia.

Unit-4: Why?

Summary

In the poem "Why?", a curious boy asks numerous questions about the world, seeking explanations for natural phenomena. While some questions are easy to answer, others are difficult or unanswerable, showcasing his curiosity and the world's complexity.

Characters of the Chapter

The main character in the poem "Why?" is:

- **The Curious Little Boy:** He is always asking questions about the world around him, trying to understand why things happen as they do, like why wood floats, why the sun shines, and why flowers die. His endless curiosity drives the poem's theme.

Author of the Chapter

The author of the poem "Why?" is Carl Sandburg (1878–1967) was a prominent American poet, writer, and editor. He is best known for his poems that delve into the daily life of ordinary people, the American landscape, and the complexities of human existence. Sandburg's works often carry a tone of simplicity, yet they are rich in meaning and depth.

Unit-4: Alice in Wonderland

Summary

In this chapter of Alice in Wonderland, Alice follows a white rabbit wearing a blue coat and carrying a watch. She falls down a rabbit hole, lands on leaves, and finds the rabbit again. Alice discovers a small door and a golden key that opens it to a beautiful garden, but she cannot fit through the door and wishes to become smaller to enter.

Characters of the Chapter

The main characters in this chapter of Alice in Wonderland are:

- **Alice:** The curious young girl who follows the white rabbit.
- **The White Rabbit:** A talking rabbit wearing a blue coat and carrying a watch.

Author of the Chapter

The author of Alice in Wonderland is Lewis Carroll. His pen name of Charles Lutwidge Dodgson was a multi-talented English author, mathematician, logician, and photographer. He is most famous for his two iconic works in children's literature: Alice's Adventures in Wonderland (1865) and its sequel Through the Looking-Glass (1871).

Unit-5: Don't be Afraid of the Dark

Summary

In the poem "Don't Be Afraid of the Dark," the speaker reassures a child not to fear the night. The poem explains that while the day can be harsh and filled with troubles, the night brings peace, with the soothing moonlight and eternal stars. It encourages the child to embrace the night, let their thoughts wander, and find comfort in the calmness it brings.

Characters of the Chapter

- The poem features a "little one," likely a child.
- The speaker reassures the child about the peacefulness of the night.

Author of the Chapter

The poem "Don't Be Afraid of the Dark" is attributed to Ruskin Bond, an Indian author known for his themes of nature, childhood, and rural life. His writing, praised for its simplicity and emotional depth, often conveys messages of peace, nature, and appreciating everyday beauty.

Unit-5: Helen Keller

Summary

Helen Keller, born in 1880, lost her sight and hearing after an illness. Despite her parents' love, she became wild and unmanageable. Her teacher, Miss Sullivan, used sign language to communicate with her. Helen's breakthrough came when she felt running water and Miss Sullivan spelled "W-A-T-E-R" in her hand, helping her realize that words were the key to understanding the world. This marked the start of her learning journey.

Characters of the Chapter

- ✍ **Helen Keller:** Main character, a young girl who becomes deaf and blind after an illness. Intelligent and curious but initially unable to communicate.
- ✍ **Miss Sullivan:** Helen's teacher who uses sign language and tactile methods to help Helen learn and understand the world.
- ✍ **Helen's Parents:** Concerned and loving, but struggle to help Helen due to her disabilities.

Author of the Chapter

The chapter about Helen Keller is from a biography of Keller. Helen Keller's own autobiography, The Story of My Life, details her achievements. Ruskin Bond, an Indian author known for writing about nature and human relationships, did not write about Helen Keller.

Unit-6: Hiawatha

Summary

In the chapter about Hiawatha, a young Native American boy, lives with his grandmother, Nokomis, who teaches him about nature. He develops a deep love for animals and birds, learning their languages and secrets. Hiawatha refers to the birds as "Hiawatha's chickens" and the animals as "Hiawatha's brothers," reflecting his strong bond with the natural world.

Characters of the Chapter

The characters in the chapter about Hiawatha are:

- ✍ **Hiawatha:** The young Native American boy, who is curious and loves nature.
- ✍ **Nokomis:** Hiawatha's grandmother.

Author of the Chapter

The author of the chapter about Hiawatha is Henry Wadsworth Longfellow was an American poet and educator, best known for his narrative poems that often-explored American history and folklore. One of his most famous works is The Song of Hiawatha, a lengthy narrative poem that was published in 1855. The poem tells the story of Hiawatha, a legendary Native American figure from the Ojibwe tribe.

Unit-6L: The Scholar's Mother Tongue

Summary

In "The Scholar's Mother Tongue," a Pundit challenges King Akbar's court to identify his mother tongue. Birbal discovers the truth by sneaking into the Pundit's room at night, whispering in his ear, and tickling him. The Pundit, half-awake, reveals his mother tongue, Telugu. Birbal explains to Akbar that in times of difficulty, a person speaks in their native language.

Characters of the Chapter

The characters in the chapter "The Scholar's Mother Tongue" are:

- **The Pundit:** A learned scholar who boasts about his fluency in many languages and challenges others to identify his mother tongue.
- **King Akbar:** The ruler of the court who listens to the Pundit's challenge and is curious about how Birbal solves the mystery.
- **Birbal:** A wise and clever courtier in Akbar's court, who accepts the challenge to find out the Pundit's mother tongue.

"The Scholar's Mother Tongue" is an adapted story from the famous Akbar and Birbal tales.

Unit-7L: A Watering Rhyme

Summary

The poem advises watering flowers early morning or evening, avoiding midday heat. It stresses watering at the roots and soaking the soil to keep flowers hydrated during hot weather.

Characters of the Chapter

The poem "A Watering Rhyme" does not have specific characters in the traditional sense.

- **The Flowers** – Represented as needing water, especially at the right times and in the proper way.
- **The Gardener** – Implied to be the person watering the flowers, learning the right times and methods to care for them.

Author of the Chapter

The poem "A Watering Rhyme" was written by P.A. Ropes, is an author known for writing stories and poems, particularly for children. It offers advice on how and when to water flowers, focusing on the best times early morning or evening and the importance of watering at the roots to ensure the plants thrive.

Unit-7: The Giving Tree

Summary

"The Giving Tree" tells the story of a tree's selfless love for a boy. The tree gives the boy its apples, branches, and trunk over the years, as he asks for more. As the boy becomes a man, he continues to take without giving back, leaving the tree as a stump. When the old man returns, the tree offers a place to rest, still happy to give. The story explores themes of unconditional love, sacrifice, and the joy of giving.

Characters of the Chapter

The characters in "The Giving Tree" are:

- **The Tree:** A selfless tree that gives everything to the boy.
- **The Boy:** A young boy who takes from the tree as he grows older, asking for money, a house, and a boat without giving anything in return.
- **The Young Man/Old Man:** The boy grows into a man and, later, an old man, returning to the tree each time to take more, eventually needing only a quiet place to rest.

Author of the Chapter

The author of the chapter "The Giving Tree" (1964) is Shel Silverstein (1930–1999) was an American poet, songwriter, cartoonist, and author, best known for his works of children's literature. His unique writing style, which blends whimsy, humor, and meaningful lessons, has made his books timeless and loved by both children and adults.

Unit-7: The Donkey

Summary

The poem "The Donkey" expresses a gentle approach to handling a stubborn donkey. Instead of being harsh or punishing the donkey for not cooperating, the speaker decides to treat it kindly by offering hay and corn. This kindness is believed to make the donkey the best it can be.

Characters of the Chapter

The characters in the poem "The Donkey" are:

- **The Speaker (Narrator):** The person who is imagining having a donkey and deciding how to treat it kindly.
- **The Donkey:** The animal that is being cared for. It is initially uncooperative, but the speaker chooses a gentle approach to encourage it.

Author of the Chapter

The poem "The Donkey" was written by Margaret S. Russell was an American poet known for her simple, child-friendly poems that often featured animals and nature. Her works emphasize kindness, gentleness, and moral lessons, with a straightforward and warm style.

Unit-8: Books

Summary

The poem "Books" describes the excitement of entering a library and discovering a variety of books. The speaker imagines the books tall, skinny ones on shelves, and little, fat ones standing alone. Upon opening a book, the speaker is delighted to find pictures that tell stories, expressing the joy and wonder of reading.

Characters of the Chapter

The characters in the poem "Books" are:

- **The Library Door** – The welcoming figure that invites the speaker to come inside.
- **The Speaker** – The person who opens the library door.
- **The Books** – Represented as various shapes and sizes, they are the main "characters" in the poem, each holding stories within them.

Author of the Chapter

The poem "Books" was written by Elizabeth Madox Roberts, was an American poet and novelist known for her focus on rural life, nature, and the human experience. Born in 1881 in Kentucky, her works, like "The Time of Man" and the poem "Books," are celebrated for their lyrical style and emotional depth.

Unit-8: Going to buy a Book

Summary

In "Going to Buy a Book," the narrator and their brother are given money by their grandfather to buy books. They visit their favorite small bookshop, where the shopkeeper helps them choose books. After reading, they pick books with stories and pictures and return home to read with their grandfather, highlighting the joy of reading.

Characters of the Chapter

The characters in the chapter "Going to Buy a Book" are:

- **The Narrator:** The main character who shares their experience of going to buy a book with their brother.
- **The Brother:** The narrator's sibling who accompanies them on the trip to buy books.
- **Grandfather:** The caring figure who gives the children money to buy books and later welcomes them to read together at home.
- **The Shopkeeper:** The helpful man who works at the small bookshop.

Author of the ChapterBottom of Form

The author of the chapter "Going to Buy a Book" is Rukmini Banerji. She is an Indian educator and author known for her work in education, particularly with the Pratham Education Foundation. She focuses on improving children's learning outcomes and has authored educational resources to promote the joy of learning.

Unit-9: The Naughty Boy

Summary

The poem describes a naughty boy who runs away to Scotland, where he reflects on various things he encounters, like the hard ground, long yard, and merry song. He compares these with things from England, and in the end, he stands in his shoes, pondering his experiences. The poem combines playfulness and contemplation.

Characters of the Chapter

- **Main character:** "Naughty boy."
- **References:** People in Scotland and symbolic objects (cherry, lead, score, door).

Author of the Chapter

The author of the poem "The Naughty Boy" is John Keats, was an English Romantic poet, one of the most celebrated and influential poets of the Romantic era. Born in 1795, Keats is best known for his vivid imagery, sensual style, and exploration of beauty and the transience of life.

Unit-9: Pinocchio

Summary

In the story, an old carpenter carves a piece of wood into a puppet named Pinocchio, who comes to life. Pinocchio's nose grows longer whenever he lies. He runs away from school and tells lies but eventually realizes the consequences and vows to stop lying, wishing to become a real boy. The story teaches the importance of honesty.

Characters of the Chapter

The characters in the story are:

- **The Old Carpenter:** A kind and puzzled man who carves the puppet, Pinocchio, from a strange piece of wood.
- **Pinocchio:** The puppet that comes to life.

Author of the Chapter

The author of the chapter is Carlo Collodi an Italian author, is best known for writing The Adventures of Pinocchio, a beloved children's novel that tells the story of a wooden puppet who comes to life and dreams of becoming a real boy. The story, first published in 1883, has become a classic and is widely regarded as one of the most important works of children's literature.

English:
Class 5

Unit – 01: Ice Cream Man

Summary

The poem "Ice Cream Man" describes the ice cream man bringing joy to children in the hot summer, with his colorful cart full of ice cream and drinks. The children eagerly gather around, like bees to flowers, enjoying the refreshing treats.

Characters of the Chapter

The main characters in the poem "Ice Cream Man" are:

- ✍ The Ice Cream Man: The central figure, who brings joy to the children by selling ice cream and drinks from his cart.
- ✍ The Children: They eagerly gather around the ice cream man's cart, much like bees around flowers, excited to get their favorite refreshing treats.

Author of the Chapter

The poet of the poem "Ice Cream Man" is Rachel Field (1894–1942), was an American author and poet, known for children's books, poems, and fiction. Her notable works include Hitty, Her First Hundred Years, which won the Newbery Medal in 1930. "Ice Cream Man" is one of her poems celebrating the joy of childhood and summer.

Unit – 01: Wonderful Waste!

Summary

In "Wonderful Waste!", the Maharaja of Travancore orders the cook to use vegetable scraps instead of throwing them away. The cook creates a dish called Avial by cooking the scraps with various ingredients. The dish becomes popular and is now a staple in Kerala feasts, showing how waste can be transformed into something valuable.

Characters of the Chapter

The main characters in the story "Wonderful Waste!" are:

- ✍ **The Maharaja of Travancore:** He orders a grand dinner and insists that the vegetable scraps in the kitchen should not be wasted but used to create something useful.
- ✍ **The Cook:** He is initially unsure of how to use the vegetable scraps but later comes up with the idea to turn them into a new dish, which he names Avial.

Author of the Chapter

The story "Wonderful Waste!" is written by Kamala Purnaiya Taylor, an Indian writer known for her works in children's literature. She has written several stories and books that often focus on Indian culture and traditions.

Unit – 02: Teamwork

Summary

The poem "Teamwork" emphasizes the importance of working together to achieve common goals. It highlights that activities like basketball and relay races require cooperation, such as passing the ball or baton.

The poem stresses that success comes when individual efforts combine, turning "you" or "me" into "us," creating a stronger, unified team.

Characters of the Chapter

The poem "Teamwork" doesn't have specific characters, but it focuses on the concept of teamwork itself. The characters can be understood as:

- ✍ You/Me: Representing individual efforts.
- ✍ Us: Represents the collective strength when individuals work together as a team.

Author of the Chapter

The poet of the poem "Teamwork" is Jan Nigro, is an American poet and author, known for her work in children's literature. She has written various poems that encourage collaboration, positivity, and learning.

Unit – 02: Flying Together

Summary

In the story "Flying Together", a wise old goose warns the flock to destroy a small creeper growing at the base of their tree, but they ignore the advice. The creeper grows strong, allowing a hunter to trap the geese. The wise bird advises them to pretend to be dead to escape, and the plan succeeds. The geese learn the importance of heeding wise advice before it's too late.

Characters of the Chapter

The main characters in the story are:

- ✍ The Wise Old Goose: A knowledgeable and thoughtful bird who warns the flock about the dangers of the small creeper growing at the base of the tree.
- ✍ The Flock of Geese: The group of geese that live in the tree.
- ✍ The Hunter: A man who comes to the forest and uses the creeper to climb the tree.

Author of the Chapter

The author of the chapter is Shiv Kumar. He is a well-known Indian author and poet. His works often explore themes of human nature, society, and values, using simple yet profound narratives. He is recognized for his contribution to literature in both Hindi and English, with a particular focus on stories that offer moral lessons.

Unit – 03: My Shadow

Summary

In the poem "My Shadow", the speaker describes their shadow that follows them everywhere, mimicking their movements and changing size in playful ways. One morning, the shadow is lazy and stays asleep while the speaker enjoys the morning dew. The poem humorously portrays the shadow as a companion reflecting the speaker's actions.

Characters of the Chapter

In the poem "My Shadow", the main "characters" are:

- The Speaker (Narrator): The person who describes their shadow and reflects on its behavior.
- The Shadow: The playful and curious companion of the speaker.

Author of the Chapter

The author of the poem "My Shadow" is Robert Louis Stevenson (born Robert Lewis Balfour Stevenson; 13 November 1850 – 3 December 1894), was a Scottish novelist, essayist, poet and travel writer. He is best known for works such as Treasure Island, Strange Case of Dr Jekyll and Mr Hyde, Kidnapped and A Child's Garden of Verses.

Unit – 03: Robinson Crusoe Discovers a Footprint

Summary

In this chapter of Robinson Crusoe, Crusoe finds a human footprint on the sand, which terrifies him since he's been alone on the island for years. He fears it could belong to a savage from the mainland and hides in his cave, worried that someone might have seen his boat. After several days of fear, he returns to examine the footprint again and realizes it's larger than his own, increasing his fear that the island is inhabited.

Characters of the Chapter

In the chapter "Robinson Crusoe Discovers a Footprint," the main characters are:

- **Robinson Crusoe:** The protagonist, stranded on an island for years, who becomes fearful after discovering a mysterious footprint on the sand.
- **The Unknown Footprint:** Although not a human character, the footprint symbolizes Crusoe's growing fear that someone else may be on the island.

Author of the Chapter

The author of the chapter "Robinson Crusoe Discovers a Footprint" is Daniel Defoe (born 1660 – 24 April 1731) was an English writer, merchant and spy. He is most famous for his novel Robinson Crusoe, published in 1719, which is claimed to be second only to the Bible in its number of translations.

Unit – 04: Crying

Summary

The poem suggests that crying deeply can help release emotions, followed by cleansing and embracing joy. It highlights that happiness can emerge from sorrow and encourages proudly embracing the happiness gained from emotional release.

Characters of the Chapter

The poem "Crying" doesn't have specific characters:

- **The Speaker:** The person who expresses their feelings of crying deeply and the process they go through, from crying to eventually finding happiness.

✍ **People Outside:** Though not directly involved, they are mentioned as observers who inquire about the speaker's behavior, highlighting the contrast between sadness and newfound joy.

Author of the Chapter

The poem "Crying" is written by Galway Mills Kinnell (February 1, 1927 – October 28, 2014), was an American poet known for his dark, nature-focused poetry. He won the Pulitzer Prize for Poetry in 1983 for his collection of Selected Poems and shared the National Book Award for Poetry with Charles Wright. Kinnell served as the poet laureate of Vermont from 1989 to 1993.

Unit – 04: My Elder Brother

Summary

In My Elder Brother, Bhaiya (14) focuses on studying, while Munna (9) plays. Despite Bhaiya's hard work, Munna passes his exams and Bhaiya fails. Bhaiya teaches Munna the value of hard work and life experience, and the chapter ends with Bhaiya expressing his love for Munna and the importance of balancing play and study.

Characters of the Chapter

The main characters in the chapter "My Elder Brother" are:

✍ **Bhaiya (Elder Brother):** He is 14 years old and takes education very seriously.

✍ **Munna (Younger Brother):** He is 9 years old and is more interested in playing and drawing rather than studying.

Author of the Chapter

The author of the chapter "My Elder Brother" is Ruskin Bond (born 19 May 1934) is an Indian author known for his works, including over 500 short stories, essays, and novels, with 69 books for children. His first novel, The Room on the Roof (1956), won the John Llewellyn Rhys Prize. Bond received the Sahitya Akademi Award in 1992 for Our Trees Still Grow in Dehra and was honored with the Padma Shri in 1999 and Padma Bhushan in 2014.

Unit – 05: Rip Van Winkle

Summary

Rip Van Winkle, a kind but lazy man, spends his time avoiding work in a village near the Kaatskill Mountains. He meets an old man who leads him to a group of strange men, and after drinking a mysterious drink, Rip falls asleep. He wakes up to find himself alone, his dog gone, and his appearance altered. Returning to the village, no one recognizes him, but an old woman eventually does and asks where he has been for twenty years.

Characters of the Chapter

The main characters in Rip Van Winkle are:

✍ **Rip Van Winkle** – A kind but lazy man who avoids work and spends time with village children.

✍ **Wolf** – Rip's loyal dog and companion.

✍ **The Old Man** – A mysterious stranger who leads Rip to a group of strange men and gives him a drink that causes him to sleep.

- ✍ **The Strange Men** – Eerie men playing ninepins in the mountains, silent and dressed alike.
- ✍ **The Villagers** – People who are surprised when Rip returns after 20 years, not recognizing him due to his changed appearance.
- ✍ **The Old Woman** – A villager who recognizes Rip and asks where he's been for twenty years.

Author of the Chapter

The author of the chapter Rip Van Winkle is Washington Irving (April 3, 1783 – November 28, 1859), was an American short-story writer, essayist, biographer, historian, and diplomat of the early 19th century. He wrote short stories "Rip Van Winkle" (1819) and "The Legend of Sleepy Hollow" (1820), both of which appear in his collection The Sketch Book of Geoffrey Crayon, Gent.

Unit – 06: Class Discussion

Summary

In the poem, during a class discussion, Jane remains silent while others share their opinions. Her teacher notices her quietness and asks if something is wrong. In response, Jane explains that some people, like herself, are simply quiet by nature.

Characters of the Chapter

The main characters in the poem "Class Discussion" are:

- ✍ **Jane** – The quiet student in the class who doesn't speak much during the discussion.
- ✍ **The Teacher** – The one who notices Jane's silence during the class discussion and asks her if something is wrong.

Author of the Chapter

The author of the poem Class Discussion is Gervase Phinn (born 27 December 1946), is an English author and educator. After a career as a teacher, he became a schools inspector and, latterly, Visiting Professor of Education at the University of Teesside. He graduated from Leeds Trinity University in 1970 with a degree in Education.

Unit – 06: The Talkative Barber

Summary

In The Talkative Barber, a barber in Cashgar is summoned to shave the Sultan but talks nonstop, frustrating the Sultan. The barber delays the shave to inquire about the Sultan's affair and demands food for his own guests. Despite the Sultan's impatience, the barber continues his chatter, leaving the Sultan half-shaved.

Characters of the Chapter

The main characters in the chapter "The Talkative Barber" are:

- ✍ **Sultan Shahriar** – The ruler who becomes frustrated with the barber's endless talking while trying to get a shave.
- ✍ **The Barber** – A talkative man who delays the shave by constantly speaking and claims to be quieter than his six brothers.

✍ **The Sultan's Brothers** – The barber's talkative brothers, each with a physical disability.

✍ **The Sultan's Guests** – The Sultan's visitors for a feast, which causes him to rush the shave.

Unit – 07: Topsy-turvy Land

Summary

The poem Topsy-Turvy Land depicts a playful, chaotic world where everything is upside down. People walk on their heads, the sea is made of sand, and children attend school at night. In this land, doors are at the back, hats are worn on feet, buses sail on the sea, and you pay for things you don't receive. It's a whimsical world where nothing follows the usual rules.

Characters of the Chapter

In the poem Topsy-Turvy Land, there are no specific characters as the poem is more focused on describing a whimsical and chaotic world where everything is upside down. The "characters" in this poem can be seen as:

✍ **The People** – In Topsy-turvy Land, the people walk on their heads and engage in actions that are completely opposite to the norm.

✍ **The Children** – The children in this land go to school at night, highlighting the upside-down nature of this world.

Author of the Chapter

The author of the poem Topsy-Turvy Land is H.E. Wilkinson. He is known for creating whimsical and playful works that often explore imaginary and upside-down worlds, much like the one described in Topsy-Turvy Land.

Unit – 07: Gulliver's Travels

Summary

In this chapter of Gulliver's Travels, Gulliver lands on an island of giants. A giant picks him up and takes him to his house, where everything is much larger than normal. After narrowly escaping danger from a giant cat and a child, Gulliver is saved by the giant's mother and put to bed, where he dreams of his family.

Characters of the Chapter

In this chapter of Gulliver's Travels, the key characters are:

✍ **Gulliver** – The protagonist, a sailor stranded in a land of giants.

✍ **The Giant (Farmer)** – A giant who picks up and examines Gulliver, later taking him to his house.

✍ **The Giant's Friends** – Other giants who observe Gulliver.

✍ **The Farmer's Wife** – She feeds Gulliver and helps him when the child nearly swallows him.

✍ **The Farmer's Child** – A one-year-old who tries to swallow Gulliver.

✍ **The Giant's Cat** – A massive cat that creates a loud purring sound.

Author of the Chapter

The author of the chapter from Gulliver's Travels is Jonathan Swift (1667–1745) was an Anglo-Irish writer and satirist, best known for his satirical work Gulliver's Travels. He became the Dean of St. Patrick's Cathedral in Dublin, earning the title "Dean Swift." His ironic writing style, exemplified in works like A Modest Proposal, led to the term "Swiftian" satire. He is considered one of the foremost prose satirists in the English language.

Unit – 08: Nobody's Friend

Summary

The poem "Nobody's Friend" contrasts two children who are unwilling to share. One girl refuses to share her sweets, book, or doll, while one boy won't lend his toffee, tricycle, or train. Both are described as "nobody's friend." The speaker, however, expresses a willingness to share everything, including sweets, books, and games, offering friendship to others.

Characters of the Chapter

The characters in the poem "Nobody's Friend" are:

- **The Girl** – She has sweets, a book, and a doll that she refuses to share with others, making her "nobody's friend."
- **The Boy** – He has toffee, a tricycle, and a train that he also refuses to lend or share, making him "nobody's friend."
- **The Speaker** – The person who narrates the poem, offering to share their sweets, books, games, and food with others, showing kindness and offering friendship.

Author of the Chapter

The author of the poem "Nobody's Friend" is Enid Blyton (11 August 1897 – 28 November 1968) was a renowned English children's author, famous for her bestselling books like Noddy, Famous Five, and Secret Seven. Her works, translated into ninety languages, cover genres such as fantasy, mystery, and education. She remains one of the most translated authors with over 600 million copies sold worldwide.

Unit – 08: The Little Bully

Summary

In "The Little Bully," Hari, a boy who teases and pinches others, is ignored by his classmates during a picnic. While alone, he is pinched by a crab, lobster, and other sea creatures, experiencing the pain he had caused others. Realizing how much it hurts, Hari decides to stop bullying and promises not to pinch or prickle anyone again.

Characters of the Chapter

The characters in the chapter "The Little Bully" are:

- **Hari** – The main character, a small but strong boy who enjoys teasing, pinching, and pricking other children.
- **The Crab** – A sea creature that approaches Hari.
- **The Lobster** – Another sea creature that pinches Hari.
- **The Shrimp and Prawns** – Other sea creatures that join the crab and lobster in pinching Hari.
- **The Other Children** – Though not directly named, these children are important in the story, as they avoid Hari due to his bullying behavior and are the reason Hari reflects on his actions.

Author of the Chapter

The author of the chapter "The Little Bully" is Enid Blyton (11 August 1897 – 28 November 1968) was a renowned English children's author, famous for her bestselling books like Noddy, Famous Five, and Secret Seven. Her works, translated into ninety languages, cover genres such as fantasy, mystery, and education. She remains one of the most translated authors with over 600 million copies sold worldwide.

Unit – 09: Sing a Song of People

Summary

"Sing a Song of People" depicts the busy, varied lives of city dwellers, showcasing their daily activities like walking, traveling on public transport, and working in buildings. It highlights the diverse moods and interactions of people, emphasizing the fast-paced, disconnected nature of city life.

Characters of the Chapter

The characters in the poem "Sing a Song of People" are not specific individuals but represent the various types of people you might encounter in a busy city. These include:

- People Walking Fast or Slow
- People on the Sidewalk, Bus, Subway, and Taxis
- People with Hats and
- People in Tall Buildings and Stores
- People on Elevators
- People Walking Singly or in a Crowd
- People Talking Loud or Saying Nothing
- People Laughing, Smiling, or Grumpy
- People Who Hurry and Never Look at You

Author of the Chapter

The author of the poem "Sing a Song of People" is Lois Linsky (October 14, 1893 – September 11, 1974), was a Newbery Medal-winning author and illustrator of picture books and children's literature.

Unit – 10: Malu Bhalu

Summary

The poem "Malu Bhalu" is about a young polar bear, Malu, who wants to explore the world. Her mother advises patience until summer. When it arrives, Malu learns to swim, initially afraid, but soon discovers that swimming comes naturally to her. The poem emphasizes Malu's bravery and the strong bond between mother and daughter.

Characters of the Chapter

The characters in the poem "Malu Bhalu" are:

- **Malu Bhalu** – A curious young polar bear who learns to swim despite her fears.
- **Malu's Mother** – A caring and patient mother who helps Malu overcome her fears and teaches her to swim.

Author of the Chapter

The poem Malu Bhalu was originally written by Kamla Bhasin and translated from Hindi by Sandhya Rao. Kamla Bhasin (24 April 1946 – 25 September 2021) was an Indian developmental feminist activist, poet, author and social scientist. Bhasin's work, that began in 1970, focused on gender education, human development and the media.

Unit – 10: Who will be Ningthou?

Summary

In the story "Who will be Ningthou?", the rulers of Kangleipak hold a contest to choose the future king. Despite the sons' impressive feats, it is their sister, Sanatombi, who demonstrates true leadership by showing compassion for an injured tree. The Ningthou and Leima declare her the future queen, emphasizing the value of empathy and kindness in leadership.

Characters of the Chapter

The characters in the story "Who will be Ningthou?" are:

- ✍ **Ningthou and Leima:** The wise and compassionate king and queen of Kangleipak, who seek a worthy ruler for their land.
- ✍ **Sanajaoba, Sanayaima, and Sanatomba:** The three sons, skilled horsemen, and contenders for the position of Tunggi Ningthou.
- ✍ **Sanatombi:** The youngest daughter, who, despite her age, shows deep empathy.

Author of the Chapter

The author of the chapter "Who will be Ningthou?" is Indira Mukherjee, an Indian author and educator, known for her contributions to children's literature. Her works often focus on stories from various parts of India, highlighting cultural and social themes.

Maths:

Class 1

Chapter – 01: Finding the Furry Cat! / अध्याय – 01: मेरी प्यारी बिल्ली ढूंढो

Summary / सारांश

अध्याय के पात्र [Characters of the Chapter]

अध्याय में विभिन्न चरित्रों [various characters], मानव और पशु दोनों के साथ-साथ निर्जीव वस्तुओं को भी दिखाया गया है। प्रमुख पात्रों में शामिल हैं:

- **प्यारी बिल्ली** - कविता में एक केंद्रीय चरित्र [central character], जो विभिन्न स्थानों पर पाया जाता है।
- **बच्चे** - गायन, खेल खेलना और वस्तुओं को छाँटने जैसी गतिविधियों में संलग्न होते हैं।
- **आदमी** - "सोचें और उत्तर दें" अनुभाग में उल्लेखित, एक पेड़ के नीचे लेटा हुआ।
- **गाय और पक्षी** - उनके स्थान से.संबंधित स्थितिगत गतिविधियों में संदर्भित।
- **ट्रेन** - कविता में मानवीकृत और गतिविधियों में उपयोग की गई।
- **सुवाली, रोहित और मीरा** - वस्तुओं को समूहबद्ध करने और ट्रेन बनाने में शामिल बच्चे।

ये पात्र इंटरैक्टिव गतिविधियों के माध्यम से स्थितिगत शब्दावली, छाँटने और अन्य कौशल सिखाने में मदद करते हैं।

Chapter – 02: What is Long? What is Round? / अध्याय – 02: क्या है लम्बा? क्या है गोल?

Summary / सारांश

अध्याय के पात्र [Characters of the Chapter]

इस अध्याय में कई पात्र और तत्व शामिल हैं, जिनमें शामिल हैं:

- **विद्या दीदी** - शिक्षिका जो बच्चों को गतिविधियों में मार्गदर्शन करती है।
- **छोटा मेमना** - "बुद्धिमान दादी" कहानी का एक पात्र, जिसका पीछा भेड़िया करता है।
- **भेड़िया** – मेमने [lamb] का पीछा करने वाला प्रतिपक्षी लेकिन दादी द्वारा चकमा दिया जाता है।
- **दादी** - बुद्धिमान व्यक्ति जो एक चतुर योजना के साथ मेमने को बचाता है।
- **बच्चे** - आकृतियों, लुढ़कने और फिसलने के बारे में खेलों और चर्चाओं में सक्रिय भागीदार।
- **स्ट्राइकर (गोटी)** - कैरम में इस्तेमाल की जाने वाली एक वस्तु, जो लुढ़कने और फिसलने का प्रदर्शन करती है।

ये पात्र और वस्तुएँ बच्चों को आकृतियों, गति और समस्या-समाधान के बारे में सिखाने में मदद करती हैं।

Chapter – 03: Mango Treat / अध्याय – 03: स्वादिष्ट आम

Summary / सारांश

अध्याय के पात्र [Characters of the Chapter]

अध्याय "मैंगो ट्रीट" के पात्र हैं:

- **पक्षी** - कई पक्षी गिलहरी को देख रहे हैं और आम खाते हुए उसके साथ शामिल हो रहे हैं। जैसे-जैसे और पक्षी समूह में शामिल होते हैं, पक्षियों की संख्या बढ़ती जाती है।
- **गिलहरी** - गिलहरी आम खाना शुरू करती है और गतिविधि में शामिल होने वाला पहला जानवर है।

ये पात्र बच्चों को गिनती का अभ्यास करने में मदद करते हैं क्योंकि आम खाने में और पक्षी गिलहरी के साथ शामिल होते हैं, और कहानी में सरल जोड़ और संख्या पहचान शामिल है।

Chapter – 04: Making 10 / अध्याय – 04: 10 बनाएँ

Summary / सारांश

अध्याय के पात्र [Characters of the Chapter]

अध्याय में निम्नलिखित मुख्य पात्र हैं:

- **डॉटी बग** - कहानी में एक लेडीबग जिसके शरीर पर डॉट्स हैं, जो बच्चों को संख्याएँ और गिनती सीखने में मदद करता है।
- **गोला बंदर** - एक पात्र जो एक शर्ट पहनता है जिसके बटन बहुत ज़्यादा केले खाने पर खुल जाते हैं, जो घटती हुई संख्याओं की अवधारणा सिखाता है।
- **आस्था** - वह पात्र जो अपना दसवाँ जन्मदिन मना रही है और अपनी उम्र के संदर्भ में संख्याओं के बारे में सीख रही है।
- **बच्चे** - वे गिनती, चित्र बनाना, खेल खेलना और संख्या पैटर्न को समझने जैसी विभिन्न गतिविधियों में सक्रिय रूप से भाग लेते हैं।
- **विद्या दीदी** - शिक्षक या सुविधाकर्ता [facilitator] जो बच्चों को गिनती, संख्या खेल और गणितीय अवधारणाओं से जुड़ी गतिविधियों के माध्यम से मार्गदर्शन करती है।
- **सिमरन** - एक पात्र जो अपने पिता को संतरे पैक करने में मदद करती है, बच्चों को 10 के समूहों में वस्तुओं को गिनना सिखाती है।

ये पात्र बच्चों को इंटरैक्टिव कहानियों और गतिविधियों के माध्यम से गिनती, संख्या पैटर्न और शून्य जैसी अवधारणाओं को समझने में मदद करते हैं।

Chapter – 05: How Many? / अध्याय – 05: कितने?

Summary / सारांश

अध्याय के पात्र [Characters of the Chapter]

अध्याय में कई पात्र हैं जो बच्चों को संख्याएँ, जोड़, घटाव और गिनती सीखने में मदद करते हैं:

- **दादाजी** - एक पात्र जो बच्चों को पार्क में ले जाता है, जहाँ वे गतिविधियों में भाग लेते हैं और पार्क में लोगों से संबंधित संख्याओं पर चर्चा करते हैं।
- **किशोर और नित्या** - दो बच्चे जो पासा खेल खेलते हैं, अपने अंकों के माध्यम से जोड़ और तुलना की अवधारणा सिखाते हैं।
- **अब्दुल और रिहाना** - पात्र जो बच्चों को जोड़ वाक्य और रणनीतियाँ समझने में मदद करने के लिए अलग-अलग तरीकों से जोड़ का अभ्यास करते हैं।
- **राघव, सरिता, रंजीत, मीनाक्षी** - कहानी की समस्याओं में पात्र जहाँ वे गोले, कंचे और नारियल जैसी वस्तुओं को जोड़ते हैं, जोड़ और कुल संख्याएँ सिखाते हैं।
- **मनीषा** - एक पात्र जो केले खाती है, बचे हुए केलों की संख्या के माध्यम से घटाव का प्रदर्शन करती है।
- **बच्चे** - पूरे अध्याय में विभिन्न जोड़ और घटाव गतिविधियों, खेलों और अभ्यासों में सक्रिय भागीदार।

ये पात्र बच्चों को ठोस वस्तुओं के साथ जोड़, घटाव और गिनती जैसी संख्या अवधारणाओं को समझने के लिए इंटरैक्टिव अभ्यासों के माध्यम से मार्गदर्शन करते हैं।

Chapter – 06: Vegetable Farm / अध्याय - 06: सब्ज़ियों की खेती

Summary / सारांश

अध्याय के पात्र [Characters of the Chapter]

इस अध्याय में ऐसे पात्र हैं जो बच्चों को जोड़, घटाव और गिनती सीखने में मदद करते हैं:

- **रूमी और शमी:** टोकरियों में सब्ज़ियाँ मिलाकर जोड़ना सिखाते हैं।
- **सपना और गौरी:** रंगीन पेंसिलों से संख्याओं को जोड़ने की अलग-अलग रणनीतियाँ दिखाते हैं।
- **अमन और चरणजीत:** जोड़ सिखाने के लिए लड्डू का इस्तेमाल करते हैं।
- **शीना:** अपनी बहन से चूड़ियाँ लेकर जोड़ दिखाती है।
- **अंजलि और रेणु:** उछल-कूद करके जोड़ और घटाव दोनों का अभ्यास करती है।
- **बच्चे:** ड्राइंग, गिनती और गणित की समस्याओं को हल करने में सक्रिय रूप से शामिल होते हैं।
- **कुम्हार:** दीयों (मिट्टी के दीयों) का उपयोग करके जोड़ और घटाव सिखाता है।
- **बस यात्री:** बस में चढ़ने और उतरने के माध्यम से जोड़ और घटाव का चित्रण करते हैं।
- **कुलजीत:** दोस्तों के साथ टॉफियाँ बाँटकर घटाव का प्रदर्शन करते हैं।
- **रमन:** कितने केले खाए गए, यह पता लगाकर घटाव सीखते हैं।

ये पात्र बच्चों के लिए गणित की अवधारणाओं को दिलचस्प और समझने योग्य बनाते हैं।

Chapter – 07: Lina's Family / अध्याय – 07: लीना का परिवार

Summary / सारांश

अध्याय के पात्र [Characters of the Chapter]

"लीना का परिवार" अध्याय के पात्र हैं:

- **लीना** - मुख्य पात्र, एक बच्ची जो अपने परिवार के साथ एक गाँव में रहती है। उसे लंबा दिखने के लिए स्टूल पर खड़े होने में मज़ा आता है और वह पारिवारिक गतिविधियों में शामिल रहती है।
- **लीना के दादा-दादी** - वे लीना के साथ रहते हैं और उसके विस्तारित परिवार का हिस्सा हैं।
- **लीना के माता-पिता** - लीना के पिता और माता उसके परिवार के महत्वपूर्ण सदस्य हैं।
- **शैनबोर** - लीना का भाई, जो उसके परिवार के साथ रहता है।
- **लीना के चाचा, चाची और चचेरे भाई** - वे लीना के घर के पास रहते हैं और बड़े परिवार के मिलन का हिस्सा हैं।

ये पात्र परिवार, माप और शारीरिक विशेषताओं जैसे ऊँचाई से संबंधित विभिन्न गतिविधियों में शामिल होते हैं, जिससे बच्चों को आकार की तुलना और गिनती जैसी अवधारणाओं को समझने में मदद मिलती है।

Chapter – 08: Fun with Numbers / अध्याय – 08: संख्याओं के साथ खेल

Summary / सारांश

अध्याय के पात्र [Characters of the Chapter]

अध्याय के पात्र गिनती और संख्याओं से जुड़ी विभिन्न गतिविधियों का हिस्सा प्रतीत होते हैं, साथ ही वारली पेंटिंग के बारे में चर्चा भी करते हैं। कुछ प्रमुख पात्रों में शामिल हैं:

- **सिमरन** - वह संतरे को डिब्बों में पैक करने में शामिल है, जिससे बच्चों को गिनती और भाग सीखने में मदद मिलती है।
- **फरहा** - उसे एक माचिस की डिब्बी में पचास से अधिक आइटम पैक करने और बच्चों को गिनती में व्यस्त रखने के रूप में उल्लेख किया गया है।
- **अंकिता** - वह अपने घर पर दर्पण चिपका रही है, 51 से 60 तक की संख्याएँ गिनने में मदद कर रही है।
- **बच्चे** - विभिन्न बच्चे गिनती, संख्याओं के साथ खेल खेलने और अपनी खुद की वारली ड्राइंग बनाने जैसी गतिविधियों में भाग लेते हैं।

ये पात्र बच्चों को संख्या पहचान, गिनती का अभ्यास करने और सीखने को बढ़ावा देने वाली गतिविधियों में शामिल होने में मदद करते हैं।

Chapter – 09: Utsav / अध्याय – 09: उत्सव

Summary / सारांश

अध्याय के पात्र [Characters of the Chapter]

अध्याय में निम्नलिखित पात्र शामिल हैं:

- **मुन्ना** - एक बच्चा जो रंग भरने का आनंद लेता है और अपने अंगूठे और उंगली के निशान का उपयोग करके पैटर्न बनाता है।
- **मूर्ति और वाणी** - वे अपनी माँ (अम्मा) को कोलम या रंगोली बनाने में मदद कर रहे हैं, जो एक पारंपरिक कला है।
- **बच्चे** - उन्हें विभिन्न गतिविधियों में भाग लेने के लिए प्रोत्साहित किया जाता है जैसे वस्तुओं का उपयोग करके पैटर्न बनाना, प्रकृति में पैटर्न का अवलोकन करना और सांस्कृतिक परियोजनाओं में शामिल होना।

ये पात्र बच्चों को पैटर्न, रंग और आकृतियों की खोज करने, रचनात्मकता को बढ़ावा देने और सांस्कृतिक परंपराओं और प्रकृति के लिए गहरी प्रशंसा करने में मार्गदर्शन करते हैं।

Chapter – 10: How do I Spend my Day? / अध्याय – 10: मेरी दिनचर्या

Summary / सारांश

अध्याय के पात्र [Characters of the Chapter]

अध्याय "मैं अपना दिन कैसे बिताऊँ?" में निम्नलिखित पात्र शामिल हैं:

- **पीहू** - एक 6 वर्षीय लड़की जो अपनी दिनचर्या के बारे में बताती है, सुबह से रात तक की अपनी गतिविधियों का विवरण साझा करती है।
- **पीहू के सहपाठी** - उनका उल्लेख स्कूल में पीहू के साथ खेलने और पढ़ाई के संदर्भ में किया गया है।
- **पीहू का परिवार** - वह अपने परिवार के साथ रात का खाना खाती है और रात को सोने से पहले एक कहानी की किताब पढ़ती है।

ये पात्र बच्चों को दैनिक दिनचर्या, मौसम और दिन भर की गतिविधियों से जुड़ने में मदद करते हैं, साथ ही व्यक्तिगत आदतों और प्राथमिकताओं के बारे में चर्चा को बढ़ावा देते हैं।

Chapter – 11: How Many Times? / अध्याय – 11: कितनी बार?

Summary / सारांश

अध्याय के पात्र [Characters of the Chapter]

अध्याय "कितनी बार?" में निम्नलिखित पात्र शामिल हैं:

- **बच्चों का एक समूह** - वे एक मनोरंजन पार्क में जाते हैं और झूलों की सवारी, खिलौना ट्रेन पर बैठने और जलेबी का आनंद लेने जैसी विभिन्न गतिविधियों में भाग लेते हैं।

- **चीनू** - एक पात्र जो दुकान से रबड़, पेंसिल और सेब खरीदता है और प्रत्येक वस्तु की कुल संख्या की गणना करने का काम करता है।
- **बच्चों के दोस्त** - वे मनोरंजन पार्क समूह का हिस्सा हैं, जो सवारी पर दूसरों के साथ बैठते हैं और एक साथ गतिविधियों का आनंद लेते हैं।

ये पात्र व्यावहारिक परिदृश्यों में शामिल हैं जो बच्चों को मनोरंजन पार्क की सवारी, भोजन साझा करने और खरीदारी जैसे वास्तविक जीवन के उदाहरणों के माध्यम से गिनती, जोड़ और गुणा सीखने में मदद करते हैं।

Chapter – 12: How Much Can We Spend? / अध्याय – 12: हम कितना खर्च कर सकते हैं?

Summary / सारांश

अध्याय के पात्र [Characters of the Chapter]

अध्याय "हम कितना खर्च कर सकते हैं?" में निम्नलिखित पात्र शामिल हैं:

- **रिया** - वह विभिन्न मूल्यवर्ग (1, 2, 5, 10) के सिक्के गिनती है और उन्हें विभिन्न गतिविधियों, जैसे खिलौने खरीदने के लिए उपयोग करती है।
- **साहिल** - वह मूल्यवर्ग (10, 20, 50, 100) के नोट गिनता है और पैसे से संबंधित गतिविधियों में भाग लेता है।
- **रहीम काका** - खिलौने बेचने वाला, जिसके खिलौने रिया और साहिल अपने पैसे से खरीद रहे हैं।
- **बच्चे (सामान्य रूप से)** - वे गिनती और लेन-देन करने का अभ्यास करने के लिए नकली पैसे का उपयोग करके एक शॉपिंग गेम खेलते हैं।

ये पात्र बच्चों को व्यावहारिक गतिविधियों के माध्यम से पैसे, उसके मूल्यवर्ग और खर्च करने और बचत करने की अवधारणा के बारे में जानने में मदद करते हैं।

Chapter – 13: So Many Toys / अध्याय – 13: खिलोने ही खिलौने

Summary / सारांश

अध्याय के पात्र [Characters of the Chapter]

अध्याय "सो मेनी टॉयज" में निम्नलिखित पात्र शामिल हैं:

- **कोपल** - वह एक ऐसे खेल में संख्या कार्ड व्यवस्थित करती है जिसमें कटोरे के नीचे छिपी संख्याओं को पहचानना शामिल है।
- **अनाया** - वह कोपल द्वारा व्यवस्थित किए गए संख्या कार्ड छिपाती है और संख्या पहचान खेल में मदद करती है।
- **ज़रीना** - वह गिलास सेट करती है और व्यवस्था को आगे बढ़ाने में मदद मांगती है।
- **गिल्लु** - गिल्लू की पसंदीदा संख्या 8 है, और जब कुछ प्रश्नों का उत्तर 8 आता है तो वह खुश होता है।
- **रानू** - रानू के पास 3 बीज हैं और उन्हें चार्ट में संख्याओं पर रखने में मदद की ज़रूरत है ताकि उनका योग 17 के बराबर हो।
- **सरिता** - सरिता के पास अलग-अलग मूल्य के चार सिक्के हैं और वह न्यूनतम संख्या के सिक्कों के साथ ठीक 49 रुपये खर्च करने की कोशिश कर रही है।

ये पात्र विभिन्न गतिविधियों में संलग्न हैं, जिनमें पहेलियाँ, खेल और संख्या-संबंधी कार्य शामिल हैं जो बच्चों को गिनती, संख्या पहचान और बुनियादी अंकगणित का अभ्यास करने में मदद करते हैं।

Maths:

Class 2

Chapter – 01: A Day at the Beach / अध्याय – 01: समुन्द्र किनारे एक दिन

Summary / सारांश

अध्याय के पात्र [Characters of the Chapter]

प्राथमिक विद्यालय की गणित कार्यपुस्तिका का यह अध्याय छात्रों को गिनती, समूहीकरण और बुनियादी संख्या अवधारणाओं पर केंद्रित गतिविधियों से जोड़ता है। मुख्य पात्रों में शामिल हैं:

- **सुरभि:** कंगन और हार के लिए सीपियाँ इकट्ठा करना, वस्तुओं को समूहबद्ध करने का अभ्यास करना।
- **मनोज:** अपने पिता को चीकू बेचने में मदद करना, उन्हें ट्रे में व्यवस्थित करना और समूहीकरण समस्याओं को हल करने के लिए गणित का उपयोग करना।
- **सूरज:** संतरे को ट्रे में व्यवस्थित करना और मात्राओं का पता लगाने के लिए गणित का उपयोग करना।
- **आर्य:** जर्सी नंबर 17 वाला एक खिलाड़ी, छात्रों को संख्याओं को वास्तविक जीवन के लेबल से जोड़ने के लिए प्रोत्साहित करता है।
- **शिक्षक:** छात्रों को गिनती, समूहीकरण और गणित के कार्यों के माध्यम से मार्गदर्शन करता है।

अध्याय में समुद्र तट और समुद्र तट जैसे इंटरैक्टिव परिदृश्य भी शामिल हैं, जो बच्चों को संख्याओं, दहाई और इकाई के बारे में सिखाते हुए गणित को मज़ेदार और प्रासंगिक बनाते हैं।

Chapter – 02: Shapes Around us / अध्याय – 02: आस पास की आकृतियाँ

Summary / सारांश

अध्याय के पात्र [Characters of the Chapter]

अध्याय "हमारे आस-पास की आकृतियाँ" युवा छात्रों को ठोस आकृतियों के बारे में सिखाता है, उनके चेहरों, किनारों और कोनों पर ध्यान केंद्रित करता है। मुख्य पात्रों में शामिल हैं:

- हीना और आतिफ, जो आकृतियों के बारे में सीखते हुए एक उपहार बॉक्स को सजाते हैं।
- शिक्षक, जो छात्रों को संगीत वाद्ययंत्रों को उनकी आकृतियों से मिलाने जैसी गतिविधियों में मार्गदर्शन करते हैं।
- छात्रों को व्यावहारिक गतिविधियों और खेलों में शामिल होने के लिए प्रेरित करना, आकृतियों के बारे में सीखना इंटरैक्टिव बनाना और वास्तविक दुनिया के उदाहरणों से जुड़ना।

Chapter – 03: Fun with Numbers / अध्याय – 03: संख्याओं का आनंद

Summary / सारांश

अध्याय के पात्र [Characters of the Chapter]

अध्याय "संख्याओं के साथ मज़ा" युवा छात्रों को गिनती, संख्या पैटर्न और स्किप काउंटिंग का पता लगाने के लिए गतिविधियों में संलग्न करता है। मुख्य तत्वों में शामिल हैं:

- **शिक्षक:** गतिविधियों और खेलों के माध्यम से छात्रों का मार्गदर्शन करता है।
- **बच्चे/छात्र:** "मेरा नंबर अनुमान लगाओ," "बिंगो," और पैटर्न पहचान जैसी गतिविधियों में भाग लेते हैं।
- **गिनलाडी:** मोतियों की गिनती और संख्या कार्ड बनाने के लिए उपयोग किया जाता है।

- **मेंढक:** संख्या रेखा पर पैटर्न पहचान में मदद करता है।
- **चींटियाँ:** संख्या रेखा पर संख्या अनुक्रमों की कल्पना करें।
- **रिजवान, छवि, माला, विराज:** गिनती और संख्या पैटर्न से संबंधित समस्या-समाधान गतिविधियों में पात्र।

Chapter – 04: Shadow Story (Togalu) / अध्याय – 04: कहानी परछाइयों से

Summary / सारांश

अध्याय के पात्र [Characters of the Chapter]

अध्याय "वाह! ये छायाएँ बहुत अद्भुत हैं" बच्चों को विभिन्न गतिविधियों और खेलों के माध्यम से छाया और आकृतियों की अवधारणा से परिचित कराता है। यहाँ अध्याय में पात्रों और तत्वों का विवरण दिया गया है:

- **नकुल और उसके दोस्त** - वे एक गाँव के मेले में एक छाया नाटक (तोगालु गोम्बेयाता) देखते हैं और छायाओं से मोहित हो जाते हैं।
- **शिक्षक** - छात्रों को छायाओं को समझने में मार्गदर्शन करते हैं और कर्नाटक की कठपुतली कला के रूप तोगालु गोम्बेयाता के बारे में जानकारी साझा करते हैं।
- **बच्चे/छात्र** - जानवरों की छायाएँ बनाकर और उनकी आवाज़ें निकालकर भूमिका निभाने जैसी व्यावहारिक गतिविधियों में भाग लेते हैं।
- **तोगालु गोम्बेयाता कठपुतलियाँ** - ये कठपुतलियाँ पारंपरिक छाया नाटक का हिस्सा हैं, जो भारतीय महाकाव्यों की कहानियों का प्रतिनिधित्व करती हैं।
- **नवीन और उसके दोस्त (परमजीत, उदित, वसीम, नायसा, सीमा)** - "कोने को पकड़ने" के खेल में भाग लें, जहाँ बच्चे टेबल के चारों ओर घूमते हैं, और जो कोने पर नहीं होता है वह बाहर हो जाता है।
- **किक्कू द रैबिट** - एक संख्या पैटर्न गतिविधि में एक चरित्र जहाँ किक्कू टाइलों पर कूदता है, और छात्रों को पैटर्न को जारी रखने में उसकी मदद करने का काम सौंपा जाता है।
- **ओरिगेमी फन** - छात्रों को कागज़ को मोड़कर और किनारों और कोनों की गिनती करके विभिन्न आकृतियाँ बनाने के लिए प्रोत्साहित किया जाता है।

Chapter – 05: Playing with Lines / अध्याय – 05: रेखाओं से खेल

Summary / सारांश

अध्याय के पात्र [Characters of the Chapter]

अध्याय "लाइनों के साथ खेलना" इंटरैक्टिव गतिविधियों के माध्यम से बच्चों को विभिन्न प्रकार की रेखाओं और आकृतियों के बारे में सिखाने पर केंद्रित है। यहाँ अध्याय में पात्रों और तत्वों का विवरण दिया गया है:

- **शिक्षक** - योग मुद्राओं को सुगम बनाता है, विभिन्न प्रकार की रेखाओं की व्याख्या करता है, और पतंजलि के प्राचीन योग सूत्रों से अष्टांग योग जैसी अवधारणाओं का परिचय देता है।
- **बच्चे/छात्र** - ऊर्ध्वाधर, क्षैतिज, तिरछी और घुमावदार रेखाओं की पहचान करने और उन्हें खींचने जैसी गतिविधियों में भाग लेते हैं।
- **योग मुद्राएँ (आसन)** - बच्चों को खड़े होने, तिरछी और सोने जैसी विभिन्न शारीरिक स्थितियों में रेखाओं को देखने और उन्हें आकृतियों से जोड़ने में मदद करने के लिए गतिविधियों में शामिल किया गया है।

- **स्थानीय कलाकार** - संभावित अतिथि के रूप में उल्लेखित हैं जो विभिन्न कला रूपों (मधुबनी, कलमकारी, वारली) के बारे में अपना ज्ञान साझा कर सकते हैं जिनमें विभिन्न रेखाओं और आकृतियों का उपयोग किया जाता है।

अध्याय में योग, ड्राइंग, कागज़ मोड़ना और कला की खोज जैसी व्यावहारिक गतिविधियों का उपयोग किया गया है ताकि बच्चों को रेखाओं के बारे में आकर्षक तरीके से सीखने में मदद मिल सके।

Chapter – 06: Decoration for Festival / अध्याय – 06: त्यौहार पर सजावट

Summary / सारांश

अध्याय के पात्र [Characters of the Chapter]

आपने जो अध्याय साझा किया है, उसमें विभिन्न पात्र हैं, जो ज़्यादातर सजावट, गिनती और गणित से संबंधित कार्यों जैसी गतिविधियों में शामिल हैं, विशेष रूप से जोड़ और घटाव की अवधारणाओं पर ध्यान केंद्रित करते हैं। कुछ प्रमुख पात्रों में शामिल हैं:

- **रोहन:** मुख्य पात्रों में से एक, जो फूलों और मालाओं से घरों को सजाने में शामिल है।
- **सिमरन:** सजावट की प्रक्रिया में एक और भागीदार।
- **आकाश:** दोस्तों के साथ उत्सव में शामिल।
- **सुवाली:** सजावट में योगदान देने वाला एक और व्यक्ति।
- **जावेद:** सजावट में शामिल एक और दोस्त, जो फूल लाता है।
- **ज़ोहा:** सजावट के लिए फूल लाने वाले पात्रों में से एक।
- **माही और ईशा:** ये पात्र ब्लॉक के साथ खेलते हुए और गिनती और जोड़ने में एक-दूसरे की मदद करते हुए दिखाई देते हैं।
- **ज्योति:** वह गिनती करने और फूल देने में शामिल है।
- **अमन और अवनी:** ये पात्र "स्किप द रोप" खेल रहे हैं और 20 स्किप तक पहुँचने की कोशिश कर रहे हैं।

Chapter – 07: Rani's Gift / अध्याय – 07: रानी का उपहार

Summary / सारांश

अध्याय के पात्र [Characters of the Chapter]

अध्याय में पात्र इस प्रकार प्रतीत होते हैं:

- **राजा जगदीप** - वह राजा जो अपनी रानी के लिए एक सुंदर नक्काशीदार बिस्तर बनवाना चाहता है।
- **बढ़ई** - बिस्तर बनाने का काम सौंपा गया व्यक्ति, जो बिस्तर की लंबाई के बारे में उलझन में पड़ जाता है।
- **मंत्री** - शाही सलाहकार जो बिस्तर की लंबाई के बारे में भ्रम का समाधान प्रदान करता है।
- **कविता** - एक छात्रा जो यह तय कर रही है कि उसे स्कूल जाने के लिए कौन सा रास्ता अपनाना है।
- **जिराफ़, बंदर और अन्य जानवर** - इनका उपयोग ब्लॉकों की गिनती करके खिलौनों की ऊँचाई निर्धारित करने की समस्या में किया जाता है।
- **रघु** - एक पात्र जो अपनी दादी के लिए नींबू पानी (नींबू पानी) तैयार कर रहा है और उसे कई सर्विंग्स के लिए मात्रा की गणना करने की आवश्यकता है।
- **रघु के मित्र** - मित्र जो उसकी मदद करते हैं या नींबू पानी को मापने और तैयार करने से संबंधित प्रोजेक्ट कार्य का हिस्सा होते हैं।

- **सब्जियाँ और फल** - वजन के लिए तुलना कार्यों में उपयोग किए जाते हैं (जैसे, कद्दू, तरबूज, खरबूजा, आदि), जो कथा में पात्र हैं क्योंकि वे उन वस्तुओं का प्रतिनिधित्व करते हैं जो दूसरों की तुलना में हल्की या भारी हैं।

Chapter – 08: Grouping and Sharing / अध्याय – 08: समूह एवं बंटवारा

Summary / सारांश

अध्याय के पात्र [Characters of the Chapter]

इस अध्याय में निम्नलिखित पात्र दिखाई देते हैं:

- **राम्या** - एक पात्र जो बताती है कि कारों और साइकिलों जैसे वाहनों में पहियों की कुल संख्या की गणना कैसे की जाती है।
- **ऋतु** - गतिविधि अनुभाग में उल्लिखित एक पात्र, जो बिंदी से जुड़ी एक कला और शिल्प परियोजना पर काम कर रही है।
- **पूजा** - एक और पात्र जो एक गतिविधि में शामिल है, जिसमें उसे लड्डू को प्लेटों में विभाजित करना है।
- **गरिमा** - एक पात्र जो मोतियों का उपयोग करके कंगन बनाती है, यह पता लगाने की कोशिश करती है कि वह एक निश्चित संख्या में मोतियों से कितने और कंगन बना सकती है।
- **रुद्र** - एक पात्र जो छोटी तालिकाओं का उपयोग करके गुणन सारणी बनाने पर काम कर रहा है।
- **भारती** - एक पात्र जो शब्द समस्या के भाग के रूप में शर्ट पर बटन लगाने में शामिल है।
- **रीता** - एक पात्र जो पेंसिल खरीद रही है और गणना कर रही है कि उन्हें खरीदने के लिए उसे कितने पैसे देने होंगे।
- **गोपाल** - एक पात्र जो गुणन और समूहीकरण के आधार पर फूलों का उपयोग करके गुलदस्ते बना रहा है।
- **विभिन्न पशु और वस्तुएँ** - कुछ अनुभागों में, पशुओं (जैसे, तितलियाँ, ऑक्टोपस) और वस्तुओं (जैसे, फूल, केले) का उपयोग समूहीकरण और साझा करने की अवधारणाओं को प्रदर्शित करने के लिए किया जाता है।

Chapter – 09: Which Season is it? / अध्याय – 09: मौसम का आनंद

Summary / सारांश

अध्याय के पात्र [Characters of the Chapter]

इस अध्याय के पात्र मुख्य रूप से बच्चे और परिवार के सदस्य हैं जो पाठक को इन अवधारणाओं को समझने में मदद करने के लिए विभिन्न गतिविधियों में संलग्न हैं। यहाँ मुख्य पात्रों का उल्लेख किया गया है:

- **गार्गी** - एक छोटी लड़की जो एक दिनचर्या का पालन करती है, जिसमें उसके दिन में विभिन्न गतिविधियाँ दर्शाई जाती हैं (जैसे, जागना, स्कूल जाना, खेलना, आदि)।
- **दादा जी** - एक वृद्ध परिवार के सदस्य, संभवतः दादा, जिनका उल्लेख एक यात्रा के संदर्भ में किया गया है।
- **माँ** - गार्गी की माँ, जो यात्रा योजनाओं जैसी पारिवारिक चर्चाओं में शामिल होती हैं।
- **माँ जी** - एक अन्य परिवार के सदस्य, संभवतः गार्गी के चाचा, जिनका उल्लेख यात्रा के दौरान किया गया।
- **पापा** - गार्गी के पिता, जो पारिवारिक यात्रा में भी भाग लेते हैं और यात्रा के समय और यात्राओं पर चर्चा करते समय उनका उल्लेख किया जाता है।
- **अनिल, सारा, नितिन, हनीत, मीरा, अली, अंजलि, हिती, दानेन** - ये सहपाठी या कक्षा में पढ़ने वाले बच्चे प्रतीत होते हैं जो दिशाओं और समय से संबंधित गतिविधियों में शामिल होते हैं।
- **निया और आस्था** - दो अन्य बच्चे जिनका उल्लेख स्कूल जाने के रास्ते पर चर्चा करते समय किया गया है (सारा के मार्ग से तुलना के साथ)।

Chapter – 10: Fun at the Fair / अध्याय – 10: मेले का आनंद

Summary / सारांश

अध्याय के पात्र [Characters of the Chapter]

"मेले में मौज-मस्ती" अध्याय मुख्य रूप से रूपल, मेले में उसके अनुभवों और बच्चों द्वारा इस तरह की सैर के दौरान पैसे खर्च करने और प्रबंधित करने के तरीके के इर्द-गिर्द घूमता है। इस अध्याय के मुख्य पात्र हैं:

- **रूपल** - एक छोटी लड़की जिसे मेले में जाना बहुत पसंद है और वह अपनी पसंदीदा सवारी पर पैसे खर्च करती है।
- **रूपल की सहेली** - उसका उल्लेख इस प्रकार किया गया है कि उसके पास 50 में से 8 बचे हैं और वह उत्सुक है कि उसने मेले में कितना खर्च किया।
- **तेजल** - एक बच्ची जो अपनी दादी से पुराने सिक्कों और मुद्रा के बारे में सीखती है, जैसे 25 पैसे, 50 पैसे, और उनका उपयोग 1 रुपया बनाने के लिए कैसे किया जाता था।
- **मटरू** - एक पात्र जो मेले में "गुब्बारा फोड़ो" खेल खेलता है। वह 3 मौकों पर 10 रुपये खर्च करता है और गुब्बारे फोड़कर पैसे जीतता है।
- **जयंत** - एक लड़का जो पेन और नोटबुक पर पैसे खर्च करता है, उसके पास खर्च की गई कुल राशि से संबंधित एक गणित की समस्या है।
- **मीरा** - एक लड़की जिसके पास 43 हैं और उसकी तुलना कनिका से की जाती है, जिसके पास मीरा से 14 ज़्यादा हैं।
- **कनिका** - मीरा की दोस्त, जिसके पास उससे ज़्यादा पैसे हैं, खास तौर पर 14 ज़्यादा।
- **विवेक** - एक किरदार जो ब्रेड का एक पैकेट और एक चॉकलेट खरीदना चाहता है और उसे यह पता लगाना है कि उसे कुल कितने पैसे चाहिए।
- **अजय** - एक लड़का जिसके पास 58 हैं, वह बाज़ार में 48 खर्च करता है और उसे यह हिसाब लगाना है कि उसके पास कितना पैसा बचा है।

Chapter – 11: Data Handling / अध्याय – 11: आंकड़ों के साथ कार्य

Summary / सारांश

अध्याय के पात्र [Characters of the Chapter]

अध्याय "डेटा हैंडलिंग" बच्चों को बुनियादी डेटा संग्रह, व्याख्या और प्रतिनिधित्व से परिचित कराने पर केंद्रित है। यह डेटा की गिनती, तुलना और विश्लेषण जैसी अवधारणाओं को सिखाने के लिए व्यावहारिक उदाहरणों और गतिविधियों का उपयोग करता है। अध्याय में मुख्य पात्र इस प्रकार हैं:

- **विभिन्न परिदृश्यों में बच्चे** - ये बच्चे पसंदीदा रंग, फल, परिवहन के साधन, खेल और सब्ज़ियाँ चुनने जैसी विभिन्न गतिविधियों में शामिल होते हैं। वे तालिकाओं को पूरा करने और प्रश्नों के उत्तर देने के लिए उपयोग किए जाने वाले डेटा प्रदान करते हैं।
- **रूपल के सहपाठी** - डेटा एकत्र करते समय उनका उल्लेख किया जाता है, जैसे कि विभिन्न फलों या परिवहन के साधनों को पसंद करने वाले बच्चों की संख्या।
- **तेजल** - वह तालिकाओं को पूरा करने और समान पसंद और नापसंद के आधार पर डेटा की व्याख्या करने जैसी गतिविधियों के माध्यम से अपने सहपाठियों की प्राथमिकताओं के बारे में जानती है।
- **परिवार के सदस्य** - एक गतिविधि में, बच्चे विभिन्न घरों में रहने वाले परिवार के सदस्यों की संख्या के बारे में डेटा एकत्र करते हैं।

ये पात्र यह समझाने में मदद करते हैं कि डेटा कैसे एकत्र और विश्लेषित किया जा सकता है, छात्रों को तालिकाओं, चार्ट और आरेखों जैसे दृश्य सहायक उपकरणों के माध्यम से जानकारी को व्यवस्थित और व्याख्या करना सिखाते हैं।

Maths:
Class 3

Chapter – 01: What's in a Name? / अध्याय – 01: नाम में क्या है ?

Summary / सारांश

अध्याय के पात्र [Characters of the Chapter]

अध्याय "नाम में क्या है?" बच्चों को दिलचस्प गतिविधियों के माध्यम से गिनती, वर्गीकरण और तुलना जैसी अवधारणाएँ सिखाता है। मुख्य पात्रों में शामिल हैं:

- देबा और दीप, जो दीवार पर निशानों का उपयोग करके गायों को ट्रैक करना सीखते हैं।
- हेमंत, एक दोस्त जो अपने जानवरों को ट्रैक करने के लिए निशानों का उपयोग करता है।
- तेजी और जोजो, जो संख्याओं के नाम और उनके अक्षरों की गिनती का पता लगाते हैं।
- माला, जिसका हेयरस्टाइल अलग-अलग हेयर स्टाइल को वर्गीकृत करने के लिए उपयोग किया जाता है।
- सहपाठी, जो अक्षरों की गिनती, वस्तुओं को समूहीकृत करने और संख्याओं की तुलना करने जैसी गतिविधियों में भाग लेते हैं।

Chapter – 02: Toy Joy / अध्याय – 02: खिलौनों का आनंद

Summary / सारांश

अध्याय के पात्र [Characters of the Chapter]

"खिलौना जॉय" अध्याय बच्चों को मज़ेदार गतिविधियों और शिल्प के माध्यम से क्यूब्स, क्यूबॉइड्स, सिलेंडर, शंकु और गोले जैसी बुनियादी 3D आकृतियों से परिचित कराता है। अध्याय में मुख्य पात्र शामिल हैं:

- **जया -** एक बच्ची जो विभिन्न आकृतियों का उपयोग करके रॉकेट बनाती है और दूसरों को इन आकृतियों को पहचानने और गिनने के लिए प्रोत्साहित करती है।
- **देविका -** एक बच्ची जो एक खिलौना इंजन खरीदती है और उसमें मौजूद विभिन्न आकृतियों, जैसे कि सिलेंडर, शंकु, घनाभ और क्यूब्स को गिनने में मदद करती है।
- **कक्षा में बच्चे -** ये बच्चे विभिन्न गतिविधियों में भाग लेते हैं, जैसे कि आकृतियों पर चेहरे बनाना, कक्षा में आकृतियाँ ढूँढ़ना और आकृतियों से संरचनाएँ बनाना।
- **शिक्षक -** बच्चों को ऐसी गतिविधियों के माध्यम से मार्गदर्शन करता है जिसमें आकृतियों का वर्णन करना और उन्हें बनाना शामिल है, और उन्हें विभिन्न तरीकों से आकृतियों का उपयोग करने के लिए रणनीतियों का अवलोकन करने और साझा करने के लिए प्रोत्साहित करता है।

अध्याय आकृतियों को पहचानने, गिनने और उनका वर्णन करने के साथ-साथ उन्हें विभिन्न परियोजनाओं में रचनात्मक रूप से उपयोग करने पर जोर देता है, जैसे कि खिलौने, घर और टावर बनाना।

Chapter – 03: Double Century / अध्याय – 03: दोहरा शतक

Summary / सारांश

अध्याय के पात्र [Characters of the Chapter]

अध्याय "डबल सेंचुरी" संख्याओं के इतिहास का परिचय देता है, इस बात पर ध्यान केंद्रित करता है कि लोगों ने कैसे गिनती शुरू की और आज हम जिस संख्या प्रणाली का उपयोग करते हैं, उसे कैसे विकसित किया, जिसमें 0 की अवधारणा भी शामिल है। इस अध्याय में मुख्य पात्र शामिल हैं:

- **भोलू** - एक पात्र जो संख्या रेखाओं पर कूदकर संख्याएँ बनाने का अभ्यास करता है और 100 और उससे आगे की संख्याएँ बनाने के लिए माचिस की तीलियों का उपयोग करता है।
- **टॉकिंग पॉट** - एक मज़ेदार पात्र जो बच्चों को दी गई संख्या में एक और जोड़कर संख्याओं का पता लगाने में मदद करता है, जैसे "42 के बाद क्या आता है?"
- **कक्षा में बच्चे** - ये बच्चे विभिन्न गतिविधियों में भाग लेते हैं जैसे वस्तुओं की गिनती करना, संख्याओं का अनुमान लगाना और संख्याओं को दर्शाने के लिए माचिस और मोतियों का उपयोग करना।
- **शिक्षक** - गतिविधियों के माध्यम से छात्रों का मार्गदर्शन करता है, उन्हें संख्या प्रणाली, स्थानीय मान और संख्याओं को विभिन्न तरीकों से दर्शाने के तरीके को समझने में मदद करता है।

अध्याय संख्याओं को समझने, विभिन्न तरीकों का उपयोग करके 100 बनाने, मात्राओं का अनुमान लगाने और गिनने और 100 से आगे की संख्याएँ बनाने पर केंद्रित है।

Chapter – 04: Vacation with My Nani Maa / अध्याय – 04: नानी माँ के साथ छुट्टियाँ

Summary / सारांश

अध्याय के पात्र [Characters of the Chapter]

"मेरी नानी माँ के साथ छुट्टियाँ" अध्याय के पात्र हैं:

- **चिराग** - उन बच्चों में से एक जो अपनी नानी माँ के साथ समय बिताना, उनके साथ खेलना और सीखना पसंद करते हैं।
- **नंदिनी** - चिराग की बहन, जिसे नानी माँ के साथ खेलना और सीखना भी पसंद है और वह अपनी पसंदीदा मिठाई 'बालूशाही' लाती है।
- **नानी माँ** - चिराग और नंदिनी की दादी, जो उनकी सबसे अच्छी दोस्त और शिक्षिका दोनों हैं। वह उन्हें विभिन्न गतिविधियों, खेलों और कहानियों के साथ व्यस्त रखती हैं।
- **शिक्षक** - बच्चों को गणित से संबंधित विभिन्न गतिविधियों और खेलों के माध्यम से मार्गदर्शन करती हैं, जिससे उन्हें जोड़, घटाव और अनुमान जैसी अवधारणाओं को समझने में मदद मिलती है।

Chapter – 05: Fun with Shapes / अध्याय – 05: आकृतियों का आनंद

Summary / सारांश

अध्याय के पात्र [Characters of the Chapter]

अध्याय "आकृतियों के साथ मज़ा" में मुख्य रूप से बच्चों को व्यावहारिक गतिविधियों और चर्चाओं के माध्यम से विभिन्न ज्यामितीय आकृतियों और उनके गुणों की खोज करते हुए दिखाया गया है। यहाँ कुछ पात्र दिए गए हैं जो पूरे पाठ में दिखाई देते हैं या निहित हैं:

- **बच्चा (वर्णनकर्ता)** - मुख्य पात्र जो सक्रिय रूप से आकृतियों की खोज कर रहा है, अवलोकन कर रहा है, और आकृतियों के साथ वस्तुओं को बनाने, मोड़ने और बनाने जैसी गतिविधियों में संलग्न है।
- **अम्मा** - बच्चे की माँ, जिसने बिंदुओं और आकृतियों के साथ एक रंगोली (एक पारंपरिक भारतीय सजावटी डिज़ाइन) बनाई है, जो बच्चे के लिए अनुसरण करने और अपनी खुद की रंगोली बनाने के लिए एक उदाहरण के रूप में कार्य करती है।
- **शिक्षक** - वयस्क बच्चों को उनकी गतिविधियों के माध्यम से मार्गदर्शन करते हैं और उन्हें रचनात्मक रूप से आकृतियों की खोज करने और समझने के लिए प्रोत्साहित करते हैं।

- **मुरुगन** - माचिस से जुड़े खंड में उल्लिखित एक पात्र, जो माचिस की तीलियों से वर्ग बनाने से संबंधित एक समस्या को हल कर रहा है।
- **चाची** - वह रिश्तेदार जिसने बच्चे को एक बोर्ड गेम उपहार में दिया, जिसमें वर्गों और आयतों के बीच अंतर को समझना शामिल है।
- **दादा-दादी** - दिवाली कार्ड के लिए लिफ़ाफ़ा बनाने वाले बच्चे के संदर्भ में उल्लेख किया गया है, जो अपने दादा-दादी के लिए कुछ ख़ास बनाने में बच्चे की देखभाल को उजागर करता है।

Chapter – 06: House of Hundreds - I / अध्याय – 06: सैकड़ों का घर – 1

Summary / सारांश

अध्याय के पात्र [Characters of the Chapter]

अध्याय "हाउस ऑफ़ हंड्रेड्स - I" में बच्चों को संख्याओं, गिनती और मात्राओं की तुलना करने के बारे में सीखने में मदद करने के लिए कई पात्रों का परिचय दिया गया है। मुख्य पात्रों में शामिल हैं:

- **अज्जी:** मेले में तेजी और जोजो के साथ दिखाई देता है, गिनती की गतिविधियों में भाग लेता है।
- **तेजी और जोजो:** बच्चे जो विभिन्न गतिविधियों में संलग्न होते हैं, जैसे कि त्रिकोण, चूड़ियाँ और टॉफियाँ जैसी वस्तुओं का अनुमान लगाना और गिनना।
- **शिक्षक:** बच्चों को गिनती, संख्या तुलना और संख्या वाक्यों के लिए माचिस का उपयोग करने के अभ्यास में मार्गदर्शन करता है।
- **फारूक चाचा:** एक मिठाई की दुकान चलाते हैं जहाँ बच्चे मैसूर पाक और लड्डू जैसी मिठाइयों की गिनती का अभ्यास करते हैं।
- **अरविंद दादा:** मिठाइयाँ वितरित करते हैं और बच्चों को घर की संख्याओं के अभ्यास में मदद करते हैं।

Chapter – 07: Raksha Bandhan / अध्याय – 07: रक्षाबंधन

Summary / सारांश

अध्याय के पात्र [Characters of the Chapter]

इस अध्याय में कोई विशिष्ट चरित्र नहीं है। यह अध्याय रक्षा बंधन जैसे त्यौहारी थीम के माध्यम से गुणन, भाग और व्यावहारिक अनुप्रयोगों पर केंद्रित है। इसमें शामिल हैं:

- राखी बनाने के लिए वस्तुओं की गिनती
- लड्डू बांटना
- स्किप जंपिंग
- गुणन सारणी में पैटर्न पहचान
- व्यावहारिक शब्द समस्याएँ
- हाथों से की जाने वाली गतिविधियाँ

Chapter – 08: Fair Share / अध्याय – 08: उचित हिस्सा

Summary / सारांश

अध्याय के पात्र [Characters of the Chapter]

अध्याय "फेयर शेयर" इंटरैक्टिव गतिविधियों के माध्यम से, आधे और चौथाई पर ध्यान केंद्रित करते हुए भिन्नों को सिखाता है। मुख्य पात्रों में शामिल हैं:

- शबनम और मुक्ता, जो चॉकलेट और पराठों के उचित बंटवारे पर चर्चा करती हैं।
- अमित और बाला, जो विरासत में मिली वस्तुओं को विभाजित करने का प्रयास करते हैं, लेकिन अपने विभाजन की निष्पक्षता पर सवाल उठाते हैं।

अध्याय यह पता लगाता है कि चीजों को समान रूप से कैसे साझा किया जाए और व्यावहारिक अभ्यासों के माध्यम से आधे और चौथाई की अवधारणाओं का परिचय देता है।

Chapter – 09: House of Hundreds - II / अध्याय – 09: सैकड़ों का घर – 2

Summary / सारांश

अध्याय के पात्र [Characters of the Chapter]

अध्याय "हाउस ऑफ़ हंड्रेड्स - II" आकर्षक गतिविधियों के माध्यम से संख्या अवधारणाएँ, स्थानीय मान और संख्या पैटर्न सिखाता है। मुख्य पात्रों में शामिल हैं:

- अकबर और बीरबल, जो शहर में कौवों की संख्या का अनुमान लगाने पर चर्चा करते हैं।
- तेजी और जोजो, जो संख्या पैटर्न और पहेलियाँ हल करते हैं।
- अज्जी, जो तेजी और जोजो को संख्या अनुक्रमों में मदद करती है। /

अध्याय सैकड़ों, दहाई और इकाइयों में संख्याओं को समझने पर केंद्रित है, और संख्या रेखाएँ, स्थानीय मान और संख्या पहेलियाँ हल करने जैसी गतिविधियों का परिचय देता है।

Chapter – 10: Fun at Class Party! / अध्याय – 10: कक्षा में आनंद

Summary / सारांश

अध्याय के पात्र [Characters of the Chapter]

अध्याय "क्लास पार्टी में मौज-मस्ती!" अनौपचारिक और औपचारिक दोनों तरह के उपकरणों का उपयोग करके गतिविधियों के माध्यम से मापन सिखाता है। मुख्य पात्रों में शामिल हैं:

- शेली और आदि, जो टेबल जैसी वस्तुओं को मापते हैं और धागे या कागज़ की पट्टियों का उपयोग करते हैं।
- लीना, जो अपने हाथ की लंबाई से मापती है।
- शिक्षक या अभिभावक मीटर रस्सी का उपयोग करके माप का अनुमान लगाने और सत्यापित करने में मदद करते हैं।

अध्याय विभिन्न मापन तकनीकों, आकारों की तुलना और वास्तविक दुनिया की समस्याओं को हल करने की खोज करता है, जैसे कि यह निर्धारित करना कि टेबल दरवाजे से होकर गुजरती है या नहीं।

Chapter – 11: Filling and Lifting / अध्याय – 11: भरो और उठाओ

Summary / सारांश

अध्याय के पात्र [Characters of the Chapter]

अध्याय "भरना और उठाना" व्यावहारिक गतिविधियों के माध्यम से क्षमता, वजन और माप की अवधारणाओं को सिखाता है। मुख्य पात्रों में शामिल हैं:

- चिंटू और शंभू, जो अलग-अलग आकार के गिलासों से पीने की चुनौती पर चर्चा करते हैं।
- नीता, मोनू और रितु, जो विभिन्न गिलासों में दूध की मात्रा की तुलना करते हैं।
- शिक्षक या माता-पिता छात्रों को मापने वाले कप और पैन बैलेंस जैसे उपकरणों का उपयोग करके तरल पदार्थ और वजन मापने में मार्गदर्शन करते हैं।

गतिविधियाँ बर्तन की क्षमता की तुलना करने, किलोग्राम में वजन को समझने और पैन बैलेंस का उपयोग करके सबसे भारी वस्तु की पहचान करने जैसी चुनौतियों को हल करने पर ध्यान केंद्रित करती हैं।

Chapter – 12: Give and Take / अध्याय – 12: कुछ लेना कुछ देना

Summary / सारांश

अध्याय के पात्र [Characters of the Chapter]

- वास्तविक जीवन परिदृश्यों के माध्यम से बुनियादी अंकगणित (जोड़ और घटाव)।
- **मुख्य पात्र:** किशन, जो एक पौध नर्सरी चलाता है, पौधों को जोड़ने और घटाने में समस्याओं का सामना करता है।
- बॉक्स आरेख, संख्या रेखाएँ और HTO ब्लॉक।
- **वस्तुओं का आदान-प्रदान:** वस्तु विनिमय (जैसे, चावल, सब्जियाँ) का पता लगाना और पैसे के लेन-देन का परिचय देना।
- **धन-संबंधी अवधारणाएँ:** राशियों की तुलना करना, रकम का अनुमान लगाना और बदलाव करना।
- **अभ्यास:** आय, व्यय और रिटर्न बनाने पर व्यावहारिक समस्याएँ।

Chapter – 13: Time Goes On / अध्याय – 13: समय समय की बात

Summary / सारांश

अध्याय के पात्र [Characters of the Chapter]

अध्याय "समय चलता रहता है" गतिविधियों के माध्यम से समय, कैलेंडर और उम्र की अवधारणाओं को सिखाता है। मुख्य बिंदुओं में शामिल हैं:

- **अप्पा और अम्मा:** एक मजेदार कैलेंडर गेम जिसमें वे जुलाई के लापता महीने का पता लगाते हैं।
- **कैलेंडर गतिविधियाँ:** छात्र जुलाई 2024 का कैलेंडर बनाते हैं, तिथियों की गणना करते हैं, और प्रत्येक वर्ष महीनों और दिनों में होने वाले परिवर्तनों का विश्लेषण करते हैं।
- **जन्म प्रमाण पत्र:** घटनाओं के बीच उम्र और दिनों की संख्या की गणना करने के अभ्यास।
- **आयु मज़ा:** बच्चे उम्र की तुलना करते हैं, हेतल और उसके भाई की उम्र के बारे में एक पहेली के साथ।
- **घड़ी और समय:** एनालॉग और डिजिटल घड़ियों को पढ़ना सीखना, और दैनिक कार्यों के लिए समय की अवधि की गणना करना।
- **समय की अवधि:** यह पता लगाना कि गतिविधियों में कितना समय लगता है (महीने, सप्ताह, दिन, आदि) और तालिकाओं को भरना।
- **व्यावहारिक अनुप्रयोग:** विभिन्न तरीकों से समय मापने के लिए रेत की घड़ी बनाना।

Chapter – 14: The Surajkund Fair / अध्याय – 14: सूरजकुंड मेला

Summary / सारांश

अध्याय के पात्र [Characters of the Chapter]

अध्याय "सूरजकुंड मेला" में कई पात्र हैं:

- **सोनी और अवि** - मुख्य पात्र अपने दादा-दादी के साथ मेले में जाते हैं, माला बनाने, रंगोली देखने और खेल खेलने जैसी गतिविधियों में भाग लेते हैं।
- **दादा-दादी (दादा और अम्मा)** - वे सोनी और अवि के साथ मेले में जाते हैं, दादाजी का पैर टाइलों के बीच फंस जाता है।
- **माला बनाने वाला आदमी और औरत** - वे एक स्टॉल पर सोनी और अवि को माला बनाना सिखाते हैं।
- **अम्मा** - सोनी और अवि की माँ, तमिलनाडु के स्टॉल पर कोलम (रंगोली) बनाते हुए देखी गई।
- **चित्रकार** - एक चालबाज जो सोनी की तस्वीर का केवल आधा हिस्सा बनाता है और आधे पैसे मांगता है, चित्र को पूरा करने के लिए दर्पण का उपयोग करता है।
- **चाचा** - एक खोया हुआ पात्र जो सोनी और अवि से एटीएम का रास्ता पूछता है।

अध्याय के लेखक [Author of the Chapter]

"सूरजकुंड मेला" अध्याय के लेखक के. के. शिवशंकर हैं, जो एक शिक्षक और लेखक हैं, जो प्राथमिक विद्यालय के छात्रों के लिए आकर्षक शैक्षिक सामग्री बनाने के लिए जाने जाते हैं, जो गणित, विज्ञान और भाषा कला जैसे विषयों को आनंददायक और इंटरैक्टिव बनाने पर ध्यान केंद्रित करते हैं।

Maths:
Class 4

Chapter – 01: Building with Bricks / अध्याय – 01: ईंटो से बनी ईमारत

Summary / सारांश

अध्याय के पात्र [Characters of the Chapter]

"ईंटों से निर्माण" अध्याय में मुख्य पात्र हैं:

- **जमाल** - जागृति स्कूल के लिए ईंटों के काम में शामिल राजमिस्त्री में से एक।
- **कालू** - एक और राजमिस्त्री जो जमाल के साथ काम करता है और उस टीम का हिस्सा है जो स्कूल की इमारत में इस्तेमाल की जाने वाली ईंटों के पैटर्न के लिए नए विचार लाती है।
- **प्यार** - एक तीसरा राजमिस्त्री जो स्कूल के लिए ईंटों के पैटर्न बनाने के लिए जमाल और कालू के साथ काम करता है।
- **मुनिया** - एक छोटी लड़की जो ईंटों से खेल रही है और अपनी खुद की दीवार बना रही है, जिससे दीवारों की मजबूती और ईंटों को कैसे व्यवस्थित किया जाना चाहिए, इस बारे में चर्चा शुरू होती है।
- **ज़ैनब** - ईंटों से खेल रही एक और छोटी लड़की, एक अलग दीवार बना रही है।
- **गणेश और साहिबा** - दो बच्चे जो ईंट भट्टे के पास रहते हैं और देखते हैं कि ईंटें कैसे बनती और सूखती हैं।

ये पात्र अध्याय में ईंटों, दीवारों और पैटर्न से संबंधित गतिविधियों और पाठों को निर्देशित करने में मदद करते हैं, जिससे पाठकों के लिए सीखना मज़ेदार और आकर्षक हो जाता है।

अध्याय के लेखक [Author of the Chapter]

"ईंटों से निर्माण" अध्याय के लेखक के.के. शिवशंकर हैं। उन्हें ऐसी शैक्षिक सामग्री बनाने के लिए जाना जाता है जो युवा शिक्षार्थियों को इंटरैक्टिव तरीकों से जोड़ती है, अक्सर गणित और विज्ञान जैसे विषयों को पढ़ाने के लिए वास्तविक जीवन के उदाहरणों का उपयोग करती है।

Chapter – 02: Long and Short / अध्याय – 02: लम्बा और छोटा

Summary / सारांश

अध्याय के पात्र [Characters of the Chapter]

अध्याय "लॉन्ग एंड शॉर्ट" में विभिन्न गतिविधियाँ और अभ्यास शामिल हैं जो बच्चों को दूरी, ऊँचाई और माप की अवधारणाओं का पता लगाने में संलग्न करते हैं। अध्याय में उल्लिखित कुछ प्रमुख पात्रों में शामिल हैं:

- **बीरबल** - एक पात्र जिसका उपयोग एक मजेदार पहेली को प्रदर्शित करने के लिए किया जाता है जहाँ अकबर उसे एक रेखा को मिटाए बिना उसे छोटा करने की चुनौती देता है। बीरबल का चतुर समाधान अध्याय में सीखने की गतिविधियों का हिस्सा है।
- **अकबर** - प्रसिद्ध राजा जो बीरबल को एक रेखा को छोटा करने की चुनौती देता है। यह अभ्यास लंबाई और माप की अवधारणा का पता लगाने का एक चंचल तरीका है।
- **झुम्पा** - ऊँचाई की तुलना पर चर्चा करते समय उल्लेखित एक पात्र, जैसे कि उसकी ऊँचाई की तुलना उस व्यक्ति से करना जो उसकी ऊँचाई से दोगुना है।
- **रेहाना, अरुंधति, कोंकणा, उमा** - ये पात्र दूरी का पता लगाने के लिए उपयोग की जाने वाली दौड़ परिदृश्य का हिस्सा हैं। वे यह प्रदर्शित करने में मदद करते हैं कि दौड़ सेटिंग में दूरी का अनुमान कैसे लगाया जा सकता है और उसकी तुलना कैसे की जा सकती है।
- **धनु, गुरजीत, गोपी** - एक लंबी कूद गतिविधि में पात्र जो दूरी के संदर्भ में कूद को मापने और तुलना करने पर केंद्रित है।

- **देवी प्रसाद** - एक ऐसा किरदार जिसे रोजाना एक निश्चित दूरी तक दौड़ना होता है, और उसकी व्यायाम दिनचर्या दौड़ की दूरी को प्रदर्शित करने में मदद करती है।
- **मोमुन** - एक बच्चा जो स्कूल जाने के लिए लंबी दूरी तय करता है, जो रोजमर्रा की जिंदगी में अलग-अलग दूरियों को समझने के लिए एक उदाहरण प्रदान करता है।

इन किरदारों का इस्तेमाल बच्चों को माप, दूरी और आकार, ऊंचाई और गति की तुलना से संबंधित व्यावहारिक अभ्यासों में शामिल करने के लिए किया जाता है।

Chapter – 03: A Trip to Bhopal / अध्याय – 03: भोपाल की सैर

Summary / सारांश

अध्याय के पात्र [Characters of the Chapter]

कक्षा 4 की गणित की पाठ्यपुस्तक (2024-25) के अध्याय "भोपाल की यात्रा" में कई तरह के चरित्र हैं, मुख्य रूप से बच्चे और उनके शिक्षक, जो भोपाल की स्कूल यात्रा पर हैं। यहाँ मुख्य चरित्र हैं:

- **सुगंधा** - उन छात्रों में से एक जो यात्रा को लेकर उत्साहित है।
- **सुश्री मीनाक्षी** - एक शिक्षिका जो यात्रा के लिए आवश्यक बसों की संख्या पर चर्चा करती है।
- **श्री राकेश** - एक अन्य शिक्षक जो बसों और यात्रा के रसद के बारे में चर्चा में शामिल है।
- **साहिबा** - एक छात्रा जो यह देखने के लिए लाइन से बाहर निकलती है कि क्या बसें आ रही हैं।
- **इंद्रा** - एक छात्रा जो भोपाल पहुँचने के समय के बारे में पूछती है।
- **सुश्री आशा** - एक शिक्षिका जो आगमन के अपेक्षित समय और यात्रा के अन्य विवरणों के बारे में बात करती है।
- **गोपी** - एक छात्रा जो नर्मदा नदी की चौड़ाई के बारे में अनुमान लगाती है।
- **विक्टोरिया** - एक छात्रा जो नर्मदा नदी की चौड़ाई आधे किलोमीटर से अधिक होने का अनुमान लगाती है।
- **रूबी** - एक छात्रा जो नर्मदा नदी पर चर्चा करती है और यात्रा में रुचि रखती है।
- **सदफ़** - एक छात्रा जो नदी की चौड़ाई के बारे में बातचीत का हिस्सा है।
- **मंजीत** - एक छात्र जो दूसरों से पहेली पूछता है।
- **भानु** - एक छात्र जो मंजीत के साथ पहेली सुलझाने वाली बातचीत का हिस्सा है।
- **बोनोमाला** - एक छात्रा जो भीमबेटका में गुफा चित्रों में हिरणों की संख्या गिनती है।
- **शंकर** - एक छात्र जो भीमबेटका में चित्रों में बाइसन की गिनती करता है।
- **अंजन** - एक छात्र जो भीमबेटका के बारे में पूछता है।
- **सुमंतो** - एक छात्र जो दस हज़ार साल की अवधारणा से हैरान है।
- **गौरी** - एक छात्रा जो भीमबेटका में बातचीत में शामिल होती है।
- **बॉबी** - एक छात्र जो यात्रा के दौरान चुटकुले बनाता है और बातचीत में भाग लेता है।
- **जावेद** - एक छात्र जो दो बोटिंग ट्रिप करता है।

Chapter – 04: Tick-Tick-Tick / अध्याय – 04: टिक टिक टिक

Summary / सारांश

अध्याय के पात्र [Characters of the Chapter]

अध्याय रोज़मर्रा की स्थितियों के ज़रिए समय से जुड़ी अवधारणाओं को पढ़ाने पर केंद्रित है। मुख्य पात्रों में शामिल हैं:

- **पंपोश और शाज़िया,** जो अपने स्कूल की दूरी पर चर्चा करते हैं।
- **चीकू, बिट्टू और पिंकी,** जो समय बताने का अभ्यास करते हैं।
- **रानी,** जो अपनी छोटी बहन मुनिया के मील के पत्थर को ट्रैक करती है।
- **आतिफ़ और शबाना,** जो अपनी छुट्टियों की योजनाओं के बारे में पत्रों का आदान-प्रदान करते हैं।
- **चंद्रन,** जो मक्खन पर समाप्ति तिथि की जाँच करता है।
- **टुटुन,** जो ट्रेन छूटने के बाद 12 घंटे और 24 घंटे की घड़ियों के बारे में सीखता है।

Chapter – 05: The Way the World Looks / अध्याय – 05: दुनिया कुछ ऐसी दिखती है

Summary / सारांश

अध्याय के पात्र [Characters of the Chapter]

"द वे द वर्ल्ड लुक्स" के मुख्य पात्र हैं:

- **गप्पू** - एक जिज्ञासु चूहा जो गुब्बारे पर चढ़ने के बाद अलग-अलग ऊँचाई और दूरियों से चीज़ों को देखने का तरीका खोजता है।
- **चिंकी** - एक चूहा जो पनीर की तलाश कर रहा है, उसे जग में नहीं देख पाता, हालाँकि गप्पू देख सकता है।
- **मॉन्टी** - एक बिल्ली जो रेलवे ट्रैक पर गिरने के बाद गप्पू का पीछा करती है।
- **सुहासिनी** - एक पात्र जो पार्क में रहते हुए दिशा-निर्देशों को समझाने में मदद करती है।
- **इस्माइल** - श्रीजता को दिशा-निर्देश देता है, जिससे मार्गों का अनुसरण करने या गलत व्याख्या करने के बारे में चर्चा होती है।
- **श्रीजता** - इस्माइल के निर्देशों का पालन करते हुए अपने घर जाती है, मार्ग में संभावित त्रुटि का सामना करती है।
- **गिबली** - पिछली किताब की एक चींटी, जो एक बॉक्स की संरचना और क्रमांकित पक्षों को समझने की कोशिश कर रही है।

ये पात्र परिप्रेक्ष्य, स्थानिक समझ और दिशा-निर्देश संबंधी सोच जैसी अवधारणाओं को दर्शाते हैं।

Chapter – 06: The Junk Seller / अध्याय – 06: कबाड़ीवाला

Summary / सारांश

अध्याय के पात्र [Characters of the Chapter]

"कबाड़ बेचने वाला" अध्याय के मुख्य पात्र हैं:

- **किरण** - मुख्य पात्र, एक महिला जो पटना में कबाड़ की दुकान चलाती है। वह अपने जीवन की कहानी साझा करती है, जिसमें उसके संघर्ष, व्यवसायिक यात्रा और अपने काम में गणित का उपयोग करने का तरीका शामिल है।
- **किरण की सास** - किरण के जीवन में एक सहायक व्यक्ति जिसने उसे कबाड़ की दुकान का व्यवसाय शुरू करने में मदद की।
- **किरण का पति** - किरण का साथी, जिसने कबाड़ की दुकान का व्यवसाय शुरू करने से पहले एक चाय की दुकान की थी।

- **हरिया और बाबू** - ऋण और पुनर्भुगतान को समझाने के लिए उदाहरणों में उपयोग किए जाने वाले पात्र।
- **दीनू** - एक बड़ी दुकान का मालिक जिसे किरण अपने द्वारा एकत्र किया गया कबाड़ बेचती है। वह कबाड़ का वजन करता है और किरण को इसके लिए भुगतान करता है।
- **कबाड़ संग्रहकर्ता** - ऐसे व्यक्ति जो घरों से कबाड़ इकट्ठा करते हैं और किरण की दुकान को बेचते हैं।

Chapter – 07: Jugs and Mugs / अध्याय – 07: जग मग, जग मग

Summary / सारांश

अध्याय के पात्र [Characters of the Chapter]

अध्याय "जग्स एंड मग्स" के मुख्य पात्र हैं:

- **बन्नी और बन्नो** - एक जोड़ा अपनी शादी की सालगिरह मना रहा है। वे इस अवसर को यादगार बनाने के लिए एक पार्टी करने का फैसला करते हैं।
- **हाथी** - एक मददगार पात्र जो पार्टी में खीर के वितरण का प्रबंधन करता है, प्रत्येक जानवर को मिलने वाली खीर की मात्रा की गणना करता है।
- **जिराफ़** - खीर पीने वाले एक पात्र का उल्लेख किया गया है, हालाँकि जिराफ़ की हरकतों के बारे में विशिष्ट विवरण सीमित हैं।
- **गाय** - पार्टी में एक और जानवर, जिसका उल्लेख खीर पीने के संदर्भ में किया गया है।
- **गिलहरी** - एक पात्र जो 500 मिलीलीटर खीर मांगता है, मिलीलीटर और लीटर के बीच अंतर स्पष्ट करता है।
- **गधा** - एक पात्र जो खीर की मात्रा पर सवाल उठाता है और यह समझने की कोशिश करता है कि एक लीटर कितना होता है।
- **लोमड़ी** - एक जानकार पात्र जो गधे को मिलीलीटर और लीटर के बीच रूपांतरण समझाता है।
- **मेंढक** - अन्य मेंढकों के साथ उछलता है और 100 मिलीलीटर खीर पीता है।
- **चींटियाँ** - 1000 चींटियों का एक बड़ा समूह जो प्रत्येक 1 मिलीलीटर खीर पीता है।
- **बिल्ली** - खीर परोसने में सहायता करती है और चींटियों को परोसने के बारे में चिंता व्यक्त करती है।
- **टिड्डा** - खीर के लिए आने वाली बड़ी संख्या में चींटियों पर टिप्पणी करता है।

Chapter – 08: Carts & Wheels / अध्याय – 08: गाड़ियां और पहिए

Summary / सारांश

अध्याय के पात्र [Characters of the Chapter]

अध्याय "गाड़ियाँ और पहिए" के मुख्य पात्र हैं:

- **नैना** - एक बच्ची जो वृत्त बनाने और उन्हें बनाने के लिए कम्पास जैसे उपकरणों के साथ प्रयोग करने में रुचि रखती है।
- **चिप्पू** - एक और बच्चा जो नैना के साथ मिलकर ज़मीन पर वृत्त बनाने का प्रयास करता है।
- **अरीबा** - एक बच्ची जो छड़ी से और बाद में कीलों और धागे की मदद से वृत्त बनाकर नैना और चिप्पू की मदद करने की कोशिश करती है।
- **दलजीत** - एक बच्चा जो कम्पास का उपयोग करके डिज़ाइन बनाता है और अपनी बहन को यह करना सिखाता है।
- **सादिक** - एक बच्चा जो समीना के साथ वृत्त बनाना चाहता है और उसका केंद्र खोजने के लिए वृत्त को मोड़ने का प्रयोग करता है।
- **समीना** - एक और बच्चा जो सादिक की तरह वृत्त बनाना और उनका केंद्र खोजना सीख रहा है।

- **ज़ाकिर** - उन बच्चों में से एक जो अपने दोस्तों के साथ लट्टू बनाता और घुमाता है।
- **अप्पू** - एक बच्चा जो लट्टू बनाने का सुझाव देता है और अपने दोस्तों के साथ उन्हें घुमाता है।
- **गुड्डो** - एक बच्चा जो ज़ाकिर, अप्पू और नैना के साथ लट्टू बनाने और उन्हें घुमाने में शामिल होता है।

Chapter – 09: Halves and Quarters / अध्याय – 09: आधा और चौथाई

Summary / सारांश

अध्याय के पात्र [Characters of the Chapter]

अध्याय "आधे और चौथाई" में मुख्य पात्र हैं:

- **मिंटू बिल्ली** - मोटू बिल्ली के साथ चपाती को बांटने के झगड़े में शामिल बिल्लियों में से एक।
- **मोटू बिल्ली** - दूसरी बिल्ली जो चपाती को लेकर मिंटू बिल्ली के साथ झगड़े में शामिल है।
- **टिट्टू बंदर** - एक चतुर बंदर जो मिंटू और मोटू बिल्ली को चपाती को बराबर बांटने में मदद करता है और आधे और चौथाई की अवधारणा को समझाता है।
- **रानी** - एक बच्ची जो चॉकलेट को आधे हिस्सों में बांटती है और उसे अपनी दोस्त रीना के साथ बांटती है।
- **रीना** - रानी की दोस्त जिसे चॉकलेट का आधा हिस्सा मिलता है।
- **रजनी** - एक लड़की जो एक केक को चार बराबर हिस्सों में बांटती है और चर्चा करती है कि वह और उसका परिवार केक को कैसे बांटता है।
- **राजू** - रजनी का भाई जिसे केक का एक हिस्सा मिलता है।
- **कुंडू** - एक लालची आदमी जो बाजार में कद्दू खरीदने की कोशिश करता है और कद्दू के अलग-अलग हिस्से मांगकर सबसे अच्छा सौदा पाने की कोशिश करता है।
- **पहला कद्दू विक्रेता** - वह विक्रेता जो कुंडू को एक निश्चित कीमत पर कद्दू का ¼ हिस्सा देता है।
- **दूसरा कद्दू विक्रेता** - वह विक्रेता जो कुंडू को उसी कीमत पर कद्दू का ½ हिस्सा देता है।
- **तीसरा कद्दू विक्रेता** - वह विक्रेता जो विनोदपूर्वक कुंडू को छत पर लगे पौधे से मुफ़्त में कद्दू तोड़ने का सुझाव देता है।

Chapter – 10: Play with Patterns / अध्याय – 10: पैटर्न

Summary / सारांश

अध्याय के पात्र [Characters of the Chapter]

"पैटर्न के साथ खेलें" अध्याय में मुख्य पात्र हैं:

- **टीनू** - एक व्यक्ति जो साड़ी, चादर और दुपट्टा जैसे विभिन्न पैटर्न बनाने के लिए ब्लॉक का उपयोग करता है।
- **यामिनी** - एक पात्र जो ब्लॉक से पैटर्न बनाती है और उन पैटर्न को जारी रखने के लिए मदद मांगती है।
- **अनीशा** - एक पात्र जो अपने दोस्तों को दिखाती है कि वह कैसे अपने सिर के बल खड़ी हो सकती है और टाइलों से फर्श के पैटर्न बनाने में भी शामिल है।
- **रामैया** - एक पात्र जिसने ब्लॉक से दीवार का डिज़ाइन बनाया है और डिज़ाइन को पूरा करने के लिए मदद मांगती है।
- **रेणु** - एक पात्र जो दीवार का डिज़ाइन बनाना शुरू करती है और इसे पूरा करने के लिए दूसरों से मदद मांगती है।

Chapter – 11: Tables and Shares / अध्याय – 11: पहाड़े और बंटवारे

Summary / सारांश

अध्याय के पात्र [Characters of the Chapter]

"श्यामा का बगीचा" अध्याय में मुख्य पात्र हैं:

- **श्यामा** - एक व्यक्ति जिसने अपने बगीचे में सूरजमुखी, गुलाब और गेंदे के पौधे लगाए हैं।
- **भीमा** - एक पात्र जिसने 30 जार के लिए एक शेल्फ बनाया है और गुणन का उपयोग करके उन्हें व्यवस्थित करने के विभिन्न तरीकों की खोज कर रहा है।
- **बंटी** - एक बच्चा जो गुणन सारणी सीख रहा है और 2 और 5 जैसी अन्य गुणन सारणी का उपयोग करके 7 की तालिका बनाने के तरीके पर चर्चा कर रहा है।
- **गुड्डू** - एक और बच्चा जो गुणन सारणी के बारे में चर्चा में भी भाग लेता है और बंटी को गुणन सारणी बनाने के गुर सीखने में मदद करता है।
- **गायत्री** - एक पात्र जो एक बॉक्स में दिखाई देने वाली बिल्लियों की टाँगों को गिनकर उनकी संख्या गिनने की कोशिश कर रही है।
- **बिल्लो** - एक पात्र जो एक बॉक्स में मुर्गियों की टाँगों को गिनकर यह निर्धारित कर रही है कि उसमें कितनी मुर्गियाँ हैं।
- **ध्रुव** - एक व्यक्ति जो हार बनाने के लिए 112 समुद्री सीपियाँ इकट्ठा करता है और यह पता लगा रहा है कि वह उनसे कितने हार बना सकता है।
- **गंगू** - एक पात्र जो ईद के लिए मिठाइयाँ (लड्डू) बना रहा है और यह तय कर रहा है कि उन्हें पैक करने के लिए कितने डिब्बों की ज़रूरत होगी।
- **राबिया** - एक व्यक्ति जो इस बात को लेकर चिंतित है कि गंगू द्वारा बनाए गए लड्डूओं की संख्या 23 डिब्बों को पैक करने के लिए पर्याप्त होगी या नहीं।
- **राशि, सीमा, मृदुल, रोहित और लोकेश** - वे बच्चे जो अपने दादा से मेले के लिए पैसे बराबर-बराबर बाँटने के लिए कहते हैं। वे सभी 70 रुपये बराबर-बराबर बाँटने के लिए अलग-अलग तरीके अपनाते हैं।

Chapter – 12: How Heavy? How Light? / अध्याय – 12: कितना भारी? कितना हल्का?

Summary / सारांश

अध्याय के पात्र [Characters of the Chapter]

अध्याय विभिन्न पात्रों और परिदृश्यों के माध्यम से वजन और माप पर केंद्रित है।

- जैजू और मन्नू घर बदल रहे हैं और एक घोड़ा-गाड़ी के लिए अपने सामान का वजन गिन रहे हैं जो केवल 700 किलोग्राम ले जा सकती है।
- उनके पिता बताते हैं कि वस्तुओं को कैसे संतुलित और मापना है।
- डॉ. वैदिका हाथी का वजन करने के लिए नाव का उपयोग करती हैं, यह देखकर कि हाथी के अंदर नाव कितनी डूबती है।
- अनामिका एक कुर्सी का वजन करना चाहती है।
- अब्दु अलग-अलग मात्रा में जलाऊ लकड़ी को तौलने के लिए पत्थर के टुकड़ों का उपयोग करता है।
- रितु अपनी कार और ट्रैक्टर के वजन की तुलना करती है।
- दिनेसन सामान खरीदता है, और पाठक बिल का एक हिस्सा गायब होने के बाद उनके वजन का अनुमान लगाते हैं।
- मेंढक और कौआ अंकगणित का उपयोग करके संयुक्त वजन के बारे में एक चाल में संलग्न होते हैं।

Chapter – 13: Fields and Fences / अध्याय – 13: खेत और बाढ़

Summary / सारांश

अध्याय के पात्र [Characters of the Chapter]

इस अध्याय में माप, सीमाओं और इन अवधारणाओं के व्यावहारिक अनुप्रयोगों से जुड़ी गतिविधियों में लगे पात्रों को दिखाया गया है:

- **रहमत** - बाड़ लगाने के लिए तार खरीदने वाला एक किसान और बचे हुए तार को गणपत के साथ साझा करना।
- **गणपत** - रहमत से तार प्राप्त करता है लेकिन अपने खेत के लिए उसे और तार की आवश्यकता होती है।
- **नीतू** - एक छात्रा जो सुझाव देती है कि दो बगीचे समान आकार के हो सकते हैं, जिससे जाँच होती है।
- **चंदू के पिता** - प्रतिदिन एक खेत के चारों ओर घूमते हैं, एक निश्चित दूरी तय करते हैं।
- **उषा और वलसम्मा** - एक दौड़ में प्रतिस्पर्धा करते हैं, जहाँ वलसम्मा तेज़ दौड़ती है लेकिन हार जाती है।
- **राघवन** - अपनी ज़मीन को अपने चार बच्चों के बीच बराबर-बराबर बाँटता है, जबकि यह सुनिश्चित करता है कि हर कोई कुएँ तक पहुँच सके।

Chapter – 14: Smart Charts / अध्याय – 14: स्मार्ट चार्ट !

Summary / सारांश

अध्याय के पात्र [Characters of the Chapter]

इस अध्याय में कई पात्र शामिल हैं जो समय प्रबंधन, भोजन संबंधी पसंद और आयोजनों से संबंधित गतिविधियों में लगे हुए हैं। यहाँ मुख्य पात्रों का उल्लेख किया गया है:

- **जूही** - टीवी पर समाचार कार्यक्रम पसंद करती है, जबकि उसके पिता को धारावाहिक पसंद हैं और उसकी माँ को खेल पसंद हैं।
- **सहपाठी/मित्र** - विभिन्न बच्चे जिनसे उनके टीवी या रेडियो देखने की आदतों, पसंदीदा कार्यक्रमों और भोजन संबंधी पसंद के बारे में सर्वेक्षण किया जाता है।
- **एक कक्षा में बच्चे** - अभिनय, कपड़े इकट्ठा करना, संगीत बजाना और कक्षा नाटक के लिए सेट बनाना जैसी विभिन्न गतिविधियों में भाग लेते हैं।
- **माधुरी, रोहित, रमेश, सादिक, समीना** - वे बच्चे जो कागज़ की पट्टियों का उपयोग करके अपने सिर के आकार को मापने वाली गतिविधि में भाग लेते हैं।
- **कक्षा के छात्र** - क्लब की सदस्यता के विवरण के साथ खेल, उद्यान और ड्राइंग जैसे विभिन्न क्लबों में भाग लेते हैं।

Maths:
Class 5

Chapter – 01: The Fish Tale / अध्याय – 01: मछली उछली

Summary / सारांश

अध्याय के पात्र [Characters of the Chapter]

इस अध्याय में मछुआरा समुदाय के पात्र हैं, मुख्य रूप से मछुआरे और मछुआरे। मुख्य पात्रों में शामिल हैं:

- **फाजिला:** "मीनकर बैंक" की अध्यक्ष, बचत और मछली सुखाने वाली फैक्ट्री परियोजना में मदद करती है।
- **ग्रेसी:** एक मछुआरी जो मछली बेचती है और जाल खरीदने के लिए ऋण लेती है।
- **फ्लोरम्मा:** झींगा बेचती है और मछली सुखाने के व्यवसाय में भाग लेती है।
- **मिनी:** सार्डिन बेचती है और ग्रेसी के साथ प्रतिस्पर्धा करती है।
- **झांसी:** अपनी बहन के साथ लॉग बोट के लिए ऋण लेती है और मछली सुखाने वाली फैक्ट्री में मदद करती है।
- **करुथम्मा:** मछली बाजार में स्क्विड बेचती है।
- **बशीर:** मछली बाजार की खरीदारी से संबंधित गणित का अभ्यास करती है।
- **माया (कक्षा IV) और नव्याता (कक्षा I):** मछली से संबंधित ड्राइंग गतिविधियों में शामिल छात्र।
- **मछुआरे:** यद्यपि सभी के विशिष्ट नामों का उल्लेख नहीं किया गया है, परन्तु विभिन्न प्रकार की नावों में यात्रा करने वाले मछुआरों का उल्लेख है।

Chapter – 02: Shapes and Angles / अध्याय – 02: आकृतियाँ और कोण

Summary / सारांश

अध्याय के पात्र [Characters of the Chapter]

इस अध्याय में मुख्य रूप से रोहिणी और मोहिनी को दिखाया गया है, जो जुड़वाँ बहनें हैं। वे मुख्य पात्र हैं जो आकृतियों और कोणों से जुड़ी चुनौती में शामिल हैं।

- **रोहिणी:** जुड़वाँ बहनों में से एक जो माचिस की तीलियों का उपयोग करके आकृति बनाती है। वह चुनौती में पहली आकृति बनाने के लिए ज़िम्मेदार है।
- **मोहिनी:** दूसरी जुड़वाँ बहन जो रोहिणी द्वारा बनाई गई आकृति को बिना देखे फिर से बनाने की कोशिश करती है। वह आकृति के बारे में सवाल पूछ सकती है ताकि यह पता लगा सके कि इसे कैसे दोहराया जाए।
- **शैला:** एक पात्र जो जुड़वाँ बहनों को चुनौती देती है, उन्हें आकृतियों और कोणों के साथ काम करने के लिए प्रोत्साहित करती है।

ये पात्र ज्यामिति से संबंधित गतिविधियों में शामिल होते हैं, जैसे बंद और खुली आकृतियों की पहचान करना, कोणों की गिनती करना और विभिन्न आकृतियों में कोणों की तुलना करना।

Chapter – 03: How Many Squares? / अध्याय – 03: कितने वर्ग?

Summary / सारांश

अध्याय के पात्र [Characters of the Chapter]

अध्याय क्षेत्र, परिधि और ज्यामितीय आकृतियों पर केंद्रित है। इसमें बच्चों को स्थानिक संबंधों और माप को समझने में मदद करने के लिए व्यावहारिक गतिविधियाँ और खेल शामिल हैं। मुख्य अवधारणाओं और पात्रों में शामिल हैं:

- **वर्ग और आयत** - क्षेत्र और परिधि पर अभ्यास के माध्यम से खोजा गया।
- **टिकट (टिकट ए, बी, डी)** - वर्गों की गिनती करके क्षेत्र को मापने का अभ्यास करने के लिए उपयोग किया जाता है।
- **पैरों के निशान** - मानव और पशु दोनों के विभिन्न पैरों के निशानों के क्षेत्रों की तुलना करने के लिए उपयोग किया जाता है।
- **ज्यामितीय आकार** - छात्र क्षेत्रों की गणना करने के लिए वर्ग, त्रिकोण और आयतों जैसी आकृतियों के साथ काम करते हैं।
- **बच्चों के नाम (समीना, सादिक, सुरुचि)** - उदाहरणों में ज्यामितीय समस्याओं को हल करने वाले पात्र।
- **ज़िरी** - टाइल बनाने और पैटर्न की खोज करने वाला एक पात्र।
- **जानवरों के पैरों के निशान** - विभिन्न जानवरों के पैरों के निशानों के आकार की तुलना मानव पैरों के निशान से करना।

Chapter – 04: Parts and Wholes / अध्याय – 04: हिस्से और पूरे

Summary / सारांश

अध्याय के पात्र [Characters of the Chapter]

अध्याय में प्राथमिक छात्रों के लिए डिज़ाइन की गई गणित से संबंधित विभिन्न गतिविधियाँ, पहेलियाँ और अभ्यास शामिल हैं। यहाँ उल्लिखित प्रमुख पात्र और अवधारणाएँ हैं:

- **राजा अकबर का एक चतुर मंत्री**, जो ऊंटों को वसीयत के अनुसार विभाजित करने के बारे में गणित से संबंधित कहानी में दिखाया गया है।
- **मंजू** - चॉकलेट को भागों में विभाजित करने और दोस्तों के बीच वितरित करने से संबंधित परिदृश्य में एक पात्र।
- **रानी** - एक पात्र जो हरे रंग के आयत को बराबर भागों में विभाजित करता है और अंशों की खोज करता है।
- **राम** - एक पात्र जिसके पास एक सब्ज़ी का खेत है, जो अलग-अलग सब्ज़ियाँ उगाता है और खेत को भागों में विभाजित करता है।
- **कीर्ति** - सब्जियों की कीमत की गणना करके खरीदारी और गणित का अभ्यास करने में शामिल एक पात्र।
- **अरुण** - एक पात्र जिसकी समय सारिणी की जाँच यह समझने के लिए की जाती है कि दिन के कुछ हिस्से सोने, पढ़ाई और खेलने जैसी गतिविधियों में कैसे व्यतीत होते हैं।
- **चाची** - तीन बेटियों की चाची, जो उन्हें उनकी माँ की इच्छा के अनुसार 19 ऊँटों को विभाजित करने की समस्या को हल करने में मदद करती है।
- **श्रीजा, नैन्सी, अबूबकर** - सब्ज़ियों के वितरण से संबंधित गणित की समस्या में शामिल पात्र।
- **लता** - एक पात्र जो पेंसिल और पेन खरीदता है, घटाव और सिक्के से संबंधित समस्याओं का अभ्यास करता है।
- **शाजी और नाजिया** - समय से संबंधित समस्याओं में शामिल पात्र, जैसे ट्रेन का शेड्यूल और अवधि।

Chapter – 05: Does it Look the Same? / अध्याय – 05: क्या यह एक जैसा दिखता है?

Summary / सारांश

अध्याय के पात्र [Characters of the Chapter]

यह अध्याय समरूपता, प्रतिबिंब और घूर्णन समरूपता पर केंद्रित है। यह छात्रों को इन अवधारणाओं की खोज में संलग्न करने के लिए विभिन्न पात्रों और उदाहरणों का उपयोग करता है:

- **राजा और उसकी बेटी:** एक लॉकर हैंडल के घूमने से भ्रमित एक राजा की कहानी, जो घूर्णन समरूपता का परिचय देती है।
- **वेन्की:** समरूपता का अभ्यास करने के लिए आकृतियाँ बनाने वाला एक पात्र।

- ✍ **ज्यामितीय आकृतियाँ और पैटर्न:** दर्पण के आधे भाग और घुमावों को प्रदर्शित करने के लिए उपयोग किया जाता है।
- ✍ **पवनचक्की और पंखा:** घूर्णन समरूपता के व्यावहारिक उदाहरण।
- ✍ **दर्पण और समरूपता रेखाएँ:** आकृतियों में सममित विभाजनों की पहचान करने के लिए उपकरण।
- ✍ **अक्षर और संख्याएँ:** वर्णमाला और अंकों में समरूपता पर अभ्यास।
- ✍ **बिंदीदार रेखाएँ:** दर्पण या मोड़ रेखाएँ दिखाने के लिए मार्गदर्शिकाएँ।

अध्याय का उद्देश्य बच्चों को वास्तविक दुनिया के उदाहरणों और अमूर्त आकृतियों से जुड़ी इंटरैक्टिव गतिविधियों के माध्यम से समरूपता को समझने में मदद करना है।

Chapter – 06: Be My Multiple, I'll be Your Factor / अध्याय – 06: मैं तेरा गुणनखंड, गुणज तू मेरा

Summary / सारांश

अध्याय के पात्र [Characters of the Chapter]

अध्याय में गणितीय अवधारणाओं जैसे गुणक, गुणनखंड, सममिति और समस्या-समाधान को आकर्षक पात्रों और परिदृश्यों के माध्यम से पेश किया गया है:

- ✍ **भूखी बिल्ली और कुंजन (चूहा):** एक पहेली जिसमें चूहा कदम कूदकर बिल्ली से बचने की कोशिश करता है, चाल और रणनीति की खोज करता है।
- ✍ **मोंटोकैट:** एक पात्र जो किसी का इंतजार कर रहा है, जिसमें बच्चे सुरागों का उपयोग करके यह पता लगाते हैं कि वह किसके लिए है।
- ✍ **मीना:** चूड़ियों को अलग-अलग तरीकों से समूहबद्ध करती है (जैसे, 2, 3, 6, 9 और 18), जिससे बच्चों को गुणनखंड समझने में मदद मिलती है।
- ✍ **सुनीता:** इमली के बीजों का उपयोग करके गुणकों और कारकों पर समूह बनाती है और पहेलियाँ हल करती है।
- ✍ **अमिनी:** ज्यामितीय आकृतियों की खोज को प्रोत्साहित करते हुए इमली के बीजों को आयतों में व्यवस्थित करती है।
- ✍ **मेसन:** ज्यामिति पर ध्यान केंद्रित करते हुए, विभिन्न लंबाई की टाइलों का उपयोग करके टाइलिंग की समस्याओं को हल करती है।
- ✍ **रानी, गीता और नसीमा:** अलग-अलग टाइल आकारों का उपयोग करके उन्हें काटे बिना 90-फुट का रास्ता टाइल करने के लिए एक साथ काम करती हैं।

Chapter – 07: Can You See the Pattern? / अध्याय – 07: क्या तुम्हे पैटर्न दिखा?

Summary / सारांश

अध्याय के पात्र [Characters of the Chapter]

अध्याय में कई पात्र और परिदृश्य शामिल हैं जो पैटर्न, समरूपता और संख्या हेरफेर जैसी गणितीय अवधारणाओं को स्पष्ट करने में मदद करते हैं:

- ✍ **ईशा:** उसके पास एक सुंदर स्कर्ट है जिसमें एक दोहराए जाने वाला पैटर्न है, जिसका उपयोग यह पता लगाने के लिए किया जाता है कि कैसे एक-ऊपर, एक-नीचे या घड़ी की दिशा में घुमाव जैसे नियमों के साथ पैटर्न बनाए जा सकते हैं।
- ✍ **बन्नो और बिनोद:** वे एक अनुमान लगाने वाले खेल में शामिल हैं जहाँ वे गुप्त संख्याओं के बारे में सुराग देते हैं, बच्चों को सही संख्या निकालने के लिए तर्क और अंकगणित का उपयोग करने के लिए प्रोत्साहित करते हैं।

ये पात्र विभिन्न अभ्यासों के केंद्र में हैं जो छात्रों को पैटर्न पहचान, गणितीय तर्क और संख्या अन्वेषण में संलग्न करते हैं।

Chapter – 08: Mapping Your Way / अध्याय – 08: नक्शा

Summary / सारांश

अध्याय के पात्र [Characters of the Chapter]

इस अध्याय में कई पात्र हैं जो मानचित्रों, मार्गों और भौगोलिक अवधारणाओं से संबंधित विभिन्न गतिविधियों में संलग्न हैं:

- **आशी:** वह मुख्य पात्र है जो अपने सहपाठियों के साथ इंडिया गेट पर गणतंत्र दिवस परेड में जा रही है।
- **अदिति:** एक सहपाठी जो इंडिया गेट और राष्ट्रपति भवन के बारे में बात करती है। वह मानचित्र को वास्तविक इमारतों से मिलान करने में मदद करती है।
- **बन्नो और बिनोद:** संख्याओं के बारे में अनुमान लगाने के खेल में शामिल, तार्किक सोच और अंकगणित कौशल को प्रोत्साहित करना।
- **कांचा:** वह परेड के मार्ग के बारे में सोचता है और अपने दोस्तों के साथ मानचित्र को देखता है।
- **गप्पू:** वह लाल किले की यात्रा के अपने अनुभव को साझा करता है और अपने दोस्तों को इसके विभिन्न हिस्सों के बारे में बताता है।

Chapter – 09: Boxes and Sketches / अध्याय – 09: डिब्बे और स्केच

Summary / सारांश

अध्याय के पात्र [Characters of the Chapter]

अध्याय में निम्नलिखित पात्र हैं, जिनमें से प्रत्येक आकृति, 3D विज़ुअलाइज़ेशन और ड्राइंग से संबंधित विभिन्न गतिविधियों में योगदान देता है:

- राम्या आकृतियों को बक्सों में मोड़ना सीखती है।
- बुद्ध एक कागज़ का घन बनाता है और उसके चेहरों का अध्ययन करता है।
- विभा घरों के 3D निरूपण का पता लगाने के लिए फ़्लोर मैप का उपयोग करती है।
- सौमित्रो और उसके दोस्त परिप्रेक्ष्य पर ध्यान केंद्रित करते हुए 2D में घन बनाते हैं।
- चंदा परिप्रेक्ष्य में घन बनाना सिखाती है।
- नवीन, भास्कर और प्रतिज्ञा माचिस की डिब्बियों से एक पुल का मॉडल बनाते हैं और अलग-अलग दृश्यों का पता लगाते हैं।

Chapter – 10: Tenths and Hundredths / अध्याय – 10: दसवां और सौवां भाग

Summary / सारांश

अध्याय के पात्र [Characters of the Chapter]

अध्याय में विभिन्न गतिविधियों और पात्रों के माध्यम से माप, दशमलव, मुद्रा और तापमान का पता लगाया गया है:

- **अंजू:** सेंटीमीटर और मिलीमीटर का उपयोग करके पेंसिल जैसी वस्तुओं को मापने का अभ्यास करती है।
- **मेंढक:** छोटे सोने के मेंढक (0.9 सेमी) और बड़े बैल मेंढक (30.5 सेमी) के आकार की तुलना करती है, माप की इकाइयों को दर्शाती है।
- **छात्र:** रोजमर्रा की वस्तुओं (मोमबत्ती, माचिस) को सेमी और मिमी में मापने के अभ्यास में शामिल होते हैं।

- **टीना, मीना, रेहाना, अनु, अमीना:** मीटर और सेंटीमीटर में मापी गई लंबी कूद में प्रतिस्पर्धा करते हैं।
- **दिनेश:** रूपांतरण पर अभ्यास के साथ मीटर और सेंटीमीटर में अपनी ऊंचाई मापता है।
- **मिथुन:** स्कूल की यात्रा के लिए यूएसडी को भारतीय रुपये में बदलता है।
- **अरुण:** अपने सिक्कों से साबुन खरीदने के बाद बदले में मिले पैसे की गणना करता है।
- **कन्नन:** बचे हुए पैसों से अंडे और पेन खरीदता है।
- **लीना की आंटी:** चीन से आए उपहार की कीमत को भारतीय रुपए में बदलती हैं।

Chapter – 11: Area and its Boundary / अध्याय – 11: क्षेत्र और घेरा

Summary / सारांश

अध्याय के पात्र [Characters of the Chapter]

अध्याय में क्षेत्र, परिधि और माप की गणितीय अवधारणाओं को समझाने के लिए विभिन्न पात्रों का परिचय दिया गया है:

- **पार्थ और गिन्नी** अपने आम के टुकड़ों के क्षेत्रफल की तुलना छोटे वर्गों का उपयोग करके करते हैं ताकि यह निर्धारित किया जा सके कि किसका टुकड़ा बड़ा है।
- **सान्या, मानव, आरुषि और कबीर** ग्रीटिंग कार्ड बनाते हैं, जिनकी तुलना क्षेत्र और परिधि के संदर्भ में की जाती है।
- **नसरीना**, एक किसान, अपनी ज़मीन को अपने बच्चों के बीच बराबर-बराबर बाँटती है, भूमि क्षेत्र की अवधारणा का पता लगाती है।
- **चेग्गू** 100 मीटर तार का उपयोग करके अलग-अलग आयताकार क्षेत्र बनाता है, तार से क्षेत्रफल को अधिकतम करता है।
- चेग्गू की तरह अनार भी अलग-अलग आयत बनाने और उनकी परिधि और क्षेत्र की गणना करने का पता लगाता है।

यह अध्याय छात्रों को व्यावहारिक परिदृश्यों और चरित्र-आधारित गतिविधियों के माध्यम से इन अवधारणाओं को समझने में मदद करता है।

Chapter – 12: Smart Charts / अध्याय – 12: स्मार्ट चार्ट

Summary / सारांश

अध्याय के पात्र [Characters of the Chapter]

अध्याय में ऐसे पात्रों का परिचय दिया गया है जो छात्रों को टैली मार्क का उपयोग करके डेटा संग्रह और व्याख्या के बारे में सीखने में मदद करते हैं।

- **यामिनी** टैली मार्क का उपयोग करके बच्चों के पसंदीदा पालतू जानवरों को रिकॉर्ड करती है।
- **सुमिता** टैली मार्क का उपयोग करके सड़क पर वाहनों की गिनती करती है।
- **रागिनी** टीवी ब्रेक के दौरान बच्चों के अभिनेताओं वाले विज्ञापनों की संख्या को ट्रैक करती है।
- **माधव** अपने परिवार के पेड़ और कई पीढ़ियों के बारे में सीखता है।
- **अमित** ग्रोथ चार्ट का उपयोग करके मूंग दाल के पौधे की वृद्धि को ट्रैक करता है।

ये गतिविधियाँ दिखाती हैं कि डेटा को व्यवस्थित और विश्लेषित करने के लिए टैली मार्क का उपयोग कैसे किया जा सकता है।

Chapter – 13: Ways to Multiply and Divide / अध्याय – 13: गुणा और भाग के तरीके

Summary / सारांश

अध्याय के पात्र [Characters of the Chapter]

इस अध्याय में गणितीय अवधारणाओं जैसे गुणन, भाग और समस्या-समाधान को सिखाने के लिए वास्तविक जीवन परिदृश्यों में शामिल कई पात्रों का परिचय दिया गया है:

- **मणिरत्नम** - कैशियर जो दैनिक वेतन की गणना करता है।
- **बेला** - मणिरत्नम की बेटी, जो एक वैकल्पिक गुणन विधि का प्रदर्शन करती है।
- **भानु** - बेला का भाई, जो मंत्री के वेतन की गणना करने के लिए उसकी विधि का उपयोग करता है।
- **शांताराम** - एक रसोइया जिसका वेतन कई दिनों के लिए गणना किया जाता है।
- **सोहन** - एक पात्र जो एक महीने और साल के लिए पानी की खपत की गणना करता है।
- **करुण्य** - एक जमींदार जो खेतों के क्षेत्रफल और लागत की गणना करता है।
- **तुलसी और उसका पति** - दैनिक मजदूरी पाने वाले खेत मजदूर।
- **सतीश** - बकरियों से पैसे कमाकर अपने परिवार की मदद करने वाला एक लड़का।
- **कमला बाई** - एक गाय से संबंधित लागत और आय का प्रबंधन करने वाली एक महिला।
- **सुखी** - एक खेत मजदूर जिसकी दैनिक आय की गणना की जाती है।
- **हरिया** - मासिक भुगतान के माध्यम से ऋण चुकाने वाला एक पात्र।
- **रतिराम** - दैनिक आय की गणना करने वाला एक दूध विक्रेता।
- **ईशा** - एक पात्र जो गणना करती है कि वह कितना पेट्रोल खरीद सकती है।
- **शिवांगी** - भाग देने के लिए शॉर्टकट का उपयोग करने वाली पात्र।
- **श्यामली** - एक पात्र जो बैटरी के जीवनकाल की गणना करती है।

ये पात्र वेतन, व्यय और संसाधन प्रबंधन से संबंधित व्यावहारिक उदाहरणों के माध्यम से गणितीय संचालन को स्पष्ट करने में मदद करते हैं।

Chapter – 14: How Big? How Heavy? / अध्याय – 14: कितना बड़ा? कितना भारी?

Summary / सारांश

अध्याय के पात्र [Characters of the Chapter]

अध्याय में विभिन्न प्रकार के पात्रों का परिचय दिया गया है जो माप, आयतन, भार और वस्तुओं की तुलना से जुड़ी गतिविधियों में संलग्न हैं। यहाँ मुख्य पात्र हैं:

- **सारिक** - मार्बल, सिक्के और रबड़ जैसी वस्तुओं को इकट्ठा करता है और उनका उपयोग करके आयतन की अवधारणा को प्रदर्शित करता है कि वे पानी को कैसे विस्थापित करते हैं।
- **बच्चे (सामान्य रूप से)** - आयतन की समझ विकसित करने के लिए मार्बल, सिक्के, माचिस आदि जैसी विभिन्न वस्तुओं के आयतन का अनुमान लगाने और मापने जैसी व्यावहारिक गतिविधियों में संलग्न होते हैं।
- **मोली** - पाँच रुपये के सिक्कों का आयतन ज्ञात करने के लिए मापने वाली बोतल का उपयोग करता है और पानी की छोटी मात्रा को मापने के लिए मापने वाली बोतलें बनाने के तरीके पर चर्चा करता है।

- **तारिक** - इंजेक्शन का उपयोग करके मापने वाली बोतल बनाता है और तरल पदार्थों के लिए माप को चिह्नित करने की प्रक्रिया पर चर्चा करता है।
- **थिम्पू** - ऐसी गतिविधियों में भाग लेता है जहाँ उसे कागज़ के क्यूब्स से बनी वस्तुओं और वस्तुओं का आयतन निर्धारित करने के लिए कहा जाता है।
- **तनु** - माचिस की डिब्बियों का उपयोग करके एक मंच का निर्माण करती है और माचिस की डिब्बियों को परतों में व्यवस्थित करके मंच का आयतन गणना करती है।
- **मोहन** - माचिस की डिब्बियों का उपयोग करके विभिन्न मंच बनाता है और माचिस की डिब्बियों में आयतन की गणना करता है, बाद में इसे घन सेंटीमीटर में परिवर्तित करता है।
- **अनन** - कागज़ के घन के आकार को दोगुना करके एक बड़ा घन बनाता है और तुलना करता है कि कितने छोटे घन इसमें फिट होते हैं।
- **शाहिद** - एक बैंक में काम करता है और सिक्कों को गिनने के लिए वजन का उपयोग करता है, बड़ी मात्रा में गिनने की तुलना में वजन करने की आसानी को प्रदर्शित करता है।
- **गणेश और डिंगा** - बक्सों में क्यूब्स को पैक करने और यह निर्धारित करने में शामिल हैं कि कितने क्यूब्स अलग-अलग बक्सों में फिट होते हैं, जिससे कुशल पैकिंग सुनिश्चित होती है।

Previous Year Questions

HINDI

1. **निम्नलिखित में 'प' वर्ण का उच्चारण स्थान है :**
   (1) दंत्य
   (2) ओष्ठ्य
   (3) कंठ्य
   (4) तालव्य

Answer - (2)

'प' वर्ण का उच्चारण स्थान ओष्ठ्य है।

2. **निम्नलिखित में से कौन-सा शब्द व्यक्तिवाचक संज्ञावाला शब्द नहीं है ?**
   (1) मोहन
   (2) काशी
   (3) यमुना
   (4) नदी

Answer - (4)

नदी शब्द व्यक्तिवाचक संज्ञावाला शब्द नहीं है।

3. **निम्नलिखित में से 'संज्ञा' और 'विशेषण' की दृष्टि से कौन-सा शब्द-युग्म असंगत है ?**
   (1) दया- दयालु
   (2) ईर्ष्या- ईर्ष्यालु
   (3) उत्साह - उत्साही
   (4) ईश्वर - ईश्वरत्व

Answer - (4)

ईश्वर-ईश्वरत्व: यह असंगत है, क्योंकि 'ईश्वर' संज्ञा है लेकिन 'ईश्वरत्व' विशेषण नहीं, बल्कि यह एक अमूर्त संज्ञा है।

4. **निम्नलिखित में बहुवचन की दृष्टि से कौन सा युग्म सही नहीं है ?**
   (1) बकरी - बकरियाँ
   (2) पहाड़ी - पहाड़ियाँ
   (3) गड्ढ़ा - गड्ढ़े
   (4) पक्षी - पक्षियाँ

Answer - (4)

पक्षी - पक्षियाँ: यह गलत है। 'पक्षी' पहले से ही बहुवचन के रूप में प्रयोग होता है, और इसका यह स्वरूप भी एकवचन के लिए मान्य है। इसका सही बहुवचन 'पक्षी' ही रहेगा, न कि 'पक्षियाँ'।

5. **'सूरज' के पर्यायवाची शब्द हैं :**
   (A) रवि
   (B) सविता
   (C) अर्क
   (D) हाटक
   (E) सतीश

   निम्नलिखित में से सही उत्तर है :
   (1) (A) और (B)
   (2) (B) और (C)
   (3) (D) और (E)
   (4) (A) (B), और (C)

Answer - (4)

'सूरज' के पर्यायवाची शब्द रवि, सविता और अर्क हैं।

6. **निम्नलिखित में असंगत विलोमार्थी शब्द युग्म है :**
   (1) फायदा - नुकसान
   (2) बलवान - मजबूत
   (3) ज्यादा - कम
   (4) बंद - खुला

Answer - (2)

बलवान - मजबूत: यह असंगत है, क्योंकि 'बलवान' और 'मजबूत' विलोमार्थी शब्द नहीं हैं। ये दोनों समानार्थी (समान अर्थ वाले) हैं।

7. **निम्नलिखित में, स्त्रीलिंग शब्द है :**
   (1) रिक्शा
   (2) ऊँट
   (3) भैंस
   (4) ट्रक

Answer - (3)

भैंस स्त्रीलिंग शब्द है।

8. **निम्नलिखित में से, किस वाक्य में अकर्मक क्रिया नहीं है ?**
   (1) सूरजभान आता है।
   (2) सरोज खाती है ।
   (3) राहुल काम करता है।
   (4) मोहन खाएगा।

Answer - (3)

अकर्मक क्रिया वह होती है जो बिना किसी कर्म के अपने आप पूर्ण हो जाती है और उसे किसी अन्य वस्तु की आवश्यकता नहीं होती।

राहुल काम करता है।: यहाँ 'करता है' सकर्मक क्रिया है, क्योंकि यह किसी कर्म (जैसे काम) पर निर्भर करती है।

9. निम्नलिखित में कारक और कारक चिह्न की दृष्टि से कौन-सा युग्म असंगत है ?

(1) कर्ता - ने
(2) कर्म - के लिए
(3) करण - से (द्वारा)
(4) अपादान - से

Answer - (2)

कर्म - के लिए: यह असंगत है। 'कर्म' का कारक चिह्न 'को' होता है, न कि 'के लिए'।

10. 'मैं आठवी कक्षा में पढ़ता हूँ', वाक्य में रेखांकित शब्द है।

(1) सार्वनामिक विशेषण
(2) संख्यावाचक विशेषण
(3) गुणवाचक विशेषण
(4) पुरुषवाचक विशेषण

Answer - (2)

'मैं आठवी कक्षा में पढ़ता हूँ', वाक्य में रेखांकित शब्द संख्यावाचक विशेषण है।

11. "सचमुच बहुत डरी चुहिया से
चुहिया से सच बहुत डरी मैं
खड़ी देखकर चुहिया को मैं
लगी काँपने घड़ी-घड़ी मैं। "

उपर्युक्त काव्यांश 'झिलमिल 2' के किस पाठ से लिया गया है ?

(1) अधिक बलवान कौन
(2) म्याऊँ म्याऊँ
(3) ऊँट चला
(4) बुलबुल

Answer - (2)

उपर्युक्त काव्यांश 'झिलमिल 2' के म्याऊँ म्याऊँ पाठ से लिया गया है।

12. 'भालू ने खेली फुटबॉल' पाठ के आधार पर बताइए कि भालू ने जामुन के पेड़ पर क्या देखा ?

(1) चिड़ियाँ
(2) गिलहरी
(3) शेर का बच्चा
(4) बंदर का बच्चा

Answer - (3)

'भालू ने खेली फुटबॉल' पाठ के आधार पर बताइए कि भालू ने जामुन के पेड़ पर शेर का बच्चा देखा।

13. 'बस के नीचे बाघ' पाठ के आधार पर बताइए कि बस के अंदर बाघ ने क्या देखा ?

(1) दो लड़के
(2) कंडक्टर
(3) बड़े-बड़े आदमी
(4) दो छोटी लड़कियाँ

Answer - (4)

'बस के नीचे बाघ' पाठ के आधार पर बस के अंदर बाघ ने दो छोटी लड़कियाँ देखी।

14. 'मेरी किताब' पाठ के आधार पर बताइए कि माँ ने वीरू को संदेश देकर अपनी बहन के पास भेजा तो वहाँ वीरू ने क्या देखा ?

(1) खेल का सामान
(2) बहुत सारी किताबें
(3) बहुत सारे कपड़े
(4) पालतू बिल्लियाँ

Answer - (2)

'मेरी किताब' पाठ के आधार पर माँ ने वीरू को संदेश देकर अपनी बहन के पास भेजा तो वहाँ वीरू ने बहुत सारी किताबें देखी।

15. कछुआ, लोमडी और तेंदुआ 'झिलमिल 2' के किस पाठ से संबंधित पात्र हैं ?

(1) बहुत हुआ
(2) तितली और कली
(3) दोस्त की मदद
(4) मीठी सारंगी

Answer - (3)

कछुआ, लोमडी और तेंदुआ 'झिलमिल 2' के दोस्त की मदद पाठ से संबंधित पात्र हैं।

16. निम्नलिखित वाक्यों में असंगत युग्म है :

(1) जिस वाहन में दो पहिए हों - दुपहिया
(2) सप्ताह में एक बार प्रकाशित होने वाला - साप्ताहिक
(3) जिस झंडे में तीन रंग हों - तिरंगा
(4) जहाँ पहुंचना हो - गमनीय

Answer - (4)

जहाँ पहुंचना हो - गमनीय: यह असंगत है। 'गमनीय' का अर्थ है "गमन करने योग्य" या "जिस पर जाया जा सके," न कि "जहाँ पहुँचना हो।"

17. "जब रेलगाड़ी अपनी यात्रा पूरी कर लेती है तो उसे अगली यात्रा के लिए तैयार करना होता है। रेलगाड़ी की साफ-सफाई की जाती है। इंजन को घुमाकर ईंधन - पानी भरा जाता है। इसे शंटिंग कहते हैं।"

प्रस्तुत गद्यांश 'झिलमिल' के किस पाठ से लिया गया है ?

(1) जैसा सवाल वैसा जवाब
(2) पापा जब बच्चे थे
(3) किरमिच की गेंद
(4) एक साथ तीन सुख

Answer - (2)

प्रस्तुत गद्यांश 'झिलमिल' के 'पापा जब बच्चे थे' पाठ से लिया गया है।

18. धनी, बिंदा और अम्मा किस पाठ के चरित्र हैं ?

(1) स्वतंत्रता की ओर
(2) थप्प रोटी, थप्प दाल
(3) पढक्कू की सूझ
(4) दान का हिसाब

Answer - (1)

धनी, बिंदा और अम्मा 'स्वतंत्रता की ओर' पाठ के चरित्र हैं।

19. 'राख की रस्सी' रचना है

(1) चीनी लोक गीत
(2) लद्दाख की कहानी
(3) तिब्बत से संबंधित लोककथा
(4) चीनी लोककथा

Answer - (3)

'राख की रस्सी' तिब्बत से संबंधित लोककथा की रचना है।

20. 'चिट्ठी का सफर' पाठ से क्या पता चलता है ?

(1) अतीत और वर्तमान के संदेशवाहकों की झलकियाँ मिलती है।
(2) संदेशवाहकों के जीवन के बारे में पता चलता है।
(3) संदेश पहुंचाने में लगने वाले श्रम की व्यर्थता उजागर होती है।
(4) चिट्ठी के बारे में अनावश्यक बातों से परिचय होता है।

Answer - (1)

'चिट्ठी का सफर' पाठ से अतीत और वर्तमान के संदेशवाहकों की झलकियाँ मिलती है।

21. 'रिमझिम' पुस्तक के पाठ 'जहाँ चाह वहाँ राह' के आधार पर बताइए कि जहाँ चाह वहाँ राह का क्या अर्थ है ?

(1) जहाँ चाहें रास्ता बना लें
(2) जहाँ चाहत होगी वहाँ रास्ता बन सकता है।
(3) प्राप्त करने की सदिच्छा हो तो अभीष्ट की प्राप्ति हो ही जाती है।
(4) मर्जी के मालिक

Answer - (3)

'जहाँ चाह वहाँ राह' का अर्थ है कि यदि किसी चीज़ को पाने की सच्ची इच्छा और मेहनत हो, तो उसे अवश्य ही प्राप्त किया जा सकता है।

22. 'राख की रस्सी' पाठ के आधार पर बताइए कि लोनपो गार ने अपने बेटे को पहली बार शहर क्यों भेजा था ?

(1) राख की रस्सी लाने के लिए
(2) भेड़ों के बाल कटवाने के लिए
(3) सौ जौ के बोरे लाने के लिए
(4) भेड़ों के सींग कटवाने के लिए

Answer - (3)

'राख की रस्सी' पाठ के अनुसार, लोनपो गार ने अपने बेटे को पहली बार शहर इसलिए भेजा था ताकि वह सौ जौ के बोरे लेकर आए।

23. 'नसीरुद्दीन, काजी और सेनापति' 'रिमझिम' पाठ्य पुस्तक के किस पाठ से संबंधित हैं ?

(1) दान का हिसाब
(2) जैसा सवाल वैसा जवाब
(3) उलझन
(4) दोस्त की पोशाक

Answer - (4)

'नसीरुद्दीन, काजी और सेनापति' 'रिमझिम' पाठ्य पुस्तक के 'दोस्त की पोशाक' पाठ से संबंधित हैं।

24. निम्नलिखित में 'निर्' उपसर्ग से बना शब्द नहीं है:

(1) निकृष्ट
(2) निर्भय
(3) निर्वाह
(4) निर्दोष

Answer - (1)

'निकृष्ट' शब्द में 'नि' उपसर्ग है, जबकि बाकी शब्द—'निर्भय,' 'निर्वाह,' और 'निर्दोष'—में 'निर्' उपसर्ग का प्रयोग हुआ है।

25. 'सुनीता की पहिया कुर्सी' पाठ के आधार पर बताइए कि लोग उसके साथ अजीबोगरीब व्यवहार क्यों करते हैं ?

(1) उसकी पोशाक के कारण
(2) पहिया कुर्सी के कारण
(3) सुनीता के गुस्सैल स्वभाव के कारण
(4) बाजार में अकेले घूमने के कारण

Answer - (2)

'सुनीता की पहिया कुर्सी' पाठ के अनुसार, लोग उसके साथ अजीबोगरीब व्यवहार इसलिए करते हैं क्योंकि वह पहिया कुर्सी पर बैठती है।

ENGLISH

26. Read the passage given below and answer the question that follow:

Thanappa said, "One moment, sir. I have a confession to make. See the date on the card".

"May the nineteenth, nearly fifteen days ago!"

"Yes, sir, and the telegram followed next day - that is, on the day of the marriage. I am unhappy to see it... 'But what has happened has happened,' I said to myself, and kept it away, fearing that it might interfere with the wedding." Ramanujam glared at the postman and said, "I would not have cared to go through the marriage when he was dying...." The postman stood with bowed head and mumbled, "You can complain if you like sir. They will dismiss me. It is a serious offence." He turned and descended the steps and went down the street on his rounds. Ramanujam watched him duly for a while and shouted, "Postman!" Thanappa turned round; Ramanujam cried, "Don't think that I intend to complain. I am only sorry you have done this...."

"I understand your feelings, sir," replied the postman.

The postman delayed delivering the card as:

(1) he was a lazy person.
(2) he had misplaced the card.
(3) the card contained a bad news.
(4) the news would have disrupted the ceremony.

Answer - (4)

The postman, Thanappa, delayed delivering the card intentionally because the news it carried could have disrupted the wedding ceremony.

27. Read the passage given below and answer the question that follow:

Thanappa said, "One moment, sir. I have a confession to make. See the date on the card".

"May the nineteenth, nearly fifteen days ago!"

"Yes, sir, and the telegram followed next day - that is, on the day of the marriage. I am unhappy to see it... 'But what has happened has happened,' I said to myself, and kept it away, fearing that it might interfere with the wedding." Ramanujam glared at the postman and said, "I would not have cared to go through the marriage when he was dying...." The postman stood with bowed head and mumbled, "You can complain if you like sir. They will dismiss me. It is a serious offence." He turned and descended the steps and went down the street on his rounds. Ramanujam watched him duly for a while and shouted, "Postman!" Thanappa turned round; Ramanujam cried, "Don't think that I intend to complain. I am only sorry you have done this...."

"I understand your feelings, sir," replied the postman.

Read the following statements:

(A) The postman's action ought to be appreciated.
(B) Ramanujam should have got him punished.

Select the correct answer using the given code.

(1) (A) is right and (B) is wrong.
(2) (B) is right and (A) is wrong.
(3) Both (A) and (B) are right.
(4) Both (A) and (B) are wrong.

Answer - (1)

The postman's action, though ethically debatable, was motivated by his concern for the family and to ensure the marriage ceremony proceeded without disruption. Hence, his action can be appreciated. On the other hand, Ramanujam choosing not to punish him aligns with understanding the postman's intentions rather than seeking retribution.

28. Read the passage given below and answer the question that follow:

Thanappa said, "One moment, sir. I have a confession to make. See the date on the card".

"May the nineteenth, nearly fifteen days ago!"

"Yes, sir, and the telegram followed next day - that is, on the day of the marriage. I am unhappy to see it... 'But what has happened has happened,' I said to myself, and kept it away, fearing that it might interfere with the wedding." Ramanujam glared at the postman and said, "I would not have cared to go through the marriage when he was dying...." The postman stood with bowed head and mumbled, "You can complain if you like sir. They will dismiss me. It is a serious offence." He turned and descended the steps and went down the street on his rounds. Ramanujam watched him duly for a while and shouted, "Postman!" Thanappa turned round; Ramanujam cried, "Don't think that I intend to complain. I am only sorry you have done this...."

"I understand your feelings, sir," replied the postman.

At last Ramanujam ________.

(1) showed his anger for the postman.
(2) was shocked at the postman's act.
(3) showed his noble nature.
(4) felt extremely worried.

Answer - (3)

In the end, Ramanujam, despite being upset, chose to understand the postman's intentions and refrained from complaining about his actions. This highlights his noble and forgiving nature.

29. Read the passage given below and answer the question that follow:

Thanappa said, "One moment, sir. I have a confession to make. See the date on the card".

"May the nineteenth, nearly fifteen days ago!"

"Yes, sir, and the telegram followed next day - that is, on the day of the marriage. I am unhappy to see it... 'But what has happened has happened,' I said to myself, and kept it away, fearing that it might interfere with the wedding." Ramanujam glared at the postman and said, "I would not have cared to go through the marriage when he was dying...." The postman stood with bowed head and mumbled, "You can complain if you like sir. They will dismiss me. It is a serious offence." He turned and descended the steps and went down the street on his rounds. Ramanujam watched him duly for a while and shouted, "Postman!" Thanappa turned round; Ramanujam cried, "Don't think that I intend to complain. I am only sorry you have done this...."

"I understand your feelings, sir," replied the postman.

Initially, the postman _______ his action.

(1) justified.
(2) felt sorry for.
(3) felt proud of.
(4) felt sad about.

Answer - (1)

Initially, the postman justified his action.

30. Read the passage given below and answer the question that follow:

Thanappa said, "One moment, sir. I have a confession to make. See the date on the card".

"May the nineteenth, nearly fifteen days ago!"

"Yes, sir, and the telegram followed next day - that is, on the day of the marriage. I am unhappy to see it... 'But what has happened has happened,' I said to myself, and kept it away, fearing that it might interfere with the wedding." Ramanujam glared at the postman and said, "I would not have cared to go through the marriage when he was dying...." The postman stood with bowed head and mumbled, "You can complain if you like sir. They will dismiss me. It is a serious offence." He turned and descended the steps and went down the street on his rounds. Ramanujam watched him duly for a while and shouted, "Postman!" Thanappa turned round; Ramanujam cried, "Don't think that I intend to complain. I am only sorry you have done this...."

"I understand your feelings, sir," replied the postman.

"I have a confession to make."

The underlined word means the opposite of _______.

(1) betrayal.
(2) denial.
(3) blame.
(4) regret.

Answer - (2)

In this context, "confession" refers to admitting or acknowledging something. The opposite of confession would be denial, as it implies refusing to admit or acknowledge something.

31. Identify the part of speech of the underlined word in the following sentence.

Radio plays cover a wide range.

(1) Noun.
(2) Verb.
(3) Adjective.
(4) Adverb.

Answer - (1)

In this sentence, "plays" refers to dramatic performances or productions, making it a noun.

32. Identify the part of speech of the underlined word in the following sentence.

One may talk about anything under the sun.

(1) Adjective
(2) Noun
(3) Pronoun
(4) Preposition

Answer - (3)

In this sentence, the underlined word is pronoun.

33. Choose the option in which the following jumbled word/phrase have been rearranged to form correct sentence.

(A) urgently wanted in
(B) these are
(C) our country
(D) the virtues most

Select the correct answer using the given code.

(1) (C) (D) (B) (A)
(2) (B) (D) (A) (C)
(3) (D) (B) (C) (A)
(4) (A) (B) (C) (D)

Answer - (2)

(B) (D) (A) (C) is correct.

These are the virtues most urgently wanted in our country.

34. Choose the option in which the following jumbled word/phrase have been rearranged to form correct sentence.

(A) of his efforts

(B) man becomes

(C) what a

(D) is the result

Select the correct answer using the given code.

(1) (C) (B) (D) (A)

(2) (B) (C) (A) (D)

(3) (D) (A) (B) (C)

(4) (A) (B) (D) (C)

Answer - (1)

(C) (B) (D) (A) is correct.

What a man bcomes is the result of his efforts.

35. Choose the word nearest in meaning to the one given below:

Imperious

(1) Timid

(2) Royal

(3) Spurious

(4) Commanding

Answer - (4)

"Imperious" means showing arrogant superiority or behaving in a domineering way, which is closest in meaning to "commanding."

36. Choose the word nearest in meaning to the one given below:

Enigma

(1) Difficulty

(2) Mystery

(3) Liberty

(4) Trouble

Answer - (2)

"Enigma" refers to something that is puzzling, mysterious, or difficult to understand, making "mystery" the closest in meaning.

37. Fill in the blank with appropriate preposition.

How are you getting _____ with your boss?

(1) on

(2) up

(3) of

(4) away

Answer - (1)

How are you getting on with your boss?

The phrase "getting on with" means maintaining a good relationship or dealing well with someone, in this case, the boss.

38. Fill in the blank with appropriate preposition.

At last Navita fell _____ all my proposals.

(1) out of

(2) in with

(3) on to

(4) up to

Answer - (2)

At last Navita fell in with all my proposals.

The phrase "fell in with" means to agree or comply with something.

39. Choose the option in which VOICE in the following sentence has been changed correctly.

He was run over by a car.

(1) A car was run over by him.

(2) A car was being run by him.

(3) A car ran over him.

(4) A car had run over him.

Answer - (3)

"A car ran over him." is the correct active voice transformation of the passive sentence "He was run over by a car.".

40. Choose the option in which NARRATION of the following has been changed correctly.

Lata said to me, "Won't you help me now?"

(1) Lata asked me if I will not help her now.

(2) Lata asked me if I would not help her then.

(3) Lata enquired of me if I would not help her then?

(4) Lata enquired me if I will not help her then.

Answer - (2)

"Lata asked me if I would not help her then." is the proper conversion of the direct speech into indirect speech. The question mark is removed, "now" changes to "then," and "won't" is correctly converted to "would not" in reported speech.

41. Choose the word which means opposite of the one given below.
Subtle

(1) Evident
(2) Severe
(3) Heavenly
(4) Odd

Answer - (1)

The word "subtle" refers to something delicate or not obvious, whereas "evident" means something clear and easily noticeable, making it the opposite.

42. Identify the tense form of the following sentence: I have already been to Mumbai.

(1) Simple Present
(2) Present Continuous
(3) Present Perfect
(4) Present Perfect Continuous

Answer - (3)

The sentence "I have already been to Mumbai" is in the Present Perfect tense, as it indicates an action (visiting Mumbai) that has been completed at some unspecified time in the past and has relevance to the present.

43. Identify the tense form of the following sentence: He has been sleeping since morning.

(1) Present Perfect
(2) Present Perfect Continuous
(3) Present Continuous
(4) Simple Present

Answer - (2)

The sentence "He has been sleeping since morning" is in the Present Perfect Continuous tense, as it describes an action (sleeping) that started in the past and has been continuing up to the present.

44. In the following sentence, identify the part which contain an error.

No sooner did	we reach the theatre
(a)	(b)
when the	picture started.
(c)	(d)

Select the correct answer using the given code.

(1) (a)
(2) (b)
(3) (c)
(4) (d)

Answer - (3)

In sentences starting with "No sooner," the correct conjunction to use is "than" instead of "when." The corrected sentence would be: "No sooner did we reach the theatre than the picture started."

45. In the following sentence, identify the part which contain an error.

I do not	know where
(a)	(b)
was he	at that time.
(c)	(d)

Select the correct answer using the given code.

(1) (a)
(2) (b)
(3) (c)
(4) (d)

Answer - (3)

In the given sentence, there is an error in part (c), "was he." The correct word order in an indirect question should be: "where he was" instead of "where was he."

The corrected sentence is: "I do not know where he was at that time."

46. Choose the option in which Voice in the following sentence has been changed correctly.
She has raised the matter with him.

(1) The matter has been raised with him by her.
(2) The matter was raised by her with him.
(3) The matter had been raised by her with him.
(4) With him the matter has been raised.

Answer - (1)

The sentence in active voice 'She has raised the matter with him.' has been changed into passive voice 'The matter has been raised with him by her.'.

47. Choose the option in which Voice in the following sentence has been changed correctly.
Will you attend the party ?

(1) The party will be attended by you.
(2) Will the party be attended by you
(3) Will the party attended by you
(4) Will the party be attended by you?

Answer - (4)

The sentence in active voice 'Will you attend the party?' has been changed into passive voice 'Will the party be attended by you?'.

48. Choose the option in which the following word/ phrase have been rearranged to form correct sentence.

(A) that
(B) it is in an optimistic
(C) we should judge things
(D) frame of mind

Select the correct answer using the given code.

(1) (B), (D), (A), (C)
(2) (A), (C), (B), (D)
(3) (C), (D), (A), (B)
(4) (D), (B), (A), (C)

Answer - (1)

The correct sentence is "It is in an optimistic frame of mind that we should judge things".

49. Choose the option in which the NARRATION in the given sentence has been changed correctly.
The teacher said, "Why have you not done your homework?"

(1) The teacher asked the student why he had not done her homework.
(2) The teacher asked the student why she had not done his homework.
(3) The teacher asked the student why he had not done his homework?
(4) The teacher asked the student why she had not done her homework.

Answer - (4)

The correct change of narration for the sentence "The teacher said, 'Why have you not done your homework?'" is "The teacher asked the student why she had not done her homework.".

50. Fill in the blank in the following sentence with suitable preposition.
This plan will go ______ with the farmers.

(1) down
(2) up
(3) in
(4) into

Answer - (1)

This plan will go down with the farmers.

MATHS

51. The smallest 5-digit number which is divisible by 139 is:
पाँच अंकों की छोटे से छोटी संख्या जो 139 से भाज्य हो, है

(1) 10000
(2) 10131
(3) 10147
(4) 10008

Answer - (4)

Smallest 5-digit number [पाँच अंकों की छोटे से छोटी संख्या] is 10000.

$10000 \div 139 \approx 71.942$

The next whole number greater than 71.942 is 72.

Multiply 139 by 72: $139 \times 72 = 10,008$.

Thus, the smallest 5-digit number divisible [भाज्य] by 139 is 10,008.

52. The difference between the largest and the smallest five digit number formed by the digits 3, 8, 7, 9 and 0 is:
अंकों 3, 8, 7, 9 और 0 से बनी पाँच अंकों वाली बड़े से बड़ी तथा छोटे से छोटी संख्या का अन्तर है

(1) 68051
(2) 67941
(3) 68941
(4) 37890

Answer - (2)

Smallest 5-digit number [पाँच अंकों की छोटे से छोटी संख्या] formed is 98730.

Largest 5-digit number [पाँच अंकों की छोटे से छोटी संख्या] is 30789.

Difference [अन्तर] = 98730 – 30789 = 67941

53. A cuboidal container is 40 cm wide, 60 cm long and 40 cm high. It is filled with water upto the height of 20 cm. How much more water is to be poured so as to fill the container completely (in litres)?
एक घनाभाकार बर्तन 40 cm चौड़ा, 60 cm लम्बा तथा 40 cm ऊँचा है। यह 20 cm ऊँचाई तक पानी से भरा हुआ है। इसमें कितना और पानी (लीटर में) भरा जाये, जिससे कि यह पूर्ण रूप से पानी से भर जाये ?

(1) 96
(2) 56
(3) 48
(4) 40

Answer - (1)

Capacity of a cuboidal container = $l \times b \times h$
$= 60 \times 40 \times 40 = 96000\ cm^3$

It is filled with water upto the height of 20 cm. Then,

The capacity becomes = $60 \times 40 \times 20$
$= 48000\ cm^3$

Capacity of water is to be poured so as to fill the container completely = 96000 – 48000
$= 48000\ cm^3 = 48$ litres

एक घनाकार बर्तन की धारिता = $l \times b \times h$
$= 60 \times 40 \times 40 = 96000\ cm^3$

इसे 20 cm की ऊँचाई तक पानी से भरा जाता है। तब,

धारिता = $60 \times 40 \times 20 = 48000\ cm^3$ हो जाती है

बर्तन को पूरी तरह से भरने के लिए पानी की धारिता डालनी है = $96000 - 48000 = 48000\ cm^3$
= 48 लीटर

54. What could come in the place of * in the following multiplication?
निम्न गुणनफल में * के स्थान पर कौन सा अंक आएगा ?

(3*5) × (218) = 68670

(1) 0
(2) 1
(3) 2
(4) 3

Answer - (2)

(3*5) × (218) = 68670

(3*5) = 68670 ÷ (218)

(3*5) = 315

On comparing both sides, we get

* = 1

55. How many line/lines of symmetry does the figure have?
दी गई आकृति में कितनी सममित रेखा / रेखाएँ हैं ?

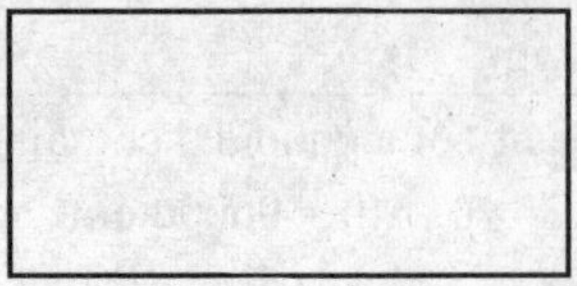

(1) 1
(2) 2
(3) 4
(4) 6

Answer - (2)

Lines of symmetry [सममित रेखाएँ] = 2

56. One of the side face of a cuboid is a square having an area of 100 cm^2 and the longer edge in each of the four rectangular faces is of length 15 cm. The area of each rectangular face (in cm^2) is:
एक घनाभ का एक पार्श्व फलक वर्गाकार है तथा इस का क्षेत्रफल 100 cm^2 है तथा आयताकार फलकों के बड़े किनारे की लम्बाई 15 cm है, प्रत्येक आयताकार फलक का क्षेत्रफल (में) है :

(1) 100
(2) 120
(3) 150
(4) 1500

Answer - (3)

Area of one side face of cuboid = 100 cm^2

$(\text{Side})^2 = 100$

Side = 10 cm

Breadth = height = 10 cm

Length of four rectangular faces = 15 cm

Area of each rectangular face = $l \times b$

$= 15 \times 10 = 150$ cm^2

घनाभ के एक भुजा वाले फलक का क्षेत्रफल = 100 cm^2

(भुजा)^2 = 100

भुजा = 10 cm

चौड़ाई = ऊँचाई = 10 cm

चार आयताकार फलकों की लंबाई = 15 cm

प्रत्येक आयताकार फलक का क्षेत्रफल = $l \times b$

$= 15 \times 10 = 150$ cm^2

57. Area of a rectangular hall is 108 m^2. If its length is 12 m, then the perimeter of hall is :
एक आयताकार हॉल का क्षेत्रफल 108 m^2 है। यदि इसकी लम्बाई 12 m है, तो हॉल का परिमाप है

(1) 21 m
(2) 24 m
(3) 30 m
(4) 42 m

Answer - (4)

Area of a rectangular hall [आयताकार हॉल का क्षेत्रफल] = 108 m^2

$l \times b = 108$

$12 \times b = 108$

b = 9 cm

Perimeter of rectangular hall [आयताकार हॉल का परिमाप] = $2 \times (l + b) = 2 \times (12 + 9)$

$= 2 \times 21 = 42$ m

58. Find the sum: 1-2+3-4+5-6+7-8+..........+101
1-2+3-4+5-6+7-8+.......+101 को सरल करने पर प्राप्त होता है।

(1) 48
(2) 49
(3) 50
(4) 51

Answer - (4)

1-2+3-4+5-6+7-8+...........+101

$(1 + 3 + ...+101) - (2 + 4 + ...+100)$ ...(I)

They are two arithmetic progressions (A.P.'s)

A.P..1 :- $1 + 3 + \ldots + 101$

First term (a) = 1 ,

common difference (d) = $3 - 1 = 2$,

last term (a_n) = 101

$a_n = a + (n-1)d$

$101 = 1 + (n-1)2$

$100 = 2n - 2$

$2n = 102$

$n = 51$

Now,

$S_n = \frac{n}{2}[2a + (n-1)d]$

$S_{51} = \frac{51}{2}[2(1) + (51-1)2]$

$= \frac{51}{2}[2 + 100]$

$= \frac{51}{2}[102]$

$= 2601$

Similarly, A.P. 2 :- 2 + 4 + … + 100

First term (b) = 2 ,

common difference (D) = 4 – 2 = 2 ,

last term (b_n) = 100

$b_n = b + (N-1)D$

$100 = 2 + (N-1)2$

$98 = 2N - 2$

$2N = 100$

$N = 50$

Now,

$S_N = \frac{N}{2}[2b + (N-1)D]$

$S_{50} = \frac{50}{2}[2(2) + (50-1)2]$

$= 25[4 + 98]$

$= 25[102]$

$= 2550$

Using (I), = (1+3+…..+101) – (2+4+…+100)

= 2601 – 2550 = 51

59. The volume of a cube of 1 metre in litres is :
एक मीटर कोर के घन का आयतन (लिटर में) है :

(1) 500 litres / 500 लिटर
(2) 1000 litres / 1000 लिटर
(3) 1500 litres / 1500 लिटर
(4) 2000 litres / 2000 लिटर

Answer - (2)

$1\ m^3 = 1000$ litres

60. The perimeter of a rectangular plot is 70 m. If the length of the plot is 20 m, then the area of the plot is:
एक आयताकार प्लॉट का परिमाप 70 मीटर है। यदि प्लॉट की लम्बाई 20 मीटर हैं, तो प्लॉट का क्षेत्रफल है।

(1) 1400 Sq metre / 1400 वर्ग मीटर
(2) 400 Sq metre / 400 वर्ग मीटर
(3) 300 Sq metre / 300 वर्ग मीटर
(4) 250 Sq metre / 250 वर्ग मीटर

Answer - (3)

length of the plot [प्लॉट की लम्बाई] = 20 m

The perimeter of a rectangular plot [आयताकार प्लॉट का परिमाप] = 70 m

$2 \times (l + b) = 70$

$l + b = 35$

$20 + b = 35$

$b = 15$ m

Area of the plot [प्लॉट का क्षेत्रफल] = $l \times b$

$= 20 \times 15 = 300\ m^2$

61. Anisha joined her office on 2nd March 2001 and retired on 31st December 2022. How long did she work in the office?
अनिशा ने ऑफ़िस में 2 मार्च 2001 से कार्य करना आरम्भ किया तथा 31 दिसम्बर 2022 को वह सेवानिवृत्त हो गई। उसने कितना समय कार्य किया ?

(1) 22 years / 22 वर्ष
(2) 29 years 9 months 21 days / 29 वर्ष 9 महीने 21 दिन
(3) 21 years 9 months 29 days / 21 वर्ष 9 महीने 29 दिन

(4) 21 years / 21 वर्ष

Answer - (3)

- Start date: 2nd March 2001
- End date: 31st December 2022

From 2nd March 2001 to 2nd March 2022 is 21 years.

From 2nd March 2022 to 31st December 2022 is 9 months and 29 days.

Adding these together, Anisha worked for a total of 21 years, 9 months, and 29 days.

/

- आरंभ तिथि: 2 मार्च 2001
- समाप्ति तिथि: 31 दिसंबर 2022

2 मार्च 2001 से 2 मार्च 2022 तक 21 वर्ष हैं।

2 मार्च 2022 से 31 दिसंबर 2022 तक 9 महीने और 29 दिन हैं।

इन सभी को जोड़ने पर, अनीशा ने कुल 21 वर्ष, 9 महीने और 29 दिन काम किया।

62. It is Sunday on 18th December 2022. The day on 15th March 2023 will be:
18 दिसम्बर 2022 को रविवार है। 15 मार्च 2023 को दिन होगा :

(1) Monday / सोमवार
(2) Tuesday / मंगलवार
(3) Wednesday / बुद्धवार
(4) Thursday / बृहस्पतिवार

Answer - (3)

From 18th December 2022 to 15th March 2023:

1. December 2022: 31 days - 18 days = 13 days remaining.
2. January 2023: 31 days.
3. February 2023: It's not a leap year, so February has 28 days.
4. March 2023: 15 days.

Now, add these days together: 13 (Dec) + 31 (Jan) + 28 (Feb) + 15 (Mar) = 87 days.

Next, divide 87 by 7 (to find weeks and remainder): 87 ÷ 7 = 12 weeks and 3 days.

Starting from Sunday (18th December 2022), counting 3 days forward gives us:

Monday → Tuesday → Wednesday.

So, 15th March 2023 is a Wednesday.

18 दिसंबर 2022 से 15 मार्च 2023 तक:

दिसंबर 2022: 31 दिन - 18 दिन = 13 दिन शेष।

जनवरी 2023: 31 दिन।

फरवरी 2023: यह लीप वर्ष नहीं है, इसलिए फरवरी में 28 दिन हैं।

मार्च 2023: 15 दिन।

अब, इन दिनों को एक साथ जोड़ें: 13 (दिसंबर) + 31 (जनवरी) + 28 (फरवरी) + 15 (मार्च) = 87 दिन।

इसके बाद, 87 को 7 से विभाजित करें (सप्ताह और शेष राशि ज्ञात करने के लिए): 87 ÷ 7 = 12 सप्ताह और 3 दिन।

रविवार (18 दिसंबर 2022) से शुरू करके, 3 दिन आगे की गिनती करने पर हमें मिलता है:

सोमवार → मंगलवार → बुधवार।

तो, 15 मार्च 2023 बुधवार है।

63. Radha is given an Injection of capacity.
राधा को एक टीका लगाया गया जिसका आयतन है।

(1) 2 litres / 2 लिटर
(2) 2 kilo litres / 2 किलो लिटर
(3) 2 mL / 2 मिलीलीटर
(4) 0.2 litre / 0.2 लिटर

Answer - (3)

The typical capacity of an injection is measured in milliliters (mL), as it involves very small quantities of liquid. Large capacities like liters or kiloliters are not practical for injections.

So, Radha is given an Injection of capacity 2 mL.

इंजेक्शन की सामान्य क्षमता मिलीलीटर (mL) में मापी जाती है, क्योंकि इसमें तरल की बहुत कम मात्रा शामिल होती है। लीटर या किलोलीटर जैसी बड़ी क्षमता इंजेक्शन के लिए व्यावहारिक नहीं है।

इसलिए, राधा को 2 mL क्षमता का टीका लगाया गया।

64. A jug contains 5 L 50 mL juice. The number of glasses of 202 mL juice which can be filled from the contents of the jug is:
एक जग में 5 L 50ml जूस है। इस जग से 202 mL आयतन के गिलास जो भरे जा सकते हैं, उनकी संख्या है :

(1) 20
(2) 25
(3) 30
(4) 35

Answer - (2)

Capacity of jug [जग की क्षमता] = 5 L 50 mL = 5000 mL + 50 mL = 5050 mL

Capacity of glass [गिलास की क्षमता] = 202 mL

Number of glass [गिलास की संख्या] =

$$\frac{\text{Capacity of jug}}{\text{Capacity of glass}} = \frac{5050}{202} = \frac{2525}{101} = 25$$

65. The Parliament House in New Delhi is a circular building with a radius of 85.5 metres. The circumference of the building is approximately :
दिल्ली का संसद भवन वृत्ताकार है, जिसकी त्रिज्या 85.5 मीटर है। इस भवन की परिधि लगभग है

(1) 268.5 m
(2) 537.4 m
(3) 612.2 m
(4) 700.5 m

Answer - (2)

Radius [त्रिज्या] of the building (R) = 85.5 m
Circumference [परिधि] of the building = $2\pi r$

$$= 2 \times \frac{22}{7} \times 85.5 = \frac{22}{7} \times \frac{855}{10} = 537.4 \text{ m}$$

66. A purse costs ₹425 and is sold for ₹455. If the shopkeeper has earned ₹660 from the sale of purses, then the number of purses sold are:
एक पर्स का मूल्य ₹ 425 है और उसे ₹455 में बेचा गया। यदि दुकानदार को कुल ₹660 का लाभ हुआ हो, तो बेचे गए, की संख्या है :

(1) 20
(2) 21
(3) 22
(4) 25

Answer - (3)

Cost price of purse [पर्स का क्रय मूल्य] (C.P.) = ₹425

Selling price of purse [पर्स का विक्रय मूल्य] (S.P.) = ₹455

Total Profit [कुल लाभ] = ₹660

Profit of 1 purse = S.P. – C.P. = 455 – 425 = ₹30

Number of purse [पर्स की संख्या] =

$$\frac{\text{Total profit}}{\text{Profit on 1 purse}} = \frac{660}{30} = 22$$

67. The sum of five consecutive multiples of 6 is 2040. The largest multiple is :
6 के पाँच क्रमागत् गुणजों का योग 2040 है। सब से बड़ा गुणज है :

(1) 420
(2) 450
(3) 456
(4) 528

Answer - (1)

Let the five consecutive multiples [6 के पाँच क्रमागत् गुणज] of 6 b x , x+6, x+12, x+18 and x +24

$x + x + 6 + x + 12 + x + 18 + x + 24 = 2040$

$5x + 60 = 2040$

$5x = 1980$

$x = 396$

Thus, the largest multiple [सब से बड़ा गुणज] of 6 = x + 24 = 396 + 24 = 420

68. A taxi charges ₹42 for first 2 kilometres and ₹16 per km subsequently. The amount payable for covering 24 km is:
एक टैक्सी वाला पहले दो किलोमीटर का किराया ₹ 42 तथा इसके पश्चात् प्रति किलोमीटर का ₹ 16 किराया लेता है। 24 किलोमीटर जाने पर देय किराया है :

(1) 384
(2) 394
(3) 504
(4) 550

Answer - (2)

A taxi charges for first 2 kilometres [पहले 2 किलोमीटर के लिए टैक्सी का किराया] = ₹42

A taxi charges subsequently [बाद में टैक्सी का किराया] = ₹16

The amount payable for covering 24 km [24 किलोमीटर की दूरी तय करने के लिए देय राशि] = 42 + 22 x 16 = 42 + 352 = ₹394

69. A liquid is to be kept in the range of 40°C to 45°C. If 180 C=100 (F-32), then the range in the °F is:
एक तरल पदार्थ को 40°C से 45°C के बीच रखा जाना है। यदि 180 C = 100 (F-32) है, तो °F में परिसर है :

(1) 100°F - 110°F
(2) 101°F - 111°F
(3) 103°F - 112°F
(4) 104°F - 113°F

Answer - (4)

If temperature in degree celsius is 40°C, then

180 C =100 (F - 32)

180 (40) =100 (F - 32)

7200 = 100F – 3200

100F = 10400

F = 104°F

Also, If temperature in degree celsius is 45°C, then

180 C =100 (F - 32)

180 (45) =100 (F - 32)

8100 = 100F – 3200

100F = 11300

F = 113°F

Thus, the range in the °F [°F में परिसर] = 104°F - 113°F

70. The sum of the digits of a five digit number is 4. The product of the digits of this number is
एक पाँच अंकों वाली संख्या के अंकों का योग 4 है। इस संख्या के अंकों का गुणनफल है :

(1) 0
(2) 1
(3) 4
(4) 20

Answer - (1)

The number has 5 digits.

The sum of the digits is 4.

The possible combination is 4+0+0+0 + 0 = 4

The product of the digits of this number (इस संख्या के अंकों का गुणनफल) = 0

71. A triangular pyramid has :
एक त्रिभुजाकर पिरामिड के :

(1) 4 faces, 8 edges, 4 vertices. / 4 फलक, 8 किनारे, 4 शीर्ष होते हैं।
(2) 6 faces, 8 edges, 6 vertices. / 6 फलक, 8 किनारे, 6 शीर्ष होते हैं।
(3) 4 faces, 6 edges, 4 vertices. / 4 फलक, 6 किनारे, 4 शीर्ष होते हैं।
(4) 6 faces, 6 edges, 6 vertices. / 6 फलक, 6 किनारे, 6 शीर्ष होते हैं।

Answer - (3)

A triangular pyramid has 4 faces, 6 edges, 4 vertices.

एक त्रिभुजाकर पिरामिड के 4 फलक, 6 किनारे, 4 शीर्ष होते हैं।

72. The total length of the fence around a square field is 572 m. The side of the square (in m) is:
एक वर्गाकार खेत के चारों ओर की बाढ़ की लम्बाई 572m है। वर्गाकार खेत की भुजा (m में) है :

(1) 144
(2) 143
(3) 142
(4) 138

Answer - (2)

The total length of the fence around a square field (एक वर्गाकार खेत के चारों ओर की बाढ़ की लम्बाई) = 572 m

Perimeter of square (वर्ग का परिमाप) = 4 × side

572 = 4 × side

Side = 143 m

73. Volume of a cuboid is $\frac{1}{8}$ m^3. Its volume in cm^3 is:
एक घनाभ का आयतन $\frac{1}{8}$ m^3 है। इसका आयतन (cm^3) में है :

(1) 1,20,500
(2) 25,000
(3) 2,12,500
(4) 1,25,000

Answer - (4)

Volume of a cuboid (एक घनाभ का आयतन) = $\frac{1}{8}$ m^3 = 0.125 m^3

[1 m^3 = 1000000 cm^3]

Volume of a cuboid (एक घनाभ का आयतन) = 0.125 × 1000000 cm^3

= 125000 cm^3

74. How many angles are there in the given figure?
दिए गए चित्र में कितने कोण है ?

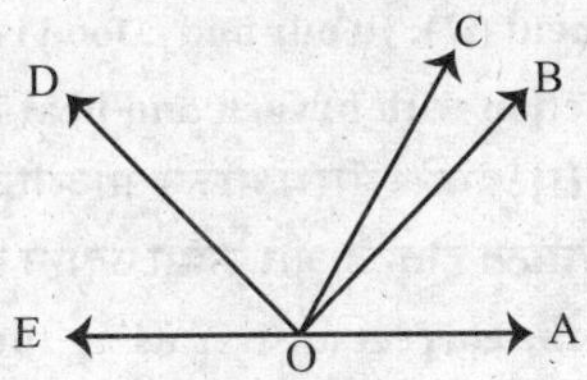

(1) 6
(2) 8
(3) 10
(4) 9

Answer - (3)

There 10 angles in the given figure (दिए गए चित्र में 10 कोण है).

$\angle$EOD, $\angle$EOC, $\angle$EOB, $\angle$EOA, $\angle$DOC, $\angle$DOB, $\angle$DOA, $\angle$COB, $\angle$COA, $\angle$BOA.

75. 8800909 can be written in words as:
8800909 को शब्दों में लिखा जा सकता है।

(1) Eight crore eighty lakhs nine hundred nine / आठ करोड़ अस्सी लाख नौ सौ नौ
(2) Eighty eight lakhs nine hundred nine / अट्ठासी लाख नौ सौ नौ
(3) Eight lakhs eighty thousand nine hundred nine / आठ लाख अस्सी हजार नौ सौ नौ
(4) Eighty eight lakhs ninety nine / अट्ठासी लाख निन्यानवे

Answer - (2)

88,00,909 can be written in words as eighty eight lakhs nine hundred nine.

88,00,909 को शब्दों में अट्ठासी लाख नौ सौ नौ लिखा जा सकता है।

EVS

76. Below are two statements. Choose the correct answer from given options.
नीचे दो कथन दिए गए हैं। दिए हुए विकल्पों में से सही उत्तर का चयन करें :
Statement (I) : Food is a fuel for our body.
कथन (I) भोजन हमारे शरीर के लिए एक ईंधन है

Statement (II): In our body, food is broken down by reaction with oxygen and heat is produced.
कथन (II) : हमारे शरीर में भोजन ऑक्सीजन से अभिक्रिया कर अपघटित होता है और ऊष्मा उत्पन्न होती है ।
Select the correct answer using the given code.
दिए गए कोड का उपयोग करके सही उत्तर चुनें।

(1) Statement (I) and Statement (II) both are true. / कथन (I) और (II) दोनों सही हैं।
(2) Statement (I) and Statement (II) both are false. / कथन (I) और (II) दोनों गलत हैं।
(3) Statement (I) is true but Statement (II) is false. / कथन (I) सही है, परंतु कथन (II) गलत है।
(4) Statement (I) is false but Statement (II) is true. / कथन (I) गलत है, परंतु कथन (II) सही है।

Answer - (1)

Statement (I): Food is indeed the fuel for our body. It provides the energy required for all our activities and bodily functions.

Statement (II): This is also true. Inside our body, the process of cellular respiration breaks down food molecules (like glucose) in the presence of oxygen, releasing energy. This process generates heat as a by-product, which helps maintain body temperature.

/

कथन (I): भोजन वास्तव में हमारे शरीर के लिए ईंधन है। यह हमारी सभी गतिविधियों और शारीरिक कार्यों के लिए आवश्यक ऊर्जा प्रदान करता है।

कथन (II): यह भी सत्य है। हमारे शरीर के अंदर, कोशिकीय श्वसन की प्रक्रिया ऑक्सीजन की उपस्थिति में भोजन के अणुओं (जैसे ग्लूकोज) को तोड़ती है, जिससे ऊर्जा निकलती है। यह प्रक्रिया उप-उत्पाद के रूप में गर्मी उत्पन्न करती है, जो शरीर के तापमान को बनाए रखने में मदद करती है।

77. Which of the following statements is true about plastic ?
निम्नलिखित में से कौन-सा कथन प्लास्टिक के बारे में सही है ?

(1) Plastic is also a polymer like a synthetic fibre. / संश्लेषित रेशे की तरह प्लास्टिक भी एक बहुलक है।
(2) All plastics have the same type of arrangement of units. / सभी प्लास्टिकों में इकाइयों की व्यवस्था एक ही प्रकार की होती है।
(3) All plastics have linear arrangement of units. / सभी प्लास्टिकों में इकाइयों की व्यवस्था रैखीय होती है।
(4) All plastics have cross-linked arrangement of units. / सभी प्लास्टिकों में इकाइयों की व्यवस्था तिर्यकबद्ध (क्रॉसबद्ध) होती है ।

Answer - (1)

'Plastic is also a polymer like a synthetic fibre.' is true about plastic.

'संश्लेषित रेशे की तरह प्लास्टिक भी एक बहुलक है।' कथन प्लास्टिक के बारे में सही है।

78. Match the following:
निम्नलिखित का मिलान करें।

Plant disease	Mode of Transmission
(a) Rust of wheat	(i) Insect
(b) Mosaic of Okra	(ii) Only air
(c) Citrus canker	(iii) Air and seed

पादप रोग	संचरण का तरीका
(a) गेहूँ की रस्ट	(i) कीट
(b) भिंडी की पीत	(ii) केवल वायु
(c) नींबू कैंकर	(iii) वायु एवं बीज

Select the correct answer using the given code.
दिए गए कोड का उपयोग करके सही उत्तर चुनें।

(1) (a)-(i), (b)-(ii), (c)-(iii)
(2) (a)-(iii), (b)-(i), (c)-(ii)
(3) (a)-(iii), (b)-(ii), (c)-(i)
(4) (a)-(i), (b)-(iii), (c)-(ii)

Answer - (2)

The correct option is (a)-(iii), (b)-(i), (c)-(ii).

Rust of wheat spreads through air and seed.

Mosaic of Okra is transmitted through insects.

Citrus canker spreads through air only.

सही विकल्प (a)-(iii), (b)-(i), (c)-(ii) है।

गेहूँ का रस्ट रोग हवा और बीज के माध्यम से फैलता है।

भिंडी का पीत कीटों के माध्यम से फैलता है।

नींबू कैंकर केवल हवा के माध्यम से फैलता है।

79. Which of the following are true in the context of microorganisms? Choose the correct answer. निम्नलिखित में से सूक्ष्मजीव के संदर्भ में क्या सही है ? कूट की सहायता से सही उत्तर का चयन करें-

(A) Microorganisms are found in the marshy lands but not in the desert. / सूक्ष्मजीव दलदल में तो पाए जाते हैं परंतु मरूस्थल में नहीं ।

(B) Microorganisms are found in the bodies of organisms including human beings. / सूक्ष्मजीव मनुष्य सहित सभी जंतुओं के शरीर के अंदर भी पाए जाते हैं।

(C) Microorganism like algae cannot live alone. / अमीबा जैसे सूक्ष्मजीव बिल्कुल अकेले नहीं रह सकता है।

(D) Microorganisms cannot live in cold environment. / सूक्ष्मजीव ठंडी परिस्थिति में जीवित नहीं रह सकते हैं।

Select the correct answer using the given code. दिए गए कोड का उपयोग करके सही उत्तर चुनें।

(1) Only (A) / केवल (A)
(2) Only (B) / केवल (B)
(3) Only (A) and (C) / केवल (A) और (C)
(4) Only (B) and (D) / केवल (B) और (D)

Answer - (2)

Statement (A) is incorrect because microorganisms can thrive in diverse environments, including deserts and marshy lands.

Statement (B) is correct as microorganisms are indeed found in the bodies of living organisms, including humans.

Statement (C) is incorrect since microorganisms like algae can live independently or form colonies.

Statement (D) is incorrect because microorganisms can survive in extreme environments, including very cold ones.

कथन (A) गलत है क्योंकि सूक्ष्मजीव रेगिस्तान और दलदली भूमि सहित विविध वातावरण में पनप सकते हैं।

कथन (B) सही है क्योंकि सूक्ष्मजीव वास्तव में मनुष्यों सहित जीवित जीवों के शरीर में पाए जाते हैं।

कथन (C) गलत है क्योंकि शैवाल जैसे सूक्ष्मजीव स्वतंत्र रूप से रह सकते हैं या कॉलोनियाँ बना सकते हैं। कथन (D) गलत है क्योंकि सूक्ष्मजीव अत्यधिक ठंडे वातावरण सहित चरम वातावरण में जीवित रह सकते हैं।

80. Think about the following statements and choose the correct answer. नीचे दिए गए कथनों पर विचार करें और सही उत्तर का चयन करें-

(A) Plants contain nearly 90% water. / पौधों में लगभग 90 प्रतिशत जल होता है।

(B) Nutrients dissolved in water are transported only upto the roots of the plant. / जल में घुले हुए पोषक का स्थानांतरण केवल पौधों के जड़ों तक ही होता है।

(C) Nutrients dissolved in water protects the crop from both frost and hot air currents. / जल में घुले हुए पोषक फसल की पाले एवं गर्म हवा से रक्षा करता है।

(D) Fields do not have to be watered regularly to maintain the moisture of the soil for healthy crop growth. / स्वस्थ फसल वृद्धि के लिए मिट्टी की नमी को बनाए रखना आवश्यक नहीं है।

Select the correct answer using the given code. दिए गए कोड का उपयोग करके सही उत्तर चुनें।

(1) Only (A) and (B) / केवल (A) और (B)
(2) Only (A) and (C) / केवल (A) और (C)
(3) Only (A), (B) and (C) / केवल (A), (B) और (C)
(4) Only (A), (B) and (D) / केवल (A), (B) और (D)

Answer - (2)

Statement (A) is correct. Plants indeed contain nearly 90% water, which is essential for their physiological processes.

Statement (B) is incorrect. Nutrients dissolved in water are transported throughout the plant, not just to the roots.

Statement (C) is correct. Nutrients dissolved

in water help protect crops from extreme conditions like frost and hot air currents by maintaining proper hydration and physiological balance.

Statement (D) is incorrect. Fields need to be watered regularly to maintain soil moisture, which is crucial for healthy crop growth.

कथन (A) सही है। पौधों में लगभग 90% पानी होता है, जो उनकी शारीरिक प्रक्रियाओं के लिए आवश्यक है। कथन (B) गलत है। पानी में घुले पोषक तत्व पूरे पौधे में पहुँचते हैं, न कि केवल जड़ों तक।

कथन (C) सही है। पानी में घुले पोषक तत्व उचित जलयोजन और शारीरिक संतुलन बनाए रखकर फसलों को पाले और गर्म हवा के बहाव जैसी चरम स्थितियों से बचाने में मदद करते हैं।

कथन (D) गलत है। मिट्टी की नमी बनाए रखने के लिए खेतों को नियमित रूप से पानी देने की आवश्यकता होती है, जो स्वस्थ फसल विकास के लिए महत्वपूर्ण है।

81. Why do potted plants die due to overwatering?
गमले में लगे हुए पौधे ज्यादा पानी देने से मर क्यों जाते हैं ?

(1) Because water becomes acidic. / क्योंकि पानी अम्लीय हो जाता है।
(2) Because water becomes basic. / क्योंकि पानी क्षारीय हो जाता है।
(3) Because the atomic structure of water gets changed. / क्योंकि पानी की आणविक संरचना बदल जाती है।
(4) Because roots are unable to respire. / क्योंकि जड़ें सांस नहीं ले पातीं।

Answer - (4)

Potted plants die due to overwatering because roots are unable to respire. Overwatering fills the spaces in the soil with water, leaving no room for air. As a result, the roots are deprived of oxygen and cannot respire properly. Without oxygen, the plant cannot carry out essential processes like nutrient absorption and energy production, leading to its death.

गमले में लगे हुए पौधे ज्यादा पानी देने से मर जाते हैं क्योंकि जड़ें सांस नहीं ले पातीं। ज़्यादा पानी देने से मिट्टी में पानी भर जाता है, जिससे हवा के लिए जगह नहीं बचती। नतीजतन, जड़ें ऑक्सीजन से वंचित हो जाती हैं और ठीक से सांस नहीं ले पातीं। ऑक्सीजन के बिना, पौधे पोषक तत्वों के अवशोषण और ऊर्जा उत्पादन जैसी ज़रूरी प्रक्रियाएँ नहीं कर पाते, जिससे उनकी मृत्यु हो जाती है।

82. Suppose you are stuck in a storm accompanied by lightening. Which of the following actions will you take immediately?
कल्पना करें कि आप एक झंझा (आंधी तूफान) में फंस गए हैं जिसमें बिजली भी गिर रही है। आप निम्न में से कौन - सा कार्य सबसे पहले करेंगे ?

(1) Getting out of the car or bus. / कार या बस से उतर जाना।
(2) Taking shelter under a big tree. / किसी बड़े पेड़ के नीचे आश्रय लेना।
(3) Getting inside a building. / किसी इमारत के अंदर जले जाना।
(4) Taking shelter in an open garage. / किसी खुले गैरेज में आश्रय लेना।

Answer - (3)

During a storm with lightning, it's safest to be inside a building.

बिजली गिरने वाले तूफान के दौरान इमारत के अंदर रहना सबसे सुरक्षित है।

83. Below are two statements. Choose the correct answer from the given options:
नीचे दो कथन दिए गए हैं। दिए हुए विकल्पों में से सही उत्तर का चयन करें :

Statement (I) : Polar Bears walk fast to keep themselves warm.
कथन (I) : ध्रुवीय भालू खुद को गर्म रखने के लिए तेज़ चलते हैं।

Statement (II) : Polar Bears rest often to avoid getting overheated.

कथन (II) : ध्रुवीय भालू खुद को ज्यादा गर्म होने से बचाने के लिए अक्सर विश्राम करते हैं।

Select the correct answer using the given code.

दिए गए कोड का उपयोग करके सही उत्तर चुनें।

(1) Both Statement (I) and (II) are true. / कथन (I) और (II) दोनों सही हैं।

(2) Both Statement (I) and (II) are false. / कथन (I) और (II) दोनों गलत हैं।

(3) Statement (I) is true but Statement (II) is false. / कथन (I) सही है, परंतु कथन (II) गलत है।

(4) Statement (I) is false but Statement (II) is true. / कथन (I) गलत है, परंतु कथन (II) सही है।

Answer - (4)

Statement (I) is false because polar bears do not walk fast to keep warm. They are naturally adapted to the cold environment with their thick fur and fat layers. Walking fast would use up unnecessary energy and isn't a method for warmth.

Statement (II) is true as polar bears rest often to avoid overheating. Despite living in cold climates, their dense fur and fat layers can cause them to retain heat, so resting helps regulate their body temperature.

कथन (I) गलत है क्योंकि ध्रुवीय भालू गर्म रहने के लिए तेज़ नहीं चलते हैं। वे अपने मोटे फर और वसा परतों के साथ स्वाभाविक रूप से ठंडे वातावरण के अनुकूल होते हैं। तेज़ चलने से अनावश्यक ऊर्जा खर्च होगी और यह गर्मी पाने का तरीका नहीं है।

कथन (II) सही है क्योंकि ध्रुवीय भालू ज़्यादा गर्मी से बचने के लिए अक्सर आराम करते हैं। ठंडे मौसम में रहने के बावजूद, उनके घने फर और वसा परतें उन्हें गर्मी बनाए रखने का कारण बन सकती हैं, इसलिए आराम करने से उनके शरीर के तापमान को नियंत्रित करने में मदद मिलती है।

84. Following are the parts of alimentary canal. Choose the correct answer with the help of given codes.

निम्न आहार नली के भाग हैं। कूट की सहायता से सही उत्तर का चयन करें-

(A) Salivary gland / लार ग्रंथी

(B) Pituitary gland / पीयूष ग्रंथी

(C) Buccal cavity / मुख-गुटिका

(D) Small Intestine / क्षुद्रांत्र

Select the correct answer using the given code.

दिए गए कोड का उपयोग करके सही उत्तर चुनें।

(1) (A) & (B) / (A) और (B)

(2) (B) & (C) / (B) और (C)

(3) (C) & (D) / (C) और (D)

(4) (A) & (D) / (A) और (D)

Answer - (3)

Buccal cavity and small intestine are the parts of alimentary canal.

मुख-गुटिका और क्षुद्रांत्र आहार नली के भाग हैं।

85. ________ is a plant having colourful leaves and is used by farmers to know whether the soil of a field is wet or dry.

________एक पौधा है जिसकी पत्तियाँ रंग-बिरंगी होती हैं और जिसका इस्तेमाल किसानों द्वारा यह जानने के लिए किया जाता है कि खेत की जमीन गीली है या सूखी।

(1) TulsI / तुलसी

(2) Marigold / गेंदा

(3) Croton / क्रोटेन

(4) China Rose / गुड़हल

Answer - (3)

Croton is a plant with colorful and vibrant leaves. Its leaves are sensitive to moisture levels, and farmers use it as an indicator to check whether the soil in a field is wet or dry. This characteristic helps in determining when to irrigate the crops.

क्रोटेन एक ऐसा पौधा है जिसके पत्ते रंग-बिरंगे और जीवंत होते हैं। इसकी पत्तियाँ नमी के स्तर के प्रति संवेदनशील होती हैं, और किसान इसका उपयोग यह जाँचने के लिए एक संकेतक के रूप में करते हैं कि खेत में मिट्टी गीली है या सूखी। यह विशेषता यह निर्धारित करने में मदद करती है कि फसलों को कब सिंचाई करनी है।

86. Sunita Williams told few things about the space. Choose the correct statements from the following:
सुनीता विलियम्स ने अंतरिक्ष की कुछ बातें बताई। निम्नलिखित में से सही कथनों का चयन करें-

(A) Can't stay at one place. / एक जगह टिक कर नहीं रह सकते।
(B) Water also doesn't stay at one place. / पानी भी एक जगह टिका नहीं रहता।
(C) Hair always remain down. / बाल हमेशा गिरे रहते हैं।
(D) Paper also doesn't stay at one place. / कागज भी अपनी जगह स्थिर नहीं रहता

Select the correct answer using the given code.
दिए गए कोड का उपयोग करके सही उत्तर चुनें।

(1) Only (A) / केवल (A)
(2) Only (A) and (B) / (A) और (B)
(3) Only (A), (B) and (C) / (A), (B) और (C)
(4) Only (A), (B) and (D) / (A), (B) और (D)

Answer - (4)

(A) is correct because in microgravity, objects and people cannot stay in one place unless secured.

(B) is correct as water also floats around in space due to the absence of gravity.

(C) is incorrect because hair does not remain down in space; instead, it floats due to microgravity.

(D) is correct since paper, like other objects, does not stay in one place in microgravity.

(A) सही है क्योंकि सूक्ष्म गुरुत्वाकर्षण में, वस्तुएँ और लोग सुरक्षित न होने पर एक स्थान पर नहीं रह सकते।

(B) सही है क्योंकि गुरुत्वाकर्षण की अनुपस्थिति के कारण पानी भी अंतरिक्ष में तैरता रहता है।

(C) गलत है क्योंकि बाल अंतरिक्ष में नीचे नहीं रहते; इसके बजाय, वे सूक्ष्म गुरुत्वाकर्षण के कारण तैरते रहते हैं।

(D) सही है क्योंकि कागज़, अन्य वस्तुओं की तरह, सूक्ष्म गुरुत्वाकर्षण में एक स्थान पर नहीं रहता है।

87. Which of the following musical instruments are made up of a dried gourd ?
निम्न में से कौन-से वाद्य यंत्र सूखी लौकी से बनाए जाते हैं ?

(1) Been, Dhol and Jal tarang / बीन, ढोल और जल तरंग
(2) Tumba, Been and Dhol / तुंबा, बीन और ढोल
(3) Been, Tumba and Khanjirl / बीन, तुंबा और खंजरी
(4) Been, Dhol and Khanjirl / बीन, ढोल और खंजरी

Answer - (3)

Been, Tumba and Khanjiri are made up of a dried gourd.

बीन, तुंबा और खंजरी वाद्य यंत्र सूखी लौकी से बनाए जाते हैं।

88. Children of Holgundi village of Karnataka formulated a Panchayat to remove the shortage of water. At present, this Panchayat is famous by which name?
कर्नाटक के होलगुण्डी गाँव में पानी की कमी को दूर करने के लिए बच्चों ने एक पंचायत का निर्माण किया। यह पंचायत आज किस नाम से प्रचलित है ?

(1) Ranga Sangh / रंगा संघ
(2) Bhima Sangh / भीमा संघ
(3) Bhishma Sangh / भीष्मा संघ
(4) Arjuna Sangh / अर्जुन संघ

Answer - (2)

The children of Holgundi village in Karnataka formed the "Bhima Sangh" Panchayat to address the water shortage issue. This initiative became well-known for its innovative and community-driven approach to solving water scarcity problems.

कर्नाटक के होलगुण्डी गाँव के बच्चों ने पानी की कमी की समस्या को दूर करने के लिए "भीमा संघ" पंचायत का गठन किया। यह पहल पानी की कमी की समस्या को हल करने के लिए अपने अभिनव और समुदाय-संचालित दृष्टिकोण के लिए प्रसिद्ध हो गई।

89. There is a place in India where there are flowers everywhere in particular months. This place is

called 'Valley of flowers'. In which state is this place located?
भारत में एक जगह ऐसा है जहाँ कुछ विशेष महीनों में फूल ही फूल होते हैं। यह जगह 'फूलों की घाटी' कहलाती है। वह कौन-सा राज्य है जहाँ यह जगह अवस्थित है ?

(1) Sikkim / सिक्किम
(2) Uttarakhand / उत्तराखंड
(3) Himachal Pradesh / हिमाचल प्रदेश
(4) Meghalaya / मेघालय

Answer - (2)

The "Valley of Flowers" is a stunning national park located in the state of Uttarakhand, India. This UNESCO World Heritage Site is known for its vibrant and diverse flora, which blooms in full glory during the monsoon months, creating a breathtaking landscape of colors.

"फूलों की घाटी" भारत के उत्तराखंड राज्य में स्थित एक आश्चर्यजनक राष्ट्रीय उद्यान है। यह यूनेस्को विश्व धरोहर स्थल अपनी जीवंत और विविध वनस्पतियों के लिए जाना जाता है, जो मानसून के महीनों के दौरान पूरी तरह खिलते हैं, जिससे रंगों का एक लुभावना परिदृश्य बनता है।

90. Damaged fluorescent tubes or CFLs need to be disposed off safely because:
क्षतिग्रस्त फ्लोरोसेंट ट्यूब या सीएफएल को सुरक्षित रूप से निपटाने की आवश्यकता होती है क्योंकि :

(1) It contains oxygen vapour / इसमें ऑक्सीजन वाष्प होती है।
(2) It contains nitrogen vapour / इसमें नाइट्रोजन वाष्प होती है।
(3) It contains carbondioxide vapour / इसमें कार्बनडाइऑक्साइड वाष्प होती है।
(4) It contains mercury vapour / इसमें पारा वाष्प होती है।

Answer - (4)

Damaged fluorescent tubes or CFLs must be disposed of safely because they contain mercury vapour, which is toxic and harmful to both human health and the environment. Improper disposal can lead to mercury release, causing contamination.

क्षतिग्रस्त फ्लोरोसेंट ट्यूब या सीएफएल का सुरक्षित तरीके से निपटान किया जाना चाहिए क्योंकि उनमें पारा वाष्प होता है, जो मानव स्वास्थ्य और पर्यावरण दोनों के लिए विषाक्त और हानिकारक है। अनुचित निपटान से पारा निकल सकता है, जिससे संदूषण हो सकता है।

91. Why does lime water turn milky when we blow in it through a straw?
जब चूने के पानी में स्ट्रॉ के द्वारा फूँकते हैं तो वह दूधिया क्यों हो जाता है ?

(1) Due to carbon dioxide / कार्बन डाइऑक्साइड के कारण
(2) Due to waste particles / अपशिष्ट पदार्थों के कारण
(3) Due to moisture / नमी के कारण
(4) Due to oxygen / ऑक्सीजन के कारण

Answer - (1)

Lime water turns milky when we blow into it through a straw because the carbon dioxide in our breath reacts with the calcium hydroxide in lime water to form insoluble calcium carbonate. This calcium carbonate is what makes the solution appear milky.

चूने के पानी में जब हम स्ट्रॉ से फूँक मारते हैं तो यह दूधिया हो जाता है क्योंकि हमारी सांस में मौजूद कार्बन डाइऑक्साइड चूने के पानी में मौजूद कैल्शियम हाइड्रॉक्साइड के साथ प्रतिक्रिया करके अघुलनशील कैल्शियम कार्बोनेट बनाता है। यह कैल्शियम कार्बोनेट ही है जो घोल को दूधिया बनाता है।

92. Below are two statements. Choose the correct answer from given options.
नीचे दो कथन दिए गए हैं। दिए हुए विकल्पों में से सही उत्तर का चयन करें :

Statement (I): 'Lekha' is the name of a place which is used for keeping sheep and goats.
कथन (I) : 'लेखा' भेड़-बकरियों को रखने के लिए बनी जगह को कहते हैं।

Statement (II): The walls of 'Lekha' are prepared by keeping stones and rocks on one another.

कथन (II) : 'लेखा' की दीवारें पत्थरों और चट्टानों को एक दूसरे पर रखकर बनाते हैं।

Select the correct answer using the given code.

दिए गए कोड का उपयोग करके सही उत्तर चुनें।

(1) Statement (I) and Statement (II) both are true. / कथन (I) और (II) दोनों सही हैं।

(2) Statement (I) and Statement (II) both are false./ कथन (I) और (II) दोनों गलत हैं।

(3) Statement (I) is true but Statement (II) is false./ कथन (I) सही है, परंतु कथन (II) गलत है।

(4) Statement (I) is false but Statement (II) is true./ कथन (I) गलत है, परंतु कथन (II) सही है ।

Answer - (1)

Statement (I): 'Lekha' indeed refers to a place used for keeping sheep and goats, often in mountainous or rural regions.

Statement (II): The walls of 'Lekha' are traditionally constructed by stacking stones and rocks on top of each other, without the use of mortar, to create enclosures for livestock.

कथन (I): 'लेखा' वास्तव में भेड़ और बकरियों को रखने के लिए इस्तेमाल की जाने वाली जगह को संदर्भित करता है, जो अक्सर पहाड़ी या ग्रामीण क्षेत्रों में होता है।

कथन (II): 'लेखा' की दीवारें पारंपरिक रूप से मवेशियों के लिए बाड़े बनाने के लिए, मोर्टार के उपयोग के बिना, पत्थरों और चट्टानों को एक दूसरे के ऊपर रखकर बनाई जाती हैं।

93. The work of Fireman (Fire extinguishing person) is to

फायरमेन (आग बुझानेवाले) का कार्य है :

(A) break the flow of air. / वायु का प्रवाह काटना

(B) reduce the temperature of fuel. / ईंधन का ताप कम करना

(C) increase the flow of air. / वायु का प्रवाह बढ़ाना

(D) increase the temperature of fuel. / ईंधन का ताप बढ़ाना

Select the correct answer using the given code.

दिए गए कोड का उपयोग करके सही उत्तर चुनें।

(1) Only (A) / केवल (A)

(2) Only (B) / केवल (B)

(3) (C) and (D) / (C) और (D)

(4) (A) and (B) / (A) और (B)

Answer - (4)

The work of Fireman (Fire extinguishing person) is to break the flow of air and reduce the temperature of fuel.

फायरमेन (आग बुझानेवाले) का कार्य वायु का प्रवाह काटना और ईंधन का ताप कम करना है।

94. Which of the following is true about forest?

निम्न में से वनों के बारे

(1) It is a system comprising of various plants only. / वन केवल विभिन्न पादपों से बना एक तंत्र है।

(2) In it, trees form the upper most layer followed by herbs and the lowest layer of vegetation is made of shrubs. / वनस्पतियों द्वारा बनी परत होती है और झाड़ियाँ सबसे नीचे की परत बनाते हैं।

(3) Forests keep on growing and changing but they can not regenerate on their own. / इसकी सबसे ऊपरी परत वृक्ष शिखर बनाते हैं, जिसके नीचे शाक वन वृद्धि करते हैं और परिवर्तित होते हैं परंतु स्वयं अपना पुनर्जनन नहीं कर सकते ।

(4) Forests are the life line for the forest dwelling communities. / वन वन्य क्षेत्रों में वास करने वाले समुदायों के जीवन का आधार प्रदान करते हैं।

Answer - (4)

(4) is correct since forests provide food, shelter, and livelihood to forest-dwelling communities, making them essential for their survival.

(4) सही है क्योंकि वन वनवासी समुदायों को भोजन, आश्रय और आजीविका प्रदान करते हैं, जिससे वे उनके अस्तित्व के लिए आवश्यक हो जाते हैं।

95. Which of the following statements is false :

निम्नलिखित में से कौन-सा कथन गलत है ?

(1) The people who can neither speak nor hear, explain their words to the others through actions. / जो लोग बोल और सुन नहीं सकते, वे अपनी बातें दूसरे को इशारों से समझाते हैं।

(2) The people who can neither speak nor hear, understand what the other person is saying by studying their lip-movements. / जो लोग बोल और सुन नहीं सकते वे दूसरों की बातें उनके होठों को देखकर समझ जाते हैं।

(3) The people who can neither speak nor hear like everyone, cannot be admitted in a government school. / सबकी तरह जो बच्चे बोल सुन नहीं सकते उन्हें सरकारी विद्यालय में दाखिला नहीं दिया जा सकता है।

(4) The people who can neither speak nor hear like everyone can be admitted in special types of school. / सबकी तरह जो बच्चे बोल - सुन नहीं सकते वे विशेष तरह के विद्यालय में नामांकन ले सकते हैं।

Answer - (3)

Statement (3) is false because people who cannot speak or hear have the right to education like everyone else. They can be admitted to government schools under inclusive education policies.

कथन (3) गलत है क्योंकि जो लोग बोल या सुन नहीं सकते उन्हें भी बाकी सभी लोगों की तरह शिक्षा का अधिकार है। उन्हें समावेशी शिक्षा नीतियों के तहत सरकारी स्कूलों में दाखिला दिलाया जा सकता है।

96. Choose the correct option from the given features of desert plants.
मरूस्थलीय पौधों की निम्नलिखित विशेषताओं में से सही उत्तर का चयन करें-

(A) Leaves of some plants take the shape of spines./ कुछ पौधों में पत्तियाँ काँटों का रूप ले लेती हैं।

(B) Photosynthesis in cactus plant is usually carried out by leaves. / नागफनी के पौधों में प्रकाश-संशलेषण सामान्यतः पत्तियों में होता है।

(C) Roots of most desert plants go very deep into the soil for absorbing water. / अधिकतर मरूस्थलीय पौधों की जड़ें जल अवशोषण के लिए मिट्टी में बहुत गहराई तक चली जाती हैं।

Select the correct answer using the given code.
दिए गए कोड का उपयोग करके सही उत्तर चुनें।

(1) Only (A) / केवल (A)
(2) (A) and (B) / (A) और (B)
(3) (A) and (C) / (A) और (C)
(4) (B) and (C) / (B) और (C)

Answer - (3)

(A) is correct because in desert plants, such as cacti, leaves often take the shape of spines to reduce water loss through transpiration.

(B) is incorrect because photosynthesis in cacti is usually carried out by their green stems, not their leaves, as their leaves are modified into spines.

(C) is correct because the roots of most desert plants are adapted to go very deep into the soil to absorb water from underground sources.

(A) सही है क्योंकि रेगिस्तानी पौधों, जैसे कि कैक्टि में, पत्तियां अक्सर वाष्पोत्सर्जन के माध्यम से पानी की हानि को कम करने के लिए कांटों का आकार ले लेती हैं।

(B) गलत है क्योंकि कैक्टि में प्रकाश संश्लेषण आमतौर पर उनके हरे तनों द्वारा किया जाता है, न कि उनकी पत्तियों द्वारा, क्योंकि उनकी पत्तियाँ कांटों में बदल जाती हैं।

(C) सही है क्योंकि अधिकांश रेगिस्तानी पौधों की जड़ें भूमिगत स्रोतों से पानी को अवशोषित करने के लिए मिट्टी में बहुत गहराई तक जाने के लिए अनुकूलित होती हैं।

97. Which option best describes a tropical region?
निम्न में से कौन सा विकल्प उष्णकटिबंधीय क्षेत्र का सर्वश्रेष्ठ वर्णन करता है ?

(1) Hot and humid / गर्म और आर्द्र
(2) Moderate temperature & heavy rainfall. / मध्यम तापमान और अत्यधिक वर्षा
(3) Cold and humid / सर्द और आर्द्र
(4) Hot and dry. / गर्म और शुष्क

Answer - (1)

Tropical regions are characterized by high temperatures and significant humidity, often resulting in lush vegetation and diverse ecosystems. They typically experience warm temperatures year-round, with distinct wet and dry seasons.

उष्णकटिबंधीय क्षेत्रों में उच्च तापमान और महत्वपूर्ण आर्द्रता की विशेषता होती है, जिसके परिणामस्वरूप अक्सर हरे-भरे वनस्पति और विविध पारिस्थितिकी तंत्र होते हैं। वे आम तौर पर पूरे साल गर्म तापमान का अनुभव करते हैं, जिसमें अलग-अलग गीले और सूखे मौसम होते हैं।

98. 'Tarun Bharat Sangh' is an organization of Rajasthan, which works for ____.
'तरूण भारत संघ' राजस्थान की एक संस्था है जो ______ का कार्य करती है।

(1) Land management. / भूमि प्रबंधन
(2) Water management. / जल प्रबंधन
(3) Excreta management. / मल-मूत्र का प्रबंधन
(4) Economic management for poor people. / गरीब लोगों के लिए आर्थिक प्रबंधन

Answer - (2)

'Tarun Bharat Sangh' is an organization of Rajasthan, which works for water management. 'Tarun Bharat Sangh' has been actively involved in promoting water conservation, sustainable agriculture, and rural development.

Their initiatives aim to address water scarcity and improve water availability in arid and semi-arid regions of Rajasthan.

'तरूण भारत संघ' राजस्थान की एक संस्था है जो जल प्रबंधन का कार्य करती है। 'तरुण भारत संघ' जल संरक्षण, टिकाऊ कृषि और ग्रामीण विकास को बढ़ावा देने में सक्रिय रूप से शामिल रहा है।

उनकी पहल का उद्देश्य राजस्थान के शुष्क और अर्ध-शुष्क क्षेत्रों में पानी की कमी को दूर करना और पानी की उपलब्धता में सुधार करना है।

99. You are a farmer of Belvanika village of Karnataka. Which of the following will you use to sprinkle the seeds of onion in the field?
आप कर्नाटक के बेलवनिका गाँव के किसान हैं। आप प्याज के बीजों को खेत में डालने के लिए किस साधन का प्रयोग करेंगे?

(1) Kurige / कूरिगे
(2) Khuntl / खुंटी
(3) Illige / इलिगे
(4) Sickle / हँसिया

Answer - (1)

In the context of farming in Karnataka, particularly for sprinkling seeds like onion, the appropriate tool to use would be kurige. Kurige is a traditional tool used for sowing seeds in the field. It is designed to help farmers evenly distribute seeds over the soil.

कर्नाटक में खेती के संदर्भ में, खासकर प्याज जैसे बीजों को छिड़कने के लिए, कूरिगे का इस्तेमाल करना उचित होगा। कूरिगे एक पारंपरिक उपकरण है जिसका इस्तेमाल खेत में बीज बोने के लिए किया जाता है। इसे किसानों को मिट्टी पर समान रूप से बीज वितरित करने में मदद करने के लिए डिज़ाइन किया गया है।

100. Which among the following is different from the others?
निम्नलिखित में से कौन-सा अन्य से भिन्न है?

(1) Bathing / नहाना
(2) Washing clothes / कपड़े धोना
(3) Swimming / तैरना
(4) Combing hair / कंघी करना

Answer - (4)

Combing hair is different from the others because water is used in bathing, washing clothes and swimming.

कंघी करना अन्य से भिन्न है क्योंकि पानी का उपयोग नहाने, कपड़े धोने और तैरने में किया जाता है।